AF238110

ACCESO GRATIS *a la Lectura en la Nube*

Para visualizar el libro electrónico en la nube de lectura envíe junto a su nombre y apellidos una fotografía del código de barras situado en la contraportada del libro y otra del ticket de compra a la dirección:

ebooktirant@tirant.com

En un máximo de 72 horas laborales le enviaremos el código de acceso con sus instrucciones.

LA REFORMA DE LA LEY DE PROPIEDAD INTELECTUAL

LA REFORMA DEL LA LEY DE PROPIEDAD INTELECTUAL

Director:
Rodrigo Bercovitz Rodríguez-Cano

Autores:
Rodrigo Bercovitz Rodríguez-Cano
Pilar Cámara Águila
Ramón Casas Vallés
Alfonso González Gozalo
Sebastián López Maza
Gemma Minero Alejandre
Antonio Perdices Huetos
Rafael Sánchez Aristi

tirant lo blanch
Valencia, 2015

Copyright ® 2015

En caso de erratas y actualizaciones, la Editorial Tirant lo Blanch publicará la pertinente corrección en la página web www.tirant.com (http://www.tirant.com).

© Rodrigo Bercovitz Rodríguez-Cano (Dir.)

© TIRANT LO BLANCH
EDITA: TIRANT LO BLANCH
C/ Artes Gráficas, 14 - 46010 - Valencia
TELFS.: 96/361 00 48 - 50
FAX: 96/369 41 51
Email:tlb@tirant.com
http://www.tirant.com
Librería virtual: http://www.tirant.es
DEPÓSITO LEGAL: V-487-2015
ISBN: 978-84-9086-664-1
IMPRIME: Guada Impresores, S.L.
MAQUETA: Tink Factoría de Color

Si tiene alguna queja o sugerencia, envíenos un mail a: atencioncliente@tirant.com. En caso de no ser atendida su sugerencia, por favor, lea en www.tirant.net/index.php/empresa/politicas-de-empresa nuestro Procedimiento de quejas.

Índice

III. LA COPIA PRIVADA
Rodrigo Bercovitz Rodríguez-Cano

IV. EL LÍMITE SOBRE AGREGADORES Y BUSCADORES
Sebastián López Maza

VIII. LA COMISIÓN DE PROPIEDAD INTELECTUAL
Ramón Casas Vallés

IX. RESPONSABLES DE LA INFRACCIÓN (ART. 138 LPI)
Rafael Sánchez Aristi

X. MEDIOS DE TUTELA DE LA PROPIEDAD INTELECTUAL
Gemma Minero Alejandre

XI. LAS DISPOSICIONES FINALES PRIMERA, SEGUNDA Y TERCERA DE LA LEY 21/2014 387
Rafael Sánchez Aristi

Presentación y alguna observación

Rodrigo Bercovitz Rodríguez-Cano

Este libro pretende dar una explicación adecuada de las modificaciones introducidas por la Ley 21/2014, de 4 de noviembre (BOE de 5 de noviembre), en la Ley de Propiedad Intelectual y en la Ley de Enjuiciamiento Civil. Es obvio que responde a la preocupación de proporcionar dicha explicación lo más rápidamente posible. Lo que ha repercutido en algún grado sobre su sistemática y sobre las pautas seguidas por sus autores en la redacción de sus respectivas aportaciones, que no son rigurosamente homogéneas. No obstante, creemos en la utilidad de su contenido para todos los juristas interesados en la materia, tanto desde el estudio como desde la práctica profesional. Se trata de una primera aportación doctrinal basada en un análisis no improvisado y reflexivo, a pesar de las prisas. Esperamos que la lectura o la consulta de este libro les pueda servir para una mejor comprensión y valoración del alcance de todas las modificaciones introducidas en la regulación de la propiedad intelectual. Como siempre, serán los lectores quienes determinen si nuestra expectativa está fundada.

Como es sabido, aunque la Ley 21/2014 ha entrado en vigor el pasado 1º de enero, hay partes de la misma que tardarán algo más, alguna de ellas hasta un año. Conviene no olvidar que para la aplicación de algunos preceptos habrá que esperar al desarrollo reglamentario correspondiente. Sin embargo, el legislador ya nos anuncia una nueva reforma de la Ley de Propiedad Intelectual, que califica de *integral*, "ajustada plenamente a las necesidades y oportunidades de la sociedad del conocimiento", cuyos trabajos preliminares comenzarían precisamente en enero de 2016. "Con vistas a esa reforma —añade la disposición final cuarta— deberán evaluarse, entre otros aspectos, el régimen aplicable a la gestión colectiva de derechos, el régimen de compensación equitativa por copia privada y las competencias y naturaleza del regulador". Anuncio alarmante para quienes entienden que nuestra Ley de Propiedad Intelectual no necesita de tal modificación *integral*, entre otras razones porque cada vez es más extensa la parte de la misma que no es sino transposición del Derecho de la Unión. Anuncio alarmante también para quienes consideran que es mejor legislar paso a paso que haciendo tabla rasa de lo anterior. No hay que olvidar que la norma es lo que los juristas tienen en la cabeza, y que ni los más dotados intelectualmente pueden renovar su contenido del día a la mañana.

Esos temores se templan al considerar que ningún Gobierno se ha sentido vinculado por semejantes programaciones del legislador, ni siquiera el propio Gobierno o del mismo *color* que las haya promovido y apoyado. También al considerar que en realidad el legislador viene a advertir que será necesario trasponer (en principio antes del 10 de abril de 2016) la Directiva 2014/26/UE, relativa a la gestión colectiva de los derechos de autor y derechos afines y a la concesión de licencias multiterritoriales de derechos sobre obras musicales para su utilización en línea en el mercado interior, y que, probablemente, habrá que estar a lo que resulte de las cuestiones prejudiciales planteadas por nuestro Tribunal Supremo en relación con la regulación de la compensación equitativa por copia privada. No obstante, la referencia a la Comisión de Propiedad Intelectual, y concretamente a su Sección Primera (el *regulador*) ponen de relieve las dudas que el propio legislador alberga con respecto al acierto de las nuevas competencias que le han sido atribuidas.

Es frecuente que las críticas al legislador se desaten cuando la modificación introducida afecta a temas en los que se dista de haber alcanzado un mínimo consenso. A ello se suelen sumar los manifiestos desaciertos de fondo o técnicos en los que haya podido incurrir. Todo ello concurre en este caso.

Pero, al menos, no cabe sino reconocer que el legislador ha tenido el acierto de poner remedio al desaguisado en el que incurrió anteriormente con la Ley 10/2007, de la lectura, del libro y de las bibliotecas, reponiendo con discreción el último párrafo del artículo 19.4 LPI, inadvertidamente derogado (suprimido) por la disposición final 1ª de aquella, al adecuar (tardíamente) nuestra LPI al artículo 6.3 de la Directiva 2006/115/CE (versión codificada de la Directiva 92/100/CEE). Cuestión de detalle digna de elogio.

Madrid, quince de febrero de 2015

I. Plazo de protección de las composiciones musicales con letra

Sebastián López Maza

1. CONSIDERACIONES GENERALES

A la hora de elaborar composiciones musicales con letra, suelen ser habituales los supuestos de colaboración en el proceso creativo o de autoría compartida —sobre todo en una ópera o en la música jazz, rock o pop—. Cada parte, la música y la letra, es creada por una persona diferente, pudiéndose plantear problemas en cuanto a la determinación del *dies a quo* del plazo de protección de 70 años tras la muerte o declaración de fallecimiento de alguno de los coautores. Ocurría que ciertos Estados miembros otorgaban a estas composiciones musicales con letra un único plazo de protección, calculado a partir del fallecimiento del último autor con vida[1]. En otros, en cambio, se aplicaban plazos de protección independientes para la música y para la letra, que empezaban a contar desde el fallecimiento de cada uno de los coautores[2]. Esta diversidad de regulaciones planteaba supuestos donde, por ejemplo, la música pasaba al dominio público en un Estado miembro mientras que la letra estaba aún protegida, al tiempo que la música continuaba protegida en otro Estado miembro. Al objeto de armonizar estos plazos en los distintos Estados miembros, la Directiva 2011/77/UE, de 27 de septiembre, que modifica la Directiva 2006/116/CE, de 16 de diciembre, relativa al plazo de protección del derecho de autor y de determinados derechos afines, estableció un plazo especial para las composiciones musicales con letra (art. 1.7 de esta última Directiva). La falta de armonización a este respecto obstaculizaba la libre circulación

---

[1]   Entre ellos, Bélgica, Bulgaria, Eslovaquia, España, Estonia, Francia, Italia (óperas), Letonia, Lituania, Portugal.

[2]   Alemania, Austria, Chipre, Dinamarca, Eslovenia, Finlandia, Hungría, Irlanda, Italia (excepto óperas), Luxemburgo, Malta, Holanda, Polonia, Reino Unido, República Checa, Rumanía y Suecia.

de bienes y servicios, tales como los servicios transfronterizos de gestión colectiva (Cdo. 19 Directiva 2011).

2. EL PLAZO DE PROTECCIÓN DE LAS COMPOSICIONES MUSICALES CON LETRA

La Ley 21/2014, de 4 de noviembre, por la que se modifica el TRLPI y la LEC, introduce, mediante su artículo 1.3, un segundo párrafo en el apartado 1 del artículo 28 LPI, relativo al plazo de protección y cómputo del mismo en las obras en colaboración. Este párrafo es fruto de la transposición de la modificación operada por la Directiva 2011/77/UE. El mismo estaba previsto desde el Anteproyecto de Reforma de la LPI, presentado en marzo de 2013 y, al venir de una Directiva comunitaria, no ha sufrido ningún cambio a lo largo de su tramitación parlamentaria.

Utilizando el tenor casi literal de la Directiva 2011/77/UE, el nuevo artículo 28.1.2º LPI establece que, en el caso de las composiciones musicales con letra, los derechos de explotación durarán toda la vida del autor de la letra y del autor de la música, más setenta años desde la muerte o declaración de fallecimiento del último superviviente[3]. El plazo de protección es para la obra en su conjunto. Se trata de una protección conjunta de ambos elementos: música y letra. Sin embargo, este plazo no se aplica a la explotación separada de cada una de las aportaciones. Cada uno de los coautores tiene derecho a explotar separadamente su obra, siempre que no se haya previsto lo contrario ni se cause un perjuicio a la explotación común (art. 7.3 LPI). Si el autor de la letra decide, por ejemplo, publicar un libro con las letras de las canciones que ha escrito, se aplica al mismo el plazo de protección general del artículo 26 LPI.

Al tomar como referencia la muerte del último coautor, el plazo de protección podría extenderse más allá de 70 años si los autores no fallecen el

---

[3] La Directiva incluye una consideración más que no ha quedado plasmada en la reforma de la LPI. Señala que el plazo expira a los 70 años después del fallecimiento del último de los coautores, ya estuvieran o no designadas esas personas como coautoras. Es decir, la regla se aplica con independencia de si son consideradas autoras desde el punto de vista de la Ley nacional. Aunque alguno de los participantes no aparezca como autor de su parte en la obra, será considerado como tal a estos efectos.

mismo día. Los derechos correspondientes al autor fallecido antes durarán más que el plazo que se habría otorgado aplicando las reglas de las obras individuales. De esta manera, el legislador permite que los causahabientes de los autores fallecidos antes se beneficien durante más tiempo (la vida del autor superviviente más 70 años desde la muerte de éste). Por ejemplo, puede darse el caso de una canción que es creada el 23 de septiembre de 2014. La canción va a estar protegida durante la vida de ambos coautores. El autor de la música fallece en 5 marzo de 2030 y el autor de la letra fallece el 12 de diciembre de 2050. La música no entra en el dominio público en el 31 de diciembre de 2100, sino que ambos elementos entran en el dominio público a la vez el 31 de diciembre de 2120. La idea es garantizar a todos los coautores de este tipo de obras, como mínimo, la misma duración de su derecho sobre la obra en colaboración que la que tendrían sobre la misma si toda ella fuera suya o que la que tienen sobre su respectiva aportación.

Cabe cuestionarse la necesidad, en nuestro ordenamiento, de esta norma, en la medida en que ya disponemos de este mismo plazo de protección para las obras en colaboración (art. 28.1.1º LPI), categoría a la que pertenece una composición musical con letra. Este régimen parece ser más útil para aquellos países en los que se establecen plazos de protección distintos para la música y para la letra. La determinación expresa de este plazo de protección obedece a una necesidad de dar más seguridad jurídica en estos supuestos[4]. Además, el legislador ha establecido indirectamente la idea de que todas las composiciones musicales con letra constituyen obras en colaboración, sin que quepa otorgarles el carácter de obras colectivas —al estilo de las obras audiovisuales en el artículo 87 LPI—. Y ello por las siguientes razones: 1) el plazo de protección se ubica en el mismo apartado en que se regula el plazo para las obras en colaboración; 2) el propio tenor literal del artículo 28.1.2º LPI, que no incluye ningún tipo de excepción a la regla que establece.

---

[4]   Así se indicó en la *Memoria de Análisis de Impacto Normativo del Anteproyecto de Ley de modificación del TRLPI y de la LEC*, de 14 de febrero de 2014, p. 10.

3. EL REQUISITO DE LA CREACIÓN ESPECÍFICA PARA LA COMPOSICIÓN MUSICAL CON LETRA

Para aplicar el plazo de protección del artículo 28.1.2º LPI, es necesario que ambas contribuciones sean creadas específicamente para dicha composición musical con letra. Tanto la música como la letra deben ser creadas para esa obra común.

Pero, ¿qué ocurre si una de ellas estaba creada con anterioridad? Si las contribuciones estaban creadas antes pero aún no habían sido divulgadas, se debe aplicar el artículo 28.1.2º LPI. A mi juicio, lo importante a estos efectos no es tanto que las contribuciones estén creadas desde el principio con la idea de incorporarlas a la composición musical con letra, sino que se ofrezcan al público por primera vez unidas en dicha obra. La misma solución hay que aplicar si alguna de las dos partes o las dos ya estaban divulgadas previamente por separado. Sea cual sea el camino que se elija, nos llevará a esta solución igualmente: la música ha sido creada previamente y su autor conviene con otro que le haga la letra para integrarla en una composición musical con letra; el resultado sería una obra distinta que tendría un plazo de protección diferente al de la contribución individual previamente divulgada, y al ser un supuesto de coautoría, se aplicaría el artículo 28.1.1º LPI (plazo general de las obras en colaboración). De utilizar, en ambos supuestos, plazos distintos para cada una de las contribuciones, se plantearía el problema que esta norma trata de resolver.

4. PROBLEMAS SIN RESOLVER

La reforma del artículo 28.1 LPI deja sin resolver dos problemas importantes en cuanto al cómputo de los 70 años de protección. En primer lugar, si alguno de los dos coautores quiere divulgar su parte de manera anónima o con seudónimo, el plazo de 70 años empezaría a computar desde lo que ocurra en último lugar, la muerte del coautor conocido o la divulgación de la obra. Y si ambos coautores utilizaran un seudónimo o divulgan de manera anónima, los 70 años se computan desde la divulgación de la obra (art. 27 LPI).

En segundo lugar, el artículo 28.1.2º LPI presume que los autores de ambas partes (letra y música) son personas físicas, pero no determina qué ocurriría si alguna de las partes está creada por una persona jurídica, respecto de las cuales no existe muerte o declaración de fallecimiento. Si la letra o la música constituyen una obra colectiva, hay que distinguir dos supuestos. Si dicha parte corresponde a una persona jurídica, el plazo de 70 años comenzará desde lo que ocurra en último lugar: la muerte del coautor persona física o la divulgación de la obra. Pero si dicha parte corresponde a una persona física, cabría volver de nuevo a la regla general del artículo 28.1.2º LPI: la muerte del último coautor superviviente. Ahora bien, si ambas aportaciones constituyeran obras colectivas cuyos autores son personas jurídicas, se aplicaría el plazo de protección del artículo 28.2 LPI: 70 años desde la divulgación de la obra. Si fueran personas físicas, se aplica entonces el nuevo plazo ya señalado.

5. APLICACIÓN TEMPORAL DEL ARTÍCULO 28.1.2º LPI

La Ley 21/2014 añade a la LPI una nueva DT 21ª en su artículo 1.26. Contiene una serie normas sobre aplicación temporal de ciertas disposiciones, dedicándose el apartado primero a la relativa a las composiciones musicales con letra, en consonancia con el artículo 10.6.I Directiva 2006/116/CE, añadido por la Directiva 2011/77/UE. Conforme a la DT 21ª.1 LPI, la previsión del plazo para las composiciones musicales con letra se aplicará únicamente a aquellas de las que al menos la música o la letra estuvieran protegidas en España o, al menos, un Estado miembro de la Unión Europea el 1 de noviembre de 2013 y a las que se creen después de dicha fecha. La composición puede o no haber sido explotada a los efectos de esta previsión (por ejemplo, puede tratarse de obras inéditas). Lo importante es que la letra o la música tengan aún protección a fecha de 1 de noviembre de 2013, fecha límite para la transposición de la Directiva 2011/77/UE por parte de los Estados miembros (art. 2.1). Esto implica que, en aquellos Estados donde la música y la letra tenían plazos de protección diferentes, la parte que había caído en el dominio público vuelva a estar protegida de nuevo para formar parte de ese todo unitario que es la composición musical con letra. Por el contrario, el nuevo plazo de protección no se va a aplicar a las composiciones musicales con letra cuyas dos partes hayan caído ya en el dominio público a fecha de 1 de noviembre de 2013.

El segundo párrafo de esta DT 21ª.1 LPI añade que la protección prevista en el párrafo anterior "*se entenderá sin perjuicio de los actos concluidos y de los derechos adquiridos antes del 1 de noviembre de 2013*". El artículo 10.6.II Directiva 2006/116/CE exige a los Estados miembros que adopten las disposiciones necesarias para proteger los derechos adquiridos por terceros. Al igual que el primer párrafo, esta previsión tiene utilidad en aquellos Estados miembros donde la música y la letra tienen plazos de protección distintos. Como he indicado, en ellos puede ocurrir que una de las partes haya caído en el dominio público y esté siendo explotada por un tercero, y que, tras la transposición de la Directiva, vuelva a estar protegida dicha parte dentro de la composición musical con letra —el tercero se entiende que debe ser de buena fe—. En este caso, ese tercero concurriría con el titular de derechos sobre ésta. Conforme a la Directiva, hay que respetar los derechos que hayan adquirido ya los terceros antes del 1 de noviembre de 2013. Su Considerando 25 establece que el respeto de los derechos adquiridos y de las expectativas legítimas forma parte del ordenamiento jurídico comunitario y que los Estados miembros deben disponer que, en ciertas circunstancias, los derechos de autor y los derechos afines que se restablezcan en aplicación de la Directiva, no podrán generar pagos por quienes hubieran emprendido de buena fe la explotación de las obras o prestaciones correspondientes en el momento en que dichas obras eran de dominio público. Este problema lo resolvió el TJUE, en su sentencia de 29 de junio de 1999 (caso *Butterfly*)[5]. Según el Tribunal, si la legislación de un Estado miembro permite la concurrencia en la explotación entre un tercero que explota la parte de dominio público, por haberse producido antes de la entrada en vigor de la Directiva, y el titular o titulares de derechos sobre el contenido protegido, eso no será contrario a la Directiva, si bien la explotación por el tercero deberá estar limitada en alguna medida (pár. 30)[6].

---

[5]   (*Tol 105105*).

[6]   El caso enfrentaba a una discográfica italiana que había empezado a explotar unas grabaciones musicales tras haber caído en el dominio público. Posteriormente, la Directiva 1993/98/CEE amplió la duración de ciertos derechos afines de 30 a 50 años, lo que hizo que los productores de dichas grabaciones reclamaran la cesación en la explotación por la discográfica.

II. La ampliación del plazo de protección de los fonogramas y de las interpretaciones y ejecuciones fijadas en los mismos

ALFONSO GONZÁLEZ GOZALO

1. LA TRANSPOSICIÓN DE LA DIRECTIVA 2011/77/UE

La Ley 21/2014, de 4 de noviembre, por la que se modifica el Texto Refundido de la Ley de Propiedad Intelectual, aprobado por Real Decreto Legislativo 1/1996, de 12 de abril, y la Ley 1/2000, de 7 de enero, de Enjuiciamiento Civil, transpone al ordenamiento español, con más de un año de retraso, la Directiva 2011/77/UE del Parlamento Europeo y del Consejo, de 27 de septiembre de 2011, por la que se modifica la Directiva 2006/116/CE relativa al plazo de protección del derecho de autor y de determinados derechos afines[1].

La Directiva 2011/77/UE vino a ampliar a nivel comunitario en veinte años el plazo de protección de los fonogramas y de las interpretaciones y ejecuciones fijadas en fonogramas, lo que ha determinado la modificación de los arts. 112 y 119 LPI para adecuarlos a esa nueva duración de los derechos conexos de los artistas y los productores fonográficos.

Asimismo, y en atención a esa ampliación de la duración de los derechos patrimoniales de los artistas y productores fonográficos, la Directiva 2011/77/UE estableció ciertas medidas de protección de los intereses de los artistas que han cedido los derechos de explotación sobre sus actuaciones fijadas en fonogramas a los productores discográficos, que se han trasladado al nuevo art. 110 bis de la LPI.

---

[1] Para una breve exposición del contenido de esta Directiva, *vid*. MINERO ALEJAN-DRE, G., "The Term Directive", en *EU Copyright Law*, coordinado por Stamatoudi y Torremans, Edward Elgar Publishing, Glos, 2014, pp. 268 y ss. Un análisis más extenso y crítico de la misma puede encontrarse en LÓPEZ MAZA, S., "Las reformas introducidas por la Directiva 2011/77/UE en el sector musical", en *RDP*, marzo-abril 2012, pp. 37 y ss.

Finalmente, y no menos importante, la Directiva 2011/77/UE contiene una serie de disposiciones encaminadas a precisar su vigencia temporal y a concretar a qué fonogramas se aplican el nuevo plazo de protección y las medidas adicionales de tutela de los intereses de los artistas fonográficos, que han dado lugar a la Disposición Transitoria Vigésima Primera de la LPI.

2. LA AMPLIACIÓN DEL PLAZO DE PROTECCIÓN DE LOS FONOGRAMAS Y LAS INTERPRETACIONES Y EJECUCIONES FIJADAS EN FONOGRAMAS

Los apartados ocho y nueve del artículo primero de la Ley 21/2014, en consonancia con los nuevos tenores literales de los apartados 1 y 2 del art. 3 de la Directiva 2006/116/CE derivados de la Directiva 2011/77/UE, han modificado los arts. 112 y 119 LPI a los efectos de ampliar en veinte años el plazo de protección tanto de las interpretaciones y ejecuciones fijadas en fonogramas como de los propios fonogramas.

2.1. *La ampliación del plazo de protección de las interpretaciones o ejecuciones fijadas en fonogramas*

Por lo que respecta al derecho conexo de los artistas, la Ley 21/2014, a fin de incorporar el nuevo art. 3.1 de la Directiva 2006/116/CE, ha modificado el párrafo segundo del art. 112 (el párrafo primero permanece inalterado), que ahora dispone:

> "No obstante, si, dentro de dicho periodo, se publica o se comunica lícitamente al público, por un medio distinto al fonograma, una grabación de la interpretación o ejecución, los mencionados derechos expirarán a los cincuenta años computados desde el día 1 de enero del año siguiente a la fecha de la primera publicación o a la primera comunicación pública, si ésta es anterior. Si la publicación o comunicación pública de la grabación de la interpretación o ejecución se produjera en un fonograma, los mencionados derechos expirarán a los setenta años computados desde el día 1 de enero del año siguiente a la fecha de la primera publicación o la primera comunicación pública, si ésta es anterior".

La regulación que el nuevo art. 112 LPI establece del plazo de protección del derecho conexo de los artistas, en su vertiente patrimonial (la duración de los derechos morales de los artistas, tratada en el art. 113 LPI, no ha sufrido variación alguna), es plenamente coincidente, como no podía ser de otra manera, con la dispuesta por la Directiva 2006/116/CE tras su modificación por la Directiva 2011/77/UE.

Así, los derechos de explotación reconocidos a los artistas intérpretes o ejecutantes tendrán una duración inicial de cincuenta años, computados desde el día 1 de enero del año siguiente al de la interpretación o ejecución (vid. inciso primero del art. 3.1 de la Directiva 2006/116/CE y párrafo primero del art. 112 LPI)[2].

Si dentro de dicho plazo (cincuenta años desde el 1 de enero del año siguiente al de la interpretación o ejecución) se publica o comunica públicamente, de manera lícita[3], por un medio distinto al fonograma[4], una grabación de la actuación artística, los derechos se extenderán por otros cincuenta años a contar desde el 1 de enero del año siguiente al de la primera publicación o a la primera comunicación pública, lo que antes suceda (vid. primera parte del inciso segundo del art. 3.1 de la Directiva 2006/116/ CE tras su modificación por la Directiva 2011/77/UE, y primer inciso del segundo párrafo del art. 112 LPI)[5].

---

[2] Recuérdese que aunque el art. 3.1 de la Directiva 2006/116/CE, redactado por la Directiva 2011/77/UE, parece fijar como *dies a quo* del cómputo del plazo de protección del derecho conexo de los artistas el de su hecho generador (la fecha de la interpretación o ejecución, la fecha de publicación de la grabación de la interpretación o ejecución, o la fecha de su comunicación pública), el art. 8 de la Directiva 2006/116/CE, que no ha sido alterado por la Directiva 2011/77/UE, precisa que los plazos establecidos en esta Directiva se calcularán a partir del 1 de enero del año siguiente al de su hecho generador (*vid.* asimismo el Considerando 15 de la Directiva).

[3] Es decir, con las autorizaciones pertinentes para no infringir el derecho conexo del artista. Así, la publicación de la grabación de la actuación deberá haber sido consentida por el artista —arts. 107 y 109 LPI—. En el caso de la comunicación pública, bastará con que el artista haya consentido la grabación de su actuación —pues los artistas carecen del derecho exclusivo de autorizar o prohibir la comunicación pública de la grabación lícita de su actuación, según dispone el art. 108.1.a) LPI—, a menos que esa comunicación pública se haya realizado a través de la puesta a disposición del público de la grabación de la actuación conforme al art. 20.2.i) LPI, en cuyo caso sí sería también preceptivo el consentimiento del artista para la puesta a disposición —art. 108.1.b) LPI—.

[4] Entendiendo por fonograma, de acuerdo con el art. 114 LPI, toda fijación exclusivamente sonora de la ejecución de una obra o de otros sonidos.

[5] El nuevo art. 112 LPI, a diferencia de su antecesor, reproduce en este punto el tenor del art. 3.1 de la Directiva 2006/116/CE. El art. 3.1 de la Directiva 2006/116/CE en su redacción anterior a la modificación operada por la Directiva 2011/77/UE establecía

Si por el contrario, y aquí está la novedad introducida por la Ley 21/2014 (en transposición de la Directiva 2011/77/UE), dentro del plazo inicial de cincuenta años desde el 1 de enero del año siguiente al de la interpretación o ejecución se produjera la publicación o la comunicación pública de la grabación de la actuación en un fonograma (hay que entender que de forma lícita, aunque no se reitere esta exigencia para las actuaciones fijadas en fonogramas), los derechos de explotación sobre esta actuación grabada fonográficamente expirarán a los setenta años desde el 1 de enero del año siguiente al de la fecha de la primera publicación o comunicación pública, cualquiera que sea la primera de ellas (vid. segunda parte del inciso segundo del art. 3.1 de la Directiva 2006/116/CE, tras su modificación por la Directiva 2011/77/UE, y segundo inciso del segundo párrafo del art. 112 LPI).

Como fácilmente se aprecia, la modificación introducida en el art. 112 LPI tiene un doble alcance. Por un lado, amplía en veinte años el plazo de protección de las interpretaciones o ejecuciones grabadas en fonogramas, que pasa de cincuenta a setenta años desde la publicación o comunicación pública del fonograma que las incorpora[6].

---

que si se hubiera *publicado lícitamente* o *comunicado lícitamente al público*, dentro de dicho periodo (se refiere al periodo inicial de cincuenta años desde la representación o ejecución), una grabación de la representación o ejecución, los derechos patrimoniales del artista expirarían cincuenta años después de dicha primera publicación o de dicha primera comunicación al público, cualquiera que fuera la primera de ellas. El art. 112.II LPI, sin embargo, aplicaba dicho plazo de cincuenta años cuando la grabación de la interpretación o ejecución hubiera sido *divulgada lícitamente*, y tomaba como *dies a quo* el 1 de enero del año siguiente al de la *divulgación lícita*. En la práctica, como ponía de manifiesto la doctrina (*vid.* por ejemplo SÁNCHEZ ARISTI, R., "Comentario al art. 112", en *Comentarios a la Ley de Propiedad Intelectual*, 3ª ed., Tecnos, Madrid, 2007, p. 1506), la diferencia era más terminológica que sustantiva, toda vez que, de acuerdo con el art. 4 LPI, se entiende por divulgación de una obra (o de una grabación, dado que la definición de divulgación del art. 4 LPI no se restringe al derecho de autor, sino que es "a los efectos de lo dispuesto en la presente ley", sin mayor limitación) toda expresión de la misma que, con el consentimiento del autor (o del titular del derecho conexo correspondiente), la haga accesible por primera vez al público en cualquier forma. En este sentido, la primera publicación o comunicación pública lícita de una grabación (a la que alude el art. 3.1 de la Directiva 2006/116/CE) coincidirá con su divulgación lícita (a la que se refiere el art. 112.II LPI).

[6]   La ampliación de la duración de los derechos de los artistas y los productores fonográficos, muy aplaudida por la industria discográfica y las entidades de gestión, ha sido muy criticada por las asociaciones de consumidores a nivel europeo, así como por un sector de la doctrina (vid. por ejemplo HILTY, KURR, KLASS, GEIGER, PEUKERT, DREXL

Por otro lado, y a resultas de lo anterior, conlleva la aplicación de diversos plazos de protección en función del soporte al que se incorpore la actuación artística. En efecto, las actuaciones fijadas en soportes audiovisuales mantienen, por lo que a los derechos patrimoniales se refiere, el mismo plazo de protección de cincuenta años que tenían reconocido hasta ahora. Las actuaciones fijadas en fonogramas, por el contrario, ven incrementada en veinte años, hasta setenta, la duración de los derechos de explotación de los que son objeto. Ello no sólo supone una cuestionable disparidad de trato entre los artistas fonográficos y los restantes artistas, sino que también implica, lo que es más distorsionador, que la misma actuación de un mismo artista pueda disfrutar de distintos plazos de protección dependiendo del soporte a través del cual se explota[7]. Si se explota en soporte audiovisual,

---

Y KATZEMBERGER, *Comment by the Max-Planck Institute on the Commission's proposal for a Directive to amend Directive 2006/116/EC of the European Parliament and Council concerning the Term of Protection for Copyright and Related Rights*, septiembre de 2008, pp. 21-22; ó HELBERGER, DUFFT, VAN GOMPEL y HUGENHOLTZ, "Never forever: Why extending the term of protection for sound recordings is a bad idea", en *EIPR*, 2008/5, pp. 174-181). Nuestra Comisión Nacional de Competencia, en su *Informe relativo al Anteproyecto de modificación de la LPI* (p. 23), se mostró cautelosa con respecto a la ampliación del plazo de protección respecto de fonogramas futuros (el Informe, poco riguroso en la utilización de conceptos jurídicos, se refiere a los fonogramas futuros como "obras futuras"), y muy crítica con la ampliación del plazo para los fonogramas preexistentes ("obras preexistentes" en la terminología del Informe de la CNC): "La ampliación de la protección a setenta años a la obra ya existente no tiene ningún sentido económico desde el punto de vista del interés general. Es un "beneficio sobrevenido" para el titular del derecho, innecesario y socialmente ineficiente, ya que, cuando se trata de obras ya creadas, con el marco jurídico vigente en su momento, los cambios en la normativa actual de la propiedad intelectual no tienen ninguna capacidad para incentivar retroactivamente la creación de obras y, en cambio, limitan la libre disponibilidad social de las obras ya creadas cuya protección hubiese concluido". Sea como fuere, no puede olvidarse que la ampliación del plazo de protección de los artistas y los productores fonográficos es una imposición del Derecho Comunitario, que, en este punto, supera con creces los mínimos establecidos en los convenios internacionales aplicables [veinte años desde el final del año en que se haya grabado la actuación según el art. 14.a) de la Convención de Roma de 1961 sobre protección de los artistas intérprete o ejecutantes, los productores de fonogramas y los organismos de radiodifusión; cincuenta años desde la interpretación o ejecución previsto según el art. 14.5 del Acuerdo ADPIC; cincuenta años desde la fijación de la actuación en el fonograma según el art. 17.1 del Tratado de la OMPI sobre interpretación o ejecución y fonogramas].

7   Me refiero al supuesto en que una misma actuación es simultáneamente grabada en soporte fonográfico y audiovisual, y no a aquel otro en que un mismo artista hace repetidas ejecuciones o interpretaciones de una obra, donde es normal que cada actuación pueda

se protegerá durante cincuenta años desde el 1 de enero del año siguiente al de la publicación o comunicación pública de la grabación audiovisual en cuestión. Si se explota en soporte fonográfico, se protegerá durante setenta años desde el 1 de enero del año siguiente al de la publicación o comunicación pública del fonograma. Si se explota fonográfica y audiovisualmente, a cada medio de explotación se le aplicará el plazo de protección correspondiente, pudiendo ocurrir que la grabación fonográfica de la actuación siga estando protegida cuando la grabación audiovisual de la misma caiga en el dominio público[8].

2.2. *La ampliación del plazo de protección de los fonogramas*

El apartado 9 del artículo primero de la Ley 21/2014 también ha modificado el art. 119 LPI, a los efectos de incorporar el nuevo plazo de protec-

---

tener su propio plazo de protección, que coincidirá para las actuaciones realizadas dentro del mismo año natural y diferirá para las realizadas en años distintos, puesto que, en definitiva, el objeto de protección por el derecho conexo del artista es la concreta actuación realizada (no la obra), y hay tantas actuaciones como interpretaciones o ejecuciones haya realizado el artista, que, por lo demás, nunca podrán ser exactamente iguales (en contra SÁNCHEZ ARISTI, R., "Comentario al art. 112" en *Comentarios a la LPI*, coordinados por Rodrigo BERCOVITZ, 3ª ed., Tecnos, Madrid, 2007, pp. 1509-1510; o LÓPEZ MAZA, "Las reformas introducidas por la Directiva 2011/77/UE en el sector musical", *cit.*, pp. 46-47).

[8]   Ciertamente, podría pretenderse una interpretación según la cual para determinar la duración de los derechos patrimoniales sobre una actuación grabada fonográfica y audiovisualmente habrá de atenderse al plazo correspondiente al soporte (fonográfico o audiovisual) que se haya publicado o comunicado públicamente antes. Sin embargo, en mi opinión dicha interpretación choca con el tenor literal tanto del art. 112 LPI como del art. 3.1 de la Directiva 2006/116/CE (criterio gramatical), que establecen plazos de protección independientes en función de si la grabación de la actuación se publica o comunica al público en un fonograma o en un medio distinto del fonograma. Y resulta contraria a uno de los propósitos de la nueva regulación (criterio teleológico), que es asegurar que los derechos de los artistas sobre las actuaciones fijadas en fonogramas tengan una duración suficiente para cubrir al menos toda su vida (vid. Considerandos 5 y 6 de la Directiva 2011/77/UE), y ello con independencia de si esas mismas actuaciones son también explotadas en soporte audiovisual. Por otra parte, no resulta lógico que los derechos de los artistas cuyas actuaciones se incorporan a un fonograma puedan expirar antes que los derechos del productor sobre ese fonograma por el simple hecho de que esas actuaciones hayan sido divulgadas antes en soporte audiovisual (si bien no puede dejar de reconocerse que ni la Directiva 2006/116/CE ni la LPI aseguran que los productores ostenten sobre los fonogramas el mismo plazo de protección que los artistas sobre las actuaciones fijadas en los mismos).

ción de los fonogramas establecido en el art. 3.2 de la Directiva 2006/116/CE tras su modificación por la Directiva 2011/77/UE.

El nuevo tenor literal del primer párrafo del art. 119, plenamente coincidente con el art. 3.2 de la Directiva 2006/116/CE, como no podía ser de otra manera, amplía a setenta años la duración del derecho conexo de los productores de fonogramas que hayan sido publicados o comunicados al público de forma lícita, manteniendo inalterado el resto del artículo.

De esta manera, el plazo inicial de protección de los fonogramas continúa siendo de cincuenta años desde el 1 de enero del año siguiente al de su grabación.

Si durante ese periodo inicial de cincuenta años el fonograma es publicado (en el sentido del art. 4 LPI) lícitamente, la duración del derecho conexo del productor pasa a ser de setenta años desde el 1 de enero del año siguiente al de la fecha de la primera publicación lícita.

Si en el periodo inicial de cincuenta años desde el 1 de enero del año siguiente al de su grabación el fonograma no se publica lícitamente, pero sí se comunica al público, los derechos del productor expirarán a los setenta años desde el 1 de enero del año siguiente al de la primera comunicación pública lícita[9].

Por tanto, el criterio de la publicación sigue manteniéndose[10] como preferente frente a la comunicación pública a los efectos de determinar el *dies a quo* del plazo de protección de los fonogramas, en lo que supone una divergencia importante con respecto a la duración de los derechos patrimoniales

---

[9]   Como ocurre en el caso del derecho conexo de los artistas cuyas actuaciones se explotan grabadas en soportes fonográficos, el nuevo art. 119 LPI supera sobradamente los mínimos establecidos en los convenios internacionales aplicables [veinte años desde el final del año en que se haya grabado el fonograma según el art. 14.a) de la Convención de Roma de 1961 sobre protección de los artistas intérprete o ejecutantes, los productores de fonogramas y los organismos de radiodifusión; cincuenta años desde el final del año en que se ha realizado la fijación del fonograma según el art. 14.5 del Acuerdo ADPIC; cincuenta años desde el final del año en el que se haya publicado el fonograma o, cuando tal publicación no haya tenido lugar dentro de los cincuenta años desde la fijación del fonograma, cincuenta años desde el final del año en que se haya realizado la fijación según el art. 17.2 del Tratado de la OMPI sobre Interpretación o ejecución y fonogramas, en lo sucesivo TIEF].

[10] Así ha sido desde la anterior modificación del art. 119 LPI, introducida por la ley 23/2006 por exigencias de la Directiva 2001/29/CE.

de los artistas cuyas actuaciones se fijan en un fonograma. Ciertamente, puede darse el caso de que los derechos de los artistas cuyas interpretaciones o ejecuciones se han incorporado a un fonograma expiren antes que el derecho del productor fonográfico. Así sucederá cuando el fonograma en cuestión se publique por primera vez uno o varios años después de su primera comunicación pública lícita.

El nuevo art. 119 LPI sigue manteniendo la duda de si la puesta a disposición del público prevista en el art. 20.2.i) LPI, cada vez más importante en términos económicos, puede considerarse una forma de publicación a los efectos de determinar el plazo de protección del fonograma. La inclusión de la puesta a disposición en el art. 20 LPI, como una modalidad de comunicación pública, parece apuntar en sentido contrario[11]. Sin embargo, en una sociedad donde la distribución de soportes está perdiendo relevancia a un ritmo vertiginoso, y donde cada vez cobra más importancia el negocio de las descargas digitales, resulta más razonable entender que a través de la puesta a disposición del art. 20.2.i) LPI se puede publicar un fonograma (interpretación de la norma conforme a la realidad social del tiempo en que ha de ser aplicada, *ex* art. 3.1 CC)[12].

---

[11]   Rodrigo BERCOVITZ RODRÍGUEZ-CANO, "Comentario al art. 119", en *Comentarios a la Ley de Propiedad Intelectual*, 3ª ed., Tecnos, Madrid, 2007, p. 1567, parece entenderlo así.

[12]   No faltan argumentos para defender que la puesta a disposición de fonogramas equivale a su publicación. En primer lugar, el art. 4 LPI, cuando define el concepto de "publicación", alude simplemente a la divulgación que se realice mediante "la puesta a disposición del público de un número de ejemplares de la obra que satisfaga razonablemente sus necesidades estimadas de acuerdo con la naturaleza y finalidad de la misma", sin limitarla, por tanto, a la puesta a disposición de ejemplares en soporte tangible (distribución). En segundo lugar, no puede olvidarse que el art. 119 LPI transpone una norma comunitaria. Y conforme al Derecho Comunitario, el derecho de puesta a disposición de los productores no tiene por qué categorizarse como una forma de comunicación pública (a diferencia de lo que ocurre en el caso del derecho de autor), tal y como se desprende del art. 3.2 de la Directiva 2001/29/CE. Finalmente, tampoco puede dejar de traerse a colación el art. 15.4 TIEF, de acuerdo con el cual un fonograma puesto a disposición del público se considerará publicado con fines comerciales. Cierto es que el propio art. 15.4 clarifica que esta identificación entre fonograma puesto a disposición del público y fonograma publicado con fines comerciales es a los efectos de este artículo. Pero ninguna razón se opone a la aplicación analógica de esta regla al supuesto que nos ocupa.

3. LAS DISPOSICIONES RELATIVAS A LA CESIÓN AL PRODUCTOR DE FONOGRAMAS DE LOS DERECHOS DE EXPLOTACIÓN DE LOS ARTISTAS ESTABLECIDAS POR EL NUEVO ART. 110 BIS LPI

La Directiva 2011/77/UE introdujo en los apartados 2 bis a 2 sexies del art. 3 de la Directiva 2006/116/CE una serie de disposiciones especiales para la protección de los intereses de los artistas en sus relaciones contractuales con los productores de fonogramas, aplicables al periodo de extensión de veinte años del plazo de protección de los fonogramas.

En síntesis, se trata de tres reglas que vienen a alterar en alguna medida, en beneficio de los artistas, su relación contractual con los productores fonográficos, pero únicamente durante el plazo de protección adicional concedido por la propia Directiva a estos productores[13].

Así, se reconoce en primer lugar a los artistas, en el nuevo art. 3.2 bis de la Directiva 2006/116/CE, una facultad resolutoria del contrato de cesión para el caso de que el productor no explote suficientemente el fonograma que incorpora sus actuaciones (regla comúnmente conocida como *"use it or lose it"*: *"úselo o piérdalo"*).

Se les atribuye en segundo lugar, en los apartados 2 ter a 2 quinquies del art. 3 de la Directiva 2006/116/CE, el derecho a percibir una remuneración anual adicional en aquellos casos en que cedieron al productor en su día los derechos sobre su actuación a cambio de una remuneración única.

Y, finalmente, para los casos en que el artista cedió sus derechos al productor a cambio de una remuneración proporcional ("pagos periódicos"), se establece, en el art. 3.2 sexies de la Directiva, un principio de *"tabla rasa"*, que conlleva el cese de la aplicación de cualesquiera deducciones que se hubieran pactado contractualmente entre el artista y el productor y que pervivieran una vez transcurridos cincuenta años desde la primera publi-

---

[13] Obsérvese que, aunque se trata de especialidades relativas a la cesión de los derechos de los artistas a los intérpretes fonográficos, se aplican durante el periodo de extensión del derecho conexo del productor de fonogramas, que puede no coincidir, como hemos visto anteriormente, con el periodo de extensión del derecho conexo del artista sobre la grabación de su interpretación o ejecución fijada en el fonograma. Ello abunda en la idea de que estas especialidades se conciben como una contrapartida a favor de los artistas por la ampliación del plazo de protección del derecho conexo del productor de fonogramas.

cación o comunicación pública de la grabación de la actuación fijada en el fonograma.

La Ley 21/2014, en el apartado 7 de su artículo primero, ha incorporado estas tres reglas al nuevo art. 110 bis LPI, que contiene, por tanto, ciertas especialidades aplicables al contrato de cesión de derechos del artista al productor fonográfico. Contrato que, sin embargo, carece de una regulación general[14].

Veamos separadamente estas tres reglas.

3.1. La facultad resolutoria por falta de explotación del fonograma

El apartado 1 del nuevo art. 110 bis reconoce a los artistas una facultad resolutoria del contrato de cesión de los derechos sobre la grabación de la actuación fijada en el fonograma (o dicho con otras palabras, un derecho de reversión) por falta de explotación del mismo, de conformidad con lo dispuesto en el art. 3.2 bis de la Directiva 2006/116/CE. Establece este art. 110 bis.1 LPI:

> "**1.** Si, una vez transcurridos cincuenta años desde la publicación lícita del fonograma o, en caso de no haberse producido esta última, cincuenta años desde su comunicación lícita al público, no se pone a la venta un número suficiente de copias que satisfaga razonablemente las necesidades estimadas del público de acuerdo con la naturaleza y finalidad del fonograma, o no se pone a disposición del público, en la forma establecida en el artículo 20.2.i), el artista intérprete o ejecutante podrá poner fin al contrato en virtud del cual cede sus derechos con respecto a la grabación de su interpretación o ejecución al productor de fonogramas.

---

[14]   No se olvide, en efecto, que la remisión contenida en el art. 132 LPI a ciertas disposiciones del Libro Primero de la LPI no alcanza a los artículos que regulan la cesión de los derechos de autor (Título V del Libro Primero, arts. 42 y ss.). Por consiguiente, en defecto de otra regulación específica, la transmisión de los derechos de los artistas a los productores se regirá por las disposiciones generales relativas a los contratos en general y al contrato de compraventa en particular.

Tanto el Consejo General del Poder Judicial (cfr. p. 108 de su *Informe al Anteproyecto de Ley de modificación de la LPI*) como el Consejo de Estado (cfr. p. 87 de su *Dictamen sobre el Anteproyecto de Ley de modificación de la LPI*) pusieron de manifiesto, sin éxito, la conveniencia de aprovechar la ocasión para dotar al contrato de cesión al productor de los derechos del artista de una regulación típica suficiente. Para el Consejo de Estado, de hecho, la inexistencia de tal regulación puede plantear problemas de interpretación y aplicación del nuevo art. 110 bis.

El derecho a resolver el contrato de cesión podrá ejercerse si, en el plazo de un año desde la notificación fehaciente del artista intérprete o ejecutante de su intención de resolver el contrato de cesión conforme a lo dispuesto en el párrafo anterior, el productor no lleva a cabo ambos actos de explotación mencionados en dicho párrafo. Esta posibilidad de resolución no podrá ser objeto de renuncia por parte del artista intérprete o ejecutante.

Cuando un fonograma contenga la grabación de las interpretaciones o ejecuciones de varios artistas intérpretes o ejecutantes, éstos sólo podrán resolver el contrato de cesión de conformidad con el artículo 111. Si se pone fin al contrato de cesión de conformidad con lo especificado en el presente apartado, expirarán los derechos del productor del fonograma sobre éste".

Esta regla debe ponerse en relación con el apartado 4 de la nueva disposición transitoria vigésima primera, de acuerdo con la cual "salvo pacto en contrario, los contratos de cesión celebrados antes del 1 de noviembre de 2013 seguirán surtiendo efecto transcurrida la fecha en que, en virtud del artículo 112 aplicable en ese momento, el artista intérprete o ejecutante dejaría de estar protegido"[15]. Precisamente porque la regla general es que los contratos de cesión anteriores al 1 de noviembre de 2013 no se extinguen por la finalización del plazo de protección vigente cuando se celebraron se concede a los artistas una facultad resolutoria en caso de insuficiente explotación del fonograma por parte del productor.

Veremos a continuación, separadamente, cuándo y cómo pueden los artistas ejercitar esta facultad resolutoria y qué consecuencias tiene.

A) Los requisitos que legitiman al artista para resolver el contrato de cesión

Los requisitos sustantivos para que el artista pueda hacer valer la facultad resolutoria reconocida por el art. 110 bis.1 LPI, que se configura como irrenunciable tanto en la Directiva comunitaria como, lógicamente, en la ley española, son dos. En primer lugar, que hayan transcurrido cincuenta años desde la publicación lícita del fonograma o, en caso de que ésta no se

---

[15] El legislador está pensando en las habituales cesiones por todo el plazo duración de los derechos cedidos o por todo el plazo de protección de los fonogramas a los que la actuación en cuestión se incorpora. Lógicamente, si en el contrato se ha pactado un plazo de duración más concreto (un número determinado de años, hasta una determinada fecha...), habrá que estar a dicho plazo, concluya antes o después del inicio del periodo de extensión de la protección del fonograma. Lo mismo ocurriría si las partes hubieran previsto las consecuencias de una eventual variación legal de la duración de los derechos cedidos.

haya producido, desde su comunicación lícita al público. En segundo lugar, que, transcurrido ese plazo, el fonograma en cuestión no se esté explotando suficientemente.

i. La redacción del primero de los requisitos señalados (que hayan transcurrido cincuenta años desde la publicación o, subsidiariamente, comunicación pública del fonograma) es equívoca.

De entrada, no especifica a qué publicación o, en su defecto, comunicación pública se refiere. Tampoco lo hace el art. 3.2 bis de la Directiva 2006/116, del que, en este punto, el art. 110 bis.1 es transcripción literal. Parece obvio, sin embargo, que se refiere a la primera publicación lícita o, si el fonograma no ha sido publicado, a la primera comunicación pública lícita, lo que resulta más evidente en la Directiva, dado que el art. 3.2 bis sigue sin solución de continuidad al art. 3.2, el cual, al regular el plazo de protección de los fonogramas, se refiere expresamente a su primera publicación o comunicación pública.

Tampoco queda claro si el plazo comienza a correr cuando se cumplen cincuenta años desde la primera publicación o, en su defecto, primera comunicación pública, o desde el 1 de enero del año siguiente al de esa primera publicación o comunicación pública. La interpretación gramatical del art. 110 bis.1 nos llevaría a la primera de las alternativas. Sin embargo, el principio de interpretación conforme al Derecho comunitario del Derecho nacional debe hacer que nos decantemos por la segunda opción, toda vez que el art. 8 de la Directiva 2006/116/CE dispone que los plazos establecidos en la Directiva (y el que ahora analizamos no deja de ser uno de ellos) se calcularán a partir del 1 de enero del año siguiente a su hecho generador[16]. En esta línea, es clarificador el Considerando 8 de la Directiva, cuando señala que la finalidad de esta regla es asegurar que los derechos por la grabación de la actuación artística reviertan al artista si un fonogra-

---

[16]   No hay una norma similar de alcance general en la LPI. El art. 30 LPI explicita que los plazos de protección del derecho de autor se computan desde el 1 de enero del año siguiente al de la muerte o declaración de fallecimiento del autor o al de la divulgación lícita de la obra, según proceda. Pero, como se aprecia fácilmente, no es ya que se trate de una norma de aplicación exclusiva al derecho de autor (no se remite a ella el art. 132 LPI, si bien esta omisión podría salvarse con la amplitud con que el art. 30 LPI se refiere a los plazos de protección *establecidos en esta ley*"); es que alude expresamente a "los plazos *de protección*", y el art. 110 bis.1 no establece plazos de protección.

ma que *"sin ampliación del plazo, sería de dominio público"* no es explotado suficientemente por el productor. Y es que, en definitiva, lo que se busca es anudar esta facultad resolutoria que se reconoce a los artistas a la extensión del plazo de protección de los fonogramas.

ii. El segundo de los requisitos de la facultad resolutoria que se reconoce al artista fonográfico es que, transcurrido ese plazo inicial de cincuenta años desde el 1 de enero del año siguiente al de la primera publicación o, en su defecto, al de la primera comunicación pública lícita del fonograma, no se ponga a la venta un número suficiente de copias que satisfaga razonablemente las necesidades estimadas del público de acuerdo con la naturaleza y finalidad del fonograma, o no se ponga a disposición del público en la forma establecida en el artículo 20.2.i).

Es irrelevante lo que haya sucedido durante los cincuenta primeros años de protección del fonograma[17]. Lo decisivo es lo que ocurra una vez transcurrido ese periodo. Si en cualquier momento, una vez concluido dicho plazo, se deja de poner a la venta un número suficiente de copias del fonograma, o de ponerlo a disposición del público en el sentido del art. 20.2.i) LPI, entonces se cumplirá este segundo requisito.

Son dos las modalidades de explotación del fonograma que se tienen en cuenta para determinar si el artista puede resolver el contrato de cesión de los derechos sobre la grabación fonográfica de su actuación: la venta de copias del fonograma, entendiendo por tal la distribución mediante venta de ejemplares del fonograma en soporte tangible (cualquiera que éste sea), conforme a lo dispuesto en el art. 117.1 LPI en relación con el art. 19.1 LPI[18], y su puesta a disposición del público en el sentido del art. 20.2.i) LPI. Por consiguiente, es intrascendente que el fonograma pudiera ser ex-

---

17   Cincuenta años o más, dependiendo de cuándo se publicó o, en su defecto, comunicó al público por primera vez.

18   Así cabe colegirlo del Considerando 8 de la Directiva 2006/116/CE (principio de interpretación conforme), según el cual el artista podrá ejercitar este derecho de reversión cuando el productor del fonograma no ponga a la venta en número suficiente, "conforme a la Convención Internacional sobre la protección de los artistas intérpretes o ejecutantes, los productores de fonogramas y los organismos de radiodifusión", copias del fonograma. El Considerando 8 se refiere implícitamente al concepto de publicación del art. 3.d) de la referida Convención de Roma de 1961, que entiende por tal "el hecho de poner a disposición del público, en cantidad suficiente [cantidad razonable, en la versión inglesa de la Convención], ejemplares de un fonograma".

plotado mediante otras formas de distribución (poco frecuentes en el ámbito discográfico) distintas de la venta, como el alquiler o el préstamo.

Además, y por lo que respecta a la venta de ejemplares del fonograma, el art. 110 bis.1 exige que se ponga a la venta un número suficiente de copias que satisfaga razonablemente las necesidades estimadas del público de acuerdo con la naturaleza y finalidad del fonograma[19], en lo que supone un trasunto de los rasgos definitorios de la publicación con arreglo al art. 4 LPI[20]. En este punto, la norma española trata de acotar en alguna medida un concepto jurídico indeterminado que la Directiva 2011/77/UE no precisa[21] y que debería ser objeto de interpretación armonizada en la Unión Europea[22], tomando como referencia, desde mi punto de vista, el mercado objetivo del fonograma dentro de la Unión[23].

---

[19] No hay una exigencia equivalente, ni en la Ley española ni en la Directiva comunitaria, en el caso de la puesta a disposición. Por consiguiente, no es necesario examinar si la forma en que el fonograma se encuentra disponible para el público a través de las redes digitales satisface razonablemente las necesidades estimadas del público. Lo único relevante es que verdaderamente sea accesible para el público en cualquier Estado de la Unión Europea conforme al art. 20.2.i) LPI.

[20] Vid. la *Memoria de análisis de impacto normativo del Anteproyecto de Ley de reforma de la LPI*, p. 42. Esta exigencia se cumpliría, por tanto, poniendo a la venta ejemplares físicos del fonograma, de cualquier forma que satisfaga la demanda razonable o esperable del público, sea en establecimiento mercantil (venta en tiendas) o a distancia (venta a través de catálogo).

[21] La Directiva 2011/77/UE se refiere a la puesta en venta de un número suficiente de copias del fonograma conforme a la Convención de Roma sobre la protección de los artistas intérpretes o ejecutantes, los productores de fonogramas y los organismos de radiodifusión (vid. Considerando 8).

[22] El *Dictamen del Consejo de Estado sobre el Anteproyecto de Ley de modificación de la LPI* (p. 89) ya fue crítico con la imprecisión que encierra la mención al *número suficiente de copias*. En su opinión, "la suficiencia del número de copias dependerá del tipo de obra producida —calidad del producto, calidad del artista, mercado objetivo…—". Por el contrario, el criterio de la previsible demanda por el público, que no está en la Directiva, para el Consejo de Estado "no añade seguridad adicional para las partes, la idea de la suficiencia remite a una determinación que puede realizarse, por ejemplo, en el propio contrato de cesión, sin que la idea de la previsibilidad del comportamiento del mercado de fonogramas, con los márgenes temporales que maneja este concepto, parezca aportar un elemento sobre el que hacer descansar el derecho del artista a la resolución del contrato".

[23] Ello implica que, dada la territorialidad que caracteriza los derechos de propiedad intelectual, la venta (o falta de venta) de un fonograma fuera de la Unión Europea sería irrelevante a los efectos del ejercicio de la facultad resolutoria reconocida en el art. 110 bis.1 de la LPI. Lo cual es consecuente con el ámbito territorial que se tiene en cuenta, tanto por el Derecho comunitario como por la LPI, a efectos del agotamiento (art. 117.2 LPI).

Es discutible si para que el artista pueda ejercitar la facultad resolutoria que le reconoce el art. 110 bis.1 basta con que el fonograma no se comercialice mediante una de las modalidades de explotación relevantes (distribución mediante venta o puesta a disposición). La lógica de la disyuntiva planteada tanto en el art. 110 bis.1 como en el art. 3.2 bis de la Directiva 2006/116/CE parece conducir a la respuesta afirmativa, lo cual viene refrendado por el hecho de que, como veremos a continuación, para evitar la resolución el productor tendrá que llevar a cabo las dos modalidades de explotación en el plazo de un año desde que haya sido requerido a tal efecto por el artista[24]. Sin embargo, no deja de ser una interpretación contraria a la realidad social, donde cada vez más se tiende a sustituir la distribución de soportes fonográficos por la puesta a disposición del público de los fonogramas a través de redes digitales, y podría llegar a resultar desproporcionada, favoreciendo incluso ejercicios abusivos de esta facultad resolutoria por parte de los artistas[25].

Por último, conviene señalar que el legislador español, de forma consciente, ha optado por no personalizar en el productor fonográfico la explotación del fonograma que ha de llevarse a cabo para evitar la resolución del contrato de cesión de los derechos del artista[26]. Por consiguiente, no

---

[24] En este sentido, la Memoria de Impacto que acompañaba a la Propuesta de Directiva, al referirse a esta cláusula resolutoria, señalaba que podría aplicarse si la compañía discográfica decidiera utilizar únicamente algunos canales de distribución, como la venta de CDs, y no otros, como las ventas en línea (cfr. *Commission Staff Working Document accompanying the Proposal for a Council Directive amending Council Directive 2006/116/EC as regards the term of protection of copyright and related rights. Impact assessment on the legal and economic situation of performers and record producers in the European Union*, COM(2008) 464 final, p. 26).

[25] Piénsese en el caso de un fonograma que se hubiera dejado de distribuir por la falta de rentabilidad de esta modalidad de explotación, pero que se siguiera comercializando con éxito a través de su puesta a disposición del público mediante las redes digitales. ¿Podría el artista, sin incurrir en abuso de derecho, ampararse en ello para resolver el contrato de cesión y proceder a explotar por sí mismo, o a través de un tercero, la grabación fonográfica de su actuación únicamente a través de la puesta a disposición?

[26] En el Anteproyecto de Ley se establecía que el artista fonográfico podría hacer uso de la facultad resolutoria si el productor o, en su caso, su cesionario, no ponía a la venta en número suficiente copias del fonograma o no lo ponía a disposición del público. En atención a las recomendaciones contenidas en el *Dictamen del Consejo de Estado sobre el Anteproyecto*, en el Proyecto sometido a las Cortes se eliminó la referencia tanto al cesionario como al productor. Tal y como se explica en la *Memoria de análisis de impacto normativo del Anteproyecto de Ley de modificación de la LPI*, p. 42, de esta forma se clarifica que "el dere-

importa que sea el productor o, lo que será más habitual, un tercero (cesionario) quien tenga a la venta los ejemplares del fonograma o quien lo ponga a disposición del público a través de las redes digitales. Lo importante es el dato objetivo de que el fonograma se encuentre disponible para el público de forma lícita y, por tanto, con el consentimiento del productor[27], lo que le permitirá al artista obtener los ingresos que le correspondan derivados de su explotación[28].

B) El ejercicio de la facultad resolutoria por parte del artista. Fonogramas con pluralidad de artistas

i. De conformidad con el segundo párrafo del art. 110 bis.1, el ejercicio de la facultad resolutoria reconocida al artista requiere que, con carácter previo, éste notifique de forma fehaciente su intención en tal sentido,

---

cho del artistas intérprete o ejecutante de resolver su contrato de cesión con el productor nacerá cuando el acto de explotación del fonograma no se lleve a cabo, sin necesidad de especificar por quién ha de llevarse a cabo".

[27] Difiere en este punto el art. 110 bis.1 LPI del art. 3.2 bis de la Directiva 2006/116/CE, tras su modificación por la Directiva 2011/77/UE. Según la Directiva, en efecto, es el productor quien tiene que poner a la venta los ejemplares del fonograma o ponerlo a disposición del público a través de las redes digitales. La interpretación de la norma conforme a su finalidad (interpretación teleológica) no puede sino conducirnos a entender que lo importante es el hecho de que el fonograma esté disponible para el público con el consentimiento del productor, pero no que sea el productor, personalmente, quien lo ponga a la venta o a disposición del público a través de redes digitales (de hecho, normalmente no lo hace, limitándose a conceder las oportunas licencias o a realizar las oportunas cesiones a terceros a tal efecto), pues se trata de asegurarle al artista que su actuación grabada es objeto de explotación, lo que le permitirá percibir los ingresos correspondientes, beneficiándose así de forma real de la ampliación del plazo de protección (vid. Considerandos 6 y 10 de la Directiva 2011/77/UE). En este sentido, más allá de las diferencias en cuanto al tenor literal de la norma comunitaria y nuestra norma nacional, criticadas por el Consejo de Estado en su *Dictamen sobre el Anteproyecto de Ley de modificación de la LPI*, pp. 89-90, no parece que exista realmente una divergencia sustancial entre una y otra.

[28] Esta facultad resolutoria, ciertamente, debe ponerse en relación con las otras medidas previstas en el art. 110 bis, dirigidas a garantizar que el artista se beneficia realmente de la extensión del plazo de protección (cfr. Considerando 6 de la Directiva 2011/77/UE). Y es que, en efecto, para que el artista que pactó en el contrato una remuneración única pueda percibir la remuneración anual adicional del art. 110 bis.2, o para que pueda obtener los *royalties* que le correspondan por la reproducción, distribución y puesta a disposición del fonograma, prescindiendo incluso, conforme al art. 110 bis.3, de los anticipos y deducciones pactados, si tal hubiera sido el caso, es preciso que el fonograma se esté comercializando de forma lícita (es decir, con el consentimiento del productor).

concediendo la Ley al productor el plazo de un año para poner a la venta ejemplares del fonograma y ponerlo también a disposición del público. Si el productor no lleva a cabo ambos actos de explotación en ese término, entonces, tal y como establece igualmente el art. 3.2 bis de la Directiva 2006/116/CE, el artista podrá ejercer el derecho a resolver el contrato de cesión. De donde se desprende que la resolución del contrato no opera de manera automática una vez transcurrido dicho término, sino que tiene que ser interesada por el artista.

Le Ley no precisa a quién tiene que enviar el artista esta notificación. Tampoco lo hace la Directiva. Ello no obstante, ha de interpretarse que su destinatario no puede ser otro que la otra parte del contrato cuya resolución se pretende, que será normalmente el propio productor, a menos que un tercero se haya subrogado en su posición (por ejemplo, si el productor le ha cedido, con el consentimiento del artista, el contrato de cesión de derechos sobre la actuación fijada en el fonograma).

Lo que sí precisa la norma española, a diferencia de la comunitaria, es que la referida notificación ha de ser fehaciente[29]. De esta forma se garantiza que quede constancia no sólo de que se ha realizado con éxito, sino también de la fecha en que ha tenido lugar, que es el *dies a quo* del plazo de un año que se le concede al productor para volver a explotar el fonograma y evitar así la resolución del contrato de cesión. La fecha de la notificación será la de su recepción por el productor, pues a partir de ese momento tendrá conocimiento de ella o, al menos, no podrá ignorarla sin faltar a la buena fe (cfr. art. 1262.II del Código Civil).

Obviamente, en la notificación fehaciente de su voluntad resolutoria, el artista deberá identificar con claridad a qué grabación de su actuación (o grabaciones de sus actuaciones) se refiere y en qué fonograma no suficientemente explotado se encuentra.

ii. El ejercicio de la facultad resolutoria se complica cuando un mismo fonograma contiene la grabación de las interpretaciones o ejecuciones de varios artistas.

---

[29]   En mi opinión no existe falta de conformidad en este punto entre el precepto español y la Directiva comunitaria, toda vez que ésta no establece imposición alguna en cuanto a la forma de la notificación. No se olvide que la función de las Directivas es armonizar las legislaciones nacionales, pero no asegurar una absoluta identidad de las mismas.

Para este supuesto el art. 3.2 bis de la Directiva 2006/116/CE establece que los artistas involucrados sólo podrán resolver el contrato con arreglo a la legislación nacional aplicable[30].

El legislador español ha optado por aplicar en este caso la regla del art. 111 LPI, a la que se remite expresamente[31], lo cual supone una solución intermedia entre la necesidad de actuación conjunta de todos los artistas implicados, prevista inicialmente por la Comisión Europea aunque finalmente rechazada, y la posibilidad de que cada uno actúe de manera individual. En efecto, aunque la regla general que se desprende del art. 111 es que los artistas involucrados deben designar entre ellos, por acuerdo mayoritario[32], un representante para el ejercicio de la facultad resolutoria, el propio precepto legal exceptúa de esa obligación a los solistas y a los directores de orquesta (también a los de escena, pero éstos son ajenos al ámbito fonográfico), concepto dentro del cual se suele incluir, de acuerdo con los usos del sector discográfico, a todos los integrantes de grupos musicales que tienen un número reducido de integrantes. Por consiguiente, los solistas y directores de orquesta podrán decidir por sí solos si ejercitan o no la facultad resolutoria reconocida en el art. 110 bis.1, mientras que los restantes intérpretes o ejecutantes cuyas actuaciones se hayan fijado en el fonograma tendrán que ponerse de acuerdo y nombrar un representante a tal efecto[33].

---

[30] En la Propuesta de Directiva se establecía que cuando el fonograma contuviera las grabaciones de las actuaciones de varios artistas, éstos sólo podrían poner fin al contrato de cesión de forma conjunta.

[31] La remisión es sin duda problemática, pues mientras que el art. 111 está pensando en la actuación colectiva, el 110 bis.1 se refiere a diversas actuaciones grabadas en un mismo fonograma. El supuesto es, ciertamente, diferente. En el primer caso, los artistas realizan conjunta y simultáneamente la actuación y, por tanto, guardan al menos esa relación entre sí, que favorece la adopción de acuerdos que faciliten su explotación. En el segundo, puede que no sea así. Las sesiones de grabación de los músicos de estudio no tienen por qué coincidir en el tiempo (no es necesario ni habitual que todos los músicos que intervienen en un fonograma actúen y sean grabados a la vez), y puede que no exista ninguna relación entre ellos. En esas condiciones, y teniendo en cuenta que la facultad resolutoria nace después de transcurridos más de cincuenta años desde la grabación del fonograma, la adopción de cualquier acuerdo es sumamente complicada.

[32] El acuerdo se referirá no sólo al nombramiento de representante, sino también a sus funciones o las actuaciones que puede llevar a cabo, de tal manera que sólo podrá resolver el contrato si ha sido requerido o facultado a tal efecto por la mayoría de los artistas cuyas actuaciones se encuentran incorporadas al fonograma.

[33] Cuál es la mayoría necesaria para alcanzar este acuerdo es otra cuestión problemática. Si aplicamos el art. 398 CC, que parece lo más razonable, pues estamos ante una suerte

Lo que significa que, en la práctica, puede darse el caso de que, en relación a un mismo fonograma, unos artistas resuelvan su contrato de cesión de derechos al productor y otros no, con los efectos que se verán más adelante.

C) Efectos del ejercicio por parte del artista de la facultad resolutoria

El ejercicio de la facultad resolutoria por parte del artista producirá dos efectos.

El primero, la resolución del contrato en virtud del cual el artista cede al productor fonográfico sus derechos con respecto a la grabación de su interpretación o ejecución. Es claro, aun cuando el art. 110 bis.1 pueda resultar en alguna medida ambiguo, que la resolución se refiere a la cesión de los derechos sobre la actuación fijada en el concreto fonograma que no esté siendo suficientemente explotado, pero no alcanzará a ninguna otra actuación cuyos derechos se cedan en virtud de ese mismo contrato[34] y cuya grabación se encuentre incorporada a otro fonograma distinto respecto del cual no concurran los requisitos para la resolución.

La resolución del contrato de cesión llevará consigo la reversión al artista de los derechos cedidos, a fin de que pueda proceder a su explotación por sí mismo o cederlos nuevamente a un tercero.

El segundo efecto que produce el ejercicio de la facultad resolutoria es la extinción del derecho conexo del productor sobre el fonograma, que a partir de ese momento ingresa en el dominio público. Con ello se pretende que el productor no pueda hacer uso de sus derechos sobre el fonograma para bloquear la explotación de la grabación de la actuación del artista.

Ahora bien, cuando el fonograma incorpora la grabación de las interpretaciones o ejecuciones de varios artistas, que es lo más frecuente (pen-

---

de comunidad de bienes, se requeriría el voto favorable de los artistas que representen al menos el cincuenta por ciento de los intereses en liza. La dificultad estribará, sin embargo, en identificar a los artistas, para poder hacer el cálculo correspondiente.

34   Es habitual que los contratos por los que los artistas ceden al productor los derechos sobre sus actuaciones fijadas en fonogramas no se limiten a un único fonograma. Así, por ejemplo, en el caso de que un artista ceda al productor los derechos sobre sus actuaciones fijadas en tres álbumes, la resolución del contrato de cesión por lo que respeta a los fonogramas contenidos en uno de ellos no conllevará la reversión de los derechos sobre las grabaciones de las actuaciones contenidos en los otros dos, a menos que también se cumplieran los requisitos para la resolución del contrato en relación a éstas.

semos en el álbum de un grupo de música, en el que no sólo intervienen los integrantes de ese grupo de música, sino también artistas de estudio contratados por sesiones), la situación dista de ser tan simple, y ello porque no es posible explotar cada una de esas actuaciones separadamente. Esta yuxtaposición de interpretaciones y/o ejecuciones conllevará la confluencia sobre la misma grabación sonora de derechos pertenecientes a distintos titulares, quienes, llegado el caso, tendrán que ponerse de acuerdo para explotarla.

Así, si todos los solistas (incluido el director de orquesta en su caso) y la mayoría de los restantes intérpretes o ejecutantes cuyas actuaciones se encuentren fijadas en el fonograma (a través de su representante) han ejercitado la facultad resolutoria del art. 110 bis.1 LPI, todos ellos recuperarán sus derechos. Por tanto, para explotar el fonograma que aúna todas esas interpretaciones y ejecuciones (u otorgar autorizaciones a terceros a tal efecto) será necesario el consentimiento de todos los solistas y de la mayoría de los restantes artistas involucrados (a través de su representante), de conformidad con el art. 111 LPI.

Si, por el contrario, no todos los solistas han ejercitado la facultad resolutoria, o si sólo lo han hecho los solistas, pero no los músicos de estudio por acuerdo mayoritario, para poder explotar la grabación de sus actuaciones será necesario no sólo el consentimiento de los artistas que hayan resuelto el contrato de cesión, sino también el del productor, en tanto en cuanto cesionario de los derechos de los artistas que no hayan ejercitado su facultad resolutoria.

Por consiguiente, en el caso de fonogramas que incorporan varias actuaciones, la extinción del derecho conexo del productor por el ejercicio por parte de algún artista de la facultad resolutoria de su contrato de cesión no garantiza que no vayan a producirse las situaciones de bloqueo que el legislador ha querido evitar.

3.2. La remuneración anual adicional

Para el periodo de extensión del plazo de protección de los fonogramas, el art. 110 bis.2 reconoce a los artistas que hayan cedido sus derechos al productor a cambio de una remuneración única un nuevo derecho de simple remuneración, irrenunciable y de gestión colectiva obligatoria: la llamada *remuneración anual adicional*.

Dispone este precepto, que viene a transponer los apartados 2 ter a 2 quinquies del art. 3 de la Directiva 2006/116/CE, tras su modificación por la Directiva 2011/77/UE:

> 2. Cuando un contrato de cesión otorgue al artista intérprete o ejecutante el derecho a una remuneración única, tendrá derecho a percibir una remuneración anual adicional por cada año completo una vez transcurridos cincuenta años desde la publicación lícita del fonograma o, en caso de no haberse producido esta última, cincuenta años desde su comunicación lícita al público. El derecho a obtener esa remuneración anual adicional, cuyo deudor será el productor del fonograma o, en su caso, su cesionario en exclusiva, no podrá ser objeto de renuncia por parte del artista intérprete o ejecutante, y se hará efectivo a través de las entidades de gestión de los derechos de propiedad intelectual de los artistas intérpretes o ejecutantes.
>
> El importe total de los fondos que el deudor deba destinar al pago de la remuneración adicional anual mencionada en el párrafo anterior será igual al 20 por ciento de los ingresos brutos que haya obtenido, en el año precedente a aquél en el que se abone la remuneración, por la reproducción, distribución y puesta a disposición del público, en la forma establecida en el artículo 20.2.i), de los fonogramas en cuestión, una vez transcurridos cincuenta años desde la publicación lícita del fonograma o, en caso de no haberse producido esta última, cincuenta años desde su comunicación lícita al público.
>
> Quedan excluidas del cálculo de los ingresos a que se refiere el párrafo anterior las cantidades percibidas por el deudor en concepto de compensación equitativa por copia privada y alquiler de fonogramas.
>
> Los deudores de la remuneración anual adicional a que se refiere este apartado estarán obligados a facilitar anualmente, previa solicitud, a la entidad de gestión correspondiente, toda la información que pueda resultar necesaria a fin de asegurar el pago de dicha remuneración.

A) Requisitos de la remuneración anual adicional

Para que un artista tenga derecho, conforme al art. 110 bis.2 LPI, a la remuneración anual adicional por la explotación de su actuación fijada en un fonograma es preciso, en primer lugar, que hayan transcurrido cincuenta años desde la publicación lícita o, en su defecto, desde la comunicación al público lícita del fonograma en cuestión. Al respecto son válidas las consideraciones expuestas anteriormente con respecto al art. 110 bis.1 LPI, en el sentido de que esta medida adicional está vinculada a la extensión del plazo de protección del fonograma, de tal manera que ha de ser necesariamente interpretada en el sentido de que un fonograma no devenga esta remuneración hasta que no han transcurrido cincuenta años desde el 1 de enero del año siguiente al de su primera publicación lícita o, si no ha sido publicado, desde el 1 de enero del año siguiente al de su primera comunicación pública lícita.

El segundo requisito para que un artista tenga derecho a la remuneración anual adicional es que haya cedido sus derechos sobre su actuación a cambio de una *remuneración única*, término empleado igualmente en el nuevo art. 3.2 ter de la Directiva 2006/116/CE[35]. La remuneración única por la cesión de los derechos a que se refiere este precepto parece contraponerse a los *pagos periódicos* mencionados en el art. 110 bis.3 LPI, lo que viene corroborado por la versión inglesa de la Directiva, que no habla de "remuneración única", sino de "remuneración no periódica" ("*non-recurring remuneration*"). En este sentido, cabe interpretar que cualquier artista que percibe por la cesión de sus derechos una remuneración a tanto alzado (incluso aunque se haya fraccionado en varios pagos) tiene derecho, durante el plazo de ampliación de la protección del fonograma, a la remuneración anual adicional.

B) Sujetos de la remuneración anual adicional

De conformidad con el primer párrafo del art. 110 bis.2, el acreedor de la remuneración anual adicional es el artista que ha cedido sus derechos a cambio de una remuneración única, en el sentido anteriormente indicado.

Con base en el Considerando 12 de la Directiva 2011/77/UE, que explica que los importes reservados por los productores para el pago de la remuneración anual adicional "deben distribuirse individualmente *entre los diferentes artistas de estudio* al menos una vez al año", podría mantenerse que sólo los músicos de estudio, y no los artistas identificados (aquellos que figuran en los títulos de crédito del fonograma, tal y como los define el Considerando 9 de la Directiva 2011/77/UE), tienen derecho a la remuneración anual adicional. Ello vendría corroborado por el texto de la Propuesta de Directiva[36], en el cual se indicaba que a través de la remuneración anual adicional se pretende dar una solución a "los frecuentes

---

[35]   El Considerando 12 de la Directiva lo califica como un "pago único".

[36]   Vid. la *Explicación detallada* de la Propuesta de Directiva, p. 14. *Documento COM(2008) 464 final.*

casos en que los músicos de estudio (que no perciben cánones contractuales reiteradamente), al celebrar un contrato con un productor de fonogramas, se ven obligados a ceder al mismo sus derechos exclusivos de reproducción, distribución y puesta a disposición" a cambio de un pago único, precisando que la solución a este problema es "que los músicos de estudio tengan el derecho a recibir un pago anual de un fondo específico".

Sin embargo, semejante interpretación carece de justificación. ¿Por qué razón los músicos de estudio merecen un mejor trato que los artistas identificados que no han pactado una remuneración periódica por la cesión de sus derechos? Además, resulta contraria a los términos amplios empleados por el art. 3.2 ter de la Directiva 2011/77/UE, leído a la luz de su Considerando 9, que se hace cargo de que algunos artistas identificados se encuentran en situación análoga a la de los músicos de estudio. Por consiguiente, no sólo los artistas de estudio, sino también los artistas identificados, tienen derecho a la remuneración anual adicional, siempre que hubieran percibido una remuneración única, en el sentido anteriormente indicado, por la cesión de sus derechos.

No cabe duda de que, en la práctica, y particularmente en el caso de los artistas no identificados en los títulos de crédito, será difícil acreditar el derecho a la remuneración anual adicional, prueba que incumbe, según se desprende de las reglas del *onus probandi* establecidas en el art. 217 LEC, a quien la reclame. Téngase en cuenta, en efecto, que esta remuneración en ningún caso se puede hacer efectiva antes de que transcurran cincuenta años no ya desde la grabación del fonograma, sino desde el 1 de enero del año siguiente al de su publicación o, en su defecto, primera comunicación pública, por lo que, tanto tiempo después, no será fácil que el artista, y mucho menos sus herederos, conserven algún documento (contrato, factura, recibo...) que acredite su participación en la grabación del fonograma y del que pueda servirse la entidad de gestión correspondiente para exigir el pago correspondiente. Y ello por mucho que en el cuarto párrafo del art. 110 bis.2 se establezca la obligación de los deudores de la remuneración anual adicional de facilitar anualmente a la entidad de gestión[37], previa solicitud

---

[37]   El segundo párrafo del art. 3.2 quater de la Directiva 2006/116/CE establece que los Estados miembros velarán por que los productores de fonogramas estén obligados a facilitar, previa solicitud, a los artistas intérpretes o ejecutantes que tengan derecho a la remuneración anual toda información que pueda resultar necesaria a fin de asegurar el

(de la propia entidad de gestión, se entiende), toda la información que pueda resultar necesaria a fin de asegurar el pago de dicha remuneración, y que comprende, por tanto, no sólo la relativa a su importe, sino también aquella otra que le conste y verse sobre quiénes son sus acreedores[38]. En muchos casos, en efecto, ni siquiera a la discográfica le constará, en el momento en que pueda hacerse efectiva la remuneración anual adicional, quiénes fueron los artistas de estudio que participaron en la grabación del fonograma.

Por otra parte, el art. 110 bis.2 LPI, de acuerdo con el nuevo art. 3.2 quinquies de la Directiva 2006/116/CE, configura la remuneración anual adicional como un derecho de gestión colectiva obligatoria. En consecuencia, es la entidad de gestión de los artistas intérpretes o ejecutantes (actualmente AIE) la que ha de hacerla efectiva y, posteriormente, repartirla entre los artistas que tengan derecho a ella. El reparto, no existiendo norma legal al respecto, se hará de manera proporcional entre los artistas involucrados en cada fonograma[39].

En cuanto al deudor de la remuneración anual adicional, será "el productor del fonograma o, en su caso, su cesionario en exclusiva", según establece el primer párrafo del art. 110 bis.2. En este punto la Ley española difiere de la Directiva 2006/116/CE, cuyo art. 3.2 ter establece que el artis-

---

pago de dicha remuneración. Según la Directiva, por lo tanto, son los propios artistas acreedores de la remuneración, y no las entidades de gestión, los destinatarios y, por ende, los solicitantes de dicha información. Ello no obstante, no parece que la norma española sea incompatible con dicha disposición comunitaria, toda vez que es la entidad de gestión la que necesariamente ha de hacer efectiva dicha remuneración por cuenta del artista y quien, por consiguiente, necesita dicha información.

[38] No se dice cómo habrá de cumplirse esta obligación. En el Anteproyecto se establecía que debía hacerse en los términos del art. 154.2 LPI, pero esta remisión fue suprimida en el Proyecto, probablemente en atención a las críticas vertidas en el Dictamen del Consejo de Estado, que llamaba la atención sobre el hecho de que el art. 154.2 LPI regula la obligación de los usuarios de los derechos de propiedad intelectual de suministrar información a las entidades de gestión que los administran, siendo dudoso que los productores de fonogramas puedan considerarse usuarios a tales efectos.

[39] Lo cual no está exento de problemas, dada la dificultad de identificar a todos los artistas que tienen derecho a esta remuneración en relación con cada fonograma. En efecto, si no se sabe a ciencia cierta entre cuántos artistas habrá de repartirse la totalidad de la remuneración, ¿cómo se determinará el importe correspondiente a cada uno? Lo razonable sería repartir la remuneración entre los artistas conocidos, sin perjuicio de las correcciones y revisiones que puedan hacerse en años sucesivos en caso de que aparezcan nuevos acreedores.

ta tendrá derecho a percibir la remuneración anual adicional del productor. Según se explicaba en la *Memoria de análisis de impacto* anexa al Proyecto de Ley que se remitió a las Cortes, la razón de la mención del cesionario en exclusiva como deudor de la remuneración anual adicional no es otra que la posibilidad de que "el productor originario haya cedido su derecho en exclusiva a un tercero y, con él, las obligaciones de la Directiva 2011/77/UE"[40]. Se entiende, por lo tanto, que la obligación de pago de la remuneración anual adicional se transmite junto con el derecho del productor cuando éste es objeto de una cesión en exclusiva, de tal manera que, a partir de ese momento, el nuevo deudor será el cesionario en exclusiva, quedando el productor liberado[41].

Pero, ¿a qué se refiere el legislador español cuando alude al cesionario en exclusiva? ¿Se refiere al cesionario en exclusiva de cualquiera de los derechos de explotación relevantes a efectos de calcular el importe de la remuneración anual adicional, aun cuando el productor se haya podido reservar otros derechos? ¿Se refiere al cesionario en exclusiva de la totalidad de las facultades que conforman el derecho conexo del productor? ¿Incluye las cesiones limitadas en el tiempo, que conllevan la reversión de los derechos cedidos cuando expira el plazo de cesión? ¿Cuál es, en definitiva, *el caso* al que se refiere el legislador cuando indica que el deudor de la remuneración anual adicional será, *"en su caso"*, el cesionario en exclusiva del productor? Por la explicación contenida en la *Memoria de análisis de impacto*, lo más plausible es que los redactores del Proyecto estuvieran pensando en la transmisión del derecho conexo del productor en su integridad, de tal manera que el adquirente (cesionario en exclusiva) pasara a ocupar una posición análoga a la del productor, subrogándose en sus derechos y obligaciones, lo cual sería conforme con el tenor del art. 3.2 ter de la Directiva 2011/116/CE. Ello viene corroborado por el hecho de que el art. 110 bis.2 contempla un único deudor de la remuneración anual adicional ("el productor o, en su caso, su cesionario en exclusiva"), y no varios, como ocurriría si se entendie-

---

[40]   Cfr. *Memoria de análisis de impacto normativo del Anteproyecto de Ley de modificación de la LPI*, p. 42. Téngase en cuenta que el Anteproyecto se refería simplemente al cesionario (en exclusiva o no, por lo tanto) como deudor, en su caso, de la remuneración anual adicional.

[41]   De ahí que el precepto establezca la disyuntiva entre el productor y su cesionario en exclusiva, al establecer que el deudor será "el productor *o*, en su caso, su cesionario en exclusiva".

ra que basta la cesión en exclusiva de una facultad integrante del derecho conexo para que el cesionario devenga deudor, pues lo sería únicamente con respecto a la parte de la remuneración correspondiente a la modalidad de explotación cedida, y no en cuanto a las demás, en relación con las cuales el deudor seguiría siendo el productor. Por tanto, cabe entender que el deudor de la remuneración anual adicional será el productor o, en caso de que haya cedido en exclusiva su derecho conexo sobre el fonograma, o al menos las tres facultades que se tienen en cuenta a efectos de concretar el importe de la remuneración, su cesionario en exclusiva.

C) Importe de la remuneración anual adicional

Según se desprende del párrafo segundo del art. 110 bis.2 LPI, la remuneración anual adicional será igual al veinte por ciento de los ingresos brutos que el deudor haya obtenido en el año precedente a aquél en el que se abone la remuneración, por la reproducción, distribución y puesta a disposición del público de los fonogramas en cuestión, una vez transcurridos cincuenta años desde la primera publicación lícita del fonograma o, en su defecto, desde la primera comunicación al público lícita del mismo[42].

La base de cálculo viene constituida, pues, por los ingresos, antes de deducir los costes[43], obtenidos por el deudor entre el 1 de enero y el 31 de diciembre del año anterior a aquél en que se ha de pagar la remuneración por la reproducción, distribución y puesta a disposición del público conforme al art. 20.2.i) del fonograma.

Pero no se incluyen todos los ingresos derivados de estas modalidades de explotación, pues se excluyen expresamente (o, mejor dicho, se excepcionan, ya que de otro modo estarían incluidos en la regla general) por el párrafo tercero del art. 110 bis.2 LPI las cantidades obtenidas por el deudor en concepto de compensación equitativa por copia privada y alquiler de fonogramas. ¿Por qué? Porque, como establece el Considerando 13 de la Directiva 2011/77/UE, los artistas ya tienen legalmente reconocidos el

---

[42]   De donde se infiere que para pagar la primera remuneración anual adicional hay que dejar transcurrir íntegramente el primer año de ampliación del plazo de protección del fonograma, pues es sobre los ingresos obtenidos durante todo ese año sobre los que se calcula su importe.

[43]   Cfr. Considerando 11 de la Directiva 2011/77/UE.

derecho a percibir una compensación equitativa por copia privada (art. 25.2 LPI) y el derecho a percibir una remuneración equitativa por el alquiler de las grabaciones de sus actuaciones (art. 109.3.2º LPI).

El Considerando 13 de la Directiva 2011/77/UE excluye también de la base de cálculo de la remuneración anual adicional los ingresos obtenidos por el productor por la comunicación pública o radiodifusión del fonograma, toda vez que los artistas tienen ya reconocido en el ordenamiento comunitario (también en el nacional, conforme a los arts. 108.4 y 116.2 LPI) un derecho de simple remuneración por la comunicación pública de sus actuaciones fijadas en fonogramas. Esta exclusión no ha sido trasladada al art. 110 bis.2 LPI, no tanto porque no se quiera incorporar a nuestra legislación interna, sino porque resulta innecesaria, al no ser una excepción a la regla general, dado que ningún ingreso obtenido por la comunicación pública del fonograma (salvo en su modalidad de puesta a disposición, no afectada por la excepción contenida en el Considerando 13 de la Directiva) se incluye en la base de cálculo.

Mención aparte requieren los ingresos obtenidos por el deudor por la puesta a disposición conforme al art. 20.2.i) LPI. Tanto en la Directiva 2011/77/UE como en el art. 110 bis.2 LPI se incluyen en la base de cálculo de la remuneración anual adicional, sin que se establezca excepción alguna. Ello es lógico en la Directiva, pues no existe en el Derecho comunitario ningún derecho de simple remuneración a favor de los artistas por la puesta a disposición del público de sus actuaciones fijadas en fonogramas. No ocurre lo propio en el Derecho español, donde el art. 108.3 LPI reconoce al artista que ha cedido al productor su derecho de puesta a disposición un derecho irrenunciable a obtener una remuneración equitativa de quien realice tales actos de puesta a disposición. La consecuencia es que, en contra de la lógica que preside la remuneración anual adicional, según se desprende del Considerando 13 de la Directiva 2011/77/UE, el ordenamiento español incluye en su base de cálculo los ingresos derivados de una modalidad de explotación de la grabación de la actuación, la puesta a disposición del público conforme al art. 20.2.i) LPI, para la que el artista ya tiene reconocido legalmente un derecho de remuneración. Esta incoherencia de la Ley española viene a poner de manifiesto su falta de conformidad con el Derecho comunitario, derivada de la atribución a los artistas de este derecho de remuneración por la puesta a disposición del público de sus actuaciones grabadas, que nunca debió reconocérseles[44].

Una vez determinada la base de cálculo, sobre ella se aplica un porcentaje del veinte por ciento, que será el importe de la remuneración anual adicional devengada por el fonograma en cuestión, el cual deberá repartirse entre los artistas que no hubieran pactado en el contrato de cesión con el productor una remuneración proporcional[45].

---

[44]   En efecto, el único derecho que el art. 3.2 de la Directiva 2001/29/CE reconoce a los artistas en relación con la puesta a disposición del público de sus actuaciones grabadas, en consonancia con lo dispuesto por el artículo 10 TIEF, es el derecho exclusivo a autorizarla o prohibirla. Un Estado miembro no puede otorgar a los artistas un derecho de simple remuneración adicional a ese derecho exclusivo, ya que la Directiva 2001/29/CE no establece mínimos de protección para los titulares de derechos de propiedad intelectual (a diferencia de la Directiva 2006/115/CE del Parlamento Europeo y del Consejo, de 12 de diciembre de 2006, sobre derechos de alquiler y préstamo y otros derechos afines a los derechos de autor en el ámbito de la propiedad intelectual —versión codificada—, que expresamente faculta a los Estados miembros para establecer una protección mayor que la prevista en ella), sino que uniformiza a nivel comunitario, en lo esencial, la regulación de la propiedad intelectual en la sociedad de la información, con el fin de suprimir los obstáculos que la diversidad normativa podría poner al mercado interior (cfr. Considerandos 7 y 25). El TJUE así ha venido a confirmarlo en sus sentencias 20.10.2010, Asunto C-467/08, caso *Padawan*; 7.12.2006, Asunto C-306/05, caso *Rafael Hoteles*; ó 12.9.2006, Asunto C-479/04, caso *Laserdisken*. En efecto, de la jurisprudencia del TJUE se colige que la Directiva 2001/29/CE, a diferencia de las Directivas 92/100/CEE (hoy 2006/115/CE) y 93/83/CEE, pretende alcanzar un alto grado de uniformidad entre los ordenamientos nacionales de los Estados miembros en lo tocante a las cuestiones que regula, entre ellas el derecho de puesta a disposición correspondiente a los artistas, a fin de evitar que las diversidades normativas entre los Estados miembros puedan actuar como barreras a la libre circulación de mercancías y a la libre prestación de servicios. En este contexto, parece claro que el reconocimiento a los artistas en un Estado miembro de un derecho irrenunciable de simple remuneración, no previsto a nivel comunitario, por la puesta a disposición de sus actuaciones fijadas en fonogramas, adicional al derecho exclusivo (de hecho, el derecho de simple remuneración funciona en la LPI como un derecho residual que deviene operativo precisamente cuando se cede el derecho exclusivo de puesta a disposición), puede suponer un obstáculo a la libre circulación de mercancías y a la libre prestación de servicios.

[45]   Obsérvese que puede llegar a darse el caso de que, por mor de esta remuneración anual adicional, un artista de estudio salga mejor parado que un artista identificado y principal que hubiera pactado con el productor una remuneración proporcional de reducida cuantía. En efecto, un artista a quien se reconoce un pequeño porcentaje de participación en los ingresos derivados de la comercialización de un fonograma no cumplirá los requisitos para beneficiarse de la remuneración anual adicional. Consciente de ello, la Directiva 2011/77/UE añadió un art. 10 bis a la Directiva 2006/116/CE, cuyo apartado 2 faculta (pero no obliga)

4. EL CESE DE LAS DEDUCCIONES SOBRE ROYALTIES PACTADAS EN EL CONTRATO

Para el periodo de extensión del plazo de protección de los fonogramas, el art. 110 bis.3 establece el *principio de tabla rasa* a favor de los artistas que hayan cedido sus derechos al productor a cambio de una remuneración consistente en pagos periódicos, principio de acuerdo con el cual ya no podrán deducirse de los importes a los que tenga derecho ningún pago anticipado ni otras deducciones establecidas contractualmente.

Esta norma se aplica, pues, en aquellos casos en los que el artista y el productor hubieran establecido una remuneración proporcional, en virtud de la cual aquél debiera recibir pagos periódicos (*royalties*) por la cesión de sus derechos[46], y se hubiera pactado asimismo algún anticipo a cuenta de tales *royalties* o alguna otra deducción contractual, que, transcurridos cincuenta años desde el 1 de enero del año siguiente al de la primera publicación lícita o, en su defecto, la primera comunicación pública lícita del fonograma, todavía siguieran aplicándose.

En tal supuesto, lo que dispone el art. 110 bis.3, que reproduce lo establecido por el nuevo art. 3.2 sexies de la Directiva 2006/116/CE, es que en cuanto comience el plazo de ampliación de la protección del fonograma, y de manera automática (no es necesaria solicitud o requerimiento en tal sentido por parte del artista), se hará borrón y cuenta nueva por lo que respecta a esos anticipos a cuenta y deducciones contractuales que todavía no se hubieran cubierto, de tal manera que ya no podrán aplicarse. De esta manera, durante esos veinte últimos años de duración del derecho conexo del artista (que podrían ser menos, si el fonograma se hubiera comunicado por primera vez al público antes de publicarse), éste tendrá derecho a que se le paguen de forma íntegra los *royalties* que le correspondan, sin deducción alguna, conforme al porcentaje pactado en el contrato de cesión.

---

a los Estados miembros para disponer que los contratos de cesión de derechos celebrados antes del 1 de noviembre de 2013 que confieren al artista el derecho a pagos periódicos puedan ser modificados transcurridos cincuenta años desde la publicación lícita del fonograma, o en caso de no haberse producido esta última, cincuenta años desde su comunicación lícita al público. Sin embargo, el Estado español no ha hecho uso de esta facultad.

46 Es irrelevante cuál sea el porcentaje, mayor o menor, que se haya pactado. Lo decisivo para la aplicación de esta norma es que el artista tenga contractualmente reconocido el derecho a percibir *royalties* periódicos a resultas de la explotación del fonograma.

Alfonso González Gozalo

La dificultad en la práctica, dada la frecuente complejidad de los contratos de cesión de derechos entre artistas y productores, estribará en determinar cuándo estamos ante una verdadera deducción contractual, que debe cesar, y cuándo ante una estipulación a través de la cual se determina una remuneración más reducida en supuestos especiales, que debe mantenerse. Así, por ejemplo, mientras que es conforme con la finalidad de la norma que cesen las deducciones que, estando vinculadas a la explotación normal del fonograma, se apliquen de manera general sobre el grueso de los ingresos producidos por tal explotación (por ejemplo, el anticipo a cuenta por la cesión de los derechos del artista, o una deducción por costes de promoción del fonograma), no lo es que deje de aplicarse un *royalty* reducido en relación a actos de explotación concretos, como por ejemplo ventas de discos en serie media, o en el extranjero.

5. LA VIGENCIA TEMPORAL DE LAS MODIFICACIONES INTRODUCIDAS POR LA LEY 21/2014 CON RESPECTO AL PLAZO DE PROTECCIÓN DE LOS FONOGRAMAS Y LAS INTERPRETACIONES Y EJECUCIONES FIJADAS EN FONOGRAMAS. FONOGRAMAS A LOS QUE SE APLICAN LOS NUEVOS PLAZOS Y LAS NUEVAS DISPOSICIONES

Tan importante como las modificaciones sustantivas introducidas en este punto por la Ley 21/2014 es el ámbito temporal de aplicación de las mismas. En efecto, dado que la Ley 21/2014 amplía la duración de los derechos conexos de los artistas y productores fonográficos y establece determinadas medidas adicionales que inciden sobre las relaciones contractuales existentes entre unos y otros, es esencial determinar a qué actuaciones y a qué fonogramas afecta.

De ello se han ocupado tanto la Directiva 2011/77/UE, que ha modificado el art. 10 de la Directiva 2006/116/CE añadiendo un nuevo apartado 5 que hace referencia a esta cuestión[47], como la Ley 21/2014, la cual intro-

---

[47]   De conformidad con el nuevo art. 10.5 de la Directiva 2006/116/CE, "los apartados 1 a 2 sexies del artículo 3, en su versión del 31 de octubre de 2011, serán aplicables a la grabación de interpretaciones o ejecuciones y a los fonogramas con respecto a los cuales el artista intérprete o ejecutante y el productor de fonogramas gocen aún de protección,

duce una nueva Disposición Transitoria Vigesimoprimera en la LPI, cuyo tercer apartado establece:

"Los artículos 110 bis, 112 y 119 de la presente ley se aplicarán a la grabación de interpretaciones o ejecuciones y a los fonogramas con respecto a los cuales el artista intérprete o ejecutante y el productor de los fonogramas gocen de protección, a fecha 1 de noviembre de 2013, conforme a la legislación aplicable antes de esa fecha, y a la grabación de interpretaciones o ejecuciones y a los fonogramas posteriores a esa fecha".

Esta disposición debe completarse con lo establecido en las Disposiciones Transitorias Primera, Decimotercera y Decimonovena de la LPI. En atención a todas ellas, podemos determinar a qué fonogramas y actuacio-

---

en virtud de dichas disposiciones, en su versión del 30 de octubre de 2011, a fecha 1 de noviembre de 2013, y a la grabación de interpretaciones o ejecuciones y a los fonogramas posteriores a esa fecha". Esta regla debe ponerse en relación con las restantes disposiciones previstas en el art. 10 de la Directiva 2006/116/CE, que han permanecido inalteradas, y de las que se coligen los dos principios informadores del régimen transitorio. Por un lado, el respeto a los derechos adquiridos: el cambio normativo no puede menoscabar los derechos que puedan ostentar los artistas y productores en un estado miembro. Por otro lado, la no restauración de derechos extinguidos en el ámbito comunitario: los derechos sobre las actuaciones o los fonogramas caídos en el dominio público conforme al Derecho comunitario antes del 1 de noviembre de 2013 no pueden renacer como consecuencia del cambio normativo. De acuerdo con todo ello, el nuevo plazo de protección se aplicará a los fonogramas grabados con posterioridad al 1 de enero de 1963 y a las actuaciones fijadas en los mismos (pues todos ellos, con independencia de la nacionalidad de su titular, tal y como se desprende de la doctrina del TJCE sentada en su sentencia de 20.1.2009, caso *Sony Music Entertainment*, asunto C-240/07, cumplían el 1 de julio de 1995 los requisitos para acogerse a la protección que dispensa el Derecho Comunitario, a los efectos del art. 10.2 de la Directiva 2006/116/CE, y, por tanto, igualmente estarían protegidos el 1 de noviembre de 2013 conforme al tenor de la Directiva 2006/116/CE anterior a la modificación introducida por la Directiva 2011/77/UE). En cambio, no se aplicará a los fonogramas anteriores al 1 de enero de 1963, ni a las actuaciones fijadas en los mismos (salvo que no hubieran sido publicados o comunicados al público por primera vez hasta después del 1 de enero de 1963), ni siquiera en el eventual caso de que en algún Estado miembro, en virtud de su derecho nacional, pudiera considerarse que esos fonogramas todavía estuvieran protegidos el 1 de noviembre de 2013 (*vid.* art. 10.1 de la Directiva 2006/116/CE, en virtud del cual cuando un plazo de protección superior al establecido en esta Directiva estuviera ya corriendo en un Estado miembro el 1 de julio de 1995, las disposiciones de la Directiva no tendrán por efecto reducir dicho plazo de protección), toda vez que dicha protección no derivaría de las disposiciones de la Directiva 2006/116/CE tal y como estaban redactadas el 30 de octubre de 2011 (con anterioridad a la entrada en vigor de la Directiva 2011/77/UE), sino del derecho nacional.

nes grabadas se aplican los nuevos plazos de protección y las disposiciones previstas en el art. 110 bis.

5.1. *Fonogramas y grabaciones de actuaciones posteriores al 1 de noviembre de 2013*

De conformidad con el apartado 2 de la nueva Disposición Transitoria Vigesimoprimera, el nuevo plazo de protección se aplica a los fonogramas terminados de grabar con posterioridad al 1 de noviembre de 2013[48], así como a las actuaciones incorporadas a los mismos. Los intérpretes o ejecutantes de estas últimas se benefician asimismo de las especialidades dispuestas por el art. 110 bis.

5.2. *Fonogramas y grabaciones de actuaciones que se hayan realizado entre el 23 de diciembre de 2002 y el 31 de octubre de 2013*

De acuerdo con la Disposición Transitoria Vigesimoprimera, segundo apartado, dado que todos los fonogramas terminados de grabar entre el 23 de diciembre de 2002 y el 31 de octubre de 2013, y todas las actuaciones artísticas fijadas en los mismos, estaban protegidos el 1 de noviembre de 2013 conforme al tenor literal del art. 119 LPI previo a la modificación introducida por la Ley 21/2014, a estos fonogramas, así como a las interpretaciones o ejecuciones que incorporan, se les aplicarán los nuevos plazos de protección. También serán de aplicación las disposiciones del art. 110 bis LPI.

5.3. *Fonogramas y grabaciones de actuaciones que se hayan realizado entre el 1 de julio de 1995 y el 22 de diciembre de 2002*

Los fonogramas grabados entre el 1 de julio de 1995 y el 22 de diciembre de 2002 se rigen por la Disposición Transitoria Decimonovena y por el segundo apartado de la nueva Disposición Transitoria Vigesimoprimera.

---

[48] Téngase en cuenta, en este sentido, que la grabación de un fonograma termina cuando, después de realizarse la mezcla de los sonidos registrados en distintas pistas, se lleva a cabo su masterización.

Las actuaciones incorporadas a los mismos, únicamente por la Disposición Transitoria Vigesimoprimera.

Puesto que todos los fonogramas terminados de grabar entre el 1 de julio de 1995 y el 22 de diciembre de 2002, y todas las interpretaciones y ejecuciones fijadas en los mismos, estaban protegidos en esta última fecha y, por consiguiente, estaban igualmente protegidos el 1 de noviembre de 2013 conforme al tenor literal de los arts. 112 y 119 LPI previos a la modificación introducida por la Ley 21/2014, a estos fonogramas, así como a las actuaciones incorporadas a los mismos, se les aplicarán los nuevos plazos de protección. También serán de aplicación a estas interpretaciones o ejecuciones las disposiciones del art. 110 bis LPI.

5.4. *Fonogramas y grabaciones de actuaciones que se hayan realizado entre el 7 de diciembre de 1987 y el 30 de junio de 1995*

Estos fonogramas, así como las actuaciones incorporadas a los mismos, se rigen por el apartado segundo de la nueva Disposición Transitoria Vigesimoprimera en relación con la Disposición Transitoria Decimotercera de la LPI.

De ellas se desprende que los fonogramas terminados de grabar entre el 7 de diciembre de 1987 (fecha de entrada en vigor de la LPI de la que el vigente Texto Refundido trae causa) y el 30 de junio de 1995, así como las interpretaciones y ejecuciones fijadas en los mismos, se beneficiarán de la ampliación de los plazos de protección establecidas por los arts. 112 y 119 LPI, resultando igualmente de aplicación las especialidades dispuestas en el nuevo art. 110 bis.

Ciertamente, todos los fonogramas producidos entre esas fechas, así como las actuaciones que incorporan, se encontraban protegidos el 1 de julio de 1995 y, por aplicación de la Disposición Transitoria Decimotercera de la LPI, también lo estaban el día 1 de noviembre de 2013, cumpliéndose de esta manera los requisitos establecidos por la Disposición Transitoria Vigesimoprimera para que se les apliquen las modificaciones introducidas por la Ley 21/2014.

5.5. *Fonogramas y grabaciones de actuaciones que se hayan realizado entre el 1 de enero de 1963 y el 6 de diciembre de 1987*

Estos fonogramas y las actuaciones fijadas en los mismos cumplen los requisitos establecidos por el segundo apartado de la Disposición Transitoria Vigesimoprimera, en relación con el apartado segundo de la Disposición Transitoria Decimotercera, para que se les apliquen tanto los nuevos plazos de protección reconocidos en los arts. 112 y 119 LPI como las especialidades establecidas en el nuevo art. 110 bis, y ello porque todos los fonogramas terminados de grabar entre el 1 de enero de 1963 y el 6 de diciembre de 1987 estaban protegidos a fecha 1 de julio de 1995 (Disposición Transitoria Decimotercera), lo que determinaría, a su vez, que lo estuvieran, conforme al tenor de los arts. 112 y 119 anteriores a la Ley 21/2014, el 1 de noviembre de 2013 (Disposición Transitoria Vigesimoprimera).

Sin embargo, es preciso llamar la atención sobre dos cuestiones.

i. En primer lugar, y por lo que respecta al derecho conexo de los productores de los fonogramas producidos entre 1963 y 1987, no debe pasarse por alto que podría llegar a cuestionarse si se les aplica el nuevo plazo de protección del art. 119 LPI o si, por el contrario, disfrutan, de conformidad con las Disposiciones Transitorias Primera y Segunda, del plazo general de protección de ochenta años desde su publicación derivado de la LPI de 1879 para las obras intelectuales, tal y como ha apuntado Rodrigo BERCOVITZ[49].

Ciertamente, hasta 1987 los fonogramas se consideraban obras fonográficas objeto de derechos de autor. Así lo reconocía la Orden del Ministerio de Educación Nacional de 10 de julio de 1942, que versaba precisamente sobre "la protección de las obras fonográficas". Según esta Orden correspondían a "las entidades fonográficas" "los derechos que a los propietarios de obras musicales les reconocen los artículos 19 y siguientes de la Ley de Propiedad Intelectual" de 1879 (cfr. art. 2 de la Orden Ministerial de 1942).

Según explicaba Rodrigo BERCOVITZ antes de la entrada en vigor de la LPI de 1987, esta Orden Ministerial no atribuía a los productores fonográficos un derecho de propiedad intelectual de nuevo reconocimien-

---

[49]	Cfr. Rodrigo BERCOVITZ RODRÍGUEZ-CANO, "Comentario al art. 119", en *Comentarios a la Ley de Propiedad Intelectual*, 3ª ed., Tecnos, Madrid, p. 1567.

to (téngase en cuenta que la regulación de la propiedad en general y de la propiedad intelectual en particular estaba ya sometida a reserva de ley conforme a los arts. 348 y 429 del Código Civil, por lo que el Gobierno no estaba legitimado para crear nuevos derechos de propiedad intelectual), sino que se limitaba a clarificar que la Ley de Propiedad Intelectual de 1879 se aplicaba a los fonogramas, en tanto en cuanto éstos constituían obras[50].

La calificación de los fonogramas como obras fonográficas traía consigo su sumisión a la Ley de Propiedad Intelectual de 1879, como se desprendía del art. 1º de la Orden Ministerial, el cual establecía expresamente que "sin perjuicio de los derechos del autor de la obra original, la protección que otorga la Ley de Propiedad Intelectual se extiende también a la adaptación, transformación y reproducción gramofónica de dicha obra, debidamente autorizada por aquél, que constituye la obra fonográfica". Así las cosas, y por mor del art. 6 de la Ley de 1879, que regulaba el plazo de protección de las obras, lo coherente habría sido establecer para los fonogramas un plazo de protección de ochenta años. Sin embargo, el art. 5 de la Orden Ministerial de 1942 establecía que los derechos de propiedad intelectual sobre las obras fonográficas tendrían "una duración de cuarenta años, contados desde la fecha del depósito legal del disco, y, en su caso, desde la inscripción en el Registro de la Propiedad Intelectual".

---

50   Cfr. Rodrigo BERCOVITZ RODRÍGUEZ-CANO, "La protección de los productores de fonogramas en España", en *Libro Homenaje al profesor Beltrán de Heredia*, Ediciones Universidad de Salamanca, Salamanca, 1984, p. 95. De hecho, así lo explicitaba la propia Exposición de Motivos de esta Orden Ministerial:
"Con intuición previsora, la vigente legislación española sobre propiedad intelectual permite, sin alterarla, dar la protección debida a los derechos que se reconocen a la obra fonográfica.
Firmes apoyos de la presente disposición son los artículos primero y noveno de la Ley de Propiedad Intelectual de 10 de enero de 1879, y más expresamente el artículo primero del Reglamento para su ejecución, de 3 de septiembre de 1880, el cual entiende por obras, para los efectos de la Ley de Propiedad Intelectual, todas las que se producen y puedan publicarse por los varios procedimientos que enumera, y además de ellos, por «cualquier otro de los sistemas impresores o reproductores conocidos o que se inventen en lo sucesivo»".
No puede dejar de señalarse, ello no obstante, que la propia Exposición de Motivos explicaba que el objeto de la Orden era "incorporar a nuestra legislación de propiedad intelectual el nuevo derecho de las entidades fonográficas creadoras de esta especial versión o impresión de la obra original". Ni que decir tiene que la contradicción en que incurre esta afirmación con las reproducidas anteriormente es palmaria, y que esta antinomia debería solventarse mediante la aplicación del principio de jerarquía normativa, a la luz de la reserva de ley existente sobre la materia referida en la Orden Ministerial.

Esta limitación temporal resultaba doblemente problemática. Primero, porque suponía una infracción del principio de jerarquía normativa, toda vez que mediante un reglamento se establecía un plazo de protección para las obras fonográficas inferior al dispuesto por la Ley de Propiedad Intelectual de 1879 (no se olvide que los reglamentos contra *legem* son radicalmente nulos). Segundo, porque tampoco respetaba la reserva de ley dispuesta por el art. 429 del Código Civil, que es claro cuando establece que "la ley de propiedad intelectual determina las personas a quienes pertenece ese derecho, la forma de su ejercicio y el tiempo de su duración"; sólo el legislador, y no el ejecutivo, estaba legitimado para establecer para las obras fonográficas un plazo de protección inferior a los ochenta años reconocidos por la LPI de 1879. De ahí que BERCOVITZ pusiera de manifiesto que la reducción del plazo de protección de las obras fonográficas a cuarenta años establecida por la Orden Ministerial de 1942 podía reputarse radicalmente nula por contradecir lo dispuesto en el art. 6 de la LPI de 1879[51], y que, en consecuencia, los fonogramas, en tanto que obras fonográficas, debían disfrutar conforme a la LPI de 1879 de un plazo de protección de ochenta años[52].

De admitirse esta tesis, que se funda en argumentos jurídicos sólidos aunque no contrastados judicialmente, la consecuencia sería que los productores de los fonogramas grabados entre el 1 de enero de 1963 y el 6 de diciembre de 1987 tenían "derechos adquiridos" cuando entró en vigor la LPI de 1987, a los efectos de la vigente Disposición Transitoria Primera de la LPI. Derechos adquiridos que, por ser mejores que los contemplados en la nueva Ley (se trata de derechos de autor con un plazo de protección de ochenta años), no podrían ser perjudicados por la nueva regulación. Así las cosas, y siempre de conformidad con dicha tesis, el plazo de protección en España de los fonogramas producidos entre el 1 de enero de 1963 y el 6 de diciembre de 1987 no sería el establecido por la Ley 21/2014, sino el de ochenta años previsto por la LPI de 1879, que se computaría desde la fecha de su publicación. Así se desprende de la Disposición Transitoria

---

[51]   Cfr., Rodrigo BERCOVITZ RODRÍGUEZ-CANO, "La protección de los productores de fonogramas en España", *cit.*, p. 97.

[52]   Apunta igualmente esta posibilidad MARÍN LÓPEZ, Juan José, "Los derechos de los productores de fonogramas y de grabaciones audiovisuales tras las reformas de la Ley de Propiedad Intelectual de 2006", en *Revista Aranzadi de Derecho de Deporte y Entretenimiento*, nº 22, 2008, p. 539, nota 122.

Segunda de la LPI actual, de acuerdo con la cual "las personas jurídicas que en virtud de la Ley de 10 de enero de 1879 sobre Propiedad Intelectual hayan adquirido a título originario la propiedad intelectual de una obra, ejercerán los derechos de explotación por el plazo de ochenta años desde su publicación"[53]. Dada la dificultad de determinar cuál sería la fecha de publicación de la obra fonográfica grabada antes del 7 de diciembre de 1987, tanto el principio de seguridad jurídica como los usos y, finalmente, la propia dicción del art. 5 de la Orden Ministerial de 1942, impondrían tomar como día inicial la fecha del depósito legal del fonograma[54].

Por otra parte, y siempre en el caso de que se admitiera la tesis de que los fonogramas producidos antes del 7 de diciembre de 1987 se protegen durante ochenta años contados desde su publicación, a las actuaciones fi-

---

[53] La aplicación de esta Disposición Transitoria Segunda se justificaría por el hecho de que los productores de fonogramas musicales, y por tanto, los titulares originarios de los derechos de propiedad intelectual sobre los fonogramas, son normalmente personas jurídicas. Obsérvese que esta disposición transitoria ha venido a colmar la laguna en que incurría la LPI de 1879, que no establecía el *dies a quo* del cómputo del plazo de protección de una obra cuando el titular originario de los derechos sobre la misma era una persona jurídica.

[54] El art. 5 de la Orden Ministerial de 1942 podría considerarse ilegal por contravenir el art. 6 de la Ley de Propiedad Intelectual de 1879 cuando acorta a cuarenta años el plazo de protección de las obras fonográficas. En cambio, no lo sería cuando, para el cómputo del plazo de protección de las obras fonográficas, establece como *dies a quo* la fecha del depósito legal y, en su caso, de la inscripción registral (esta última previsión, por cierto, nunca pudo aplicarse, pues se condicionaba, según el art. 4 de la Orden, a la aprobación de las correspondientes normas para adaptar a la inscripción de los fonogramas la normativa registral, contenida en el Reglamento de 1880; adaptación ésta que nunca llegó a realizarse, por lo que los fonogramas nunca pudieron inscribirse durante la vigencia de la Ley de 1879). En este punto, la Orden Ministerial de 1942 complementaba la Ley de Propiedad Intelectual de 1879 (sería un reglamento *secundum legem*, respetuoso con el principio de jerarquía normativa), la cual no establecía en ningún precepto cuál era el día inicial del plazo de protección de los derechos de autor que atribuía originariamente a las personas jurídicas. Y lo hacía en consonancia con lo dispuesto en el Decreto de 13 de octubre de 1938, que pocos años antes había reorganizado el depósito legal, cuyo artículo 2.c) obligaba a depositar las obras musicales y las piezas de gramófono. Obligación de constituir depósito legal de los fonogramas que persistió en el Decreto de 23 de diciembre de 1957, el cual derogó el Decreto de 13 de octubre de 1938; posteriormente, en el Reglamento del Instituto Bibliográfico Hispánico, aprobado por Orden de 30 de octubre de 1971, dictada a su vez en desarrollo del Decreto 642/1970, de 26 de febrero, que vino a derogar el referido Decreto de 23 de diciembre de 1957; e incluso en la vigente Ley 23/2011, de 29 de julio, de depósito legal. Toda vez que antes de publicar un fonograma es obligatorio constituir este depósito legal, es razonable, tomar como fecha de publicación la del propio depósito.

jadas en los mismos no les serían de aplicación las disposiciones relativas a la cesión de derechos al productor establecidas por el nuevo art. 110 bis. No se olvide, en efecto, que conforme a la Disposición Transitoria Tercera de la LPI "los actos y contratos celebrados bajo el régimen de la Ley de 10 de enero de 1879 sobre Propiedad Intelectual surtirán todos sus efectos de conformidad con la misma". Es más, la ampliación del plazo de protección de las actuaciones artísticas fijadas en los fonogramas producidos entre el 1 de enero de 1963 y el 6 de diciembre de 1987, debería interpretarse igualmente sin perjuicio de los derechos adquiridos por los productores fonográficos conforme a la LPI de 1879[55].

ii. La segunda consideración que hay que hacer en relación a las grabaciones fonográficas realizadas antes del 7 de diciembre de 1987 es que, por lo que respecta concretamente a los actuaciones fijadas en fonogramas producidos y publicados (o comunicados al público por primera vez) durante 1963, y también, si no se admite la tesis según la cual los fonogramas anteriores a la entrada en vigor de la LPI de 1987 se protegerían durante ochenta años conforme a la LPI de 1879, por lo que respecta a los propios fonogramas, se ha producido una situación francamente anómala debido a la demora de Estado español en la transposición de la Directiva 2011/77/UE.

En efecto, los derechos patrimoniales sobre estas actuaciones grabadas, y en su caso sobre los fonogramas correspondientes, expiraron el 31 de diciembre de 2013 (todavía no se había aprobado la Ley 21/2014, por lo que su plazo de protección era de cincuenta años desde el 1 de enero de 1964)[56].

---

[55] Obviamente, si no se admitiera esta tesis de que los fonogramas producidos con anterioridad al 7 de diciembre de 1987 se protegen conforme a la LPI de 1879 como obras fonográficas, durante ochenta años, no serían de aplicación las Disposiciones Transitorias Primera y Segunda de la LPI, sino las Disposiciones Transitorias Decimotercera y Vigesimoprimera, con la consecuencia de que a los fonogramas producidos entre el 1 de enero de 1963 y el 6 de diciembre de 1987 se les aplicaría la ampliación del plazo de protección prevista en el art. 119 LPI, y a las actuaciones fijadas en el mismo las especialidades del nuevo art. 110 bis.

[56] Téngase en cuenta que aunque el 1 de enero de 2014 la Directiva 2011/77/UE ya estaba en vigor y había concluido su plazo de transposición, las Directivas comunitarias no tienen efecto directo horizontal de acuerdo con la jurisprudencia del TJCE (vid. por todas la Sentencia de 15.1.2014, caso *Association de Médiation Sociale*, Asunto C-176/12). Por consiguiente, en un conflicto entre particulares, como son en nuestro caso el productor o el artista y un usuario del fonograma o la actuación grabada en el mismo, aquéllos no

Desde entonces y hasta la entrada en vigor de la Ley 21/2014 el pasado 1 de enero de 2015, han permanecido en el dominio público. Sin embargo, tanto el art. 10.5 de la Directiva 2006/116/CE como la Disposición Transitoria Vigesimoprimera de la LPI son claros en el sentido de que se beneficiarán del nuevo plazo de protección todos los fonogramas y actuaciones fijadas en los mismos que estuvieran protegidos el 1 de noviembre de 2013.

Ello supone una suerte de restauración hasta el 31 de diciembre de 2033 de los derechos conexos sobre las actuaciones fijadas en fonogramas grabados en 1963 y, en su caso, sobre los propios fonogramas[57].

No obstante lo anterior, y por aplicación de la Disposición Transitoria Primera y del primer apartado de la Disposición Transitoria Decimotercera, los titulares de estos derechos restaurados no podrán hacer valer sus derechos exclusivos ni percibir pagos en relación a los actos de explotación realizados durante 2014 por los usuarios sin su consentimiento. Ahora bien, a partir del 1 de enero de 2015 esos usuarios en ningún caso podrán seguir explotando gratuitamente los derechos en cuestión, ni siquiera mediante actos de distribución de ejemplares fabricados en 2014, toda vez que cuando las actuaciones fijadas en los fonogramas y, en su caso, los propios fonogramas, ingresaron en el dominio público el 1 de enero de 2014, estos usuarios conocían o debían conocer (recuérdese que la Directiva 2011/77/UE estaba ya en vigor y la fecha tope de transposición era pública) que los derechos sobre esas prestaciones iban a renacer de forma inminente.

5.6. *Fonogramas y grabaciones de actuaciones que se hayan realizado antes del 1 de enero de 1963*

De la lectura conjunta de la Disposición Transitoria Decimotercera y la nueva Disposición Transitoria Vigesimoprimera se puede colegir que los fonogramas producidos y publicados (o, en su defecto, comunicados públicamente por primera vez) antes del 1 de enero de 1963 y las actuaciones

---

podrían prevalerse de la ampliación de la duración de sus derechos dispuesta en la Directiva, como tampoco podrían invocar el principio de interpretación conforme del Derecho nacional para realizar una lectura de los arts. 112 o 119 LPI dirigida a ampliar el plazo de protección dispuesto en ellos, en clara contradicción con su tenor literal (vid. STJCE 15.4.2008, *caso Impact*, Asunto C-268/06).

[57] No es la primera vez que una disposición transitoria de la LPI conlleva la restauración de derechos ya expirados. Entre otros casos, puede verse la Disposición Transitoria Quinta.

fijadas en los mismos no se benefician, en principio, de las ampliaciones de los plazos de protección establecidas en los arts. 112 y 119 LPI, dado que conforme a las reglas de la LPI vigentes antes de la modificación operada por la Ley 21/2014 ni unos ni otras estarían protegidos el 1 de noviembre de 2013[58]. Tampoco serían de aplicación, obviamente, las disposiciones del nuevo art. 110 bis.

Ahora bien, si se admitiera la tesis anteriormente expuesta de que los fonogramas grabados antes del 7 de diciembre de 1987 se protegen como obras fonográficas durante ochenta años conforme a la LPI de 1879, las Disposiciones Transitorias Primera y Segunda desplazarían a las Disposiciones Transitorias Decimotercera y Vigesimoprimera, con la consecuencia de que los fonogramas anteriores al 1 de enero de 1963 seguirían estando protegidos en España hasta que transcurrieran ochenta años desde su publicación (depósito legal), no siéndoles de aplicación las disposiciones del nuevo art. 110 bis.

---

[58]   Recuérdese que, en el caso de los fonogramas, el *dies a quo* del cómputo del plazo de protección se determina preferentemente con base en la publicación del mismo, de modo que un fonograma grabado antes del 1 de enero de 1963 pero publicado después de esa fecha (incluso si se comunicó al público por primera vez antes), seguiría estando protegido el 1 de noviembre de 2013. También lo estarían las actuaciones fijadas en el mismo, siempre que el fonograma no se hubiera comunicado al público por primera vez con anterioridad a ese 1 de enero de 1963. Por consiguiente, estos fonogramas y las actuaciones fijadas en ellos sí se beneficiarían de los nuevos plazos de protección.

III. La copia privada

Rodrigo Bercovitz Rodríguez-Cano

1. ANTECEDENTES Y CUESTIONES PENDIENTES

La excepción de copia privada se encuentra recogida en el artículo 5.2.d) de la Directiva 2001/29/CE, relativa a la armonización de los derechos de propiedad intelectual en la sociedad de la información. Se trata de una excepción en la que la propia Directiva establece el requisito de que los titulares de los derechos reciban una compensación equitativa. "A la hora de determinar la forma, las modalidades y la posible cuantía de esa compensación equitativa, deben tenerse en cuenta las circunstancias de cada caso concreto. Un criterio útil para evaluar estas circunstancias sería el posible daño que el acto en cuestión haya causado a los titulares de los derechos"[1].

La Ley 23/2006, de 7 de julio, procedió a la trasposición de la mencionada Directiva a nuestra Ley de Propiedad Intelectual, regulando la cuantificación de esa compensación equitativa. En el artículo 25.6 se establecía un procedimiento consistente básicamente en prever una negociación entre las entidades de gestión encargadas de su recaudación y las asociaciones sectoriales representativas de los deudores, es decir, los productores y los importadores de los equipos, aparatos y soportes materiales sujetos al pago de la misma. Terminada la negociación los Ministerios competentes en la materia (Cultura por un lado, Industria Turismo y Comercio por el otro lado) procederían a dictar una Orden conjunta en la que quedaran recogidos los resultados del acuerdo correspondiente, previo un control sobre la procedencia del mismo. En caso de que dicho acuerdo no se alcanzase en el plazo establecido (4 meses a partir del comienzo de la negociación) los Ministerios competentes tendrían que dictar la Orden de acuerdo con sus propios criterios. Semejante proceder debía repetirse periódicamente cada dos años con el fin de actualizar las previsiones de la mencionada orden ministerial conjunta. Transitoriamente, hasta el momento en el que la primera Orden fuese dictada, la propia Ley 23/2006 regulaba en su disposición

---

[1]   Párrafo 35 de la Exposición de Motivos de la Directiva.

transitoria única los equipos, aparatos y soportes materiales sometidos al pago de la compensación equitativa así como su cuantificación y reparto en cada caso.

Fracasada la negociación a la que se ha hecho referencia, los Ministerios de Cultura y de Industria, Turismo y Comercio dictaron finalmente, con manifiesto retraso sobre el tiempo previsto, la esperada Orden PRE/1743/2008, de 18 de junio, por la que se establecía la relación de equipos, aparatos y soportes materiales sujetos al pago de la compensación equitativa por copia privada, las cantidades aplicables a cada uno de ellos y la distribución entre las diferentes modalidades de reproducción. Las previsiones de recaudación contenidas en la Orden se elevaban a un importe que debía oscilar entre 34.800.000 y 37.200.000 euros para la compensación equitativa por copia privada de libros y publicaciones asimiladas a los mismos, y a un importe que debía oscilar entre 75.400.000 y 80.600.000 euros para la compensación equitativa por copia privada de fonogramas y de grabaciones audiovisuales.

La aplicación de la Orden produjo un intenso rechazo social, basado en el cuestionamiento mismo de la existencia de esa compensación equitativa, que lógicamente terminaba repercutiendo en una elevación de los precios de venta de los equipos, aparatos y soportes. Ese rechazo se acentuaba por entender que las cuantías aplicables en cada caso eran excesivas y, sobre todo, por la extensión del ámbito de aplicación de la Orden a todo tipo de aparatos, equipos y soportes hábiles para la reproducción, prescindiendo de cuál fuera en verdad su destino. En efecto, la compensación equitativa se aplicaba a todos los soportes, aparatos y equipos, aunque no tuviesen en verdad el destino de ser utilizados para la realización de copias privadas.

Hay que tener en cuenta que, aunque el artículo 25.7.d) permitía al Gobierno "establecer excepciones al pago de esta compensación equitativa y única cuando quede suficientemente acreditado que el destino o uso final de los equipos, aparatos o soportes materiales no sea la reproducción prevista" por la excepción de copia privada, el caso es que el Gobierno no hizo nunca uso de esa facultad que le atribuía la Ley.

Expresión de ese rechazo social fueron los conflictos judiciales, que se produjeron como consecuencia de la negativa a pagar la compensación equitativa o como consecuencia de la reclamación de su devolución. Algunos de esos conflictos eran clara expresión de que lo que se cuestionaba en verdad era el propio sistema de recaudación. Ejemplo llamativo de tales casos resultan de las Sentencias del Tribunal Constitucional 196/2009 y 123/2010[2], que derivaban de reclamaciones para la devolución del importe de la compensación pagado en soportes cuyo destino era totalmente ajeno a la copia privada de obras o de prestaciones protegidas, importe que se elevaba en el primer caso a 19 céntimos y en el segundo a 1,72 euros[3].

Uno de esos conflictos, con una mayor entidad económica a los que se ha hecho referencia, terminó dando lugar al planteamiento de una cuestión prejudicial ante el Tribunal de Luxemburgo, que el mismo resolvió en su Sentencia de 21 de octubre de 2010 (asunto C-467/08 —caso *Padawan*—).

Se trata de una reclamación de la SGAE frente a una empresa, Padawan, S.L., que comercializa soportes digitales, y que se niega al pago del canon por copia privada correspondiente a la venta de dichos soportes digitales durante los ejercicios 2002 a 2004. La reclamación de la SGAE ascendía a 16.759,25 euros, más los correspondientes intereses legales.

El Juzgado de Primera Instancia estimó plenamente la demanda de la SGAE. Fue en apelación, cuando la Audiencia Provincial de Barcelona resolvió suspender el procedimiento y plantear diversas cuestiones prejudiciales en torno al concepto y al ámbito de aplicación de la compensación equitativa prevista, como hemos visto, en el artículo 5.2.b) de la Directiva 200/29/CE.

La Sentencia comienza por declarar que "el concepto de *compensación equitativa* [...] es un concepto autónomo del Derecho de la Unión, que debe interpretarse de manera uniforme en todos los Estados Miembros que hayan establecido una excepción de copia privada, con independencia de la facultad reconocida a éstos para determinar, dentro de los límites impuestos por el Derecho de la Unión [...] la forma, las modalidades de financiación y de percepción y la cuantía de dicha compensación equitativa".

A continuación la Sentencia añade que el *justo equilibrio* que debe respetarse entre los titulares de los derechos objeto de la excepción y los beneficiarios de la misma implica que la compensación equitativa debe calcularse

---

2   BOE 21.10.2009 y 15.1.2011.
3   Vid. Rodrigo BERCOVITZ RODRÍGUEZ-CANO. *El canon de copia privada: escaramuza sobre el fuero*. Aranzadi Civil, núm. 14, noviembre de 2009; *Una sentencia envenenada*. Aranzadi Civil, núm. 9-2010, enero 2011.

necesariamente sobre la base del perjuicio causado a aquéllos como consecuencia de la excepción. "En consecuencia, la aplicación indiscriminada del
canon por copia privada, en particular en relación con equipos, aparatos y
soportes de reproducción digital que no se hayan puesto a disposición de
usuarios privados, y que estén manifiestamente reservados a usos distintos
a la realización de copias privadas, no resulta conforme con la Directiva
2011/29 CE". Ello quiere decir que el sistema de compensación equitativa
no puede aplicarse a la comercialización de equipos, aparatos y soportes
cuando su destino sea su utilización empresarial o por cualquiera de las
administraciones públicas y demás órganos del Estado.

Con esta Sentencia el Tribunal de Luxemburgo vino a desautorizar la
Orden PRE 1743/2008, por ser contraria al Derecho comunitario la aplicación generalizada del canon correspondiente a la compensación equitativa de copia privada a todos los soportes, equipos y aparatos objetivamente
aptos para la misma. El ámbito de su recaudación debía reconducirse a la
comercialización de aquéllos cuyo destino previsible fuera la realización de
copias privadas. No podía extenderse a la comercialización de aquéllos cuyo
destino previsible fuera ajeno al disfrute de dicha excepción.

Por si esto fuera poco, con fecha de 22 de marzo de 2011 la Audiencia Nacional dictó varias Sentencias, en las que se declaraba la nulidad de
pleno derecho de la Orden PRE 1743/2008, por no haberse respetado en
su tramitación el procedimiento de elaboración de las disposiciones reglamentarias ejecutivas. Ni se había recabado el dictamen preceptivo del
Consejo de Estado, ni se habían acompañado las memorias justificativa y
económica, también preceptivas.

Parecía pues necesario proceder a una nueva regulación de la compensación equitativa por copia privada. Y a ello procedió de inmediato el nuevo
Gobierno resultante de las elecciones generales celebradas el 20 de noviembre de 2011, cumpliendo así con la promesa reiterada a lo largo de la
campaña electoral por el partido triunfador en dichas elecciones. En efecto,
el mismo había manifestado su voluntad de suprimir el canon de copia
privada, y eso es lo que en definitiva vino a hacer mediante la disposición
adicional décima del Real Decreto-Ley 20/2011, de 30 de diciembre, publicado en el BOE del día siguiente, sobre medidas urgentes en materia
presupuestaria, tributaria y financiera para la corrección del déficit público.
A partir de ese momento se endosa el pago de la compensación equitativa

por copia privada a los Presupuestos Generales del Estado. Un año después, al amparo de la delegación reglamentaria prevista por la propia disposición adicional, se aprueba el Real Decreto 1657/2012, de 7 de diciembre, por el que se regula el procedimiento de pago de la compensación equitativa por copia privada con cargo a los Presupuestos Generales del Estado, al tiempo que se reduce el ámbito de aplicación de la compensación equitativa en consonancia con lo establecido por la STJCE *caso Padawan*: ya no se tendrán en cuenta para su cuantificación, a partir del perjuicio sufrido por los titulares de los derechos, las reproducciones realizadas con equipos, aparatos y soportes destinados a usos distintos a los de la realización de copias privadas (art. 3.2.a) del Real Decreto.

A pesar de los criterios objetivos enumerados en el artículo 3.2 y 3 para la estimación del daño causado por la copia privada a los titulares de derechos de propiedad intelectual, es decir, para la determinación de la cuantía de la compensación, la forma concreta de calcularla (art. 4.2) permanece en una absoluta indefinición. En el Proyecto de este Real Decreto elaborado por el Ministerio de Educación, Cultura y Deporte, se incluía una disposición transitoria tercera con el detalle del procedimiento a seguir para la estimación del perjuicio causado por la copia privada en el ejercicio 2012, basado fundamentalmente en la aplicación a la recaudación del ejercicio 2011 del porcentaje que supone el gasto del consumo cultural de los hogares con respecto al valor del producto nacional consumido en equipos, aparatos y soportes de reproducción. Lo que podía servir de guía para el procedimiento a seguir en los ejercicios sucesivos. Pero esa disposición transitoria tercera desapareció del texto definitivo del Real Decreto 1657/2012 aprobado por el Gobierno.

Cabe destacar como rasgo más importante del nuevo sistema derivado del Real Decreto-Ley 20/2011 y del Real Decreto 1657/2012 que la cuantificación de la compensación equitativa queda condicionada por el importe asignado anualmente para la misma en la partida correspondiente de los Presupuestos Generales del Estado[4], sin perjuicio de que el mismo pueda

---

[4]   Lo que se reitera en la Exposición de Motivos de las Órdenes dictadas por el Ministerio de Educación, Cultura y Deporte para la fijación anual de esa cuantificación: "Pero, además de la estimación del perjuicio causado, la determinación de la compensación a financiar con cargo a los Presupuestos Generales del Estado [...] debe tomar necesariamente en consideración la especialidad y el carácter limitativo de los créditos para gastos

complementarse en su caso con los mecanismos de modificación presupuestaria que permite la Ley General Presupuestaria. Ello ha supuesto una drástica reducción de lo recaudado por dicho concepto por las entidades de gestión competentes. Se pasa de esa recaudación total prevista por la Orden PRE 1743/2008, que oscilaría entre 110.200.000 y 117.800.000 euros, y que se concretó, según parece, en una recaudación total de 115.000.000 de euros en el año 2011, a un total de 8.636.728,09 euros para el año 2012[5], de 5.000.000 de euros para el año 2013[6], habiéndose asignado 5.000.000 de euros a la partida presupuestaria correspondiente por la Ley 30/2014 de Presupuestos Generales del Estado para el año 2015.

La diferencia resulta escandalosa por mucho que se haya reducido la base de equipos, aparatos y soportes a tener en cuenta, al prescindirse ahora de los destinados a otros fines, de acuerdo con la doctrina del Tribunal de la Unión derivada del *caso Padawan*. Tan escandalosa que lleva necesariamente a la conclusión de que, o bien la compensación de copia privada ha constituido con el sistema anterior un cauce de expolio a favor de las entidades de gestión y, en última instancia, de los titulares de los derechos afectados por la excepción, a costa de particulares, empresas, profesionales y presupuestos de las administraciones públicas y demás órganos del Estado, o bien la cuantificación realizada en los sucesivos Presupuestos Generales del Estado constituye un expolio de los beneficiarios de la compensación equitativa en favor del erario público. No se olvide que, como ya ha quedado indicado lo presupuestado constituye un límite, que el procedimiento para determinar la cuantía de la compensación sólo puede superar a través de los reajustes presupuestarios posibles, ya que la misma "se determinará dentro de los límites presupuestarios establecidos para cada ejercicio" (art. 3.1 del Real Decreto).

Tanto el procedimiento de recaudación a cargo de los Presupuestos Generales del Estado como el importe derivado del mismo plantean dudas

---

consignados en los Presupuestos Generales del Estado, de conformidad con lo previsto en los artículos 42 y 46 de la Ley 47/2003, de 26 de noviembre, General Presupuestaria".

[5]   Orden ECD/2128/2013, de 14.11 (BOE 16.11.2013). Cantidad de la cual se asigna el 40,79% a libros y publicaciones asimiladas, 34,43% a fonogramas y 24,78% a videogramas.

[6]   Orden ECD/2166/2014, de 14.11 (BOE 20.11.2014). Cantidad de la cual se asigna el 29,98903781% a libros y publicaciones asimiladas, el 33,64911824% a fonogramas y el 37,36184394% a videogramas.

sobre la adecuación del nuevo sistema al Derecho comunitario. Recuérdese que, como hemos visto, la Sentencia del *caso Padawan* prevé que el pago de la compensación equitativa venga a gravar directa o indirectamente a los beneficiarios de la excepción de copia privada, es decir, a quienes adquieran *hardware* con tal fin. No parece que ello puede equipararse a todos los ciudadanos que contribuyen a través del sistema impositivo a la financiación de los Presupuestos Generales del Estado. Por otra parte, la Sentencia del Tribunal de Justicia de 16 de junio de 2011 (asunto C-462/0, *caso Stichting)*, reitera con mayor precisión la doctrina del propio Tribunal en el *caso Padawan:*

> "La Directiva 2001/29/CE [...], en particular, su artículo 5, apartados 2, letra b) y 5, debe interpretarse en el sentido de que el usuario final que realiza a título privado la reproducción de una obra protegida debe, en principio, considerarse el deudor de la compensación equitativa prevista en dicho apartado 2, letra b). No obstante, los Estados Miembros tienen la facultad de establecer un canon por copia privada que grave a quienes ponen a disposición del usuario final equipos, aparatos o soportes de reproducción, siempre que estas personas tengan la posibilidad de repercutir el importe de dicho canon en el precio de puesta a disposición abonado por el usuario final"[7].

La Sentencia añade en su segunda declaración que el establecimiento de la compensación equitativa por copia privada constituye para los estados miembros que incorporen la excepción una obligación de resultado. Malamente se cumple una obligación de resultado cuando el mismo se respeta formalmente pero no en el fondo. Y eso es lo que ocurre si la cuantía de la compensación equitativa resulta prácticamente simbólica, al estar muy por debajo del daño realmente causado a los titulares de derecho con la copia privada. A mayor abundamiento cabe citar la doctrina del propio Tribunal en su Sentencia de 30 de junio de 2011 *(asunto C-271/10)*. En dicha Sentencia se viene a decir que la remuneración que la Directiva 2006/115/CE (versión codificada de la Directiva 92/100/CEE) impone a favor de los autores cuando los Estados Miembros establezcan excepciones al derecho exclusivo de préstamo al amparo de lo previsto por dicha Directiva (art. 6), no puede ser meramente simbólica, a pesar de que, compensando en el caso del préstamo por una puesta a disposición a título gratuito no quepa encontrar la referencia de un precio de mercado para cuantificar el daño.

---

7   Primera declaración de la Sentencia.

Si esto es así, en ese caso, con mayor razón deberá predicarse de una compensación equitativa, en donde el daño resulta incuestionable. La misma no puede ser ni simbólica ni ínfima, y la cuantificación presupuestaria de la misma para los años 2012, 2013 y 2014 permite preguntarse si ése no será el caso.

Una nueva Sentencia de la Sala segunda del Tribunal de Justicia de la Unión Europea, dictada el 11 de julio de 2013 (*asunto C-521/1, caso Amazon*) confirma resumidamente la doctrina del Tribunal en relación con la interpretación del artículo 5.2.b) de la Directiva 2001/29/CE. Es la siguiente:

1º. Cuando los Estados Miembros optar por establecer la excepción de copia privada están obligados a complementarla con una compensación equitativa a favor de los titulares del derecho exclusivo de reproducción.

2º. Los Estados Miembros disponen de un amplio margen para determinar quién debe abonar la compensación equitativa; también para determinar su forma, sus modalidades y su cuantía, para lo que deben tenerse en cuenta las circunstancias concretas del caso.

3º. Dado que quien causa el perjuicio a los titulares del derecho de reproducción es quien realiza la copia privada sin autorización, incumbe a dicha persona repararlo, financiando la compensación equitativa.

4º. Habida cuenta de las dificultades prácticas para identificar a esos beneficiarios de la excepción y obligarles a indemnizar a los titulares del derecho de reproducción, los estados miembros pueden establecer un canon por copia privada que no grave a aquellos, sino a quienes dispongan de los equipos, aparatos y soportes de reproducción, y los pongan, de hecho o de derecho a disposición de tales beneficiarios o les presten un servicio de reproducción. Repercutido dicho canon en el precio de puesta a disposición de los equipos, aparatos y soportes en cuestión o en el del servicio de reproducción prestado, el usuario privado, beneficiario de la excepción, que abona dicho precio, es quien soportará en definitiva la carga del canon, y en consonancia con el *justo equilibrio* que debe alcanzarse entre los titulares del derecho de reproducción y los usuarios o beneficiarios de la copia privada.

Doctrina a la que cabe añadir, por lo que aquí interesa, la contestación de la Sentencia a la tercera cuestión prejudicial planteada: Si es conforme con el artículo 5.2.b) de la Directiva 2001/29/CE que la mitad de los ingresos obtenidos para la compensación equitativa por copia privada no se paguen directamente a los titulares de aquélla, sino a instituciones sociales y culturales creadas en beneficios de los mencionados titulares. La Sentencia se pronuncia a favor de la conformidad siempre que dichas instituciones beneficien efectivamente a los citados titulares, y que su modo de funcionamiento no sea discriminatorio, concediendo, por ejemplo, sus beneficios a personas distintas de aquellos o excluyendo de hecho o de derecho a quienes no tengan la nacionalidad de estado miembro de que se trate. Lo que —añade la Sentencia— corresponde comprobar al Juez nacional[8].

Ya hemos dicho que cabe cuestionar la conformidad del Real Decreto-Ley 20/2011 y del Real Decreto 1687/2012 con respecto al derecho de la Unión, en la medida en que de los mismos resulta que la financiación de la compensación equitativa no corresponde a los beneficiarios de la excepción, sino al erario público, y en la medida en que se establece como límite absoluto de la cuantía la partida fijada a tal efecto en los Presupuestos Generales del Estado, cualquiera que sea el daño causado por la excepción a los titulares de los derechos de propiedad intelectual afectados por ella.

Llama la atención observar que mientras cobrar el canon de compensación equitativa a quienes compraban aparatos, equipos y soportes con otro destino producía un manifiesto rechazo social, en cambio *cobrarlo* a todos los ciudadanos a través de los Presupuestos Generales del Estado, la mayoría ajenos a beneficiarse de la excepción de copia privada, no ha dado lugar a ninguna protesta.

Pues bien, por Auto del Tribunal Supremo (Sala de lo contencioso-administrativo, sección 4ª) de 10 de septiembre de 2014, la Sala ha acordado plantear al Tribunal de Justicia de la Unión Europea dos cuestiones prejudiciales relacionadas precisamente con esa duda. El Auto se dicta en el procedimiento derivado del recurso contencioso-administrativo interpuesto por tres entidades de gestión de los derechos de propiedad intelectual

---

[8]   Tanto antes como ahora, con la modificación introducida por la Ley 21/2014, nuestra LPI limita ese porcentaje de la recaudación al 20%. Vid. el art. 155.2, que remite a una determinación reglamentaria, que en estos momentos sigue siendo la de la disposición adicional 1ª.2 del Real Decreto 1687/2012.

—EGEDA, DAMA y VEGAP— contra el Real Decreto 1657/2012 y la disposición adicional décima del Real Decreto-Ley 20/2012.

Las cuestiones prejudiciales son las siguientes:

"a. ¿Es conforme al artículo 5.2.b) de la Directiva 2001/29 un sistema de compensación equitativa por copia privada que, tomando como base de estimación el perjuicio efectivamente causado, se sufraga con cargo a los Presupuestos Generales del Estado, sin que resulte por ello posible asegurar que el coste por dicha compensación sea soportado por los usuarios de copias privadas?

B. Si la anterior cuestión recibiese una respuesta afirmativa, ¿es conforme al artículo 5.2.b) de la Directiva 2001/29 que la cantidad total destinada por los Presupuestos Generales del Estado a la compensación equitativa por copia privada, aun siendo calculada con base en el perjuicio efectivamente causado, deba fijarse dentro de los límites presupuestarios establecidos para cada ejercicio?"

La Sentencia que dicte el Tribunal de Justicia de la Unión Europea para resolver estas cuestiones prejudiciales será decisiva para saber no sólo si los mencionados Real Decreto-Ley 20/2011, en su disposición adicional décima, y Real Decreto 1657/2012 son o no son conformes con el Derecho de la Unión, sino también para saber lo mismo por lo que a la nueva redacción del artículo 25 LPI derivada de la Ley 21/2014, puesto que la misma no ha venido sino a confirmar el sistema derivado de las mencionadas normas, sustituyendo al respecto el Real Decreto-Ley 20/2011 y manteniendo básicamente la vigencia del Real Decreto 1657/2012, en la medida en que su contenido es en su mayor parte conforme con esa nueva redacción del artículo 25 LPI[9].

Al tiempo de confirmar el sistema se aprecia en las modificaciones introducidas por esta Ley 21/2014 la preocupación por reducir el coste de la compensación equitativa, habida cuenta de que el mismo es soportado por

---

[9]   Por otra parte el Grupo Parlamentario Socialista ha interpuesto un recurso de inconstitucionalidad contra el artículo 25.1 *("Dicha compensación, con cargo a los presupuestos Generales del Estado, estará dirigida a compensar los derechos de propiedad intelectual que se dejaron de percibir por razón del límite legal de copia privada").* y 25.3 *("y contará con una consignación anual en la Ley de Presupuestos Generales Estado")* por ser contrarios a los artículos 31 y 33 CE (también contra la letra d) y el penúltimo párrafo del art. 154.5 y contra la letra e) del art. 157.1 por ser contrarios al artículo 22 CE).

los Presupuestos Generales del Estado, y para mayor inri, en plena crisis económica y presupuestaria. Resulta paradójico que el sistema se introdujera en un Real Decreto-ley (20/2011) de medidas urgentes para la corrección del déficit público.

Esa preocupación se traduce en una disminución del ámbito de aplicación de la excepción de copia privada, por un lado, y en una disminución también de la compensación equitativa, como se verá al analizar los nuevos artículos 25 y 31.2 y 3. Lo que cuestionan detalladamente tanto el Consejo de Estado[10] como el Consejo General del Poder Judicial[11] en sus respectivos Informes emitidos con respecto al Anteproyecto de Ley, dudando de su conformidad con el Derecho comunitario.

Como es sabido, la Directiva 2001/29/CE permite reducir el ámbito de la excepción (incluso permite no transponerla en absoluto), pero, en cambio, no permite prescindir, ni formal ni sustancialmente (por razón de su cuantificación) de la compensación equitativa.

Por otra parte, en su Informe al Anteproyecto de Ley el Consejo de Estado pone de relieve como la reducción del ámbito de aplicación de la excepción, sin adoptar medidas complementarias adecuadas para tener en cuenta la realidad social dará lugar a la multiplicación de copias sin cobertura legal alguna, es decir, a la multiplicación de copias ilegales, sin que se prevean los instrumentos indispensables para su sanción[12]. Y es que "una

---

[10] Vid. pp. 58 a 74. Ello se refleja expresivamente en relación con la delimitación del concepto de copia privada: "En definitiva, el Consejo de Estado considera que debe efectuarse una profunda reflexión sobre la proyectada configuración del artículo 31.2, pues, como se ha expuesto, se ajusta con dificultad a la jurisprudencia del TJUE, desconoce o trata de soslayar la realidad social sobre la que se proyecta aplicar y presenta muy serias dudas sobre su capacidad para lograr la adecuada retribución del perjuicio causado a los titulares de los derechos de propiedad intelectual, exigida sin fisuras por la mencionada jurisprudencia" (vid. p. 66).

[11] Vid. las páginas 19 a 35. Lo que resume previamente (p. 9) en los siguientes términos: "[...] la más estrecha configuración del límite de copia privada, la cual justificaría una disminución de la cuantía de la correspondiente compensación equitativa, podría situar el límite y la compensación en unos niveles tan exiguos que los titulares no se vieran compensados adecuadamente del perjuicio efectivamente sufrido a consecuencia del fenómeno de la reproducción privada".

[12] "[...] la modificación legal proyectada puede situar a un importante número de ciudadanos ante una situación en la práctica de ilicitud, como han señalado en sus alegaciones diversos sectores informantes, situación que no se acompaña de las suficientes medidas dirigidas a evitarla a través de la concesión de una autorización o licencia del titular del

restricción extrema de los casos legítimos de copia privada puede tener el efecto perverso de promover una cultura de la descarga que se sitúe al margen de lo legal y que no contaría [...] con los medios al alcance de los titulares de derechos de propiedad intelectual para lograr la reparación del perjuicio sufrido"[13].

Importa destacar que el Consejo de Estado admite en su Informe que el sistema de compensación equitativa con cargo a los Presupuestos generales del Estado "podría encajar en el Derecho europeo", si bien garantizando que en efecto la compensación equitativa sea real, como obligación de resultado que vincula a los estados miembros, para lo que debería preverse acudir, cuando fuere necesario (por haberse presupuestado una partida insuficiente) a los mecanismos de modificación de los créditos presupuestarios previstos en la Ley General Presupuestaria[14].

Procede finalmente hacer referencia a una observación atinada del Consejo General del Poder Judicial en su Informe antes mencionado: esa preocupación del legislador por disminuir el coste de la compensación equitativa reduciendo su ámbito de aplicación pone de relieve que su cuantificación en los Presupuestos Generales del Estado desde la entrada en vigor del Real Decreto-ley 20/2011 hasta la entrada en vigor de la Ley 21/2014 ha venido siendo insuficiente[15].

---

derecho, que ni sabe, ni puede, ni dispone de los medios para conceder esas autorizaciones en cada caso concreto. Muchas de las actuales prácticas de realización de reproducciones totales o parciales de obras protegidas por derechos de propiedad intelectual seguirán amparándose en la excepción de copia privada, sin que en su caso, la pérdida de esa cobertura vaya a ir acompañada de las referidas medidas de canalización por los titulares de los derechos de propiedad intelectual del control y defensa de sus derechos ante la actividad de los usuarios, ni del correlativo acceso a la compensación por el perjuicio causado por los accesos ilegales, con el consiguiente impacto en su economía" (vid. p. 65).

[13]   Vid. p. 73.

[14]   Vid. pp. 72-73.

[15]   "Esta descripción [la de la Exposición de Motivos del Anteproyecto con respecto a los artículos 25 y 31. 2 y 3] no deja de resultar llamativa porque equivale a un reconocimiento implícito de que, en tano el límite del artículo 31.2 LPI no sea reformado para disminuir su alcance, el montante de la compensación que se cargue a los PPGGE con arreglo al sistema actualmente vigente, podría estar desajustado" (vid. p. 20).

2. EL ARTÍCULO 31.2

El artículo 31.2 anterior queda sustituido por un nuevo artículo 31. 2 y 3 en el que se especifican con mayor detalle los requisitos que ya previamente establecían aquel y su desarrollo reglamentario[16] para aplicar la excepción de copia privada, al tiempo que además se añaden nuevos requisitos. Con lo que, por una u otra vía la Ley 21/2014 a reducir el campo de aplicación del límite[17].

El párrafo 1º del artículo 31 introduce la novedad de especificar que la copia debe realizarse "*sin asistencia de terceros*". Lo que se relaciona con el artículo 3.4.a) del Real Decreto 1657/2012[18]. No es pues copia privada la que se encarga en una copistería o que se realiza en un establecimiento que tenga a disposición del público equipos, aparatos y soportes para su realización.

Es obvio que el requisito se refiere a la asistencia profesional o empresarial y no a la ayuda que cualquiera puede obtener de un particular que lo haga por razón de su relación personal con el beneficiario de la copia[19].

En el primero de los requisitos (*circunstancias*), recogido en el apartado a) el "*para su uso privado*" de la anterior redacción se transforma en "*exclusivamente para su uso privado, no profesional ni empresarial*". A lo que se añade,

---

[16]   Se trata del ya mencionado Real Decreto 1657/2012, de 7 de diciembre, que, como acabamos de decir, sigue vigente, al no haber sido derogado expresamente y no ser contrario en su mayor parte a las modificaciones introducidas por la Ley 21/2014 en la LPI, y concretamente en sus artículos 25 y 31.

[17]   "[...] se procede a una nueva redacción del apartado 2 del artículo 31 [...] que supone su restricción como consecuencia de la exclusión, por un lado, de las reproducciones para uso profesional o empresarial [...], y por otra parte de las reproducciones a partir de soportes físicos que no sean propiedad del usuario, incluyéndose aquellas no adquiridas por compraventa mercantil, y mediante comunicación pública salvo las reproducciones individuales de obras a las que se haya accedido a través de un acto legítimo de comunicación pública, mediante la difusión de la imagen, del sonido o de ambos. Al dejar de quedar amparadas por el límite de copia privada, estas reproducciones, cuando carezcan de autorización, devienen ilícitas y no podrían ser objeto de la compensación equitativa" (apartado III, párrafo 8º, de la Exposición de Motivos de la Ley).

[18]   "A los efectos de los previsto en el presente real decreto [...] no tienen la consideración de reproducciones para uso privado las siguientes:
a) Las efectuadas en establecimientos dedicados a la realización de reproducciones para el público, o que tengan a disposición del público los equipos, aparatos y materiales para su realización".
Texto idéntico al del artículo 10.a) del derogado Real Decreto 1434/1992.

[19]   Así, por ejemplo, la copia privada que se hace a un amigo a partir de un soporte propio adquirido legalmente en el mercado.

copiando el texto del artículo 5.2.b) de la Directiva 2001/29, "*y sin fines directa ni indirectamente comerciales*"[20]. Con lo que no queda margen alguno para beneficiarse de la excepción para actividades que no sean de ocio.

En el apartado b) se mantiene el requisito del acceso legal a las obras copiadas, eliminando cualquier duda que pudiese existir sobre el sentido del mismo, asegurando que se copie a partir de un ejemplar lícito o de una comunicación lícita de la misma: "*a las que se haya accedido legalmente desde una fuente lícita*". Dicho requisito no consta en el tenor literal del artículo 5.2.b) de la Directiva, lo que permitía entender que prescindía del mismo. Sin embargo, la STJUE (Sala cuarta) de 10 de abril de 2014, dictada en el Asunto C-435/12 (*caso ACI ADAM*), ha venido a decir que ello no es así[21], de acuerdo con la interpretación restrictiva aplicable a las excepciones o limitaciones de la propiedad intelectual[22], ya que además iría en contra del buen funcionamiento del mercado interior, podría infringir la regla de los tres pasos recogida en el artículo 5.5 de la Directiva 2001/29[23], y no respetaría el justo equilibrio que la compensación equitativa debe mantener "entre los derechos e intereses de los autores, beneficiarios de la compensación equitativa, por un lado, y los de los usuarios de prestaciones protegidas, por otro"[24].

---

[20] Ambos pasajes se reproducen innecesariamente en el párrafo 1º del artículo 25.1., puesto que bastaría con la referencia que se hace al art. 31: "de conformidad con los apartados 2 y 3 del artículo 31".

[21] La Sentencia declara que "el artículo 5, apartado 2, letra b) de la Directiva 2001/29/CE del Parlamento Europeo y del Consejo [...], en relación con el apartado 5 de dicho artículo, debe interpretarse en el sentido de que se opone a una norma nacional [...] que no distingue la situación en la que la fuente a partir de la que se realiza una reproducción para uso privado es lícita de aquella en la que dicha fuente es ilícita". En el caso se trataba de la Ley de derechos de autor holandesa.

[22] "Tal interpretación exige que [...] ciertamente, la excepción de copia privada prohíbe a los titulares de los derechos de autor prevalerse de su derecho exclusivo de autorizar o prohibir reproducciones a las personas que realizan copias privadas de sus obras, pero que no obstante se opone a que [...] se entienda en el sentido de que impone a los titulares de los derechos de autor, más allá de esta restricción prevista explícitamente, que toleren las vulneraciones de sus derechos que puedan acompañar a la realización de copias privadas" (apartado 31).

[23] "En efecto, por un lado, admitir que tales reproducciones pueden realizarse a partir de una fuente ilícita fomentaría la circulación de obras falsificadas o piratas, disminuyendo de este modo necesariamente el volumen de ventas u otras transacciones legales relativas a las obras protegidas, de modo que se menoscabaría la explotación normal de éstas" (apartado 38).

[24] Ya que, "De este modo, todos, los usuarios que adquieren tales equipos, aparatos o soportes [que permiten la realización de copias privadas] se ven penalizados indirectamente,

El requisito se complementa ahora con una enumeración exhaustiva de los supuestos en los que el acceso a la obra es legal a efectos del mismo: únicamente si el acceso es mediante compraventa de un ejemplar al titular autorizado del mismo [art. 31.2.b) 1º] o mediante un acto de comunicación pública lícita o debidamente autorizada [art. 31.2.b) 2º], con exclusión expresa, de acuerdo con el art. 31.3.a) de las *descargas* legales en la Red (en cualquier red). Quedan pues excluidos el acceso mediante el préstamo o el alquiler, la puesta a disposición ilícita en la Red (por cualquier medio telemático), así como el *top manta*. La excepción queda pues reducida a la realización de copias a partir de soportes materiales o tangibles y a partir de la comunicación pública sólo mediante la difusión de la imagen y/o el sonido (lo que puede comprender la difusión por cualquier medio (incluida la Red). Obsérvese que el artículo 25.5, segunda frase, priva de compensación equitativa a la parte más importante de la copia privada derivada de la comunicación pública.

También se excluye la excepción en la copia realizada a partir de la comunicación pública presencial no autorizada[25]: fijación en establecimiento o espacio público no autorizada".

Por lo que se refiere a la compraventa [art. 31.2.b) 1º], se hace una mención inútil a que debe tratarse de una adquisición en propiedad, puesto que no parece que la compraventa de un soporte de la obra no tenga por objeto natural de la misma la transmisión de la propiedad sobre el ejemplar. También se especifica que debe tratarse de una compraventa mercantil. Cabe suponer que se pretende excluir la venta de particular a particular. Sin perjuicio de que semejante restricción resulta discutible[26], lo que resulta desacertado es la calificación de la compraventa como mercantil, habida cuenta de que las compraventas mixtas, es decir, las correspondientes

---

dado que, al soportar la carga del canon fijado con independencia del carácter lícito o ilícito de la fuente [...] contribuyen necesariamente a la compensación por el perjuicio causado por reproducciones para uso privado [...] que no están autorizadas por la Directiva 2001/29 y, de este modo, han de asumir un coste adicional nada desdeñable para poder realizar las copias privadas cubiertas por la excepción" (apartado 56).

25   ¿Se quiere dejar abierta la excepción a la copia (fijación o no) autorizada? Parece que en tal caso habría que hablar de copia autorizada y no de copia privada.

26   Sobre todo si se tiene en cuenta que el artículo 161.4 permite restringir con medidas tecnológicas el número de copias privadas que se puedan obtener a partir de un soporte de la obra.

a una distribución comercial, de empresario a particular (consumidor), no son mercantiles sino civiles[27]. Habrá que realizar una interpretación correctora de la norma so pena de reducir este supuesto de compraventa a las realizadas entre comerciantes o empresarios. Lo que parece que tiene poco sentido. Sobre la base de dicha corrección interpretativa, mediante la cual se entienda que *compraventa mercantil* quiere decir compraventa en o a *establecimiento mercantil* o empresa, quedaran incluidas todas las compraventas mixtas cualquiera que sea el cauce que se utilice para perfeccionar el contrato, que puede ser el de la Red, incluido el pago del precio, siempre que el soporte que se entregue sea tangible y consecuentemente no se consiga mediante descarga electrónica en la Red.

En el caso de la compraventa se admite que la copia pueda haber sido realizada *directa o indirectamente*. Ello puede querer decir que la copia que se realice indirectamente sea partir de otra anterior, privada también, realizada a partir de la compra de un soporte tangible a una empresa o establecimiento mercantil (a una empresa), de acuerdo con lo que acabamos de explicar. Ello sólo es posible si el propio comprador del soporte hace otra copia a partir de la primera copia privada o si el comprador presta su copia privada y el comodatario de la misma hace otra copia privada a partir de la que le han prestado[28]. Lo que dicho comprador del soporte no podrá realizar reiteradamente, sino sólo alguna vez, so pena de incurrir en una utilización colectiva de la copia privada, contraria a la prohibición del artículo 31.2.c). Pero entonces, cabe volver a cuestionar que el acceso legal al soporte reproducido tenga que ser mediante una compraventa a establecimiento mercantil o empresa y no mediante cualquier compraventa, cualquiera que sea el vendedor.

La referencia a una posible realización *indirecta* de la copia puede entenderse también como realizar la copia privada a través de los servicios de un tercero. Sin embargo, semejante posibilidad queda excluida por la exigencia, a la que ya me he referido, de actuar *sin asistencia de terceros* (art. 31.2, *ab initio*).

---

[27] "No se reputarán mercantiles: 1º) las compras de efectos destinados al consumo del comprador o de la persona por cuyo encargo se adquirieren" (art. 326 Cco).
[28] Lo que también puede restringirse con medidas tecnológicas, de acuerdo con lo previsto por el artículo 161.4 LPI.

Así que la mención de la reproducción realizada indirectamente sólo sirve para la copia privada realizada a partir de otra copia privada, realizada a su vez a partir de una copia recogida en un soporte comprado a un establecimiento mercantil o empresa. Un ámbito de aplicación ciertamente reducido. Aun así, no se llega a entender por qué se limita a la copia que procede de la compra de un soporte y no cabe la reproducción indirecta a partir de la copia privada derivada de comunicación pública.

En el caso de la copia privada a partir de un acto legítimo de comunicación pública se habla de una reproducción *indidual.* No se llega a saber qué añade este calificativo al de *copia privada*, que figura en el epígrafe del artículo 31 y a la exigencia inicial de que *"se lleve a cabo por una persona física".* Yo creo que nada. Se trata de un calificativo inútil por redundante.

Como es lógico, se conserva literalmente la exigencia, que ya contenía el art. 31.2 en su redacción anterior, de que "la copia obtenida no sea objeto de una utilización colectiva ni lucrativa". Ahora se añade *"ni de distribución mediante precio"*[29]. Esta sólo podría ser a través del alquiler, pero semejante supuesto ya queda cubierto, tanto por la prohibición de una utilización colectiva, como normalmente por la prohibición de una utilización lucrativa. Se trata pues de un añadido inútil y, consecuentemente, perturbador. Una expresión más de la manifiesta preocupación por reducir el ámbito de la excepción de copia privada.

El artículo 31.3.b) y c) mantiene la exclusión de las bases de datos electrónicas y de los programas de ordenador, reproduciendo literalmente en tal exclusión la redacción anterior del artículo 31.2[30]. La exclusión se extiende ahora a cualesquiera obras y prestaciones protegidas en soporte electrónico. A ello responde la referencia contenida en el art. 31.3.a) a la descargas legales de obras puestas a disposición en la Red.

Al igual que en la redacción anterior del artículo 31.2, el límite de copia privada se establece "sin perjuicio de la compensación equitativa prevista en el artículo 25", que ahora ha pasado a encabezar la redacción del artículo 31.2. En cambio, se ha suprimido la especificación de que la cuantificación

---

[29] Lo que se corresponde con el artículo 3.4.b) del Real Decreto 1657/2012.
[30] Quizá se podría haber aprovechado para suprimir la referencia al artículo 99.a), que no es necesaria, o, en paralelismo con dicha mención, hacer referencia al hablar de las bases de datos, a la concordancia con el artículo 34.2.a).

de dicha compensación equitativa "deberá tener en cuenta si se aplican a tales obras las medidas a las que se refiere el artículo 161". La misma sobraba ya en la redacción anterior del artículo 31.2 desde el momento en que el propio artículo 25 mencionaba ese dato a la hora de enumerar los criterios que había que tener en cuenta para la cuantificación de la compensación equitativa[31]. Una especificación similar, aunque más detallada y con una referencia expresa a un desarrollo reglamentario, se introduce ahora en el artículo 25.6: "En la determinación de la cuantía de la compensación equitativa podrá tenerse en cuenta, en los términos que se establezca reglamentariamente, la aplicación o no, por parte de los titulares del derecho de reproducción, de las medidas tecnológicas eficaces que impidan o limiten la realización de copias privadas o que limiten el número de éstas"[32].

3. EL ARTÍCULO 25

El extensísimo artículo 25 anterior, que en la mayoría de sus apartados ya había quedado derogado por la disposición adicional 10ª del Real Decreto-ley 20/2011[33], junto con su desarrollo reglamentario[34], al sustituir

---

[31]   Entre ellos se mencionaba "La disponibilidad, grado de aplicación y efectividad de las medidas tecnológicas a que se refiere el artículo 161" (art. 25.6.4º.e). Lo que se recoge en el art. 3.2.e) del Real Decreto 1657/2012.

[32]   "El nivel de compensación equitativa deberá determinarse teniendo debidamente en cuenta el grado de utilización de las medidas tecnológicas de protección contempladas en la presente Directiva" (párrafo 35 de la Exposición de Motivos de la Directiva 2001/29/CE). Lo que se traslada expresamente al propio artículo 5.2.b): "[...] teniendo en cuenta si se aplican o no a la obra o prestación de que se trate las medidas tecnológicas contempladas en el artículo 6".

[33]   "*Modificación del régimen de compensación equitativa por copia privada.*– 1. Se suprime la compensación por copia privada, prevista en el artículo 25 del Texto Refundido de la Ley de Propiedad Intelectual, aprobado por el Real Decreto Legislativo 1/1996, de 12 de abril, con los límites establecidos en el artículo 31.2 de la misma Ley.
2. El Gobierno establecerá reglamentariamente el procedimiento de pago a los perceptores de la compensación equitativa por copia privada con cargo a los Presupuestos Generales del Estado.
3. La cuantía de la compensación se determinará tomando como base la estimación del perjuicio causado".

[34]   El Real Decreto 1657/2012, de 7 de diciembre, por el que se regula el procedimiento de pago de la compensación equitativa por copia privada con cargo a los Presupuestos Generales del Estado.

el sistema anterior de pago de la compensación equitativa a cargo de los beneficiarios de la misma por su pago a cargo de los Presupuestos Generales del Estado, ha quedado reducido a seis apartados[35] en los que se mantiene básicamente el contenido del anterior artículo 25.1 y 4.b) en lo que se refiere a los diversos soportes de obras y prestaciones protegidas y al medio técnico de reproducción utilizado a los que se aplica el límite de copia privada y la compensación equitativa correspondiente, y los sujetos beneficiarios de esta última (de lo que se ocupan los dos primeros apartados), con los otros cuatro apartados dedicados a su cuantificación.

En efecto, el apartado 1, después de reiterar que la compensación equitativa y única que establece deriva de las copias privadas autorizadas por el artículo 31.2 y 3, transcribiendo innecesariamente los requisitos de las mismas establecidos en el artículo 31.2.a), y de añadir que se trata de copias realizadas "mediante aparatos o instrumentos técnicos no tipográficos", especifica que se aplica a tres modalidades de soportes que incorporen obras divulgadas y protegidas, y que son: libros o publicaciones que a estos efectos se asimilen reglamentariamente[36], fonogramas, y videogramas u otros soportes sonoros, visuales o audiovisuales.

El párrafo 2º del apartado 1 mantiene casi literalmente la explicación que ya se daba en la segunda parte del derogado artículo 25.1 anterior: la compensación está destinada "a compensar los derechos de propiedad intelectual que se dejarán de percibir por razón" del límite legal de copia privada ("de la expresada reproducción" decía antes el art. 25.1). Se aprovecha ahora ese párrafo 2º para significar que se mantiene el nuevo sistema establecido por el Real Decreto-ley 20/2011 en la disposición adicional 10ª

---

[35] Recuérdese que el anterior artículo 25 constaba de 25 apartados.

[36] Art. 2º.3 del Real Decreto 1657/2012:"A los efectos del presente real decreto se entenderán asimiladas a los libros las publicaciones de contenido cultural, científico o técnico siempre y cuando:

a) Estén editadas en serie continua con un mismo título a intervalos regulares o irregulares, de forma que los ejemplares de la serie lleven una numeración consecutiva o estén fechados, con periodicidad mínima mensual y máxima semestral.

b) Tengan al menos 48 páginas por ejemplar".

El texto es idéntico al del art. 9.3 del Real Decreto 1434/1992, de desarrollo del art. 25 LPI, derogado por el Real Decreto 1657/2012.

antes transcrita, según el cual la compensación será "con cargo a los Presupuestos Generales del Estado"[37].

El apartado 2 es casi reproducción literal, como ya se ha indicado del anterior artículo 25.4. b). Los acreedores de la compensación son denominados ahora beneficiarios de la misma. Siguen siendo los autores junto con los editores en la primera modalidad de soportes, y los autores junto con los productores y con los artistas, intérpretes o ejecutantes, en las otras dos modalidades mencionadas en el apartado anterior. La copia del artículo 25.4.b) da lugar a que se mantenga innecesariamente que las obras (habría que añadir las prestaciones) señaladas en el apartado anterior sean "explotadas públicamente en alguna de las formas mencionadas en dicho apartado".

La última frase del apartado es reproducción literal de la última frase del anterior artículo 25.1: "Este derecho será irrenunciable para los autores y los artistas intérpretes o ejecutantes". No obstante, semejante característica no impide disponer del derecho, puesto que el mismo no puede ejercerse con respecto a quienes cuenten con una licencia pactada, como resulta del artículo 25.4. b) LPI, que excluye del cálculo de la cuantía de la compensación las copias privadas realizadas por quien cuente con autorización o licencia para reproducir.

Como la compensación equitativa es *única* para cada modalidad de soporte, se plantea la necesidad de determinar el reparto de la misma entre los diversos beneficiarios, que es la siguiente, de acuerdo con el artículo 5 del Real Decreto 1657/2012:

"a) En la modalidad de fonogramas y demás soportes sonoros, el 50 por 100 para los autores, el 25 por 100 para los artistas intérpretes o ejecutantes y el 25 por 100 para los productores.

b) En la modalidad de videogramas y demás soportes visuales o audiovisuales, un tercio para los autores, un tercio para los artistas intérpretes o ejecutantes y un tercio para los productores.

---

[37]   Ahora derogada, de acuerdo con la disposición derogatoria única de la Ley 21/2014, que recoge el principio según el cual *lex posterior derogat anterior* en consonancia con lo previsto en el artículo 2.3 CC.

c) En la modalidad de libros y publicaciones asimiladas, el 55 por 100 para los autores y el 45 por 100 para los editores"[38].

Recuérdese que cuando una excepción o limitación de la propiedad intelectual se acompaña del pago de una compensación equitativa, como es el caso, su cuantía debe atender, entre otras consideraciones, al perjuicio o daño sufrido por los titulares como consecuencia del disfrute de la excepción o limitación por sus beneficiarios[39]. Con la compensación se pretende paliar ese daño en la medida razonable (equitativa), de acuerdo con los fines sociales perseguidos por la excepción o limitación por un lado, y al respeto debido a la explotación normal de la obra o prestación y a no perjudicar injustificadamente los intereses legítimos del titular del derecho, por el otro lado[40].

De ahí que en la escasa regulación de la compensación equitativa por copia privada que se recoge en la disposición adicional 10ª del Real Decreto-ley 20/2011 se fije el principio de que "la cuantía de la compensación se determinará tomando como base la estimación del perjuicio causado" (apartado 3). Y así se reitera al comienzo del apartado 3 del artículo 25, primero de los cuatro dedicados a la cuantificación de la compensación equitativa: su cuantía "será calculada sobre la base del criterio del perjuicio

---

[38] Lo que reproduce literalmente el artículo 36 del Real Decreto 1434/1992 de desarrollo del artículo 25 LPI, derogado por el Real Decreto 1657/2012.

[39] "A la hora de determinar la forma, las modalidades y la posible cuantía de esa compensación equitativa, deben tenerse en cuenta las circunstancias de cada caso concreto. Un criterio útil para evaluar estas circunstancias sería el posible daño que el acto en cuestión haya causado a los titulares de los derechos" (párrafo 35 de la Exposición de Motivos de la Directiva 2001/29/CE, cuyo artículo 5.2.b) ya prevé esa compensación equitativa para la copia privada).
En el caso de las obras huérfanas, el párrafo 18, segunda parte, de la Exposición de Motivos de la Directiva 2012/28/UE dice lo siguiente en relación con la determinación de la eventual cuantía de la compensación equitativa prevista en su artículo 6.5: "[...] deben tenerse debidamente en cuenta, entre otras cosas, los objetivos de los estados miembros en materia de promoción cultural, la naturaleza no comercial de la utilización realizada [...] con el fin de alcanzar objetivos relacionados con su misión de interés público, como el fomento del estudio y la difusión de la cultura, así como el posible daño a los titulares de derechos".

[40] De acuerdo con la regla de los tres pasos recogida en el artículo 5.5 de la Directiva 2001/29/CE, así como en el artículo 40 bis LPI.

causado a los beneficiarios"[41], es decir a los titulares de los derechos, "debido al establecimiento del límite de copia privada".

Para el procedimiento de cálculo de la cuantía de la compensación, así como para el procedimiento de pago de la misma el artículo 25.3 remite a un desarrollo reglamentario, que sigue siendo el del Real Decreto 1657/2012, aprobado en su día al amparo de la disposición adicional 10ª del Real decreto-ley 20/2011. El texto del artículo 25.3 se limita a puntualizar que el pago se realizará a través de las entidades de gestión y que para el mismo se "contará con una consignación anual en la Ley de Presupuestos Generales del Estado".

De la lectura del artículo 25.3 resulta pues que esa cuantía tendrá en cuenta (tomará como base) el daño causado por la copia privada a los titulares de derechos sobre las obras y prestaciones protegidas afectadas por la misma, aunque no se precisa en qué consistirá ese *tener en cuenta*.

Para el cálculo del daño *efectivo*, al que se refiere el artículo 3.2, *ab initio*, del Real Decreto 1657/2012, hay que tener en cuenta los criterios objetivos que enumera a continuación[42]. Ya hemos mencionado la exclusión del *hardware* con destino ajeno a la copia privada y la consideración de la aplicación en su caso de medidas tecnológicas efectivas (apartados a) y e). Los demás criterios enumerados son:

"b) El impacto de la copia privada sobre la venta de ejemplares de las obras, teniendo en cuenta el grado de sustitución real de éstos por las copias privadas realizadas y el efecto que supone que el adquirente de un ejemplar o copia original tenga la posibilidad de realizar copias privadas.

c) El precio medio de la unidad de cada modalidad reproducida, el porcentaje del precio de la copia original que va destinado a remunerar los derechos de propiedad intelectual y la vigencia de los derechos de propiedad intelectual de las obras y prestaciones reproducidas.

---

[41]   En ese criterio ya insistía el artículo 3.2 del Real Decreto 1657/2012, con la preocupación de que el mismo fuese real o cierto: "La cuantía de la compensación se calculará sobre la base del perjuicio efectivamente causado a los titulares de los derechos de propiedad intelectual como consecuencia [...]" de la excepción de copia privada.

[42]   Tanto el Consejo de Estado como el Consejo General del Poder Judicial entienden, en sus respectivos Informes sobre el Anteproyecto de Ley, que esos criterios deberían quedar recogidos en la propia Ley y no en un desarrollo reglamentario de la misma.

d) El diferente perjuicio del establecimiento del límite de copia privada según, entre otros criterios, el carácter digital o analógico de las reproducciones efectuadas al amparo de la excepción, o la calidad y el tiempo de conservación de las reproducciones".

Por otra parte, de acuerdo con el artículo 5.5 de la Directiva 2001/29/CE las excepciones o limitaciones a la propiedad intelectual deberán respetar la regla de los tres pasos, según la cual, no deben entrar "en conflicto con la explotación normal de la obra o prestación" y no deben perjudicar "injustificadamente los intereses legítimos del titular del derecho".

El artículo 25.3 añade que en cualquier caso la cuantía no podrá superar la asignación que se haga a la correspondiente partida en los Presupuestos Generales del Estado.

A pesar de los criterios objetivos enumerados en el artículo 3 del Real Decreto 1657/2012 para calcular el daño, a la hora de la verdad el artículo 4 —ya lo hemos dicho en el epígrafe de Antecedentes— aclara poco sobre cómo se calcula ese daño, menos aún sobre cómo se cuantifica la partida presupuestaria, que deberá fijar anualmente el Ministerio de Educación y Cultura mediante Orden motivada, que debe adoptarse en el plazo de seis meses a partir de la iniciación de oficio del procedimiento (en el primer trimestre de cada año) para su determinación. Y es que lo que el mismo dice sobre la tramitación del procedimiento es absolutamente imprecisa en cuanto a los datos que se tendrán en cuenta y la ponderación de los mismos: se habla genéricamente de "*los datos que precise*" el instructor del expediente, que es el Subdirector General de la Propiedad Intelectual[43].

La asignación de la compensación equitativa a las entidades de gestión y la liquidación y reparto de la compensación a los titulares beneficiarios se regulan en los artículos 6 y 7 del Real Decreto, cuya disposición adicional 1ª establece que las entidades de gestión receptoras de la compensación

---

[43]   "La instrucción de este procedimiento corresponderá al titular de la Subdirección General de Propiedad Intelectual, que podrá adoptar las medidas necesarias para la determinación, conocimiento o comprobación de los datos que precise, incluyendo el requerimiento de información directa o indirectamente relacionada con las instrucción de este procedimiento, a cualquier entidad o persona pública o privada, y a salvo de lo dispuesto en la legislación vigente en materia de protección de datos.
Durante la tramitación del procedimiento se dará audiencia a las entidades de gestión de derechos de propiedad intelectual" (art. 4.2).

destinarán por partes iguales el 20 por 100 del importe a promover actividades o servicios de carácter asistencial en beneficio de sus socios, y a atender actividades de formación y promoción de autores y artistas intérpretes o ejecutantes[44], cantidad a la que se añadirá, en los términos previstos por el artículo 7.3, los importes no distribuidos a los beneficiarios dentro del plazo legalmente previsto para su reclamación.

En la determinación de la cuantía de la compensación es lógico que no se tengan en cuenta los supuestos que no se correspondan con el concepto de copia privada. A tal efecto el artículo 25.4 introduce dos puntualizaciones con las que se pretende aclarar supuestos dudosos.

El primero de ellos es copia del artículo 4.3.c) del Real Decreto 1657/2012, el cual se relaciona con el artículo 3.2.a) del mismo, que excluye para la estimación del perjuicio causado por la excepción "aquellas reproducciones realizadas mediante equipos, aparatos y soportes de reproducción digital que no se hayan puesto a disposición de usuarios privados y que estén manifiestamente reservados a usos distintos de copias privadas". Se trata de la aplicación de la doctrina derivada del *caso* Padawan. Se relaciona también con la exigencia del artículo 31.2 de que la copia sea realizada por una persona física, y además, sin asistencia de terceros. Pues bien, las copias realizadas con equipos, aparatos y soportes adquiridos por personas jurídicas y destinados a usos distintos a la realización de copias privadas no son copias privadas aunque sean realizadas por personas físicas integradas en las actividades propias de esas personas jurídicas: trabajadores, funcionarios, miembros del personal de empresas, administraciones públicas y otras entidades privadas o públicas. Como pone de relieve el Consejo de Estado en su Informe al Anteproyecto de Ley, "esta restricción supone de facto la exclusión del sistema de compensación equitativa de miles de copias efectuadas en el ámbito organizativo de las personas jurídicas, tanto públicas como privadas"[45]. Sí que lo son, en cambio cuando las mencionadas personas físicas hayan hecho sus copias en base a que las personas jurídicas en cuestión pongan esos equipos, aparatos y soportes a su disposición con tal fin, aunque sin asistencia alguna de personal. Obsérvese que, con el fin de comprender todos los supuestos posibles y de facilitar la prueba del hecho

---

[44] Recuérdese que, como ya hemos indicado, la STJUE de 11.7.2013 (*asunto C-521/11*) acepta que a ese destino se dedique el 50% del importe recaudado.

[45] Vid. p. 68.

en su caso, se especifica que esa puesta a disposición puede ser no sólo de derecho, sino también de hecho.

Ya hemos visto antes que no es copia privada la que se encarga en una copistería o que se realiza en un establecimiento que tenga a disposición del público equipos, aparatos y soportes para su realización[46]. Y ahora añadimos que tampoco es copia privada la copia digital que realice el trabajador de una empresa o el funcionario de un ayuntamiento. Sí que lo es, en cambio, la copia digital que realice cualquiera en equipos, aparatos y soportes puestos a disposición de usuarios privados con ese fin, como puede ser el caso de universidades y colegios con respecto a sus estudiantes, una fundación con respecto a los beneficiarios de su actividad, una asociación con respecto a sus socios.

Aunque es cierto que actualmente la copia analógica ha pasado a ser secundaria y residual, la excepción de copia privada la comprende también, junto con la digital[47]. No hay pues razón para limitar el artículo 25.4.a) a los equipos, aparatos y soportes de reproducción digital, salvo por lo que se refiere a las fotocopias. Parece que el legislador, recogiendo la referencia a la copia digital que figura ya en el artículo 3.4.c) del Real Decreto 1657/2012, ha querido que las fotocopiadoras sean computadas en todo caso a los efectos de determinar la cuantía de la compensación equitativa cuando sean utilizadas incidentalmente por el personal que trabaja en administraciones públicas, empresas y entidades de cualquier tipo con personalidad jurídica, aunque estén manifiestamente reservadas a usos distintos a la realización de copias privadas. Con la excepción claro está de los supuestos subsumibles en el artículo 25.4.b), que como veremos inmediato se extiende a cualquier tipo de copia privada.

Aunque las administraciones públicas tengan personalidad jurídica y aunque la titularidad de la mayoría de las empresas corresponda a personas jurídicas, no hay razón para no extender el artículo 25.4. a) a los supuestos en los que el titular de la empresa sea una persona física.

El artículo 25.4.b) recoge la idea de que la existencia de una licencia de reproducción es incompatible dentro del ámbito de la misma con el cobro

---

[46] Artículo 3.4.a) del Real Decreto 1657/2012.

[47] Vid. el artículo 3.2.d) antes transcrito, que tiene en cuenta para el cálculo del daño si se trata de reproducciones digitales o analógicas.

de la compensación equitativa por copia privada[48]. La licencia engloba la copia privada, y la copia privada autorizada no puede ser considerada como un límite del derecho de reproducción. Ello no tendría que ser necesariamente así, aunque sí que está contemplado como hipótesis posible en la Exposición de Motivos de la Directiva 2001/29/CE: "Cuando los titulares de los derechos hayan recibido una retribución de algún tipo, por ejemplo, como parte de un canon de licencia, puede ocurrir que no haya que efectuar un pago específico o por separado"[49]

Este artículo 25.4.b) viene a poner de relieve el alcance o significado verdadero del carácter irrenunciable de la compensación equitativa, por lo que se refiere a los autores y a los artistas intérpretes o ejecutantes. Ese carácter no impide en realidad que los titulares del derecho de reproducción excepcionado y acreedores de la compensación no puedan disponer de la misma. De acuerdo con el artículo 150, párrafo 2º, LPI el deudor podrá oponer a la entidad de gestión recaudadora la autorización de los titulares del derecho, tanto en los casos en que la compensación es renunciable (para productores y editores) como en los casos en que sea irrenunciable. La irrenunciabilidad es sólo garantía del cobro de la compensación equitativa cuando previamente no se haya alcanzado un acuerdo con los titulares acreedores de la compensación. Al igual que ocurre con la compensación[50] equitativa irrenunciable a la que se refiere el artículo 32.4, último párrafo, con respecto al límite de reproducción parcial de publicaciones impresas para la ilustración con fines educativos y de investigación.

También se excluye de la compensación los casos en los que el perjuicio causado a los titulares sea mínimo, para cuya determinación se prevé un desarrollo reglamentario. Se reproduce en el artículo 25.5 lo que ya preveía

---

[48]   Esa idea ya estaba en la redacción anterior del artículo 25.7.a), aunque con una formulación distinta y con alcance más restringido como consecuencia de las pruebas de la autorización exigidas: "Quedan exceptuados del pago de la compensación: a) Los equipos, aparatos y soportes materiales adquiridos por quienes cuenten con la preceptiva autorización para llevar a efecto la correspondiente reproducción de obras, prestaciones artísticas, fonogramas o videogramas, según proceda, en el ejercicio de su actividad, lo que deberán acreditar a los deudores y, en su caso, a sus responsables solidarios, mediante una certificación de la entidad o de las entidades de gestión correspondientes en el supuesto de adquirir los equipos, aparatos o materiales dentro del territorio español".

[49]   Vid. en párrafo 35.

[50]   La Ley habla incorrectamente de *remuneración*.

el artículo 25. 6.4ª.a), segunda parte, en consonancia con la Exposición de Motivos de la Directiva 2001/29/CE[51]. En el Informe del Anteproyecto de Ley emitido por el Consejo General del Poder Judicial se pone de relieve la necesidad de actuar con prudencia al respecto so pena de que los casos que se consideren de mínimo perjuicio terminen vaciando de contenido la compensación equitativa. Sin esperar a ese desarrollo reglamentario, el propio artículo 25.5 establece ya en su segunda parte que tal es el caso del *time shifting*: "La reproducción individual y temporal por una persona física para su uso privado de obras a las que se haya accedido mediante actos legítimos de difusión de la imagen, del sonido o de ambos, para permitir su visionado o audición en otro momento temporal más oportuno". Sin perjuicio de que pueda excepcionarse del cálculo de la compensación por razones culturales (se trata de un hábito ampliamente difundido), que también han de tenerse en cuenta para el mismo, no resulta claro que, en efecto, se trate de una actividad que perjudique poco la explotación normal de la obra o prestación, o los intereses legítimos de los titulares del derecho. El caso es que, como ya se ha indicado antes, esta exclusión del *time shifting* deja sin compensación equitativa al supuesto más importante de copia privada a partir de un acceso a la obra o prestación a través de su comunicación pública.

El artículo 25.6 remite también a un desarrollo reglamentario para tener en cuenta a la hora de calcular la cuantía de la compensación la aplicación por los titulares de medidas tecnológicas eficaces que impidan la realización de copias privadas o limiten su número[52]. Aquí también se recoge lo ya previsto en el artículo 25.6.4ª. e) anterior, en consonancia con la Exposición de Motivos de la Directiva 2001/29/CE: "El nivel de compensación equitativa deberá determinarse teniendo debidamente en cuenta el grado de utilización de las medidas tecnológicas de protección contempladas en la presente Directiva"[53]. La STJUE de 27 de junio de 2013 (asuntos C-457/11 a C-460/11 —caso *Kyocera*—) declara que "la posibilidad de aplicar las medidas tecnológicas mencionadas en el artículo 6 de la Directiva 2001/29 no elimina la condición de la compensación equitativa establecida en el artículo 5, apartado 2, letra b) de dicha Directiva".

---

[51] "Determinadas situaciones en las que el perjuicio causado al titular del derecho haya sido mínimo no pueden dar origen a una obligación de pago" (párrafo 35, *in fine*).

[52] En el segundo caso no cabe exigir el levantamiento de las medidas (art. 161.4 LPI).

[53] Vid. en el párrafo 35.

IV. El límite sobre agregadores y buscadores

Sebastián López Maza

1. PLANTEAMIENTO DEL PROBLEMA

De un tiempo a esta parte se ha planteado el problema de la utilización, por parte de agregadores y buscadores, de contenidos cuyos derechos pertenecían a terceros. Tales prestadores venían reproduciendo y poniendo a disposición del público contenidos aparecidos en sitios web ajenos mediante unas herramientas denominadas *snippets*, para la reproducción de fragmentos de textos, y *thumbnails*, para la reproducción de imágenes en miniatura, sin solicitar la oportuna autorización a los titulares de derechos. Normalmente se reproducen algunas líneas o frases extraídas de páginas web ajenas, junto con los enlaces a las mismas —enlaces que suelen ser profundos (*deep linking*)[1]—, mostrándolas en forma de listado. Se enfrentan, así, agregadores y buscadores, por un lado, y titulares de derechos de propiedad intelectual, entre ellos los editores de prensa, por otro.

Con anterioridad a la reforma, el problema se ha venido tratando, si bien respecto de los buscadores, a través de la doctrina de la licencia implícita, es decir, que si el titular de derechos no impedía mediante medidas tecnológicas el uso de estos contenidos por buscadores, se presumía que lo autorizaba —así lo entendió el TS en su sentencia de 3 de abril de 2012, sobre el caso *Megakini* (FD 5º)[2]—. Se trataba de usos socialmente tolerados. A este argumento se le suma también la doctrina sobre el *ius usus inocui*: tales usos no perjudican a los titulares de los derechos, sino que, más bien, les benefician, en la medida en que los buscadores permiten una mayor difusión de los contenidos, que es lo que persiguen aquéllos en la práctica.

Todos esos argumentos resultan más que discutibles en el caso de los agregadores. Algunos editores de prensa, representados por la Asociación de Editores de Diarios Españoles (AEDE), venían alegando: a) la actividad de los agregadores les restaba visitas, en la medida en que el usuario acude

---

[1] El enlace no es a la *home page* del sitio web del que se extrae la información, sino a las páginas interiores de ese sitio web, donde está ubicado el contenido concreto reproducido.

[2] (*Tol 2558681*).

directamente a estas webs para informarse, en lugar de acudir a la fuente originaria; b) la competencia directa que se produce entre el sitio original y los prestadores de servicios de agregación de noticias; c) el aprovechamiento del esfuerzo creativo ajeno, sin retribuir al titular de los derechos sobre el contenido utilizado. Por contra, las asociaciones pro Internet apuntaban: 1) existen soluciones técnicas, sencillas y gratuitas, que evitarían, si lo desea el editor, que sus contenidos sean utilizados por agregadores y buscadores, por lo que si no las utilizan, cabe presumir su interés favorable a que se continúe con la agregación de contenidos[3]; 2) los medios originarios pueden ganar visitas a sus páginas webs a través de la agregación, ya que el acceso al contenido completo requiere acceder a la página web del editor —vendrían a ser una suerte de señuelo—; 3) los propios editores de contenidos invierten mucho dinero en mejorar su posición dentro de los listados de resultados de los agregadores, lo que es indicio de que su función complementa a la de los editores; 4) el aumento de las visitas que reciben los medios gracias a la actividad de los agregadores genera otros ingresos, distintos de la suscripción, muy importantes (ej.: ingresos publicitarios). Los agregadores constituyen un arma de doble filo: es cierto que pueden tener un efecto positivo para los sitios web de donde extraen los contenidos, pues reenvían a la fuente originaria para que los usuarios amplíen la información, pero no es menos cierto que también pueden tener un efecto negativo si los usuarios los utilizan con carácter sustitutivo del sitio web originario, es decir, si se conforman con echar un vistazo a la actualidad y leer el titular y las dos primeras frases de cada noticia. En definitiva, las partes en conflicto esgrimen argumentos basados en el derecho a la información y en temas de competencia. La presión ejercida por AEDE, fomentada por cómo se ha tratado el tema en países de nuestro entorno, ha hecho que el legislador incluyera en la última reforma de la LPI una regulación expresa.

La reproducción de contenidos protegidos procedentes de otros sitios web y su puesta a disposición del público por parte de agregadores y buscadores no puede ampararse en el límite del artículo 31.1 LPI sobre reproducciones provisionales, pues las copias almacenadas en la memoria caché tienen un significado económico claro —son la base del negocio de agregadores y buscadores— y no tienen un carácter transitorio, al exceder

---

[3] Estas herramientas permiten decidir si aparecer sólo en el buscador, sólo en el agregador, en ambos o en ninguno (ej.: ficheros *robots.txt*).

del tiempo necesario para el buen funcionamiento del proceso al que se refiere la excepción. Así lo entendieron el TS en el caso *Megakini* (FD 5º), ya apuntado, y el TJUE en su sentencia de 16 de julio de 2009, en el caso *Infopaq* (pár. 64)[4]. Tampoco cabe aplicar aquí el límite de cita, pues no persiguen fines docentes ni de investigación, ni el límite sobre revistas de prensa, pues los agregadores o buscadores no son prensa —razón que sirve también para excluir la aplicación del límite del artículo 33.1 LPI relativo a los trabajos sobre temas de actualidad—.

2. CONSIDERACIONES GENERALES SOBRE LA REGULACIÓN

La Ley 21/2014, de 4 de noviembre, por la que se modifica el TRLPI y la LEC, en el apartado quinto de su artículo primero, modifica el apartado segundo del artículo 32 LPI para incorporar dos nuevos límites: uno para agregadores (pár. 1) y otro para buscadores (pár. 2). El legislador ha dado un trato diferenciado a ambos, guiado por la distinta función que cumplen unos y otros, el distinto riesgo que implican para la explotación de los contenidos que utilizan y por la distinta utilidad que ofrecen unos y otros —nadie discute la necesidad de los buscadores hoy en día, algo que es más discutible respecto de los agregadores—. El límite de ilustración para la enseñanza, anteriormente incluido en el apartado segundo, queda relegado a los apartados 3, 4 y 5, mientras que en el apartado primero del artículo 32 LPI permanecen la cita y las revistas de prensa. El legislador podía haber aprovechado para mantener en el artículo 32 LPI los límites relativos a la investigación y la docencia, y dejar los que se refieren a medios de comunicación en el artículo 33, al objeto de dar una mayor coherencia, pero finalmente no ha sido así[5]. Así, el nuevo artículo 32 LPI contendrá límites que obedecen a bienes jurídicamente protegidos muy distintos: el

---

[4] (*Tol 106095*).

[5] El cambio de ubicación del límite sobre agregadores y buscadores se solicitó en diversas enmiendas: enms. 117 del Grupo Parlamentario Catalán CiU (Senado) y 138 (Congreso); enm. 140 del Grupo Parlamentario Entesa Pel Progrés de Catalunya (Senado); enm. 179 del Grupo Parlamentario Socialista (Senado). *Vid.* Boletín Oficial de las Cortes Generales (Congreso de los Diputados), de 9 de julio de 2014, núm. 81-2, y Boletín Oficial de las Cortes Generales (Senado), de 22 de septiembre de 2014, núm. 401.

acceso a la información, la investigación o la docencia. Por otro lado, el renovado artículo 32 LPI lleva por título "Citas y reseñas e ilustración con fines educativos o de investigación científica". En realidad, no se ajusta a su contenido, pues tal precepto contiene límites que se refieren a otros usos. La agregación y la búsqueda de contenidos no tienen su reflejo en la rúbrica del artículo 32 LPI[6].

Los límites del artículo 32.2 LPI no aparecían en el Anteproyecto de Ley de marzo de 2013, sino que aparecen, por primera vez, en la versión del Anteproyecto aprobada por Consejo de Ministros de 14 de febrero de 2014. En consecuencia, ningún órgano consultivo de la Administración General del Estado ha podido pronunciarse sobre el mismo, aunque la Comisión Nacional de los Mercados y de la Competencia (CNMC) emitió su Informe de 16 de mayo de 2014, específicamente sobre el límite relativo a los agregadores[7]. A pesar de lo anterior, la modificación del artículo 32.2 LPI no ha sufrido ningún tipo de variación desde su inclusión en el Anteproyecto[8].

El uso de contenidos ajenos por agregadores y buscadores ha sido incluido por la Ley 21/2014 como dos límites más dentro del Capítulo II

---

[6]   Se ha llegado a proponer, si bien para un precepto independiente del artículo 32 LPI, la rúbrica "Puesta a disposición del público de fragmentos no significativos de obras y prestaciones protegidas" en diversas enmiendas: 140 del Grupo Parlamentario Entesa Pel Progrés de Catalunya (Senado) y 179 del Grupo Parlamentario Socialista (Senado). *Vid.* Boletín Oficial de las Cortes Generales (Senado), de 22 de septiembre de 2014, núm. 401.

[7]   Así, no aparece en: el Informe de la Fiscalía General del Estado, de 17 de julio de 2013; el Informe de la Agencia Española de Protección de Datos, de 24 de julio de 2013; el Informe de la Comisión Nacional de la Competencia, de 2013; el Informe del Consejo de Consumidores y Usuarios, de 21 de agosto de 2013; el Dictamen del Consejo de Estado, de 28 de noviembre de 2013; el Informe del Consejo General del Poder Judicial, de 25 de julio de 2013.

[8]   Durante la tramitación parlamentaria de la Ley 21/2014, se ha solicitado la supresión total de este apartado 2 del artículo 32 LPI. Así, las enmiendas: 31 del Grupo Parlamentario Mixto (Senado), 66 del Grupo Parlamentario Entesa pel Progrés de Catalunya (Senado) y 36 del Grupo Izquierda Plural (Congreso). Hay quien ha entendido que debe suprimirse porque Internet debe ser un espacio abierto al conocimiento y donde debe primar la libertad de información [enm. 50 del Grupo Parlamentario Mixto (Senado)] o porque estos usos no merecen un tratamiento diferenciado al de la copia privada [enm. 70 del Grupo Parlamentario UPyD (Congreso)]. *Vid.* Boletín Oficial de las Cortes Generales (Congreso de los Diputados), de 9 de julio de 2014, núm. 81-2, y Boletín Oficial de las Cortes Generales (Senado), de 22 de septiembre de 2014, núm. 401.

Título III Libro I LPI. Esto implica varias consecuencias importantes. En primer lugar, deberán ser objeto de interpretación restrictiva. En segundo lugar, ambos límites estarán sujetos a la regla de los tres pasos (art. 40bis LPI). En tercer lugar, no será necesario el consentimiento de los titulares de derechos para utilizar los contenidos protegidos a que se refiere el artículo 32.2 LPI. Su puesta a disposición del público constituiría un acto de comunicación pública que entraría dentro de la exclusiva de los titulares, si no fuera por este límite. Al convertirlo en límite, escapa de la exclusividad de los titulares de derechos, que no podrán prohibir tal uso. Ya no cabe hablar de licencia implícita, sino de licencia legal. Y, en cuarto lugar, implica también que los titulares de derechos no podrán impedir que sus contenidos sean utilizados al amparo de este límite, ni siquiera con medidas tecnológicas. El artículo 161.1.c) LPI, también reformado por la Ley 21/2014, ha incluido, entre los límites privilegiados, el relativo a agregadores y buscadores. Así, en el entorno *off line* y en el entorno *on line* sin contrato, los titulares de derechos deberán respetar siempre este límite, sin que puedan restringirlo utilizando medidas tecnológicas. En cambio, en el entorno *on line* con contrato, el titular podrá impedir el juego de este límite (art. 161.5 LPI).

Ahora bien, los agregadores y buscadores no podrán utilizar contenidos que aparezcan en sitios web cuyos titulares utilicen controles de acceso. Si el titular de un sitio web permite el acceso libre y sin restricciones, debe permitir, al mismo tiempo, la utilización de sus contenidos por agregadores y buscadores en base al artículo 32.2 LPI —no cabe querer aparecer e impedir con medidas tecnológicas el uso de contenidos, pues iría en contra del artículo 161.1.c) LPI—. Así se desprende de la doctrina del TJUE en el caso *Svensson*, establecida en la sentencia de 13 de febrero de 2014 (párs. 27-32)[9], que posteriormente ha confirmado en su Auto de 21 de octubre de 2014, sobre el caso *Bestwater* (pár. 19)[10]. Según el TJUE, el establecimiento de enlaces al sitio web donde está ubicado el

---

[9]   (*Tol 4099376*). El Grupo Parlamentario Entesa pel Progrés de Catalunya solicitó, en el trámite de enmiendas en el Senado, la retirada del artículo 32.2 LPI por entenderlo incompatible con la sentencia sobre el caso *Svensson* (enm. 31). *Vid.* Boletín Oficial de las Cortes Generales (Senado), de 22 de septiembre de 2014, núm. 401.

[10]   El texto en francés del Auto se puede consultar en Internet: http://curia.europa.eu/juris/document/document.jsf?text=&docid=159023&pageIndex=0&doclang=FR&mode=lst&dir=&occ=first&part=1&cid=301473.

contenido no constituye comunicación pública cuando el público destinatario del enlace sea el mismo que el público destinatario del contenido originario. Es decir, que si el sitio web originario está protegido con una medida tecnológica de control del acceso, no podría el agregador o el buscador establecer un enlace dando un acceso libre al contenido de dicho sitio web. Aunque sólo se refiere a los enlaces, lo que subyace en la sentencia sobre el caso *Svensson* es que nadie puede acceder a contenidos cuyo titular ha impedido el acceso mediante medidas tecnológicas. Si alguien utiliza controles de acceso, se prohíbe el enlace al sitio web donde se alojan tales contenidos, y cuánto más reproducirlos, pues se pondrían a disposición de un público nuevo. Sería un contrasentido que el titular controlara el acceso y que se permitiera reproducir libremente sus contenidos. Por tanto, para hacer una interpretación adecuada de los artículos 32.2 y 161.1.c) LPI y de la doctrina del TJUE, hay que entender que cabe la utilización de fragmentos de contenidos localizados en las fuentes que señala el primero de los preceptos, pero respecto de sitios libremente accesibles.

Tampoco podrían los titulares de sitios web negarse a ser indexados por agregadores o buscadores. Si utilizaran medidas tecnológicas para impedir la indexación, estarían también impidiendo, a la vez, el ejercicio de este límite. Y ello por varios motivos: 1) el legislador no quiere dejar en manos de los titulares de derechos la decisión de que los beneficiarios puedan o no disfrutar del límite, sino que, a cambio, les otorga el derecho de remuneración, en el caso de los agregadores, y exige la ausencia de ánimo de lucro, en el caso de los buscadores; 2) cuando el legislador ha querido otorgar la posibilidad al titular derechos de oponerse al uso de sus contenidos así lo ha hecho expresamente —como en el límite del *press clipping* en el artículo 32.1.2º LPI—. En cualquier caso, siempre le quedará al autor su derecho moral de retirada (art. 14.6º LPI). Si el autor de los contenidos los retira del sitio web originario en base a este derecho, el agregador o el buscador no podrá seguir mostrándolos.

Por otro lado, cabe cuestionar la validez de estos límites, dado que no se encuentra ningún referente en la Directiva 2001/29/CE, sobre derechos de autor y derechos afines en la sociedad de la información (en adelante, DDASI). Su artículo 5 contiene un listado cerrado de límites que los Estados miembros pueden incluir en sus ordenamientos internos —salvo el del apartado 1, que es un límite de transposición obligatoria (reproducciones provisionales)—. Ninguno de los límites del artículo 5 DDASI se refiere a los agregadores ni a los buscadores. La CNMC lo ha querido ver incluido en el artículo 5.3.c) DDASI[11], algo incorrecto por los siguientes motivos: a) este precepto se refiere a la prensa que utiliza artículos ajenos sobre temas de actualidad, algo que no ocurre en el límite que aquí comento; b) el artículo 5.3.c) DDASI se corresponde, más bien, con nuestro artículo 33 LPI; c) los agregadores no son prensa. Tampoco ha ocurrido como en el caso de las obras huérfanas, límite que, a pesar de no estar previsto en el artículo 5 DDASI, se aprobó una Directiva específica (Directiva 2012/28/UE) autorizando a los Estados miembros a incorporarlo como límite, como ha hecho el legislador español (art. 37bis LPI). El nuevo artículo 32.2 LPI podría dar lugar, en un futuro, a una posible cuestión prejudicial ante el TJUE para ver su compatibilidad con la DDASI.

Finalmente, según la DF 5ª de la Ley 21/2014, la reforma del artículo 32.2 LPI entrará en vigor a partir del 1 de enero de 2015, como la mayoría de las partes reformadas por esta norma. Durante la tramitación de esta norma se llegó a prever un plazo específico para su entrada en vigor. Según la anterior DF 4ª de la Ley, estos límites entrarían en vigor pasado un año de la publicación de la norma en el BOE. Posteriormente, durante el trámite de enmiendas en el Senado, se decidió dejar este plazo únicamente para el límite de ilustración en la enseñanza y sujetar el apartado 2 del artículo 32 LPI al plazo general[12].

---

11   Informe de la CNMC, PRO/CNMC/0002/14 "Propuesta referente a la modificación del artículo 32.2 del Proyecto de Ley que modifica el Texto Refundido de la Ley de Propiedad Intelectual", de 16 de mayo de 2014, disponible en Internet: http://cnmcblog.es/wp-content/uploads/2014/05/140516-PRO_CNMC_0002_14-art-322PL.pdf, p. 5.

12   Así se solicitó en varias enmiendas: 174 del Grupo Parlamentario Popular (Senado); 99 y 169 del Grupo Entesa pel Progrés de Catalunya (Senado); 113 del Grupo EAJ-PNV (Senado); 209 del Grupo Parlamentario Socialista (Senado). Se ha propuesto también que la entrada en vigor de estos límites se produjera en el momento en que efectivamente se establezca la compensación por acuerdo [enm. 130 del Grupo Parlamentario Socialista (Congreso)] o en el momento en que reglamentariamente se determine su importe [enm. 159 del Grupo Parlamentario Catalán CiU (Congreso)]. *Vid.* Boletín Oficial de las Cortes Generales (Congreso de los Diputados), de 9 de julio de 2014, núm. 81-2, y Boletín Oficial de las Cortes Generales (Senado), de 22 de septiembre de 2014, núm. 401.

3. LA AGREGACIÓN DE CONTENIDOS

3.1. *Beneficiarios del límite*

Según el artículo 32.2.1º LPI, los beneficiarios de este límite serán los prestadores de servicios electrónicos de agregación de contenidos. No se refiere a los medios de comunicación en general, sino únicamente a los agregadores. El concepto de "prestador de servicios" no lo encontramos en la LPI ni en la Ley 21/2014, sino en el Anexo de la Ley 34/2012, de 11 de julio, de servicios de la sociedad de la información y de comercio electrónico. Así, "prestador" será la persona física o jurídica que proporcione un servicio de la sociedad de la información. Y "servicio de la sociedad de la información" será todo servicio prestado normalmente a título oneroso, a distancia, por vía electrónica y a petición individual del destinatario.

En el artículo 32.2.1º LPI se incluyen tanto los prestadores con ánimo de lucro como los que presten ese servicio de agregación de contenidos sin finalidad lucrativa. Al contrario de lo que ocurre con el artículo 32.2.2º LPI, el párrafo primero no exige que el agregador carezca de finalidad comercial.

El artículo 32.2.1º LPI está pensando en agregadores que se dedican profesionalmente a esta labor, prestadores respecto de los que el servicio de agregación constituya su actividad económica. De ahí que no quepa considerar beneficiarios del límite: 1) los *bloggers*, es decir, los usuarios particulares que utilizan contenidos en sus blogs personales, pues dicha labor la realizarán de manera circunstancial; 2) las redes sociales, incluso aunque ofrezcan a los usuarios espacios para compartir contenidos informativos mediante enlaces (*Facebook* o *Twitter*, entre otros). En estos casos los usuarios normalmente establecen enlaces a noticias, pero no reproducen los contenidos de los sitios web, que es a lo que se refiere el límite del artículo 32.2.1º LPI.

El servicio de agregación consiste en reunir en un único lugar (sitio o página web) contenidos procedentes de sitios web ajenos, para ofrecerlos a los usuarios de una forma ordenada y mostrándoles un enlace al sitio originario para que puedan ampliar la información. Aunque el legislador no lo dice expresamente en el artículo 32.2.1º LPI, debemos estar ante agregadores de noticias[13]. Estos prestadores las agrupan por temas y las muestran de manera estructurada para que los usuarios tengan una idea de las cuestiones de actualidad. Los agregadores pueden hacer esta labor de puesta a disposición del público de contenidos de oficio, de manera automática, sin que sea necesario que obedezca a una consulta previa del usuario. Son algo más que un buscador, ofrecen una función adicional a la de los buscadores, pues, en otro caso, habrían tenido el mismo tratamiento que éstos —además, el usuario también puede localizar la información a través del buscador—. Cabe mencionar, entre otros, a *Google News*, *Yahoo News*, *Barrapunto*, *Digg*, o servicios prestados mediante aplicaciones como *Flipboard*, *Pocket* o similares.

Lo que el artículo 32.2.1º LPI no señala es si ese servicio se debe prestar de manera automatizada por el propio prestador —como ocurre con *Google News*— o si cabe que los contenidos sean agregados por la acción de terceros ajenos al sitio web de ese prestador, utilizando herramientas ofrecidas por éste —como sucede con sitios del estilo de *Menéame*, de agregación colaborativa—. En la medida en que la Ley no dice nada, no hay razón para excluirlos del disfrute del límite. Por tanto, se incluyen aquellos sitios web donde no es el titular el que hace la agregación, sino que cede la plataforma a los usuarios para que sean éstos quienes la realicen.

3.2. Requisitos para la aplicación del límite

A) Derechos afectados por el límite

El límite afecta a los derechos de reproducción y puesta a disposición. En la medida en que la puesta a disposición es una modalidad de explotación que se encuentra dentro del derecho exclusivo de comunicación pública [art. 20.2.i) LPI], la agregación de contenidos debe hacerse en formato digital y *on line*. Quedaría excluida, por tanto, la agregación hecha en papel para su posterior distribución.

---

[13]   Muestra de ello es que en los debates parlamentarios los diputados y senadores se referían expresamente a los agregadores de noticias. *Vid.* el Diario de Sesiones del Congreso de los Diputados, de 10 de abril de 2014 (pp. 26, 37 y 38) y el Diario de Sesiones del Senado, de 7 de octubre de 2014 (pp. 5 y 8).

B) Cantidad a utilizar

Según el artículo 32.2.1° LPI, únicamente cabe utilizar "fragmentos" de contenidos. Se trata de un concepto jurídico indeterminado, que habrá que ir analizando caso por caso. La indeterminación sobre cuánto se puede utilizar generará inseguridad jurídica. El legislador debió haber determinado si cabe utilizar el titular de la noticia únicamente, o el titular y un par de líneas del artículo periodístico... Existen herramientas tecnológicas que permiten limitar el número de palabras a utilizar.

Lo que no cabe es la utilización completa de contenidos aparecidos en las fuentes que el propio artículo 32.2.1° LPI enumera, sino que sólo cabe utilizar fragmentos. Se trata de una utilización incidental, es decir, no se trata de ofrecer la información completa, sino únicamente una o dos frases del contenido. Habrá que tener en cuenta, no obstante, la extensión total del contenido ajeno. A este respecto, es necesario referirse de nuevo a la doctrina del TJUE en el caso *Infopaq*, donde entendió comprendida dentro del derecho exclusivo del artículo 2 DDASI, la reproducción de once palabras de un artículo de prensa original (pár. 74).

A pesar de todo, la extensión no puede ser tan amplia como la permitida en la cita o la ilustración en la enseñanza, pues la finalidad es muy distinta. En el caso de los agregadores, la cantidad a utilizar debe ser menor, pues no hay finalidad docente ni investigadora, sino puramente informativa y para remitir al usuario a la fuente originaria y que pueda ampliar la información. Ni siquiera pueda ser tan amplia como la permitida para las revistas de prensa, cuyo objetivo es, precisamente, el contrario: evitar que el lector acuda a la fuente originaria.

Por otro lado, los contenidos deben reproducirse literalmente, sin ningún tipo de intervención por parte del agregador, pues si no se correría el riesgo de afectar al derecho de transformación, derecho al que no se refiere el artículo 32.2.1° LPI. Además, el agregador no tiene por qué participar activamente en el debate que plantee una determinada noticia, ni dar opinión, sino que su labor es meramente pasiva.

C) Objeto sobre el que recae el límite

Lo que los agregadores de contenidos pueden utilizar al amparo de este límite debe cumplir una serie de requisitos. En primer lugar, debe tratarse de contenidos ya divulgados, pues lo contrario atentaría contra el derecho moral de divulgación (art. 14.1º LPI). En segundo lugar, desde el punto de vista cualitativo, lo utilizado debe ser no significativo. La palabra "fragmentos" da idea de la cantidad, mientras que la expresión "no significativos" se refiere a la calidad, pues si se refiriera también a la cantidad, sería redundante. Sin embargo, plantea la duda de determinar qué contenido, de todo el que aparece en un sitio web, es significativo y qué no lo es. ¿El titular de una noticia es significativo? Que sean fragmentos no significativos difícilmente casa con el fin de los agregadores de fomentar que los usuarios acudan a la fuente originaria. Normalmente reproducen los titulares de noticias aparecidas en otros medios junto con un fragmento del texto de las mismas (un par de líneas) y un enlace a la fuente originaria de donde extraen los contenidos —el enlace suele estar establecido en el propio titular reproducido por el agregador—.

En cuanto a las fuentes de donde extraer tales contenidos, el nuevo artículo 32.2.1º LPI habla de dos. La primera son las publicaciones periódicas. Su concepto lo encontramos en los artículos 15 RD de 3 de septiembre de 1880, que aprueba el Reglamento de la LPI de 1879; 2.j) de la Ley 10/2007, de 22 de junio, de la Lectura, del Libro y de las Bibliotecas; 3 de la Ley 23/2011, de 29 de julio, de Depósito Legal. Lo decisivo para tener esta calificación es que la publicación tenga algún ritmo o cadencia de aparición (diaria, semanal, mensual, trimestral, semestral, anual, etc.), editadas en serie continua con un mismo título. La palabra "publicación" conlleva que la difusión de esa publicación periódica se haya hecho en soporte tangible (ej.: en papel). Cabe plantearse si un agregador podría, entonces, escanear contenidos aparecidos en la versión impresa de publicaciones periódicas y ponerlos a disposición del público. Según el tenor literal del artículo 32.2.1º LPI, el hacer mención expresa de las "publicaciones periódicas" puede llevar a entender que cabe la agregación de contenidos aparecidos en medios analógicos, por lo que sería posible su escaneo[14]. Sin embargo, el legislador parece estar pensando, más bien, en publicaciones periódicas *on line*.

La segunda fuente de donde cabe extraer el contenido por parte del agregador son los sitios web de actualización periódica y que tengan una

---

[14]   En contra CARBAJO CASCÓN, F., "Enlaces de prensa (press linking): entre la flexibilización y la regulación del Derecho de autor en la era digital", en *Revista Pe.i.*, núm. 47, mayo-agosto 2014, p. 63.

finalidad informativa, de creación de opinión pública o de entretenimiento[15]. Son dos requisitos cumulativos. El legislador no ha determinado cada cuánto se debe actualizar el sitio web para poder entenderlo susceptible de agregación. La actualización periódica vendría a ser algo similar a la periodicidad con que aparecen las publicaciones periódicas antes comentadas. Este requisito incluiría cualquier sitio que se actualice con contenidos nuevos cada cierto tiempo —se trataría de renovar todos o parte de sus contenidos de manera continuada—. Además, esto lleva a entender que los temas sobre los que se informe deben ser de actualidad. Aunque el artículo 32.2.1º LPI no dice nada al respecto, debe entenderse que se refieren a contenidos sobre temas de actualidad.

Esta segunda fuente abarcaría todos aquellos sitios que, no teniendo edición impresa, se dedican también a informar, crear opinión o entretener. Estas tres finalidades se predican de los sitios web de los cuales cabe extraer los contenidos, pero no se refieren a la finalidad que debe perseguir el agregador de contenidos. No cabría hacer uso, por ejemplo, de contenidos aparecidos en sitios web dedicados a la compra o venta de bienes, pues aunque puedan informar de los productos, la finalidad propiamente dicha es la compra o la venta. No obstante, las tres finalidades a que hace referencia el artículo 32.2.1º LPI son tan amplias, que cabría incluir prácticamente cualquier sitio web. Las finalidades informativa y de creación de opinión pública se cumplen respecto de: 1) sitios web de medios de comunicación, ya sea la versión digital de periódicos, como los correspondientes a cadenas de radio o televisión; 2) foros de debate o blogs de opinión. El fin de entretenimiento, por el contrario, es el más amplio. En cualquier caso, ninguna

---

[15] Se ha llegado a proponer, durante la tramitación parlamentaria de la Ley 21/2014, la inclusión de un concepto de "publicación periódica" y de "sitios web de actualización periódica" [enms. 117 del Grupo Parlamentario Catalán CiU (Senado) y 138 (Congreso)]. Este grupo parlamentario definió las primeras como *todas aquellas de contenido informativo sobre acontecimientos de actualidad que, como los diarios de prensa o las revistas de actualidad, sean editadas en serie continua con un mismo título, de forma que los ejemplares de la serie lleven una numeración consecutiva o estén fechados con periodicidad diaria o máxima mensual*. Y los sitios web de actualización periódica como *todos aquellos de contenido informativo sobre acontecimientos de actualidad que, como los periódicos o las revistas de actualidad digitales, renueven todos o parte de sus contenidos de manera continuada*. *Vid.* Boletín Oficial de las Cortes Generales (Congreso de los Diputados), de 9 de julio de 2014, núm. 81-2, y Boletín Oficial de las Cortes Generales (Senado), de 22 de septiembre de 2014, núm. 401.

de estas tres finalidades se restringe a un tema o temas concretos, sino que cabe informar, crear opinión o entretener sobre cualquier tema.

D) Contenidos que pueden utilizarse

El precepto no señala los tipos de obra que se pueden utilizar, pero se excluyen expresamente tres tipos de contenidos que no pueden ser utilizados al amparo de este límite. A saber: las obras fotográficas, las meras fotográficas y las imágenes. Los dos primeros objetos no necesitan mayor explicación, mientras que el tercero es un cajón donde cabe muchas cosas (ej.: gráficos, viñetas, dibujos…). El uso de estos tres tipos de contenidos por terceros estará sujeto en todo caso a autorización de sus titulares, al formar parte de su derecho exclusivo —en consecuencia, el uso de imágenes en miniatura (*thumbnails*) está prohibido por este límite—[16]. Entiende el legislador que la reproducción de estos contenidos no es necesaria para conseguir la finalidad informativa que deben perseguir los agregadores, para lo que basta con el titular y los fragmentos.

Fuera de estas excepciones, no hay ninguna otra restricción al uso de contenidos[17]. Cabe hacer uso, por tanto, de obras escritas (fragmentos de texto de contenidos informativos) u orales (fragmentos de noticias emiti-

---

[16]   Se ha propuesto sujetarlas a autorización únicamente cuando se pongan a disposición de terceros con ánimo de lucro directo y en perjuicio del titular del derecho [enms. 18 del Grupo Parlamentario Mixto (Senado) y 53 (Congreso)]. También se ha sugerido la eliminación de estas exclusiones por carecer de justificación esta discriminación [enms. 141 del Grupo Parlamentario Entesa pel Progrés de Catalunya (Senado), 141 del Grupo Parlamentario Socialista (Senado) y 107 (Congreso)]. *Vid.* Boletín Oficial de las Cortes Generales (Congreso de los Diputados), de 9 de julio de 2014, núm. 81-2, y Boletín Oficial de las Cortes Generales (Senado), de 22 de septiembre de 2014, núm. 401.

[17]   En diversas enmiendas se ha solicitado que se pueda utilizar todo tipo de contenidos protegidos para fines informativos, de creación de opinión pública, de investigación, de docencia y de entretenimiento, cuando se cumplan los criterios del *fair use* (la naturaleza de la obra protegida, la cantidad y la importancia de la obra utilizada en relación con el conjunto, y el efecto del uso sobre el potencial mercado o el valor de la obra con derechos de propiedad intelectual). Se alega que el *fair use* da más margen de maniobra y permite salir del encorsetamiento de los límites [enms. 49 del Grupo Parlamentario Mixto (Senado) y 10 (Congreso)]. Sin embargo, tal doctrina es totalmente contraria al sistema de lista cerrada de límites que se aplica en el Derecho continental europeo. Por otro lado, se ha llegado a precisar qué contenidos concretos se pueden utilizar, proponiendo los artículos, reportajes, crónicas y entrevistas [enms. 117 del Grupo Parlamentario Catalán CiU (Senado) y 138 (Congreso)]. *Vid.* Boletín Oficial de las Cortes Generales (Congreso de los

das por radio). También de obras audiovisuales (ej.: utilizar un fragmento de un vídeo donde se informa de un determinado tema y que aparece en un sitio web informativo). Más dudas plantean las obras musicales. Aunque el artículo 32.2.1º LPI no se refiere expresamente a los fines que debe perseguir el agregador, parece que la mente del legislador estaba pensando en fines informativos, es decir, que el agregador utilice los contenidos ajenos con el fin de informar al usuario —una cosa es la finalidad de los sitios web de donde se extraen los contenidos y otra distinta es la finalidad que debe perseguir el agregador con su actividad—. Por tanto, no cabría utilizar fragmentos de obras musicales (ej.: cuando se quisiera informar sobre el nuevo disco de un determinado cantante y se utilizara el fragmento de una canción, éste no se utiliza para informar, pues no hay contenido informativo en una canción, pero cabría incluirlo en el límite del artículo 35.1 LPI). No obstante, el tenor literal habla de contenidos en general, abriendo la puerta a la utilización de obras musicales en base a los siguientes argumentos: a) propiamente el artículo 32.2.1º LPI no exige al agregador una finalidad informativa; b) las obras musicales se pueden extraer de sitios web de entretenimiento o de creación de opinión; c) cuando ese precepto se refiere al perceptor de la compensación, el mismo será el editor, figura que también existe en el ámbito musical.

El artículo 32.2.1º LPI no señala si los contenidos que pueden utilizarse deben estar protegidos por la LPI o no. Hay que entender que se refiere a contenidos protegidos, pues de lo contrario, no sería necesario el límite. Los contenidos que aparecen en la prensa son objeto de protección por la propiedad intelectual, siempre que constituyan creaciones originales —se protege la labor creativa en la redacción y presentación de los contenidos, pero la mera información, los meros datos, las meras informaciones de prensa no son objeto de protección, tal como indica el artículo 2.8 del Convenio de Berna—. El hecho de que los fragmentos utilizados por agregadores y buscadores carezcan de originalidad por sí mismos, no debe llevar a permitir su actividad sin ningún tipo de autorización, pues dichos fragmentos proceden de un contenido mucho más amplio que constituye una obra. Y ello por varios motivos: a) el derecho de reproducción incluye también la copia de partes de una obra (art. 18 LPI); b) el TJUE, en el caso

---

Diputados), de 9 de julio de 2014, núm. 81-2, y Boletín Oficial de las Cortes Generales (Senado), de 22 de septiembre de 2014, núm. 401.

Infopaq, consideró que determinadas frases sueltas extraídas de un texto pueden transmitir al lector la singularidad de una determinada publicación, en definitiva, transmitirle una idea de su contenido (pár. 47). Ahora bien, ¿el titular de una noticia es una obra protegida? Los titulares de noticias suelen carecer de originalidad, pero se pueden proteger como parte del artículo al que se refieren, que sí constituye una obra protegida. O incluso pueden estar protegidos como una obra independiente cuando sea original por sí mismo (art. 10.2 LPI).

E) El pago de la compensación equitativa

El legislador ha entendido que los intereses de las partes implicadas están al mismo nivel: el interés de los editores en tener el máximo posible de accesos a sus sitios web y el interés de los agregadores como herramientas muy importantes en el ámbito de las redes digitales, permitiendo el acceso a la información del público en general. De ahí que el artículo 32.2.1º LPI imponga el pago de una compensación equitativa —denominada por los medios como "tasa Google" o "canon AEDE"—[18]. Así, el artículo 32.2.1º

---

[18]   La CNMC ha criticado duramente el pago de la compensación, alegando una serie de razones. En primer lugar, puede desincentivar a los agregadores para incluir contenidos ajenos. En segundo lugar, limitará la libertad de empresa al crear una barrera de acceso a quienes quieran entrar en el mercado de la agregación de contenidos. En tercer lugar, la competencia entre empresas y la voluntariedad contractual entre las partes estaría capacitada para producir resultados eficientes en el mercado, por lo que resultaría innecesario y desproporcionado arbitrar otro sistema de compensación, más costoso y más distorsionador de la competencia. En cuarto lugar, suponiendo que debiera existir la compensación, sería ineficiente determinar *a priori* y de forma generalizada tanto la cuantía como la dirección en la que deben realizarse los pagos entre los generadores de contenidos y el agregador de noticias. A juicio de la CNMC, los intereses de los editores pueden ser diversos no sólo respecto a otros, sino que probablemente evolucionarán a lo largo del tiempo en una misma empresa, atendiendo a la novedad de su página web, reputación, el conocimiento de los usuarios o su política comercial. En quinto lugar, existen editores que consideran la agregación beneficiosa para sus intereses, o bien sus licencias de distribución contemplan la ausencia de retribución, por lo que la compensación no debería contemplarse como irrenunciable. En sexto lugar, la obligatoriedad de la compensación perjudicaría discriminatoriamente la entrada en este mercado de nuevos operadores. Se erigiría una barrera de acceso a la que no se han enfrentado los agregadores actuales ya consolidados. Según la CNMC, los operadores ya asentados en el mercado han venido operando en los últimos años sin la necesidad de satisfacer dicha compensación, circunstancia que les ha permitido desarrollarse y consolidarse en sus momentos iniciales sin necesidad de hacer frente a unos costes que sí deberán satisfacer los nuevos operado-

LPI establece un límite relativo, en la medida en que, a pesar de no requerirse la autorización de los titulares de derechos para utilizar dichos contenidos, será obligatorio el pago de una compensación, que constituye un derecho de mera remuneración. No obstante, ésta no debe ser entendida como una indemnización por daños, al estilo de la compensación por copia privada, sino como una retribución por el uso que permite la ley de los contenidos ajenos.

El legislador considera que la actividad de los agregadores puede afectar a la explotación normal de los contenidos pertenecientes a los editores, evitando así la vulneración de la regla de los tres pasos (art. 40bis LPI). Más dudoso es que atente contra los intereses legítimos de los titulares de derechos, pues el agregador de contenidos permitirá una mayor difusión de la obra, que es el objetivo que persiguen normalmente los editores. En cualquier caso, si no se hubiera previsto la compensación, el uso por agregadores habría ido en contra de esta regla.

El titular de dicha remuneración es el editor o, en su caso, otros titulares de derechos. El editor al que se refiere este precepto no es propiamente el editor de libros, sino el editor de medios de comunicación o el editor de contenidos en general. Éste no es titular originario de derechos de autor, sino sólo cesionario de los mismos. Se le otorga este derecho en la medida en que tengan la condición de autor respecto de las obras colectivas en qué

---

res. Además, cuanto más elevada sea la compensación, más perjuicio a los consumidores, pues conllevará una menor tensión competitiva al haber menos variedad de oferentes y de innovaciones tecnológicas. La existencia de una compensación alta desincentivaría el acceso al mercado de nuevos agregadores. La CNMC propone que las asociaciones de prensa o las asociaciones de editores puedan competir con las entidades de gestión a la hora de gestionar y satisfacer la compensación. Esto permitiría incrementar los incentivos de las entidades para que presten sus servicios de manera más eficiente y reduciría las posibilidades de que ejerzan su poder de mercado en el ámbito tarifario. *Vid.* Informe de la CNMC, PRO/CNMC/0002/14 "Propuesta referente a la modificación del artículo 32.2 del Proyecto de Ley que modifica el Texto Refundido de la Ley de Propiedad Intelectual", de 16 de mayo de 2014, disponible en Internet: http://cnmcblog.es/wp-content/uploads/2014/05/140516-PRO_CNMC_0002_14-art-322PL.pdf, pp. 7-10.
También se oponen a la compensación la Asociación Española de Editoriales de Publicaciones Periódicas (AEEPP) y la Coalición Pro Internet. Ésta última presentó el informe "Argumentación económica sobre la propuesta de modificación de la LPI en lo relativo a la agregación de contenidos informativos", de julio de 2014, elaborado por la AFI, disponible en Internet: http://www.aui.es/IMG/pdf/analisis_economico_de_la_modificacion_de_la_lpi_afi.pdf.

consisten las publicaciones de donde se extraen los contenidos. En cuanto a los otros titulares, el artículo 32.2.1º LPI no determina quiénes son, pero habrá que entender que serán los titulares de los contenidos puestos a disposición del público en los sitios web de actualización periódica y que tengan una finalidad informativa, de creación de opinión o de entretenimiento. Estos otros titulares sólo recibirán la compensación cuando no la reciba el editor —la conjunción "o" del artículo 32.2.1º LPI así lo pone de manifiesto—. Serán, por tanto, acreedores subsidiarios. Tales titulares pueden ser los autores de los contenidos[19] o los cesionarios de derechos sobre los sitios web utilizados por los agregadores. Los autores no siempre recibirán la compensación, sino únicamente *en su caso*. Si bien el artículo 32.2.1º LPI tampoco señala expresamente los casos en que la recibirán, habrá que entender que se refiere a: 1) los supuestos en que los autores de los contenidos no hayan cedido sus derechos al editor del medio (arts. 51 y 52 LPI); 2) cuando sean ellos mismos quienes gestionen el sitio web de actualización periódica que sirve de fuente al agregador (ej.: el *blogger*). A mi juicio, este derecho se debería haber concedido, en primer lugar, a los autores de los contenidos utilizados, salvo cesión al editor, al igual que ocurre con el *press clipping* (art. 32.1.2º LPI). Por otro lado, no deben tener derecho a la compensación aquellos que establezcan controles de acceso a sus sitios web, impidiendo la reproducción y puesta a disposición de sus contenidos.

Los deudores de la compensación serán los prestadores del servicio de agregación de noticias que reproduzcan y pongan a disposición del público fragmentos de las mismas.

El artículo 32.2.1º LPI establece dos características fundamentales de la compensación. En primer lugar, se trata de un derecho de gestión colectiva obligatoria. Su recaudación y posterior reparto únicamente se pueden realizar a través de entidades de gestión —fundamentalmente CEDRO, sin perjuicio de otras entidades dependiendo del contenido utilizado—. No cabría, por tanto, que una asociación que agrupara a los editores se

---

[19]   Se ha propuesto la inclusión expresa del autor como beneficiario de la compensación, por ser el principal perjudicado por este límite [enms. 141 del Grupo Parlamentario Entesa pel Progrés de Catalunya (Senado), 141 del Grupo Parlamentario Socialista (Senado) y 107 (Congreso)]. *Vid.* Boletín Oficial de las Cortes Generales (Congreso de los Diputados), de 9 de julio de 2014, núm. 81-2, y Boletín Oficial de las Cortes Generales (Senado), de 22 de septiembre de 2014, núm. 401.

encargara de la gestión. En segundo lugar, se trata de una compensación irrenunciable tanto para los editores como para los otros titulares de derechos que la reciban, no pudiendo autorizarse un uso gratuito. Esto generará el ya típico conflicto con quienes utilizan licencias *Creative Commons*, que no podrán renunciar a este derecho de remuneración. Quienes usen contenidos cedidos bajo estas licencias deberán igualmente pagarla. Considero esta previsión del legislador desacertada por varios motivos: a) pondrá en peligro la viabilidad de aquellos agregadores que no tengan medios económicos para asumir su pago; b) puede afectar negativamente a los editores, pues si se establece una cuantía alta, los agregadores dejarán de indexarlos, lo que podría influir en el número de visitas que reciben los sitios web[20]. Lo anterior no impedirá que el titular de este derecho renuncie *a posteriori* a la compensación, es decir, una vez que haya nacido ya su derecho de crédito[21]. Pero esto no significa que la entidad de gestión no la recaude, sino que la cobrará y tendrá que destinarla a fines sociales a que se refiere el artículo 154.5 LPI. No obstante, que sea irrenunciable no significa que sea también intransmisible.

El artículo 32.2.1º LPI no señala la cuantía ni indica que la misma será determinada reglamentariamente, luego su determinación se fijará atendiendo a las tarifas generales aprobadas por la entidad de gestión encargada de la compensación, o a los acuerdos a los que pueda llegar con las asociaciones de usuarios de su repertorio[22]. El Ministerio de Educación, Cultura y Deporte ha aclarado que las entidades de gestión tendrán ocho meses desde la entrada en vigor de la Ley 21/2014, para ponerse de acuerdo sobre cuándo se pagará y cómo será el procedimiento —entrando en vigor el artículo 32.2 LPI el 1 de enero de 2015 (DF 5ª Ley 21/2014), tendrán hasta

---

[20]   Se ha señalado que la irrenunciabilidad podría vulnerar la libertad de empresa y limitar la pluralidad informativa [enms. 138 del Grupo Parlamentario Entesa pel Progrés de Catalunya (Senado) y 177 del Grupo Parlamentario Socialista (Senado)]. *Vid.* Boletín Oficial de las Cortes Generales (Senado), de 22 de septiembre de 2014, núm. 401. De hecho, el carácter irrenunciable de la compensación ha provocado que *Google News España* cerrara el servicio el pasado 16 de diciembre de 2014.

[21]   CARBAJO CASCÓN, F., "Enlaces de prensa (press linking)..." *op. cit.*, p. 64.

[22]   La LPI remite a desarrollo reglamentario respecto a la compensación por copia privada, por el préstamo en bibliotecas, museos y archivos, y por el uso de obras huérfanas. En cambio, no dice nada en cuanto a su determinación respecto a la compensación para el *press clipping*, el límite relativo a trabajos y artículos sobre temas de actualidad, y la comunicación pública en terminales especializados ubicados en bibliotecas, museos y archivos.

el 31 de agosto de 2015 para concretarla—. Si no se alcanzara un acuerdo, será la Sección Primera de la CPI la que decida (art. 158bis LPI)[23]. Un criterio a tener en cuenta a la hora de cuantificar la compensación debe ser el beneficio que supone para los medios el aparecer en los sitios web de los agregadores, algo que se puede comprobar a través de las visitas que pueden recibir de los usuarios a través de aquéllos.

Hay que tener en cuenta que la compensación no se paga por enlazar, sino por utilizar contenidos protegidos ajenos, aunque sean fragmentos no significativos, en la web propia del agregador. El artículo 32.2.1º LPI no se refiere al establecimiento de enlaces, sino al uso de contenidos protegidos por parte de terceros. Por tanto, cabría eludir el pago de la compensación si el agregador redactara el titular de las noticias y pusiera a disposición del público únicamente los enlaces a los que acudir para acceder a la información.

4. LA ACTIVIDAD DE LOS BUSCADORES

4.1. Beneficiarios del límite

Los beneficiarios de este límite son únicamente los prestadores de servicios que faciliten instrumentos de búsqueda (ej.: *Google*, *Yahoo*, *Bing*). Los buscadores son sistemas informáticos que rastrean y localizan sitios o páginas web gracias a unas herramientas de rastreo denominadas *spiders*. Los resultados se muestran en forma de listado, tras la consulta o búsqueda formulada por el usuario a través de palabras clave. Conforme al límite del artículo 32.2.2º LPI, los buscadores, a la hora de mostrar dichos resultados, podrán reproducir y poner a disposición del público fragmentos no signi-

---

[23] Diferentes grupos parlamentarios solicitaron, durante la tramitación de la Ley de reforma, que la cuantía de la compensación se fijara de mutuo acuerdo entre las entidades de gestión y los prestadores de servicios de agregación de contenidos más representativos del sector o, en su caso, las asociaciones que los agrupe, y que, a falta de acuerdo, sea la Sección Primera de la CPI quien se encargara de ello conforme a los criterios del artículo 157.1.b) LPI. Así: enms. 117 del Grupo Parlamentario Catalán CiU (Senado) y 138 (Congreso); 141 del Grupo Parlamentario Entesa Pel Progrés de Catalunya (Senado); 180 del Grupo Parlamentario Socialista (Senado) y 107 (Congreso). *Vid.* Boletín Oficial de las Cortes Generales (Congreso de los Diputados), de 9 de julio de 2014, núm. 81-2, y Boletín Oficial de las Cortes Generales (Senado), de 22 de septiembre de 2014, núm. 401.

ficativos de contenidos, junto con el enlace a la fuente originaria de donde se extraen, sin necesidad de solicitar autorización al titular de los derechos.

A diferencia de los agregadores de contenidos, en el caso de los buscadores la búsqueda se produce a instancia de un usuario a través de palabras clave que él mismo introduce. Los agregadores muestran los contenidos sin que sea necesaria la intervención del usuario, sin perjuicio de que éste pueda realizar una búsqueda de contenidos relativos a un determinado tema. Por tanto, la labor de unos y otros es distinta. Los buscadores localizan e indexan contenidos de todo tipo. Los agregadores muestran contenidos informativos y los ordenan automáticamente, sin una consulta previa del usuario.

4.2. *Requisitos para la aplicación del límite*

En primer lugar, el derecho limitado es el de puesta a disposición. En segundo lugar, sólo cabe utilizar los contenidos a que se refiere el primer párrafo del artículo 32.2 LPI: contenidos aparecidos en publicaciones periódicas o en sitios web de actualización periódica que tengan una finalidad informativa, de creación de opinión pública o de entretenimiento. En la medida en que las publicaciones periódicas están en formato tangible y en el entorno *off line*, es imposible que un buscador pueda rastrearlas, salvo que previamente se hayan digitalizado, por lo que la función de los buscadores se limitará, en la práctica, al entorno de las redes digitales.

En tercer lugar, la puesta a disposición del público se debe realizar sin finalidad comercial propia. A diferencia del primer párrafo, el buscador no puede tener ánimo de lucro. Se debe incluir aquí tanto el ánimo de lucro directo (ingresos por el servicio de búsqueda), como el ánimo de lucro indirecto (ingresos por publicidad). La finalidad comercial se predica del propio buscador. Este requisito no impedirá: a) que los sitios web indexados sí tengan una finalidad lucrativa; b) que aparezcan enlaces patrocinados, pues los mismos se hacen a instancia de los interesados que quieren aparecer en los primeros puestos de los resultados de búsqueda, pero no es que el buscador cobre por aparecer indexado —aquí no hay finalidad comercial propia del buscador, sino que dicha finalidad la tiene quien desea aparecer entre los primeros para conseguir más visitas de su sitio web—[24].

---

[24]   En contra, CARBAJO CASCÓN, F., "Enlaces de prensa (press linking)..." *op. cit.*, p. 62. Entiende este autor que el requisito de que el buscador no tenga finalidad comercial

En cuarto lugar, en cuanto a la cantidad a utilizar, la puesta a disposición debe reducirse a lo estrictamente imprescindible para ofrecer los resultados de búsqueda. El buscador no puede poner a disposición del público el contenido completo, sino únicamente fragmentos no significativos. No se ha determinado, sin embargo, qué es lo estrictamente necesario (¿diez palabras?, ¿una frase?, ¿un párrafo?). Debería haberse señalado cuántas palabras concretas o frases cabe reproducir para ofrecer los resultados de búsqueda. Serán las menos posibles, un número meramente simbólico, pues el objetivo es que el usuario acceda al sitio web concreto de donde se extraen los contenidos y que obedece a sus criterios de búsqueda. Al no señalarse nada en concreto, serán los Tribunales lo que, en cada caso concreto, deberán decidir ante cualquier conflicto que pudiera surgir al respecto. En cualquier caso, la extensión debe ser menor que la permitida a los agregadores, pues el fin no es, como en éstos, el acceso a la información, sino la localización de contenidos en general.

En quinto lugar, la búsqueda debe obedecer a una consulta previamente formulada por un usuario al buscador. La iniciativa la debe tomar el propio usuario, y no que sea el buscador el que, de oficio, ofrezca unos resultados sin más, pues en ese caso estaríamos ante un agregador del párrafo primero del artículo 32.2 LPI. Por otro lado, existen herramientas que ofrecen a los usuarios resultados de búsqueda cada cierto tiempo, atendiendo a las preferencias o intereses previamente reseñados por ellos (fuentes RSS). Dichas herramientas no quedarían incluidas en este límite, en la medida en que se ofrecen los contenidos sin una solicitud previa del usuario, pero sí podrían estar amparadas en el límite sobre agregadores.

En sexto lugar, debemos estar ante instrumentos de búsqueda de palabras aisladas. ¿Significa eso que si los buscadores permiten la búsqueda de frases literales enteras quedarían fuera del límite? No debería quedar excluida la búsqueda de frases literales, pues lo importante no son las palabras que introduzca el usuario para hacer la búsqueda, sino los fragmentos utilizados por el buscador a la hora de mostrar los resultados de la búsqueda. Además, las palabras clave (*keywords*) utilizadas por el usuario deben aparecer en los contenidos reproducidos por el buscador. El hecho de que la búsqueda deba versar sobre palabras aisladas no significa que el buscador

---

propia podría dejar fuera estos supuestos.

sólo pueda mostrar dichas palabras aisladas localizadas en los sitios web ajenos en los resultados de la búsqueda.

En séptimo lugar, en cada resultado de la búsqueda debe aparecer el enlace al sitio web originario de donde se ha extraído el contenido —se entiende que debe ser un sitio web de acceso libre, respecto de los cuales no cabe impedir los enlaces, so pena de contradecir la doctrina del caso *Svensson*—. Este requisito no se exige respecto del límite de agregadores, pero sí en el caso de los buscadores. Se trata de respetar un cierto derecho de paternidad —aunque este derecho se refiere, más bien, al nombre del autor de la obra—. En definitiva, el objeto es indicar la fuente de donde se extraen los contenidos para que el usuario acceda al sitio web, que el usuario sea consciente de que es un contenido que pertenece a otro titular distinto del buscador. Lo que se exige no es colocar el nombre del editor o del medio de donde se extrae el contenido, sino un enlace al sitio web originario.

Finalmente, este límite no está sujeto al pago de compensación alguna. En este caso estamos ante un límite absoluto, en la medida en que no es necesario solicitar autorización al titular de los derechos ni hay que pagar una compensación. El legislador es consciente de la utilidad social y el papel fundamental que juegan los buscadores en la sociedad de la información, y evita someterlos a ella, algo que podría perjudicar a los buscadores con menos medios económicos. Así, se entiende que el uso de fragmentos por buscadores no afecta a la explotación normal de la obra ni causa un perjuicio injustificado a los intereses de los titulares de derechos.

5. LOS AGREGADORES Y BUSCADORES EN OTROS PAÍSES EUROPEOS

En Alemania, la Ley de Derecho de Autor (UrhG), tras la reforma por la Ley de 7 de mayo de 2013[25], incluyó una Sección VII dedicada a la protección de los editores de prensa y de revistas, dentro de la Parte II sobre derechos conexos. La UrhG no ha establecido un límite para agregadores y buscadores, sino que ha concedido a los editores de prensa el derecho exclusivo para poner a disposición del público productos de prensa o partes

---

[25]   Achtes Gesetz zur Änderung des Urheberrechtsgesetzes vom 7. Mai 2013, Bundesgesetzblatt Jahrgang 2013 Teil I Nr. 23.

de los mismos para fines comerciales, salvo que dicha puesta a disposición se refiera a palabras aisladas o pequeños extractos de texto (art. 87f.1 UrhG)[26]. Este derecho exclusivo de los editores es transmisible (art. 87g.1 UrhG) y expirará pasado un año de la publicación del producto de prensa (art. 87g.2 UrhG). Además, no podrá ir en detrimento del autor o de otros titulares de derechos cuyas obras o prestaciones protegidas estén contenidas en un producto de prensa (art. 87g.3 UrhG).

Se permite, no obstante, la puesta a disposición del público de productos de prensa enteros o partes de ellos, salvo que se realice por buscadores con fines comerciales o por agregadores (art. 87g.4 UrhG). En Alemania, los buscadores con ánimo de lucro y los agregadores deberán solicitar la correspondiente autorización —los buscadores sin ánimo de lucro podrán utilizar dichos contenidos sin tener que solicitarla—. También podrán realizar dicha puesta a disposición los blogs, redes sociales y foros, siempre que se haga sin fines comerciales.

No obstante, el uso está sometido al pago de una compensación. Son acreedores de la misma tanto los editores como los autores, que tienen derecho a un porcentaje equitativo de la misma (art. 87h UrhG). Sin embargo, el legislador alemán permite la renuncia a dicha remuneración, pudiendo los editores de prensa consentir el uso gratuito de los contenidos.

En Francia, en lugar de regular la cuestión, el pasado 1 de febrero de 2013 firmaron un acuerdo la prensa francesa y *Google*, por el que éste desembolsaba sesenta millones de euros para crear un fondo que financiara proyectos de desarrollo web que ayudara a los medios franceses a fomentar la innovación y a realizar la transición digital[27]. No constituye un límite ni un derecho conexo para los editores, sino que la cuestión se ha resuelto a través de este acuerdo. No obstante, el mismo sólo afecta a *Google*, pero no al resto de agregadores.

---

[26] Se incluye dentro del concepto de "producto de prensa" cualquier tipo de contribución periodística y, en particular, los artículos e ilustraciones que sirvan para suministrar información, formar opiniones o entretener (art. 87f.2 UrhG).

[27] Sobre este acuerdo, *vid.* más información en: http://www.elysee.fr/communiques-de-presse/article/accord-avec-google/.

V. El límite para la enseñanza y para la investigación

Pilar Cámara Águila

1. INTRODUCCIÓN

El límite para la ilustración con fines educativos o de investigación científica ha sido reformado por la Ley 21/2014 por la que se modifica el Texto Refundido de la Ley de Propiedad Intelectual —en adelante LPI— y la Ley de Enjuiciamiento Civil. Este límite se contenía en el art. 32.2 LPI, pasando ahora a integrarse en los apartados 3, 4 y 5 de este mismo artículo. Su entrada en vigor, conforme a la disposición final 5ª de la Ley 21/2014 tendrá lugar al año de su publicación en el BOE; es decir, el 5 de noviembre de 2015. Hasta entonces, sigue en vigor el régimen previsto por el art. 32.2 en cuanto al límite de la ilustración de la enseñanza. Como veremos seguidamente, el límite con fines de investigación científica no se contemplaba en el art. 32.2, siendo una novedad tras la reforma.

El marco en el que se produce este cambio normativo viene determinado principalmente por la conflictividad generada por el uso de obras a través de campus virtuales en las universidades. Es en ellas, y no en los centros de educación primaria o secundaria, donde se han evidenciado los problemas derivados del uso de obras en el entorno *on line*. Este uso se ha intensificado en los últimos años, fruto de la implantación de los nuevos planes de estudio, que exigen un mayor trabajo por parte del estudiante. Así, en la actualidad es habitual que el profesor, mediante el empleo de plataformas suministradas por la propia universidad, ponga a disposición del estudiante artículos de revistas científicas, capítulos de monografías y otros materiales de análoga naturaleza, a fin de que éste complete su formación. En el momento de aprobación de la Ley, las universidades públicas no habían llegado a un acuerdo con la entidad de gestión concernida en la gestión de estos derechos —CEDRO—, lo que ocasionó, como veremos seguidamente, varios litigios resueltos en favor de ésta última. Ello explica por qué principalmente el legislador amplía el límite en relación con la actividad docente desarrollada en las Universidades. A ello va dirigido el nuevo apartado 4 del art. 32.

La ampliación del límite, tanto en el ámbito de la enseñanza como de la investigación científica, es concordante con lo previsto en el art. 5.3 a) de la Directiva 29/2001, de derechos de autor en la sociedad de la información —en adelante DDASI—[1]. Conforme a esta disposición, el límite puede operar "cuando el uso tenga únicamente por objeto la ilustración con fines educativos o de investigación científica, siempre que, salvo en los casos en que resulte imposible, se indique la fuente, con inclusión del nombre del autor, y en la medida en que esté justificado por la finalidad no comercial perseguida". A este respecto, los considerandos 14 y 42 de la Directiva vienen a señalar las razones que justifican la inclusión de este límite: con carácter general la Directiva aspira a fomentar el aprendizaje y la cultura, permitiendo excepciones o limitaciones en interés general —considerando 14— y en particular, señala que "Al aplicar la excepción o limitación en el caso de fines educativos o de investigación científica no comerciales incluida la educación a distancia, la naturaleza no comercial de la actividad de que se trate debe venir dada por la actividad en sí. La estructura institucional y los medios de financiación de la entidad de que se trate no son los factores decisivos a este respecto" —considerando 42—.

Como reconoce el legislador en la propia Exposición de Motivos de la Ley 21/2014, las razones que justifican la modificación de este límite se fundamentan en el reducido alcance del mismo en la transposición al derecho interno español de la DDASI, mediante la Ley 23/2006 de 7 de julio. En efecto, el legislador español, al adaptar inicialmente la LPI a la Directiva en esta materia, lo hizo de una forma restrictiva, sin abarcar el posible juego de la excepción en el campo de la investigación científica. Asimismo, resultaba restrictivo su alcance en el propio ámbito de la enseñanza. En su Dictamen al anteproyecto de ley de transposición de la DDASI, el Consejo de Estado se mostró en desacuerdo con esta transposición. En este sentido señaló su disconformidad con que solo afectara al profesorado de la educación reglada, "dada la importancia de la educación no reglada ostenta

---

[1]   Este límite aparecía ya en el art. 6.2 b) y 9.b) de la Directiva de 11 de marzo de 1996 sobre bases de datos. La DDASI le dio un carácter general. En nuestra LPI se recogió concordantemente en los arts. 34.2.b) y 135.1.b LPI como excepción al derecho sui generis del fabricante de bases de datos.

en la actualidad no solo por los sectores que abarca (formación continua de trabajadores y empresarios, formación de candidatos al funcionariado y continua del propio funcionariado, idiomas, música, desarrollo sostenible, formación de profesores, sociedad de la información, etc.), sino por su importancia, reconocida entre otras organizaciones por la propia UNESCO." Subraya el Dictamen seguidamente, en relación con la limitación a las actividades educativas en las aulas, que "puede resultar demasiado excluyente o incluso irrazonable, por el trato desigual que supone respecto de las enseñanza a distancia, *on line* o no presenciales en general".

Para ampliar el límite, la Exposición de Motivos de la Ley 21/2014 prosigue señalando que "La actual regulación de la cita e ilustración de la enseñanza queda prácticamente inalterada con el alcance actual respecto a pequeños fragmentos de obras, salvo en el supuesto de obras en forma de libros de texto, manuales universitarios y publicaciones asimiladas, así como respecto a obras aisladas de carácter plástico o fotográfico figurativo. Simplemente se produce una modificación respecto al ámbito de aplicación de la citada excepción que a partir de ahora no se circunscribirá a las aulas sino que se contempla de manera general para cubrir otros tipos de enseñanza como la enseñanza no presencial y en línea. Así se permite que los actos de explotación se hagan únicamente para la ilustración de sus actividades educativas, tanto en la enseñanza presencial como en la enseñanza a distancia. Sin embargo, para las obras o publicaciones, impresas o susceptibles de serlo, se amplía, en el ámbito de las universidades y centros de investigación, la excepción en defecto de autorización o de actos referidos a contenidos sobre cuyos derechos el centro usuario sea a su vez titular, siempre de acuerdo con el contenido del artículo 5.3.a) y 4 de la citada Directiva 2001/29/CE, del Parlamento Europeo y del Consejo, de 22 de mayo de 2001, aunque dicho uso beneficiado de la excepción, no deja de devengar la correspondiente y necesaria remuneración".

Asimismo, aunque no se menciona en la Exposición de Motivos, se introduce otra novedad y es la exclusión del límite para la ilustración de la educación y la investigación científica tanto de las partituras musicales como de las obras de un solo uso, añadiendo así este tipo de obras a las ya mencionadas en la anterior redacción del art. 32.2 que estaban y se mantienen ahora excluidas: compilaciones o agrupaciones de fragmentos de obras o de obras aisladas de carácter plástico o figurativo[2]. Es de aplaudir esta nueva exclusión, en la medida en que el juego del límite para este tipo de obras —partituras, y obras de un solo uso— afectaría a la normal explotación de dichas obras. En el caso de obras de un solo uso —pensemos en cuadernos o libros de ejercicios para los estudiantes—, podrían haberse incluido dentro de lo que la Ley entiende como manuales, libros de texto o publicaciones asimiladas en el art. 32.3: "cualquier publicación, impresa o susceptible de serlo, editada con el fin de ser empleada como recurso o material del profesorado o el alumnado de la educación reglada para facilitar el proceso de la enseñanza o aprendizaje". Al tratarse de obras fungibles, esto es, que se consume por su uso, el legislador las he excluido totalmente del juego de límite que, aunque limitado, opera para manuales y obras asimiladas. Respecto a ellas, no cabe pues ninguna utilización sin autorización previa de los titulares de derechos.

Antes de analizar el alcance de la reforma, conviene tener presente qué derechos exclusivos se ven afectados por el límite. En la DDASI se regula como un límite a los derechos de reproducción y comunicación pública, tal y como se establece en el art. 5.3. En la Ley española el límite abarca también al derecho de distribución, alcance que encuentra su fundamento en el art. 5.4 de la Directiva, al establecer que cuando los Estados miembros puedan establecer excepciones o limitaciones al derecho de reproducción podrán igualmente establecer excepciones o limitaciones al derecho de distribución previsto en el art. 4, siempre que lo justifique la finalidad del acto de reproducción realizado, como sería el caso. Como la DDASI no reconoce específicamente el derecho de transformación, es por ello que nuestra Ley no amplía a este derecho el alcance del límite. De ahí que se plantee si cabe traducir un pequeño fragmento para la ilustración de la enseñanza o para fines de investigación. Literalmente, conforme a la letra de la Ley, la respuesta es negativa. El problema de la traducción en el límite de cita o de ilustración para la enseñanza o fines científicos, ya se planteó por la doctrina en relación con los arts. 8 —derecho de traducción— y 10 del Convenio

---

[2]   En la doctrina se ha criticado la total exclusión de compilaciones o agrupaciones de fragmentos de obras o de obras aisladas de carácter plástico o fotográfico. Con ello se persigue evitar causar un daño a la explotación normal de las obras compiladas. Se ha entendido, con buen criterio, que la prohibición debía alcanzar solo a los supuestos en que las compilaciones compitieran en el mercado con las obras compiladas.

de Berna —límite de cita—. Para impedir el serio obstáculo a dicho límite que supondría no poder traducir un breve extracto de una obra extranjera para citarlo, la doctrina entendió que la idea de las "pequeñas excepciones" habilitaba a los legisladores nacionales para crear límites al derecho de traducción del artículo 8 del Convenio de Berna en sus Derechos internos, aunque el referido Convenio guardara silencio en este punto. Ello significa que no sería contrario al Convenio de Berna reconocer que el derecho de traducción puede tener un límite —pequeño límite—, en esos supuestos, aunque expresamente no esté reconocido en él. Junto a este argumento, cabría también admitir como ejercicio del derecho de reproducción y no de transformación aquellas traducciones cuasi literales de pequeños fragmentos, como las que deben utilizarse en el ámbito de la cita o la ilustración. Se trata de dar a conocer literalmente un pequeño fragmento de una obra ajena, sin margen a la originalidad por la reducida extensión y por tener por finalidad transmitir lo expresado por un tercero en un idioma no accesible a los destinatarios de la actividad docente o investigadora de la forma más literal posible.

2. LA EXPLOTACIÓN DE PEQUEÑOS FRAGMENTOS DE OBRAS PARA LA ILUSTRACIÓN DE LA EDUCACIÓN Y LA INVESTIGACIÓN CIENTÍFICA

El límite que venimos estudiando se descompone en dos en la nueva redacción del art. 32. El primero, regulado en el apartado 3, solo alcanza el uso de "pequeños fragmentos de obras" y de obras aisladas de carácter plástico y fotográfico. Responde al esquema actualmente vigente. Nada cambia respecto al uso de obras plásticas o fotográficas en su totalidad para tales fines, pues el empleo de un pequeño fragmento podría atentar contra el derecho moral a la integridad del autor de la obra. El uso de las obras en estos casos no devengará a favor del autor o el editor ningún derecho de remuneración en su favor. La DDASI no exige que la aplicación del límite lleve aparejada obligatoriamente una remuneración. Tal exigencia hubiera ido en contra del art. 6.2b) de la Directiva 96/9 de 11 de marzo de bases de datos, que prevé el mismo límite a los derechos exclusivos del autor de una base de datos para fines ilustrativos de enseñanza o investigación. Si el legislador comunitario hubiera impuesto una remuneración en la DDASI, ello hubiera provocado un trato desigual, sin causa que lo justificase, en función de la obra que se empleara.

Resulta criticable, a mi juicio, que el legislador no haya aprovechado la ocasión para incluir dentro del límite el empleo de obras pequeñas, respecto de las cuales es difícilmente planteable el uso de un pequeño fragmento con fines docentes o investigadores. Me refiero a obras tales como un poema, un microrrelato, que se empleen en clase para estudiar la obra de un determinado escritor. A mi juicio, igual que sucede con una obra plástica o fotográfica, poder emplear solo un par de versos de un poema, estudiando la poesía de Machado o de García Lorca, puede afectar al derecho a la integridad mismo de esas obras[3].

En cuanto al ámbito de la investigación científica, el límite opera a favor del personal de Universidades y Organismos públicos de investigación en sus funciones de investigación científica. Se tratará de actos de explotación realizados por el personal del centro de investigación, o por el personal docente e investigador o solo investigador de una Universidad, en el marco de su actividad investigadora. Si se trata de investigación realizada en el seno de una Universidad, ésta puede ser pública o privada. Ello es porque todas las Universidades, como se establece en el art. 2 de la Ley 6/2001 de Universidades, tienen entre sus fines tanto la docencia como la investigación. En consecuencia, la investigación realizada por el personal de una Universidad privada en sus funciones investigadoras, estaría amparada por el límite. Es irrelevante que los fondos que permiten la investigación, a través del correspondiente proyecto, sean públicos o privados. Así, por ejemplo, si una entidad dedicada al seguro financia un proyecto de investigación a profesores universitarios, al realizarse la investigación por personal de la universidad en sus funciones de investigación científica, los actos entrarían dentro del límite. Por otro lado, el modelo de investigación en que se está pensando en la norma es el de la investigación en equipo: que uno de los miembros reproduzca, distribuya o comunique entre los demás, a fin de que todos accedan a esa obra para el desarrollo de la actividad científica que están realizando.

---

[3]   Así se reconoce en el art. 52.a) de La Ley alemana de derechos de autor, que incluye en el límite junto a las pequeñas partes de una obra, a obras pequeñas.

Si no es en una Universidad, entonces, para que opere el límite, la actividad investigadora debe desarrollarse en un organismo público y no privado de investigación. Así, la investigación que tenga lugar en el seno de una empresa, o en una fundación privada, no estaría amparada por el límite. Es una opción de política legislativa privilegiar en este caso la investigación en organismos públicos frente a la desarrollada en centros privados. Cabe plantear qué sucede en los casos en que el centro privado realice una labor de investigación con fondos públicos. Conforme a la letra de la Ley, la respuesta debe ser negativa, aunque en mi opinión, si los frutos de la investigación son de titularidad pública, total o parcialmente, aunque el centro en que tenga lugar sea privado, entonces debe operar el límite. En tal caso, existe identidad de razón para aplicar la norma por analogía.

Por lo demás, se mantiene la aplicación de este límite estrictamente para el ámbito de la enseñanza reglada impartida en centros integrados en el sistema educativo español. Alcanza pues tanto a la enseñanza obligatoria —primaria, secundaria—, como a la universitaria. Pero solo a la conducente a la obtención de títulos oficiales: enseñanza reglada. Queda fuera por tanto la educación impartida en academias o escuelas (música, idiomas, pintura, baile, teatro, centros de formación, etc.), que no dan lugar a la obtención de un título oficial, y no están integradas en el sistema educativo español. Pero aunque la enseñanza se imparta en un centro integrado en el sistema educativo español, si no es reglada, el límite no opera. Ello descarta en el ámbito universitario las titulaciones propias, tales como másteres propios y cursos de formación continua. La diferencia con la enseñanza reglada se encuentra en que dichas enseñanzas no conducen a la obtención de un título oficial. Ello aunque la docencia se imparta en una universidad pública, por su personal docente, y se sigan estrictos sistemas de control a través de los órganos de gobierno de la Universidad, tanto en la aprobación del título como en su mantenimiento ulterior. Tales títulos se ofertan dentro del ámbito de la autonomía universitaria y tienen su reconocimiento en la Ley 6/2001, de 21 de diciembre, de Universidades —art. 34—. La exclusión del límite en estos casos da lugar a un tratamiento dispar entre los estudiantes de una Universidad. Se da además la circunstancia que la diferencia entre este tipo de enseñanzas en las universidades públicas no se encuentra en muchas ocasiones en la menor entidad del título, en cuanto a la extensión, o la acreditada calidad de los estudios, del profesorado, o del menor reconocimiento en el mercado. En la mayoría de los casos, la diferencia esencial entre un máster título oficial y un máster título propio se encuentra en la disparidad tasas aplicables: precios públicos en títulos oficiales impartidos por universidades públicas, o precios diferenciados superiores aplicables que permite la autonomía universitaria. Las universidades privadas no tienen que atenerse a precios públicos, y todos sus másteres son oficiales. Este es un problema de la universidad pública frente a la privada, que no se circunscribe al caso que venimos estudiando. De ahí que por muy injusto que resulte, no quepa entender con la letra del precepto en la mano que el límite abarca a todas las titulaciones de la Universidad. El legislador podría haber admitido el límite sin contraprestación para la educación obligatoria solo; o en relación con la enseñanza universitaria, en la ofertada en todas las titulaciones, regladas o no, de las universidades públicas, favoreciendo a la educación pública superior frente a la privada. Pero no lo hace. Se trata de una opción de política legislativa, curiosamente establecida con un gobierno socialista en 2006 y ahora mantenida por un gobierno popular en 2014.

2.1. Las condiciones de utilización de los pequeños fragmentos de obras

El art. 32.3.a) exige que los actos de reproducción, distribución o comunicación pública se hagan únicamente para la ilustración de las actividades educativas del profesorado, tanto en la enseñanza presencial como en la enseñanza a distancia. Esta redacción se incluyó a propuesta del CGPJ, en su Informe de 23 de julio de 2013, ya que en la anterior versión del anteproyecto se hablaba de actividades educativas desarrolladas "tanto en el centro educativo como fuera del mismo". El CGPJ sugirió el cambio "pues actividades fuera del centro educativo también las hay en la enseñanza presencial, y debe despejarse cualquier duda acerca de cuál es la finalidad que se persigue con esta modificación normativa". En la exposición de motivos, en este punto, se señalo lo siguiente: "Simplemente se produce una modificación respecto al ámbito de aplicación de la citada excepción, que a partir de ahora no se circunscribirá a las aulas sino que se contempla de manera general para cubrir otros tipos de enseñanza como la enseñanza no presencial y en línea".

Se incluye por tanto el uso de obras en el contexto tanto de la educación presencial como a distancia. Igualmente, aunque la enseñanza sea presencial, cabe que a través de plataformas on line, el profesor pueda completar sus enseñanzas empleando pequeños fragmentos de obras u obras plásticas o fotográficas, a las que accederá el estudiante mediante una intranet. Así, en los nuevos estudios de Grado en todas las universidades presenciales, la docencia en el aula se complementa con la explotación de obras a través de campus virtuales. Ciertamente que no es normal que esto último suceda con pequeños fragmentos de obras, pero pudiera ser, y en todo caso, sí es pensable en la práctica con obras plásticas o fotográficas. En definitiva, las aulas virtuales también quedan incluidas en el límite. En la anterior redacción el uso solo se contemplaba para "ilustración de actividades educativas en las aulas" —art. 32.2 LPI—.

El sujeto activo de los actos de explotación amparados en el límite es el profesorado, cuando trata de ilustrar *su* actividad docente con fragmentos de obras protegidas por el derecho de autor. No se admite la intervención de terceros; el límite opera para "ilustración de *sus* actividades educativas". En consecuencia, debe tratarse de actos realizados por el docente en ejercicio de su actividad. Ello diferencia este límite del contenido en el apartado 4, ya que como veremos, los actos de explotación allí previstos pueden ser realizados "en las universidades o centros públicos de investigación, por su personal y con sus medios e instrumentos propios". La Ley está pensando en el apartado 3 en obras que se emplean en el curso de la enseñanza, con motivo de la enseñanza, y evidentemente, esa actuación corresponde al profesor. Como hasta ahora los actos de reproducción y posterior distribución que se realicen en el servicio de reprografía por encargo o recomendación del profesor, no entran en este límite; al no ser copia privada —art. 31 LPI—, estarán sujetos a licencia.

A) El uso de manuales, libros de texto o publicaciones asimiladas

Como sucedía en la anterior redacción, a priori se excluyen las obras que tengan condición de libro de texto, así como los manuales universitarios, ampliándose ahora la exclusión a las publicaciones asimiladas a los mismos. Por tales dice el art. 32.3c) in fine que hay que entender "cualquier publicación impresa o susceptible de serlo, editada con el fin de ser empleada como recurso o material del profesorado o el alumnado de la educación reglada para facilitar el proceso de enseñanza o aprendizaje". El manual es el tipo de obra dirigida a estudiantes universitarios para superar una concreta asignatura. Lo mismo es el libro de texto para la educación no universitaria. De ahí que el legislador, para respetar la regla de los tres pasos recogida en el art. 5.5 de la DDASI, haya querido excluir en el límite los supuestos que afecten a la normal explotación de la obra. El mercado natural en que se explotan los manuales, libros de texto y demás materiales docentes preparados por docentes o pedagogos, es el de la enseñanza. Si ese mercado natural de tales obras pudiera acceder a ellas gratuitamente, ello perjudicaría su normal explotación, y la ley española sería contraria pues al derecho comunitario.

Con todo esta exclusión general tiene excepciones. La primera opera en el ámbito docente, y consiste en admitir "Actos de reproducción para la comunicación pública, incluyendo el propio acto de comunicación pública, que no suponga la puesta a disposición ni permitan el acceso de los destinatarios de la obra o fragmento. En estos casos deberá incluirse expresamente una localización desde la que los alumnos puedan acceder legalmente a la obra protegida" —art. 32.3.c).1º—. La redacción de este apartado es sumamente desafortunada. Evidentemente no puede hablarse de comunicación pública que no suponga el acceso de los destinatarios a la obra o fragmento. Por definición, la comunicación pública debe permitir el acceso de la obra al público. De ahí que en ese punto la redacción de la norma resulte inoperante.

Como puede observarse, se permite la reproducción pero instrumental de la comunicación pública ulterior: "actos de reproducción para la comunicación pública". Creo que el legislador está pensando en la enseñanza *on line*, no presencial, en que necesariamente debe haber un acto de reproducción y ulterior comunicación pública. Así, cuando en la enseñanza a distancia el alumno entra en la correspondiente plataforma *on line* en que puede visualizar una clase del profesor en que apareciera un pequeño fragmento de un manual. Pero la Ley no permite la puesta a disposición, de modo que el acceso a la obra debe ser limitado en el tiempo: a la hora concreta de la clase, durante unas horas... Habría en cambio puesta a disposición prohibida por la norma, si el pequeño fragmento del manual pudiera visualizarse durante todo el tiempo que dura el semestre en que se cursa la asignatura, o durante de un periodo de tiempo que permita decir que la obra ha sido puesta a disposición del estudiante, eligiendo éste el lugar y el momento en que accede a la obra: días, semanas... Dependerá pues de si cabe decir que hay interactividad y se deja capacidad de elección al estudiante para acceder en el momento y lugar que decida a la obra, o no.

Otro posible ejemplo que entraría en la letra de esta norma sería el empleo de un pequeño fragmento de un manual por parte del profesor en el aula, mediante una presentación *power point* o similar; esto es, empleando instrumentos mecánicos que hayan exigido reproducción para la comunicación. Cabría plantear qué sucede con los actos de comunicación pública sin que haya existido reproducción previa. Estoy pensando en la lectura o recitación de viva voz en el aula, de un pequeño fragmento de un manual. Entiendo que si se puede lo más (ejercer dos derechos de explotación como son reproducción y comunicación pública), se debe poder lo menos (ejercer el derecho de comunicación pública). En la doctrina, se ha mantenido contrariamente que debe permitirse la comunicación pública sin mediación tecnológica de libros de texto y manuales sin ninguna limitación, ya que su uso parte del profesor promueve o exige que los estudiantes lo adquieran para el seguimiento de la clase. En mi opinión, no cabe entender que el empleo del manual o libro de texto por parte del profesor no afecta en nada a la normal explotación de la obra, favoreciéndola incluso: el estudiante puede tomar apuntes, y servirse solo de las explicaciones en el aula, sustituyendo éstas el empleo de un manual, máxime si el profesor lee literalmente el manual mismo. Otra cosa exigiría no solo discriminar en función del nivel de enseñanza de que se trate —primaria, secundaria, universitaria—, sino también el método mismo de enseñanza empleado por el profesor, a priori impredecible, en base a la libertad de cátedra, y la capacidad de los estudiantes para tomar nota de las explicaciones del profesor o emplear mecanismos mecánicos de grabación. Téngase en cuenta que la regla de los tres pasos, transpuesta en el art. 40 bis de la LPI se convierte en el derecho interno español en una regla dirigida al intérprete de la norma: "Los artículos del presente capítulo no podrán interpretarse de manera tal que permitan su aplicación de forma que causen un perjuicio injustificado a los intereses legítimos del autor o que vayan en detrimento de la explotación normal de las obras a que se refieran". En mi opinión, debe quedar fuera del límite la lectura del manual completo en el aula o de partes del mismo que no puedan entenderse como pequeños fragmentos.

Por lo que respecta a la actividad investigadora, en relación con manuales, libros de texto o asimilados se permite la realización de "actos de distribución de copias exclusivamente entre el personal investigador colaborador de cada proyecto específico de investigación, y en la medida necesaria para este proyecto". Ciertamente, cuesta pensar en la necesidad que pueda tener un equipo investigador de una Universidad o de un organismo público de investigación, de emplear un manual para realizar labores de investigación científica. El nivel de este tipo de obras, al estar dirigidas a los estudiantes, es inferior al del investigador. En la práctica, creo que será un límite prácticamente inoperante en este punto.

B) El concepto de pequeño fragmento

Por último, el legislador intenta definir qué ha de entenderse a efectos del art. 32.3 por pequeño fragmento. Así se señala que "se entenderá por pequeño fragmento de una obra, un extracto o porción cuantitativamente poco relevante sobre el conjunto de una obra". Nada aporta el legislador para dilucidar esta cuestión: pequeño es lo poco relevante. Hubiera sido deseable, ya que el legislador intenta acotar qué ha de entenderse por pequeño fragmento, haber cuantificado su alcance. Así, en Alemania, el Tribunal Supremo (*BGH*), en sentencia de 28 de noviembre de 2013 (I ZR 76/12), en el caso *Meilensteine der Psychologie*, entendió que a efectos del art. 52.a) de la ley de derechos de autor, que permite el uso de pequeñas partes de obras para fines educativos, por tales hay que entender una parte que suponga menos del 12 por ciento de una obra del lenguaje y menos de 100 páginas. Al tratarse de una tarea que no ha querido realizar nuestro legislador aprovechando el antecedente alemán, nuestros tribunales igualmente deberán pronunciarse cuando se plantee un litigio por el uso indebido de fragmentos de obras.

3. EL USO DE CAPÍTULOS DE LIBRO, ARTÍCULOS DE REVISTA O EXTENSIONES EQUIVALENTES DE PUBLICACIONES ASIMILADAS

Excluidos los libros de texto, manuales o publicaciones asimiladas, el profesor o el investigador pueden necesitar emplear una cantidad superior a un pequeño fragmento para el ejercicio de sus respectivas actividades. A diferencia de la anterior regulación, circunscrita al empleo de pequeños fragmentos de obras, la Ley viene ahora a ampliar el límite en el art. 32.4, al permitir la reproducción parcial, distribución y comunicación pública de un capítulo de libro, artículo de una revista o extensión equivalente respecto de una publicación asimilada, o extensión asimilable al 10 por ciento del total de la obra. A cambio, los centros usuarios de las obras deben abonar a los autores y editores una remuneración equitativa que se hará efectiva a través de las entidades de gestión. El legislador viene así a resolver uno de los problemas con que en la práctica se encontraba el personal docente universitario, y es la posibilidad de emplear aportaciones individuales que se integran dentro de obras colectivas o en colaboración, de forma íntegra: artículos de revista principalmente, capítulos de libro u otras porciones de obra que no encajen en el concepto de "pequeño fragmento".

Como vengo señalando, esta problemática se ha planteado en las Universidades, donde los nuevos métodos docentes derivados de los planes de estudios invitan al profesor, cuando no le exigen, suministrar al estudiante artículos científicos principalmente, o capítulos de monografías, para que éste complete su formación. El límite está pensando en obras impresas o susceptibles de serlo. Así, si pensamos por ejemplo en estudios audiovisuales, el profesorado no podría emplear más que un pequeño fragmento de una obra audiovisual por la vía del art. 32.3, pero no una porción superior por la vía del 32.4 LPI.

A diferencia de lo previsto en el apartado 3, el ámbito de aplicación de este límite no es el de la educación reglada, sino el de la educación superior en las Universidades, sea reglada o no[4]. La ampliación a la educación no reglada de las Universidades se justifica porque esta norma pretende paliar el problema que vengo apuntando, planteado en la educación universitaria, sea cual sea el tipo de estudios ofertados. Esta solución resulta plausible, pues facilita así en estos casos la gestión de los derechos de propiedad intelectual a las Universidades con la entidad de gestión.

La limitación de la extensión asimilable al 10 por ciento del total de la obra no solo debe servir para limitar la extensión de porciones de obra que no sean artículos de revista o capítulos de libro. Deben también aplicarse a éstos mismos en relación con la obra en su conjunto en la que se inserten. De este modo, si la revista tuviera artículos muy extensos, que supusieran más del 10 por ciento del total de la obra colectiva, no entraría dentro del

---

[4]   En la tramitación parlamentaria, tanto en el Congreso como en el Senado, algunas enmiendas de este precepto iban dirigidas a ampliar el límite a todos los niveles de la enseñanza, a fin de favorecer una enseñanza de calidad.

límite. La referencia al porcentaje de la extensión se introdujo en el Senado, fruto de una enmienda, la 102, del Grupo Vasco. Esta modificación tiene su justificación en que, en ocasiones, un capítulo de un libro o un artículo de una revista puede suponer el 25, 50 o hasta el 100% de una publicación. Este nuevo límite remunerado busca facilitar de modo legal la utilización de reproducciones parciales de libros, revistas garantizando una remuneración suficiente a los titulares de derechos; no puede configurarse de modo que afecte a la normal explotación de la obra, lo que ocurriría si se permitiera la posibilidad de explotar fragmentos de extensión relevante o indeterminada. Se añade finalmente en la enmienda, que la mayor concreción de la extensión facilitará además la determinación de la remuneración.

La Ley exige en estos casos el pago de una remuneración equitativa al autor o a los editores. Inicialmente, el prelegislador reconocía solo el derecho a remuneración en favor del autor. En su Informe, el Consejo General del Poder Judicial de 23 de julio de 2013 advirtió, con buen criterio, que la remuneración no debería beneficiar únicamente a los autores, pues también sus cesionarios, los editores, se verán afectados por la clase de usos que el precepto permite: "El reconocimiento de un derecho de simple remuneración ceñido estrictamente a favor de los autores, tiene sentido cuando ese derecho se concede a modo de facultad residual que queda en poder del autor a pesar de haber cedido a su contraparte contractual, en este caso el editor, el derecho exclusivo correspondiente, pero el reconocimiento debe ser genérico, a favor de todos los titulares de derechos implicados, cuando la razón de ser de la remuneración sea la existencia de un límite legal que a todos ellos afecta por igual". Es por tanto plausible que la Ley finalmente contemple a los editores como acreedores de la referida remuneración, junto a los autores.

En este caso el uso no afecta a la explotación normal de las obras —libros, revistas—, pues éstas se encuentran destinadas a un público más amplio que los estudiantes o investigadores: principalmente profesionales. Como es sabido, establecer una remuneración equitativa aparejada a un límite no garantiza que se respete la regla de los tres pasos. En nuestro caso, el legislador acertadamente ha descartado el empleo de capítulos de manuales de o libros de texto, por mucho que ello conllevara una remuneración. Esta posibilidad sí la había contemplado el prelegislador en los anteproyectos de Ley. Ello sí hubiera podido perjudicar la normal explotación de la obra. Por ello, el art. 52.a) de la ley alemana de derechos de autor exige en todo caso autorización de los titulares de derechos, para el empleo de obras dirigidas a la enseñanza. Cabe por tanto aplaudir la decisión en este punto del legislador. De este modo, en una intranet de la universidad el profesor puede colgar un capítulo de una monografía, pero no un capítulo de un manual, si no goza de la preceptiva autorización.

Asimismo, el límite opera cuando los actos de explotación permitidos "se realicen en las universidades o centros públicos de investigación, por su personal y con sus medios e instrumentos propios". En el caso de distribución de copias, cabe plantear si quedan incluidas las copias realizadas por el servicio de reprografía en régimen de concesión. Como es sabido, con carácter general este servicio no lo prestan directamente las universidades con su personal y medios propios, sino una empresa en régimen de concesión. En mi opinión, por medios y personal propio hay que entender de forma lata aquellos que dependan funcionalmente de la universidad, sobre los cuales la universidad tiene una potestad de control, aunque en puridad los medios personales o materiales no sean de su titularidad.

Ciertamente, para que la explotación de la obra quede amparada por el límite hace falta que el profesor decida que ese material debe ser suministrado al estudiante, no bastando una mera recomendación, sino la decisión de entrega o puesta a disposición según los casos, de la obra. Ahora bien, como he señalado, pueden ser terceros —y no solo el profesor— quienes procedan a la reproducción o el acto de explotación de que se trate, siempre y cuando tengan una dependencia respecto del centro, y actúen por instrucción del profesor. El resto de copias estarán sujetas a licencia, en las condiciones acordadas por CEDRO.

La responsabilidad por los actos realizados por los profesores fuera del marco permitido en la Ley recae en la Universidad, o en el organismo público de investigación, por vía del art. 1903 CC y 144 de la Ley 30/92, de Régimen Jurídico de las Administraciones Públicas y del Procedimiento Administrativo Común. Así lo ha venido a reconocer la jurisprudencia menor hasta la fecha. Me refiero a la sentencia del Juzgado de lo Mercantil nº 2 de Barcelona de 2 de mayo de 2013, confirmada en apelación por la AP de Barcelona, sección 15, de 29 de octubre de 2014, que enfrentaba a CEDRO con la Universidad Autónoma de Barcelona[5]. La Universidad había

---

[5]   JUR 2014\268106.

alegado en su defensa que eran los profesores y no la Universidad quien había infringido en su caso los derechos de autor. El Juzgado y posteriormente la Audiencia, entienden con buen criterio que responde la Universidad por los actos realizados por sus profesores en ejercicio de sus funciones, empleando además como era el caso instrumentos facilitados por la propia Universidad.

En el proyecto de Ley se introducen como excepciones al pago de la remuneración equitativa por los actos de explotación reconocidos en el art. 32.4, la existencia de un acuerdo específico previo entre el titular del derecho de propiedad intelectual y el centro universitario o el supuesto en que la propia universidad sea titular de los derechos. Estas excepciones no se encontraban en los distintos anteproyectos, apareciendo por vez primera en el proyecto de Ley. En su Dictamen, el Consejo de Estado hizo observar lo frecuente que resultaba en el ámbito universitario y de la investigación científica que los profesores e investigadores ofrecieran sus obras... "sin la obtención de remuneración alguna, a través del denominado *open acces* en el que de alguna manera se hace prevalecer, por voluntad propia de los titulares de los derechos de propiedad intelectual y a veces incluso directamente por mandato imperativo de la ley (cuando la financiación de los trabajos científicos es pública), el derecho a la educación y el acceso a los conocimientos científicos sobre los derechos en abstracto de propiedad intelectual a los que se renuncia en aras de esos fines de interés general". A su vez, el Dictamen añadía la conveniencia de cohonestar este precepto con lo establecido en la Ley 14/2011, de 1 de junio, de la Ciencia, la Tecnología y la Innovación (especialmente, el artículo 14 que define al personal investigador o la disposición adicional 19ª, que regula la compensación económica por obras de carácter intelectual, y la disposición final 3ª que modifica la Ley Orgánica 6/2001, de 21 de diciembre, de Universidades y, en particular, su artículo 80.5, en el que se dice que "formarán parte del patrimonio de la Universidad los derechos de propiedad industrial y propiedad intelectual de los que ésta sea titular como consecuencia del desempeño por el personal de la Universidad de las funciones que les son propias. La administración y gestión de dichos bienes se ajustará a lo previsto a tal efecto en la Ley 14/2011, de 1 de junio, de la Ciencia, la Tecnología y la Innovación)".

A tal finalidad responde el art. 32.2.4 *in fine*. De otro modo no se entendería su redacción. Pese a establecer un derecho de remuneración de gestión obligatoria irrenunciable, permite que el titular de los derechos pueda autorizar su uso a un centro universitario u organismo público de investigación. El uso puede circunscribirse a un centro concreto: por ejemplo, en mi caso, a la Universidad Autónoma de Madrid, o a las universidades públicas pero no a las privadas. En tal caso, la Universidad Autónoma de Madrid, o las universidades públicas no deben pagar remuneración por el uso de mi obra.

Respecto al supuesto en que el centro u organismo sea titular de los correspondientes derechos de propiedad intelectual, esa titularidad puede ser originaria —obra colectiva—, o derivativa, por aplicación del art. 51 LPI, o por cesión de derechos mediante contrato —de edición por ejemplo, muy frecuente en el ámbito universitario a través de su servicio de publicaciones—. En tales casos hay que ver si la cesión alcanza esos usos o no.

Por otro lado, cabe plantearse si a pesar del tenor literal del precepto, se trata de una remuneración o de una compensación. En mi opinión se trata de una remuneración, de modo que su cuantificación no está excluida de las tarifas. No se trata de compensar un daño, si no de fijar un precio a una licencia legal. De ahí que resulte de aplicación el art. 157 y el art. 158 bis3 LPI, permitiéndose así en última instancia la determinación de la referida remuneración a la sección primera de la Comisión de la Propiedad Intelectual. En efecto, conforme al nuevo art. 158bis 3 LPI "La Sección Primera de la Comisión de Propiedad Intelectual ejercerá su función de determinación de las tarifas para la explotación de los derechos de gestión colectiva obligatoria... La Sección establecerá el importe de la remuneración exigida por la utilización de obras y demás prestaciones del repertorio de las entidades de gestión, la forma de pago y demás condiciones necesarias para hacer efectivos los derechos indicados en el párrafo anterior, a solicitud de la propia entidad de gestión afectada, de una asociación de usuarios, de una entidad de radiodifusión o de un usuario especialmente significativo, a juicio de la Sección, cuando no haya acuerdo entre ambas, en el plazo de seis meses desde el inicio formal de la negociación." Como quiera que el art. 32.4 no entrará en vigor hasta el 5 de noviembre de 2015, será a partir de entonces cuando puedan iniciarse formalmente las negociaciones, a efectos de lo dispuesto en el art. 158bis 3.

Un apunte final. Como señaló el informe del Consejo General del Poder Judicial, podría haberse optado por otra fórmula, en vez de la imposición de un nuevo derecho de simple remuneración. Se decía así: "Existe la alternativa de, no desposeyendo a los titulares de su derecho exclusivo, imponer por ley el margen de usos autorizados que aquéllos deben permitir (v. gr. un capítulo de libro, un artículo de revista), dejando después que se apliquen los controles ordinarios que velan por la equitatividad de las tarifas de las entidades de gestión; o de establecer un cauce específico de gestión colectiva obligatoria tendente a garantizar la negociación con los usuarios, al modo en que se contempla en el art. 20.4 LPI para la retransmisión por cable". La opción final, como vemos, ha sido la de establecer un límite, con remuneración equitativa de gestión obligatoria que acabará fijando en última instancia la sección primera de la Comisión de la Propiedad Intelectual. Ello beneficia en mi opinión a los usuarios, colocándolos en mejor posición que tendrían si la Ley no garantizara estos usos, ni previera una intervención de la Comisión. Probablemente las Universidades van esperar a lo que determine la Comisión de la Propiedad Intelectual. Los puntos de partida son muy divergentes. Veremos el juego final que da el derecho de remuneración con la intervención de este órgano administrativo.

VI. El nuevo límite de obras huérfanas

RAFAEL SÁNCHEZ ARISTI

1. INTRODUCCIÓN

El número seis del artículo primero de la Ley 21/2014, de 4 de noviembre (BOE nº 268, de 5 de noviembre de 2014), por la que se modifica el texto refundido de la Ley de Propiedad Intelectual (LPI), aprobado por Real Decreto Legislativo 1/1996, de 12 de abril, y la Ley 1/2000, de 7 de enero, de Enjuiciamiento Civil, ha introducido, entre los cambios que afectan al Capítulo II del Título III del Libro I de la LPI ("Límites"), un nuevo artículo (el 37 bis, titulado "Obras huérfanas") en el que se recoge un nuevo límite, destinado a favorecer ciertas utilizaciones en relación con las llamadas obras huérfanas.

Como explica la propia Exposición de Motivos de la Ley 21/2014 (apartado II), el objetivo perseguido con la incorporación de este nuevo límite es transponer a nuestro ordenamiento interno la Directiva 2012/28/UE del Parlamento Europeo y del Consejo, de 25 de octubre de 2012, sobre ciertos usos autorizados de las obras huérfanas. La Directiva se decanta por una de las aproximaciones posibles al problema de las obras huérfanas, consistente en diseñar un límite a la propiedad intelectual que permita utilizar las obras y prestaciones de que se trata prescindiendo del consentimiento de los titulares afectados[1]. Se trata, a diferencia de los límites plasmados en la Directiva 2001/29/UE, que —salvo el del art. 5.1 de la misma— pueden o no

---

[1] Vid. R. CASAS VALLÉS, "La problemática de las llamadas obras huérfanas: propuestas de solución con particular referencia a la directiva 2012/28/UE sobre ciertos usos autorizados de las obras huérfanas", en *Revista Jurídica de Buenos Aires*, ed. Facultad de Derecho de la Universidad de Buenos Aires, 2013 [número monográfico sobre Derecho de autor coordinado por la Prof. Delia Lipszyc], en prensa, para. 23, quien también describe los otros tres modelos posibles: encomendar a un organismo público la función de verificar la situación de orfandad y conceder licencias ad hoc, determinando las condiciones de utilización (Canadá); minimizar los efectos de la infracción cuando quien incurra en ella cumpla determinados requisitos (Estados Unidos); conceder un papel protagonista a las entidades de gestión atribuyéndoles la posibilidad de otorgar licencias más allá de su estricto repertorio y, por tanto, capaces de abarcar también las obras huérfanas (países nórdicos).

ser incorporados por los Estados miembros en sus ordenamientos internos, de un límite de obligada transposición por todos los Estados miembros[2].

El nuevo art. 37 bis LPI consta de siete apartados, algunos de ellos de cierta longitud. No en vano estamos ante un límite complejo, que: (i) permite ciertos tipos de usos (es decir, no afecta a todos los derechos de explotación); (ii) en relación con determinadas categorías de obras o prestaciones (aunque el espectro es más amplio del que a priori puede parecer, no es un límite general que se proyecte sobre cualesquiera tipos de obras y formatos), que además deben haber sido publicadas por vez primera en un Estado miembro de la UE; (iii) a favor de entidades beneficiarias y para lograr finalidades muy concretas; (iv) se condiciona a la realización de una previa actividad de búsqueda diligente a cargo de los beneficiarios; y (v) está sujeto a la eventualidad de que de forma sobrevenida haya que abonar una compensación a los titulares de derechos afectados[3].

Aunque el precepto resulta ser de una extensión notable, claramente por encima de la media (entre los artículos dedicados a límites sólo lo superaría el art. 32 LPI, que se ha visto dotado de una nueva y prolija redacción por virtud de la propia Ley 21/2014), el juicio sobre su dimensión se relativiza si se considera que su finalidad es transponer en su integridad una Directiva cuya parte sustantiva, a esos efectos, comprende no menos de seis artículos, varios de ellos compuestos a su vez de cinco o más apartados. Es cierto que, además del art. 37 bis LPI, debemos considerar las nuevas disposiciones adicional 6ª y transitoria 21ª.2 LPI, que también se refieren al límite de obras huérfanas, pero con todo la regulación pergeñada por el legislador español resulta menos detallada que la plasmada en la Directiva, o no contiene todas las especificaciones que de ésta se derivarían. No en vano

---

[2]   Lo resalta R. BERCOVITZ RODRÍGUEZ-CANO, "La Directiva sobre obras huérfanas", *Revista Doctrinal Aranzadi Civil-Mercantil*, núm. 8/2012 (BIB 2012\3365), quien además hace ver el potente alcance tanto cuantitativo como cualitativo de este límite, "habida cuenta del gran número de obras huérfanas existente (probablemente el mayor de las obras y prestaciones protegidas), y de su extensión territorial".

[3]   Se trata, como dice de forma elocuente R. CASAS VALLÉS, "La problemática de las llamadas obras huérfanas...", cit., para. 22, de "proteger a los ignorados o no localizados titulares de derechos sobre las obras huérfanas, cosa que exige establecer alguna forma de control para verificar ex ante la situación de orfandad y, asimismo prever la eventualidad de que aquellos aparezcan y hagan valer sus derechos. Al propio tiempo, hay que dar garantías a quienes han hecho uso de las obras, poniéndoles a cubierto de reclamaciones económicas desmesuradas".

el propio art. 37 bis LPI traza alguna remisión expresa a su ulterior desarrollo reglamentario [a efectos de determinar el órgano competente al que las entidades beneficiarias del límite deberán remitir ciertas informaciones preceptivas, así como las fuentes cuya consulta debe estimarse adecuada en orden a calificar como diligente la búsqueda previa a la declaración de orfandad de una obra] y, aun a falta de mención explícita, tendrá que tener tal clase de desarrollo en otros aspectos [así, a los efectos de fijar la cuantía de la compensación equitativa a la que tendrán derecho los titulares de las obras huérfanas por la utilización de éstas una vez haya finalizado su condición de tales].

La principal enmienda presentada a este precepto durante el trámite parlamentario iba dirigida a dotarlo de una redacción más extensa y pormenorizada, incluyendo la indicación de las fuentes de consulta a las que tendría que alcanzar, como mínimo, una búsqueda para ser considerada diligente en el contexto de este límite[4]. De haberse acogido esa enmienda, se habría plasmado en el propio precepto legal, en lugar de dejar al ulterior desarrollo reglamentario, el catálogo mínimo de fuentes de consulta que la Directiva contiene en su Anexo.

Con todo, el desarrollo del art. 37 bis LPI en su versión definitiva es mayor que el que el precepto tenía en alguna de las versiones del Anteproyecto de Ley que posteriormente desembocaría en la Ley 21/2014. Para empezar, debe señalarse que este precepto no estaba incluido en el primer Anteproyecto de Ley, el aprobado por el Consejo de Ministros el 22 de marzo de 2013 y sometido a trámite de información pública entre esa fecha y el 17 de abril de 2013. En él sólo se hacía referencia, en sede de incorporación de normas comunitarias, a la necesidad de transponer la Directiva 2011/77/UE, del Parlamento Europeo y del Consejo, de 27 de septiembre de 2011, por la que se modifica la Directiva 2006/116/CE relativa al plazo de protección del derecho de autor y de determinados derechos afines. Con posterioridad, teniendo en cuenta el término máximo de incorporación de

---

[4]   Con idéntica o casi idéntica redacción, esta enmienda fue formulada por el Grupo Parlamentario Socialista tanto en el Congreso como en el Senado (número 108 y 181 respectivamente), así como por el Grupo Parlamentario Vasco en el Senado (enmienda nº 106) y por el Grupo Parlamentario Entesa pel Progrés de Catalunya (enmienda nº 142, también del Senado). Vid. BOCG, Congreso de los Diputados, X Legislatura, 9 de julio de 2014, Serie A, Núm. 81-2, pp. 120-123, y BOCG, Senado, X Legislatura, 22 de septiembre de 2014, Núm. 401, pp. 323-327, 360-363, 398-401.

la Directiva 2012/28/UE (29 de octubre de 2014, conforme a su art. 9.1), el prelegislador debió de considerar oportuno incluir en el Anteproyecto ya en marcha un artículo que sirviera para dar cauce a esa transposición, en lugar de tramitar más o menos en paralelo una segunda iniciativa legislativa enderezada a ese fin.

Así pues, la primera versión del Anteproyecto en la que aparece un artículo destinado a regular el nuevo límite de obras huérfanas es la enviada a informe del Consejo General del Poder Judicial (CGPJ), la cual tuvo entrada en el registro de este Órgano el 5 de julio de 2013, tal y como consta en el Informe aprobado por el Pleno del mismo el 25 de julio de 2013[5].

En esa primera versión, puede decirse que el art. 37 bis, que constaba sólo de cinco apartados, reflejaba aproximadamente el contenido de los apartados 1, 2, 3, 4, 7 y parte del apartado 5 del precepto en su versión definitiva. Es decir, se regulaba la definición de obra huérfana, se enumeraban los beneficiarios del límite y se describían los usos autorizados, pero quedaban sin definir aspectos como los términos o condiciones a que se tendrá que ajustar la búsqueda diligente de los titulares, o el procedimiento para que éstos puedan poner fin a la condición de huérfana de su obra. Pero no es ya sólo que estas dos materias se remitieran al ulterior desarrollo reglamentario, sino que también se decía que lo establecido en el apartado 4 (donde se describían los usos autorizados y se definían las categorías de obras que podrían llegar a ser calificadas como huérfanas), podría ser modificado por el Gobierno a través de reglamento. El Informe del CGPJ no dejó de realizar algunas advertencias a propósito de todo ello. Por un lado, en el tercer punto de la conclusión décima leemos:

"En la regulación del proyectado art. 37 bis LPI, el prelegislador no prevé trasladar algunos de los elementos necesarios para una plena definición del nuevo límite de obras huérfanas, antes bien sólo refleja los elementos relativos a la definición de obra huérfana, la enumeración de los beneficiarios y la descripción de los usos a los que se les autoriza en relación con aquéllas, difiriendo la plasmación de los restantes elementos (los términos o condiciones a que se tendrá que ajustar la búsqueda diligente de los titulares de derechos, pero también el procedimiento

---

[5]   El Informe del CGPJ está disponible, como todos los demás Informes a anteproyectos normativos evacuados por este Órgano, desde la web "Poder Judicial", siguiendo la ruta Poder Judicial>Consejo General del Poder Judicial>Actividad del CGPJ>Informes y seleccionando 2013 en el desplegable "Año".

para que éstos puedan poner fin a la condición de huérfana de su obra) a un ulterior desarrollo reglamentario. Ello, además de comportar una transposición poco coherente, está llamado a producir inmediatos desajustes de aplicación del futuro art. 37 bis LPI".

Y por otro, el parágrafo 135 del cuerpo del Informe (p. 110) señalaba:

"La opción por la que se decanta el Anteproyecto resulta aún más chocante cuando se advierte que el apartado cuarto del art. 37 bis, donde se señalan los sujetos beneficiarios, usos autorizados y categorías de obras afectadas, contiene una cláusula de deslegalización de la materia ("El Gobierno podrá modificar por vía reglamentaria lo establecido en este apartado"). Siendo esto así, no se ve por qué no sería igualmente factible plasmar en los apartados 3 y 5 de ese mismo artículo las disposiciones correspondientes acordes con la Directiva, aunque se previera una idéntica posibilidad de modificación ulterior por vía reglamentaria. Dicho lo cual, no podemos dejar de señalar las dudas que suscita esa deslegalización de la materia, que en definitiva afecta tanto a los apartados 3 y 5 del art. 37 bis, como a su apartado 4. No parece que el real decreto sea el vehículo normativo idóneo para regular materias que están llamadas a incidir en los contornos de un límite, y por añadidura en la extensión de los propios derechos de propiedad intelectual afectados por dicho límite, no debiendo olvidarse la reserva de ley que el art. 53.1 de la Constitución dispone, entre otros, en relación con el derecho de propiedad privada".

Probablemente como consecuencia de las observaciones formuladas por el Informe del CGPJ, la redacción del art. 37 bis aparece modificada en la versión del Anteproyecto que fue remitida al Consejo de Estado para informe, fechada el 1 de octubre de 2013. En ella, entre otras cosas, ya no se deslegalizaba el contenido del apartado 4 permitiendo que el Gobierno lo modificase por reglamento. En esta tercera versión del Anteproyecto el precepto había pasado a tener seis apartados y su contenido era bastante próximo a la redacción definitiva, aunque aún presentaba diferencias importantes, como por ejemplo que en lugar de definir la información que los beneficiarios del límite deben remitir al órgano competente, llamaba a su determinación por vía reglamentaria.

Una de las observaciones efectuadas en el Dictamen 1064/2013, aprobado por el Pleno del Consejo de Estado en su sesión de 28 de noviembre de 2013[6], consistió en subrayar la conveniencia de que, en lugar de dejar al desarrollo reglamentario posterior la determinación de la información que los beneficiarios del límite deberán facilitar al órgano competente, se incorporasen al precepto legal las previsiones de las letras a), b) y c) del artículo 3.5 de la Directiva. Esta observación resultaría atendida, de modo que en el Proyecto de Ley remitido a Cortes —así como en la versión finalmente aprobada— el apartado 6 del artículo sí detalla esa información, a saber: resultados de las búsquedas efectuadas, uso que los beneficiarios hagan de las obras huérfanas, cambios de condición que sufran las obras huérfanas que utilicen e información de contacto de la entidad beneficiaria.

Una segunda aportación de este Dictamen sería la llamada de atención acerca de la incompleta incorporación de la regla plasmada en el art. 2.2 de la Directiva, para los casos de cotitularidad en que uno o algunos de los coautores sí han sido identificados y localizados y deban, por tanto, prestar autorización a la explotación. El Anteproyecto informado por el Consejo de Estado decía (apartado 2 del artículo): "*Si existen varios titulares de derechos sobre una misma obra y no todos ellos han sido identificados o, a pesar de haber sido identificados, no han sido localizados tras haber efectuado una búsqueda diligente, la obra se podrá utilizar conforme a la presente Ley, sin perjuicio de los derechos de los titulares que hayan sido identificados y localizados*". Tras la observación del Alto Órgano consultivo este apartado se vio enriquecido con un inciso final del siguiente tenor: "*y, en su caso, de la necesidad de la correspondiente autorización*". Este inciso aparecía ya en el texto del Proyecto remitido a Cortes y así ha permanecido hasta la aprobación definitiva de la Ley 21/2014.

Sin embargo, pese al esfuerzo de aproximación al texto original, me inclino a pensar que el art. 37 bis.2 LPI no ha efectuado una transposición correcta de la Directiva en los casos de orfandad parcial de una obra. El art. 2.2 de ésta señala que cuando algunos de los titulares de derechos sobre la misma sí hayan sido identificados y localizados, éstos deberán dar su consentimiento para que la obra pueda ser objeto de las utilizaciones a las que se refiere el límite, presentándolo como una condición *sine que non* para poder llevar a cabo la utilización pretendida ("*siempre que los titulares*

---

6   El Informe del Consejo de Estado está disponible desde la web del BOE, siguiendo la ruta Inicio>Buscar>Dictámenes del Consejo de Estado y tecleando el número del expediente (1064/2013) en el campo de búsqueda correspondiente.

de derechos que hayan sido identificados y localizados hayan autorizado, en relación con los derechos que ostenten, a las entidades a que se refiere el artículo 1, apartado 1, a realizar los actos de reproducción y puesta a disposición del público contemplados, respectivamente, en los artículos 2 y 3 de la Directiva 2001/29/ CE"). Sin duda, la lejanía respecto de este modelo era mayor cuando el precepto se limitaba a indicar "*sin perjuicio de los derechos de los titulares que hayan sido identificados y localizados*", ya que esta salvedad no da a entender en modo alguno que esos titulares deban prestar autorización, pues también un derecho de tipo remuneratorio podría servir para que esos titulares no se vieran perjudicados. Pero tampoco el añadido "*y, en su caso, de la necesidad de la correspondiente autorización*" termina de solventar el problema, ya que presenta la necesidad de autorización de estos titulares como algo puramente eventual. En suma, nuestra norma interna, al no dar a entender que la autorización de los titulares identificados y localizados es necesaria y debe producirse en todos los casos, lleva a cabo —como advirtió el Consejo de Estado— una transposición incompleta de la Directiva.

Aunque el Gobierno atendió, o trató —más o menos atinadamente— de atender, algunas observaciones del Dictamen del Consejo de Estado, ello no sucedió con la relativa a introducir una mayor precisión sobre la determinación de las fuentes de información que deben ser consultadas para llevar a cabo una búsqueda diligente. Sobre este tema, si bien el Alto Órgano consultivo dijo poder entender las razones por las que no se había incorporado a la reforma legal el Anexo de La Directiva, en el que se contiene un catálogo mínimo de fuentes de consulta, también apuntó que "*quizás algún elemento del anexo, como las categorías de obras, sí podrían incluirse en la ley, a fin de delimitar el posterior ejercicio de la potestad reglamentaria*".

El prelegislador no se hizo eco de esta sugerencia. El Proyecto de Ley remitido a Cortes se mantuvo sin ninguna especificación relativa a las fuentes de información de necesaria consulta por las entidades beneficiarias del límite. No es ya que omitiera incorporar el Anexo de la Directiva, sino que ni siquiera indicó que esas fuentes variarían en función de cada categoría de obras ni, por descontado, describió la categoría o categorías de obras que compartirían las mismas fuentes de consulta. Sobre este aspecto, el párrafo tercero del apartado 5 del art. 37 bis mantuvo intacta su dicción, la cual pasó al Proyecto de Ley y, a la postre, a la Ley finalmente objeto de aprobación ("*La búsqueda diligente se realizará de buena fe, mediante la consulta de, al menos, las fuentes de información que reglamentariamente se determinen*").

Como he señalado, la principal enmienda que fue formulada al precepto durante el íter parlamentario, sugería incluir el catálogo de fuentes de consulta mínimas, transponiendo en líneas generales el plasmado en el Anexo de la Directiva. El objetivo era limitar en lo posible las remisiones a un posterior desarrollo reglamentario, evitando la inseguridad jurídica y la desprotección de los derechos de autor que esa remisión pudiera provocar. Pero esta enmienda contenía otras sugerencias, todas ellas guiadas por el propósito de que el precepto se mantuviera lo más fiel posible al texto de la Directiva, en pos a su vez —decía la justificación que la acompañaba— de garantizar la seguridad jurídica en la utilización de las obras huérfanas y el respeto de los derechos de autor[7].

Entre esas propuestas destaca la de establecer de manera más clara el hecho de que este límite no afecta a los derechos de los titulares que estén identificados y localizados, de forma que en caso de orfandad parcial de una obra, la utilización podrá realizarse *"siempre que los titulares de derechos que hayan sido identificados y localizados hayan autorizado y, en relación con los derechos que ostenten, a las entidades mencionadas en el apartado 4, a la reproducción y puesta a disposición del público de su obra"*. Se trata de un aspecto sobre el que —como hemos visto— ya había llamado la atención el Consejo de Estado.

En segundo lugar, la enmienda incidía en la necesidad de que las entidades beneficiarias del límite tuvieran documentado el proceso de búsqueda diligente, algo que subraya el art. 3.5 de la Directiva (*"Los Estados miembros velarán por que las entidades mencionadas en el artículo 1, apartado 1, mantengan registros de sus búsquedas diligentes"*)[8]. Un tercer aspecto era el relativo al caso de las obras cinematográficas o audiovisuales coproducidas por pro-

---

[7] Como hemos dicho, esta enmienda es la 108 del Congreso de los Diputados y la 181 del Senado, ambas del Grupo Parlamentario Socialista, cuyo texto y justificación coinciden, casi literalmente, con la 106 (del Grupo Parlamentario Vasco en el Senado) y la 142 (del Grupo Parlamentario Entesa pel Progrés de Catalunya), ambas del Senado.

[8] Conforme al primer párrafo del apartado 6 del artículo en la versión de dicha enmienda: *"Las entidades citadas en el apartado 4 deberán tener documentado el proceso de búsqueda diligente y almacenada la información sobre dicha búsqueda en una base de datos, que consistirá, como mínimo, en la siguiente:*
a) Fechas de la búsqueda y denominaciones de las fuentes de información consultadas.
b) Certificados expedidos por los titulares de las fuentes de información consultadas acreditativos de la realización de las consultas encaminadas a realizar una búsqueda diligente".

ductores establecidos en distintos Estados miembros, supuesto para el que la enmienda proponía incluir una mención explícita de que la búsqueda diligente debe efectuarse en cada uno de esos Estados miembros, siguiendo lo indicado en el Considerando (15) de la Directiva. En cuarto lugar, la enmienda sugería hacer referencia a la necesidad de que el órgano competente remitiera la información que las entidades beneficiarias del límite le deben a su vez proporcionar, a la Oficina de Armonización del Mercado Interior (OAMI), de acuerdo con lo previsto en el art. 3.6 de la Directiva[9].

Merecen citarse también las enmiendas 94, 95 y 96 de las del Senado, presentadas por el Grupo Parlamentario Entesa pel Progrés de Catalunya[10]. La primera de ellas proponía añadir un párrafo final al apartado 4 del precepto, del siguiente tenor: "*Los actos autorizados podrán llevarse a cabo mediante acuerdos con instituciones privadas, siempre que tales acuerdos no impongan restricción alguna a los beneficiarios de esta excepción en cuanto al uso por su parte de las obras huérfanas, y no concedan al socio comercial ningún derecho a utilizar o controlar el uso de dichas obras. En caso de que se perciban ingresos por la realización de los actos autorizados, éstos deberán limitarse a cubrir los costes derivados de dicha actividad*". La justificación que se daba era tratar de lograr una mayor fidelidad a la Directiva, en este caso a lo dispuesto en sus Considerandos (21) y (22).

---

[9]   La enmienda contenía otras propuestas no específicamente ligadas a soluciones de la Directiva, como la de imponer a los beneficiarios del límite el deber de identificar que el uso que hacen de la obra lo es en su condición de obra huérfana, o la de que, cuando en el apartado 5 del precepto se dice que "*las entidades (...) que hubieran puesto a disposición del público, (...), obras huérfanas no publicadas ni radiodifundidas, podrán utilizarlas, cuando sea razonable presumir que sus titulares no se opondrían a los usos previstos en este artículo*", el giro "cuando sea razonable presumir" fuese sustituido por el de "siempre que exista un elemento objetivo que permita presumir".

[10] Apenas lo merece, en cambio, la número 70 del Senado, también del Grupo Parlamentario Entesa pel Progrés de Catalunya. En ella se proponía añadir dos nuevos apartados en el art. 37 bis (el 3 bis y el 3 bis-bis [sic]) en los que indicar, por un lado, la especialidad de las "obras complejas", entendidas como "*aquellas producciones, especialmente en los medios de comunicación social, en las que intervienen profesionales de distintas disciplinas*", y por otro definir las meras fotografías como "*el resultado de la captación literal de objetos planos o de cualquier otro tipo sin intervención decisoria de la inteligencia humana, tales como radar de tráfico, fotomatón, fotocopias, escáneres, cámaras de seguridad y similares*". Tanto por el contenido de la enmienda como por la justificación que la acompañaba, se percibe que la materia no guarda relación con el límite de obras huérfanas.

Por lo que se refiere a la enmienda 95 del Senado, se dirigía a modificar el apartado 5 del art. 37 bis, añadiendo una frase en su último párrafo que dijera *"para el establecimiento de las fuentes de información se consultará a los titulares de derechos y a los usuarios"*. Ello tendría su correlato en el art. 3.2 de la Directiva.

Y en cuanto a la enmienda 96, en su virtud se proponía añadir un párrafo al final del apartado 7 del artículo en el que especificar que, para la determinación de la cuantía de la compensación a la que tendrían derecho los titulares de derechos una vez puesto fin a la condición de orfandad de sus obras, se deberán tener en cuenta los objetivos públicos en materia de promoción cultural, la naturaleza no comercial de la utilización realizada justificada por razones de interés público, como el fomento del estudio y la difusión de la cultura, así como el posible daño a los titulares de derechos. Todo ello concuerda con lo previsto en el Considerando (18) de la Directiva. La enmienda contemplaba también la conveniencia de establecer un plazo de prescripción de un año, desde que se hubiera registrado la búsqueda diligente, para poder solicitar dicha compensación.

Puesto que todas las enmiendas presentadas al precepto fueron rechazadas, la redacción del art. 37 bis se mantuvo intacta, tal y como había sido acuñada en el Proyecto de Ley (BOCG, Congreso de los Diputados, X Legislatura, 21 de febrero de 2014, Serie A, Núm. 81-1). En efecto, si se compara el texto de éste con el de la Ley 21/2014, de 4 de noviembre, no es posible apreciar ninguna diferencia, a salvo que en el apartado 2 y en la letra b) del apartado 6, en la expresión "la presente ley", la palabra "ley" aparece con minúscula inicial en lugar de mayúscula, como en cambio sucedía en el Proyecto. Esta leve corrección estilística procede del Informe de la Ponencia en la Comisión de Cultura del Senado (BOCG, Senado, X Legislatura, 7 de octubre de 2014, Núm. 412, pp. 32-33)[11].

---

[11]   Consideramos que algunos de los elementos de las enmiendas a este precepto habrían podido merecer su acogida. Es el caso de la determinación legal del catálogo de fuentes de consulta mínimas, la aclaración sobre la necesidad de autorización de los titulares sí identificados y localizados en los casos de orfandad parcial, la exigencia sobre la documentación del proceso de búsqueda, las precisiones relativas a los acuerdos de los entes beneficiarios con instituciones privadas o la fijación de parámetros para determinar la cuantía de la compensación equitativa.

Por lo que se refiere a la ubicación del límite de obras huérfanas en el art. 37 bis, parece una solución razonable, pues existe escaso margen para incorporar de otro modo un precepto de tales dimensiones en el Capítulo II, Título III, Libro I de la LPI[12]. Ciertamente, la técnica de los artículos duplicados provoca siempre cierta complejidad, pero la renumeración de artículos tiene un coste elevado para los aplicadores de una ley.

Fuera de ese aspecto formal, debemos señalar la dificultad añadida que presentaba transponer este límite a nuestro ordenamiento, puesto que nuestro sistema de límites se basa en una regulación efectuada en el Libro I de la Ley, relativo a derechos de autor, la cual resulta después aplicable a los otros derechos de propiedad intelectual merced a la norma de remisión del 132 LPI. La Directiva no se atiene a esa pauta porque el límite está concebido no sólo respecto de obras (en principio las publicadas en forma de libros y revistas, así como las cinematográficas y audiovisuales, aunque también se aplicará a cualesquiera otras obras insertadas o incorporadas en ellas) sino también de fonogramas, así como de otras prestaciones que pudieran estar incorporadas en ellos o en las obras primeramente mencionadas (vid. art. 1, apartados 2, 3 y 4)[13].

Al incorporar nuestro legislador ese mismo espectro de obras y prestaciones en el art. 37 bis.4 LPI, se quiebra en gran medida la sistemática del Capítulo, pues nos encontramos con una norma sobre límites que, pese a estar incluida en el Libro I de la Ley, se aplica directamente a objetos protegidos conforme al Libro II de la misma[14]. Ello hace que, respecto de este concreto límite, la norma de remisión del art. 132 LPI no pueda operar de la misma manera, lo que quizás debiera haber conducido a introducir en

---

12   Ya no parece factible una solución distinta, como cuando con motivo de la aprobación del Texto Refundido de la LPI en 1996, los originarios artículos 34 y 35 de la Ley 22/1987 quedaron fusionados pasando a constituir los respectivos primer y segundo apartado del artículo 35.

13   Sin duda, se detecta una impropiedad en el hecho de aplicar un concepto como el de "obra huérfana" a objetos que, como los fonogramas u otras prestaciones, no son obviamente "obras".

14   Un modelo alternativo lo tenemos en el art. 135 LPI, precepto que contiene excepciones al derecho *sui generis* sobre bases de datos, es decir, límites que afectan específicamente a un derecho protegido conforme al Libro II de la Ley, emplazados en el Título de este Libro donde se localiza su protección.

ella la oportuna salvedad, en la línea de la que actualmente dicho precepto contiene en relación con el párrafo segundo del art. 37.2.

En los epígrafes posteriores iremos desgranando el contenido del art. 37 bis LPI, sin olvidar lo dispuesto en la disposición adicional 6ª y en la disposición transitoria 21ª.2 LPI. Para ello nos atendremos a un orden que nos parece lógico desde el punto de vista conceptual, a saber: (i) examen del ámbito de aplicación, tanto objetivo como subjetivo; (ii) descripción de los usos autorizados; (iii) definición de obra huérfana; (iv) análisis de los requisitos que debe reunir la búsqueda diligente; (v) fin de la condición de obra huérfana y compensación equitativa a favor de los titulares; (vi) reconocimiento mutuo de la condición de obra huérfana, aplicación temporal y transposición.

Ese orden coincide probablemente más con la estructura expositiva de la Directiva que con la de nuestro precepto interno, aunque tampoco se atiene perfectamente a aquélla. En efecto, mientras que la Directiva comienza por el objeto y ámbito de aplicación (art. 1), sigue con la definición de obra huérfana (art. 2), continúa con la búsqueda diligente (art. 3), el reconocimiento mutuo de la condición de obra huérfana (art. 4), el fin de la condición de obra huérfana (art. 5) y finaliza con los usos autorizados sobre las obras huérfanas (art. 6), el art. 37 bis comienza por la definición de obra huérfana (apartados 1 y 2), sigue con un aspecto relativo a los usos sobre las obras huérfanas (apartado 3), aborda a continuación el ámbito subjetivo y objetivo (apartado 4), la regulación de la búsqueda diligente (apartados 5 y 6), y el fin de la condición de obra huérfana (apartado 7), tratándose el reconocimiento mutuo de la condición de obra huérfana en la disposición adicional 6ª LPI.

2. ÁMBITO DE APLICACIÓN

2.1. *Ámbito subjetivo de aplicación: sujetos beneficiarios*

El límite de obras huérfanas no es un límite general que beneficie a cualquier miembro del público o persona física con acceso a una obra. Tampoco se exige tanto como ser el usuario legítimo de la obra, pero sí que se requiere que exista una cierta relación de posesión o incluso generación del soporte o producción en el que se encuentre incorporada la obra o prestación a la que el límite afectará, ya que —como veremos— debe tratarse de obras que figuren en las colecciones de los entes beneficiarios o que hayan sido producidas por ellos[15].

Según el apartado 4 del art. 37 bis, los beneficiarios de este límite son los "*centros educativos, museos, bibliotecas y hemerotecas accesibles al público, así como los organismos públicos de radiodifusión, archivos, fonotecas y filmotecas*". Hay una proximidad evidente con los sujetos beneficiarios del límite de reproducción con fines de investigación o conservación del art. 37.1 LPI, y más aún con los del límite de préstamo público del art. 37.2 LPI, a saber "*museos, archivos, bibliotecas, hemerotecas, fonotecas o filmotecas de titularidad pública o que pertenezcan a entidades de interés general de carácter cultural, científico o educativo sin ánimo de lucro, o a instituciones docentes integradas en el sistema educativo español*".

El art. 37 bis.4 exige que los centros y entes que menciona sean *accesibles al público*, no necesariamente que sean de titularidad pública. Ello es concorde con el artículo anterior, el cual presenta como alternativa que los entes que enumera sean de titularidad pública *o pertenezcan a entidades de interés general* sin ánimo de lucro, o a *instituciones docentes* —no necesariamente públicas— integradas en el sistema educativo español. No parece pues que, ni en uno ni en otro caso, los entes beneficiarios tengan que estar integrados en el sector público. Esta conclusión no la cambia el hecho de que el art. 37 bis.4 LPI exija adicionalmente que, para poder llevar a cabo usos autorizados de obras huérfanas, esos centros y entidades obren sin ánimo de lucro y con el fin de alcanzar objetivos relacionados con su *misión de interés público*. Creemos que esta exigencia bien puede asociarse con la noción de interés general que, por ejemplo, deben perseguir necesariamente las fundaciones, aunque no pertenezcan al sector público.

Por tanto, no es requisito que los entes beneficiarios sean de titularidad pública, pero sí que pertenezcan a entidades que persigan una misión de interés público o general. Este requisito es, por cierto, el único común a todos los sujetos beneficiarios enumerados en el art. 37 bis.4 LPI. A partir de

---

15   Según R. CASAS VALLÉS, "La problemática de las llamadas obras huérfanas...", cit., para. 65: "la Directiva establece un vínculo directo de pertenencia entre los beneficiarios y las obras huérfanas", de tal forma que aquéllos no podrán usar las obras y prestaciones que formen parte de colecciones ajenas, lo que le lleva a apreciar que "en este sentido, las obras huérfanas, por tanto, no lo son de forma general sino institución por institución".

ahí, el precepto exige, en el caso de centros educativos, museos, bibliotecas y hemerotecas, que resulten accesibles al público[16], lo que supone dejar fuera del ámbito subjetivo del límite a los centros educativos, museos, bibliotecas o hemerotecas de uso restringido, que impidan el acceso y/o disfrute de sus servicios a un miembro cualquiera de público. En este sentido, no parece suficiente con que el centro o entidad brinde acceso, por ejemplo, sólo a los trabajadores de una empresa o a los estudiantes matriculados en alguna de sus enseñanzas.

El requisito de libre accesibilidad por parte del público no se exige en el resto de entes u organismos enumerados en el precepto, pero tratándose de organismos de radiodifusión sí se marca el requisito de la titularidad pública. Por consiguiente, los organismos de radiodifusión de titularidad privada no podrán ser beneficiarios del límite de obras huérfanas. Los archivos, fonotecas y filmotecas no aparecen asociados a ninguno de los dos requisitos, ni la accesibilidad por parte del público ni la titularidad pública, por lo que sólo contará la finalidad ulterior asociada al uso, que deberá estar relacionada con su misión de interés público.

La transposición de esta materia parece haberse realizado de modo bastante fiel a lo previsto en la Directiva. Ésta indica que el límite trata de favorecer determinados usos de las obras huérfanas por parte de bibliotecas, centros de enseñanza y museos, accesibles al público, así como de archivos, organismos de conservación del patrimonio cinematográfico o sonoro y organismos públicos de radiodifusión, efectuados con el fin de alcanzar objetivos relacionados con su misión de interés público (art. 1.1). Es decir, se aprecia el mismo contraste entre bibliotecas, museos y centros de enseñanza por un lado, que tendrán que ser accesibles al público[17], organismos de radiodifusión por otro, que tendrán que ser públicos, y archivos y organismos de conservación del patrimonio cinematográfico (filmotecas) o sonoro (fonotecas), a los que no se agrega ningún otro factor delimita-

---

[16]	Puesto que entre los usos permitidos por el límite destaca especialmente la puesta a disposición del público, la accesibilidad al público podría garantizarse en forma de acceso en línea remoto a las obras huérfanas que formen parte de sus colecciones.

[17]	I. ESPÍN ALBA, *Obras huérfanas y derecho de autor*, Aranzadi, 2014, p. 167, observa que en la Directiva el criterio decisivo para ser beneficiario del límite no es la naturaleza pública o privada de la institución, sino el acceso al público, y recuerda cómo también las bibliotecas, museos y centros de enseñanza pertenecientes a instituciones privadas pueden cumplir fines de interés público.

dor más allá del común a todas las categorías: que tendrán que realizar los actos autorizados en persecución de objetivos relacionados con su misión de interés público. El único añadido de la Ley española que no está literalmente en la Directiva es la referencia a las "hemerotecas" dentro del primer subgrupo de beneficiarios, pero cabe entender que se trata de una precisión reconducible al concepto de "bibliotecas".

La Directiva da a entender que son posibles acuerdos de los beneficiarios con socios comerciales, los cuales participen en la labor de digitalización y puesta a disposición del público de obras huérfanas. A este respecto, su art. 6.4 dice que *"la presente Directiva se establece sin perjuicio de la libertad contractual de dichas entidades en el ejercicio de su misión de interés público, en particular si se trata de acuerdos de asociación público-privada"*. Ello debe ponerse en relación con el Considerando (22), que resalta la utilidad de que los entes beneficiarios del límite puedan celebrar, con vistas a los usos autorizados en virtud de la presente Directiva, acuerdos con socios comerciales, los cuales prevean aportaciones financieras de esos socios; con la advertencia de que tales acuerdos no deberán imponer restricción alguna a los beneficiarios en cuanto al uso por su parte de obras huérfanas, ni concederá al socio comercial ningún derecho a utilizar o a controlar el uso de las obras huérfanas.

La Directiva también admite —art. 6.2— que los entes beneficiarios del límite obtengan ingresos por los usos que el límite les autoriza a hacer, aunque sólo en la medida en que sirvan a cubrir los costes derivados de las utilizaciones permitidas (*"las entidades podrán obtener ingresos en el transcurso de dichos usos, a los efectos exclusivos de cubrir los costes derivados de la digitalización de las obras huérfanas y de su puesta a disposición del público"*).

Ninguno de estos dos aspectos tienen reflejo en el texto del art. 37 bis LPI. Antes bien, este precepto viene a subrayar, sin ulteriores matizaciones, que los actos susceptibles de ser realizados al amparo del límite deberán llevarse a cabo sin perseguir un ánimo de lucro. Probablemente, habría sido oportuno señalar que el dato de que el beneficiario obtenga algún ingreso derivado de la utilización de obras huérfanas no desnaturaliza esa ausencia de ánimo de lucro en la medida en que pueda entenderse que se dirige a cubrir los costes de digitalización y puesta a disposición del público de esas mismas obras[18]. Asimismo, no habría estado de más trazar alguna indicación sobre los posibles acuerdos entre los entes beneficiarios y los socios comerciales que les proporcionen financiación, aunque sólo fuera a los efectos de aclarar —como hace la Directiva— que en ningún caso ese soporte financiero se podrá traducir en restricciones al uso de obras huérfanas por parte de los beneficiarios del límite, ni en la atribución a los socios comerciales del derecho a utilizar o a controlar el uso de las obras huérfanas. Sea como fuere, una interpretación conforme con la Directiva debe llevar a pensar que tanto la posibilidad de obtener ingresos no lucrativos como la de trabar acuerdos con socios comerciales, dentro de los márgenes antedichos, son perfectamente admisibles aunque nuestra Ley guarde silencio respecto de ello.

2.2. *Ámbito objetivo de aplicación: obras y prestaciones afectadas*

El límite de obras huérfanas está concebido para permitir determinados usos en relación con unas concretas categorías de objetos protegidos. De nuevo conforme al apartado 4 del art. 37 bis, tales categorías de objetos son las siguientes:

a) Obras cinematográficas o audiovisuales, fonogramas y obras publicadas en forma de libros, periódicos, revistas u otro material impreso, *siempre que todos ellos figuren en las colecciones* de centros educativos, museos, bibliotecas y hemerotecas accesibles al público, así como de archivos, fonotecas y filmotecas.

b) Obras cinematográficas o audiovisuales y fonogramas *producidos por organismos públicos de radiodifusión* hasta el 31 de diciembre de 2002 inclusive, y que figuren en sus archivos.

La letra a) aglutina lo dispuesto en las letras a) y b) del art. 1.2 de la Directiva, mientras que la letra b) se corresponde con la letra c) del art. 1.2 de la Directiva.

---

[18]   En la línea del art. 19.4 LPI, cuando aclara que la noción de préstamo público, que exige la ausencia de beneficio económico o comercial tanto directo como indirecto, no se desnaturaliza por el hecho de que el establecimiento que efectúa el préstamo cobre una cantidad que no exceda de lo necesario para cubrir los gastos de funcionamiento.

Es importante subrayar que en el primer conjunto de casos, los fonogramas y obras en cuestión deben encontrarse en las colecciones de los entes beneficiarios del límite, lo que significa que estos sujetos no pueden llevar a cabo utilizaciones de objetos en calidad de obras huérfanas si han tenido acceso a un ejemplar o una copia digital de los mismos de forma provisional, accidental o fiduciaria. Por ejemplo, no podría emplearse para realizar un uso de una obra en calidad de obra huérfana el ejemplar obtenido a través del sistema de préstamo interbibliotecario. Asimismo, puede suceder que una biblioteca, un museo o un archivo administren fondos que en rigor no pertenecen a su catálogo. Las obras pertenecientes a esos fondos especiales, de titularidad ajena, no podrían servir para una eventual utilización permitida basada en el límite de obras huérfanas.

En cuanto al segundo conjunto de casos, sólo se contemplan obras cinematográficas o audiovisuales y fonogramas, no ya por tanto obras impresas publicadas en forma de libros, revistas y similares. La clave aquí es que, más allá de que figuren en los archivos de los organismos públicos de radiodifusión, tales obras y fonogramas deberán haber sido producidos por éstos, es decir, los organismos públicos de radiodifusión sólo pueden utilizar en calidad de obras huérfanas objetos que procedan de su propia labor de producción, y siempre que además los conserven en sus archivos[19].

Podría pensarse que, en la medida en que estas obras y fonogramas serán titularidad del organismo de radiodifusión, ello impediría de raíz apreciar su carácter de obra huérfana, pues por definición sería posible identificar y localizar al titular. Sin embargo, aunque así fuera, debido a que —como en seguida señalaremos— el carácter de obra huérfana es extensible también a las obras y prestaciones insertadas o incorporadas en los dos grupos de objetos que hemos descrito, la orfandad podría afectar a éstas aunque no cupiera referirla a la obra o fonograma que les sirva de continente. De este modo, por más que el organismo público de radiodifusión pudiera hacer uso de la obra audiovisual o fonograma por él producidos por ser de su titularidad, no dejaría de resultarle útil poder emplear las obras y presta-

---

[19]   Como subraya el Considerando (11) de la Directiva, "*las obras cinematográficas y audiovisuales y los fonogramas contenidos en los archivos de los organismos públicos de radiodifusión que no hayan sido producidos o encargados por dichos organismos pero que esos organismos puedan utilizar en virtud de un acuerdo de licencia no se incluyen en el ámbito de aplicación de la presente Directiva*".

ciones en ellos incorporadas, supuesto que pudiera concluirse que tienen la condición de obra huérfana.

La Directiva contempla todavía otro conjunto de objetos a los que se extiende su ámbito de aplicación. Lo hace en su art. 1.3, y se trata de las obras y fonogramas que nunca hayan sido publicados ni radiodifundidos, pero que hayan sido puestos a disposición del público por las entidades beneficiarias del límite con el consentimiento de los titulares de derechos[20], siempre y cuando sea razonable suponer que los titulares de derechos no se opondrían a los usos que el limite autoriza a llevar a cabo. Esta previsión supone un añadido con respecto al resto de requisitos necesarios para poder efectuar la utilización de una obra huérfana, y por tanto una garantía adicional para los titulares de este tipo de obras y fonogramas, pues además de verificar que se dan las condiciones para poder aplicarles la calificación de obra huérfana, deberá poderse estimar conforme a un juicio de razonabilidad que no se opondrían a dar a tales obras o fonogramas la utilización propia de una obra huérfana. El dato de la no publicación o radiodifusión del objeto justificaría este tratamiento especial. La presunción de no oposición del titular vendría a equivaler a la inferencia que puede extraerse de la decisión en positivo de publicar o radiodifundir la obra o fonograma[21].

Una alternativa a la fórmula empleada, que asigna a la entidad beneficiaria del límite la carga de discernir el estatus de la obra o fonograma, podría haber sido una presunción legal que situara esa carga sobre los titulares que autorizan la puesta a disposición del público de su obra o fonograma

---

[20]   En el caso de los organismos públicos de radiodifusión deberá tratarse en cualquier caso de obras audiovisuales o fonogramas producidos por ellos, pues según el apartado 3 del art. 1, lo en él dispuesto va referido "a las obras y los fonogramas a que se hace referencia en el apartado 2". Claro que, si la titularidad les corresponde, irá de suyo que la puesta a disposición se habrá hecho con consentimiento de los titulares de los derechos. De nuevo se percibe que en el caso de estas obras y fonogramas la clave no está tanto en ellos mismos como en las obras y prestaciones que pueden incorporar.

[21]   Obsérvese que la norma obliga a realizar una suposición o presunción sobre la intención de un sujeto cuya identidad se desconocerá, al menos en todos aquellos casos en que la orfandad derive de la falta de identificación del titular. Deberá apelarse más bien, por tanto, no a la concreta personalidad del titular que autorizó la puesta a disposición, sino a las circunstancias o modo típico en que se hubiera producido esa autorización a favor de la entidad beneficiaria del límite.

en tales circunstancias[22], de tal modo que en la hipótesis que nos ocupa, salvo que conste manifestación expresa en contrario por parte del titular en el momento de prestar su autorización, esas obras y fonogramas podrían ser objeto de las utilizaciones permitidas por el límite en caso de devenir huérfanos.

Nuestro legislador no ha mencionado por cierto este caso en el apartado 4 del art. 37 bis, junto con el resto de objetos a los que puede extenderse la aplicación del límite, sino en el apartado 5, dedicado a la búsqueda diligente[23]. Aunque este cambio de ubicación pueda parecer inocuo, no lo es del todo, como pasamos a explicar seguidamente. Tal y como hemos anticipado, el último párrafo del art. 37 bis.4 LPI, en correspondencia con el art. 1.4 de la Directiva, dice que *"lo dispuesto en este artículo se aplicará también a las obras y prestaciones protegidas que estén insertadas o incorporadas en las obras citadas en el presente apartado o formen parte integral de éstas"*. Es una disposición de suma importancia que tiene la virtud de ampliar el ámbito de aplicación de la norma más allá de las obras cinematográficas o audiovisuales, fonogramas y obras impresas en forma de libros y revistas. Parte integral de éstas pueden ser, por ejemplo, obras musicales, obras fotográficas o interpretaciones artísticas de lo más variado.

Al indicar ese último párrafo del art. 37 bis.4 que la ampliación del ámbito de aplicación a tales obras, insertadas o incorporadas en otras, lo será respecto de las que lo estén "en las obras citadas en el presente apartado", es claro que esta referencia deja fuera a las obras y fonogramas, no publicados ni radiodifundidos, que hayan sido puestos a disposición del público por las entidades beneficiarias del límite con el consentimiento de los titulares de derechos, puesto que su mención se hace en el apartado 5 y no en el 4. En

---

[22] Como advierte R. CASAS VALLÉS, "La problemática de las llamadas obras huérfanas...", cit., para. 66, "la expresión «puesta a disposición del público» debe entenderse aquí en su amplio —y muy correcto— sentido literal. Por tanto, bastará que se haya dado acceso al público, cualquiera que sea la vía utilizada para ello". Para mayor claridad, en la nota a pie núm. 71 nos explica cómo "no se trata pues de la concreta modalidad de explotación conocida como «puesta a disposición interactiva», a la que se refieren los arts. 3.1 y 2 DASI. En las versiones inglesa y francesa del art. 1.3 DOH se habla de obras y fonogramas «made publicly accesible» o «rendus publiquement accesibles»".

[23] En efecto, en el segundo párrafo de este apartado se dice que *"las entidades citadas en el apartado anterior que hubieran puesto a disposición del público, con el consentimiento de sus titulares de derechos, obras huérfanas no publicadas ni radiodifundidas, podrán utilizarlas, cuando sea razonable presumir que sus titulares no se opondrían a los usos previstos en este artículo"*.

la Directiva, por el contrario, los efectos del art. 1.4 se proyectan sobre las obras o los fonogramas referidos en los apartados 2 y 3, lo que incluye tanto las categorías mencionadas por nuestro legislador en el apartado 4 del art. 37 bis, como la de las obras o fonogramas no publicados ni radiodifundidos, puestos a disposición del público con consentimiento de los titulares.

Pero, más allá de esta falta de concordancia entre la Directiva y la LPI, importa aclarar si cuando se traza esa regla de extensión a las obras incorporadas en otras principales susceptibles de ser consideradas huérfanas, la orfandad debe poder predicarse también de las obras incorporadas y no sólo de las que le sirven de continente. Las expresiones "la presente Directiva se aplicará también" o "lo dispuesto en este artículo se aplicará también", serían indicativas de que no se trata simplemente de extender la permisión de uso, sino antes que ella los requisitos necesarios para que tal permitida utilización pueda tener lugar, y en particular la constatación de la condición de obra huérfana, a partir de la realización de una búsqueda diligente[24].

Por consiguiente, la cualidad de obra huérfana de aquélla en la que otras obras queden integradas no propaga a éstas dicha cualidad, de modo que los beneficiarios del límite tendrían que contar con la autorización de los titulares de las obras integrantes en el caso de que éstas, por su parte, no fueran huérfanas[25]. El resultado es similar al de las obras con varios titulares en las que no todos ellos son inidentificables o ilocalizables. Ya hemos señalado que, conforme al apartado 2 del art. 37 bis LPI, si la orfandad afecta sólo a parte de los cotitulares de una obra, ésta se podrá utilizar

---

[24] Así lo corrobora el Considerando (17) de la Directiva, cuando dice que "*solo se debe permitir que los beneficiarios de la presente Directiva utilicen una obra o un fonograma con respecto al cual no se haya identificado ni localizado a uno o más de los titulares de derechos, si han recibido una autorización de los titulares de derechos que hayan sido identificados y localizados, incluidos los titulares de derechos de aquellas obras y otras prestaciones protegidas que estén insertadas o incorporadas en otras obras o en fonogramas, para realizar los actos de reproducción y comunicación al público contemplados*".

[25] Lo explica gráficamente R. CASAS VALLÉS, "La problemática de las llamadas obras huérfanas…", cit., para. 63: "una cosa es que las obras y prestaciones «insertas o incorporadas» puedan verse afectadas por el límite de orfandad y otra que, necesariamente y a todos los efectos, deban seguir sin más la suerte de la obra o prestación principal. Lo que se pretende es que el límite pueda aplicarse a todo el material. En modo alguno, en cambio, que el titular localizable de una obra huérfana incorporada o inserta (por ejemplo una fotografía) deba resignarse a que sea utilizada por no haberse podido localizar al titular de los derechos de la obra en la que se ha insertado (por ejemplo un libro)".

sin perjuicio de los derechos de los titulares identificados y localizados, quienes deberán prestar la correspondiente autorización[26]. Pues bien, tanto da que estemos ante una obra con varios titulares, los unos identificados/localizados y los otros no, que ante una obra o fonograma que incorpora en su seno otras obras o prestaciones, siendo así que la falta de identificación/localización afecta a los titulares de los primeros pero no a los de las segundas: los beneficiarios del límite deberán recabar el permiso de los titulares —de las obras integrantes— que sí hayan sido identificados y localizados. Así las cosas, en lugar de una regla genérica de aplicabilidad del régimen de las obras huérfanas a las obras y prestaciones integradas en otras, habría sido preferible aclarar, lo mismo en la Directiva que en nuestra Ley, que esa aplicabilidad no significa que respecto de tales obras y prestaciones no sea necesario efectuar una búsqueda diligente independiente para poder determinar si son o no huérfanas ni, en caso de no serlo, solicitar autorización a los titulares concernidos.

En otro orden de cosas, el ámbito objetivo de aplicación del límite de obras huérfanas queda circunscrito a aquéllas obras —o fonogramas y demás prestaciones que pueden estar incluidas en unas u otros— que hayan sido publicadas por primera vez o, a falta de publicación, hayan sido radiodifundidas por primera vez en un Estado miembro de la Unión Europea (vid. primer párrafo del apartado 5 del art. 37 bis)[27]. Es pues importante subrayar que ni conforme a nuestra Ley ni conforme a la Directiva, es posible llevar a cabo usos autorizados sobre obras o fonogramas publicados o radiodifundidos, por muy huérfanos que unas y otros sean, si su Estado de origen no es ninguno de los países miembros de la UE[28]. Si la obra o el fonograma no hubieran sido ni publicados ni radiodifundidos, sabemos que

---

[26] También hemos dicho que la Directiva es más clara en cuanto a la necesidad de que concurra esa autorización, y que por tanto el legislador español habría hecho aquí una transposición imperfecta.

[27] La Directiva contiene esta misma regla en el último párrafo del art. 1.2, añadiendo el prerrequisito de que los objetos a los que resulta aplicable este límite son, antes que nada, objetos protegidos por derechos de autor o derechos afines a los derechos de autor.

[28] Según explica el Considerando (12) de la Directiva: "*Por motivos de cortesía internacional, resulta oportuno que la presente Directiva se aplique solo a obras y fonogramas cuya primera publicación se efectúe en el territorio de un Estado miembro o, a falta de publicación, cuya primera radiodifusión se lleve a cabo en el territorio de un Estado miembro o, a falta de publicación o radiodifusión, cuya puesta a disposición del público por los beneficiarios de la presente Directiva se realice con el consentimiento de los titulares de derechos*".

se les puede dar el tratamiento de obra huérfana sobre la base de una presumible voluntad conforme del titular, con tal de que la entidad beneficiaria del límite hubiera sido autorizada a ponerlos a disposición del público. No se exige que en esos casos la obra o fonograma se haya puesto a disposición del público por vez primera en un Estado miembro de la UE[29].

La norma que restringe el espectro posible de obras huérfanas a aquéllas que hayan sido publicadas, o en su defecto radiodifundidas, por primera vez en un Estado miembro de la UE, encierra mayor complejidad de la que pueda aparentar. Un primer factor de complejidad es el temporal: ¿el criterio debe aplicarse a las obras y fonogramas ya publicados o radiodifundidos al momento de entrada en vigor de la norma, a los que se publiquen o radiodifundan con posterioridad a ese momento, o a ambos? A falta de especificación, la lógica indica que la norma se proyecta en ambas direcciones, siendo por tanto indiferente que el momento de publicación o radiodifusión haya sido anterior o posterior a la entrada en vigor. De hecho, la puntualización que tanto la Directiva como la LPI efectúan con relación a las obras cinematográficas o audiovisuales y los fonogramas de los organismos públicos de radiodifusión, circunscribiendo el alcance del límite a los producidos hasta el 31 de diciembre de 2002, es claramente indicativa de que la norma proyecta sus efectos hacia el pasado, hasta el punto de que para esa categoría de objetos la que estaría vedada es su aplicación a obras y fonogramas que se produzcan en el futuro, o que hayan sido producidos en el pasado más reciente[30].

---

[29]   Dice R. CASAS VALLÉS, "La problemática de las llamadas obras huérfanas...", cit., para. 69, que "la cortesía internacional, no obstante, se relaja cuando se trata de obras huérfanas no publicadas ni radiodifundidas pero que cumplen las condiciones del art. 1.3 DOH. En ese caso, la única cortesía que se mantiene es con los propios titulares, que —como sabemos— deben haber consentido que la obra o fonograma se hayan puesto a disposición del público". Por mi parte apunto que tal vez el legislador comunitario ha presupuesto que, en esos casos, el protagonizado por la entidad en cuestión será el primer acto de puesta a disposición del público de la obra, siendo así que por definición se producirá en el Estado miembro de la UE donde se halle establecida la entidad.

[30]   La razón para esta previsión se halla en el Considerando (10) de la Directiva: "*Dada la especial situación de los organismos de radiodifusión como productores de fonogramas y material audiovisual y la necesidad de adoptar medidas que limiten el fenómeno de las obras huérfanas en el futuro, resulta apropiado fijar una fecha límite para la aplicación de la presente Directiva a las obras y los fonogramas contenidos en los archivos de los organismos de radiodifusión*". Para R. CASAS VALLÉS, "La problemática de las llamadas obras huérfanas...", cit., para. 65,

El legislador comunitario también ha sido consciente de estas implicaciones de carácter temporal a propósito de la última categoría de objetos, la de las obras y fonogramas no publicados ni radiodifundidos pero que hayan sido puestos a disposición del público con autorización por una entidad beneficiaria del límite. Respecto de ellos, el art. 1.3 *in fine* de la Directiva señala que *"los Estados miembros podrán restringir la aplicación del presente apartado a las obras y los fonogramas que hayan sido depositados en esas entidades antes de 29 de octubre de 2014"*[31]. Nuestro legislador no ha hecho uso de esta facultad.

Un segundo factor de complejidad sería de índole espacial, aunque combinado a la vez con una dimensión temporal. La norma que venimos comentando toma como referencia el dato de que la obra o fonograma hayan sido publicados o, en su defecto, radiodifundidos por vez primera *en un Estado miembro de la Unión Europea*. ¿Quid si cuando la obra o fonograma se publicó o radiodifundió por vez primera, ese hecho tuvo lugar en el territorio de un país que no integraba la UE pero que ha devenido miembro de la UE con posterioridad? El problema puede reproducirse con respecto a obras y fonogramas que se publiquen o radiodifundan por vez primera en un país que a día de hoy no sea todavía miembro de la UE, pero que pueda llegar a serlo en el futuro[32].

Aunque puede parecer obvio que el legislador está considerando el territorio de los que en cada momento sean Estados miembros de la UE, con independencia de que no tuvieran ese estatus en la época en que se hubiera producido esa primera publicación o radiodifusión de la obra o fonograma en cuestión, es previsible que este factor dé origen a reclamaciones por parte de titulares, y probablemente habría sido oportuno realizar en la Directiva la consiguiente clarificación.

---

no se trata tanto de facilitar la aplicación del límite como de indicar una fecha a partir de la cual ya no se considera aceptable que se produzca la situación de orfandad.

[31] Según R. CASAS VALLÉS, "La problemática de las llamadas obras huérfanas...", cit., para. 67, la explicación de esta previsión radica en la consideración de que "a partir de esta fecha es legítimo, que los Estados cierren la puerta a la aplicación del límite a obras y fonogramas no publicados ni radiodifundidos, como una forma de estimular la adopción de medidas para prevenir la situación de orfandad".

[32] O, a la inversa, con relación a obras y fonogramas publicados o radiodifundidos por primera vez en el territorio de un país de la UE que, con posterioridad, ha dejado eventualmente de serlo.

En tercer lugar, debemos tener en cuenta los efectos de proyectar la exigencia de primera publicación en un país miembro de la UE a las obras y prestaciones integradas en otras. Puesto que a estas obras se les aplica el régimen de la Directiva (léase, en nuestro país, el del art. 37 bis LPI), ello significa que no podrán recibir el tratamiento propio de las obras huérfanas si su primera publicación o radiodifusión no se hubiese producido en el territorio de un Estado miembro. Ocurrirá con frecuencia que un tema musical integrado en la banda sonora de una obra cinematográfica, o una canción grabada en un fonograma, han sido objeto de primera publicación o radiodifusión fuera del territorio UE. Siendo esto así, la utilización íntegra de la obra cinematográfica o del fonograma quedaría bloqueada[33], incluso aunque se hubiera constatado la imposibilidad de identificar o de localizar al titular de los derechos sobre esa pieza musical o canción: el hecho de que su país de origen no pertenezca a la UE coloca a estos objetos fuera del ámbito objetivo de aplicación de la Directiva.

Para llegar a otra conclusión habría que interpretar que la incorporación en la obra cinematográfica o fonograma hace seguir a las obras incorporadas el régimen que se aplique al producto de destino, de tal modo que los titulares de las obras que formen parte de una obra cinematográfica o fonograma publicados o radiodifundidos por primera vez en un país de la UE, deben asumir que, si tanto aquéllas como éstos llegan a devenir huérfanos, el dato de que su país de origen no pertenezca a la UE no impedirá su utilización como obra huérfana en tanto parte de la obra o fonograma que les sirve de continente[34].

---

[33] Cabría pensar en una utilización parcial del fonograma, de tal modo que se pusieran a disposición del público tan sólo las pistas del mismo que contuvieran canciones publicadas o radiodifundidas por primera vez en un Estado miembro de la UE. Más difícil parece realizar esto con las obras cinematográficas, que no resultan susceptibles de esa misma clase de despiece.

[34] Lo que no sería dable, naturalmente, es que por causa de esa incorporación, la obra insertada pueda ser considerada a todos los efectos como publicada o radiodifundida originariamente en la UE, y ser utilizada como obra huérfana, en su caso, de forma separada respecto de la obra cinematográfica o fonograma en que hubiera sido incorporada.

3. USOS AUTORIZADOS

El examen de los usos autorizados —lo que podríamos llamar el ámbito material de aplicación del límite—, nos conduce, en primer lugar, al análisis de las actividades que podrán realizar los sujetos beneficiarios en relación con los objetos que caen dentro del ámbito de aplicación, y por añadidura de los derechos de explotación que se verán afectados por esas actividades. En segundo lugar, dicho examen implica conocer el marco en el que se deben desenvolver esas actividades o la finalidad que los sujetos beneficiarios pueden perseguir al realizarlas, para que las utilizaciones que el límite contempla puedan considerarse legítimas.

Por lo que se refiere a las actividades y derechos implicados, vemos que el límite de obras huérfanas es un límite mixto que permite tanto una explotación incorporal, como sería la puesta a disposición del público, como una explotación corporal, consistente en la reproducción. Fuera de estos dos, los titulares de obras huérfanas no pueden verse afectados en ningún otro derecho exclusivo. En ambos casos, eso sí, la utilización de la obra o fonograma puede ser íntegra, no debiendo limitarse al uso de fragmentos, partes o elementos aislados.

Como es obvio, los entes beneficiarios no tienen por qué dar a las obras huérfanas que integren su colección un uso íntegro, que comprenda tanto la reproducción como la puesta disposición del público. Hay casos, como los archivos, en los que es posible que tan sólo se necesite llevar a cabo una reproducción con vistas a la digitalización, indexación o conservación. Debe notarse, por cierto, la existencia de una zona de intersección entre este límite y el del art. 37.1 LPI, con base en el cual un archivo, por ejemplo, también puede efectuar la reproducción de obras —sean o no huérfanas— para fines de conservación.

El límite del art. 37 bis LPI, por tanto, no ampara la comunicación pública en todas sus modalidades, como sucede —entre otros— con el de ilustración de la enseñanza (aunque éste sólo repercute sobre pequeños fragmentos o, a lo sumo, sobre partes de las obras), sino únicamente la modalidad interactiva consistente en poner la obra a disposición del público. Claro que, debido a ello, conoce mayor amplitud que otros límites, como el de consulta de obras mediante terminales especializados en bibliotecas y establecimientos análogos (art. 37.3 LPI), que aunque permite tanto la comunicación como la puesta a disposición, beneficia sólo a personas concre-

Rafael Sánchez Aristi

tas del público, que han de acceder a la obra mediante red cerrada interna y terminales instalados en el propio establecimiento.

En cuanto al derecho de reproducción, se contempla en una dimensión amplia, aunque al mismo tiempo siempre causalizada a cierta función, a diferencia de la puesta a disposición del público. Así, la reproducción deberá serlo a efectos de digitalización, indexación, catalogación, conservación o restauración, actividades todas ellas que tienen una dimensión más interna que externa, puesto que no se traducen, o no de forma inmediata, en prestaciones que el ente beneficiario realice de cara al público. También se menciona la reproducción *a efectos de puesta a disposición del público*, ésta sí con una evidente proyección pública. Su alusión subraya la idea —asumida por la doctrina y la jurisprudencia pero no explicitada en la Ley— de que todo acto de puesta a disposición necesita ir precedido de un acto previo de reproducción tipo carga o almacenamiento.

El límite de obras huérfanas no permite la distribución de ejemplares en ninguna de sus modalidades. La parte *corporal* de los usos que ampara se agota en el nivel de la reproducción, siendo así que la única reproducción que contempla ligada a otra forma de explotación es, como acabamos de ver, la reproducción dirigida a propiciar la puesta a disposición del público. Las obras huérfanas podrán ser o no objeto de préstamo público por bibliotecas, museos y demás entes similares en función de lo dispuesto en el artículo anterior (art. 37.2 LPI).

Por descontado, el art. 37 bis LPI no permite ninguna utilización de tipo transformativo. Esto impide, entre otras cosas, que los entes beneficiarios elaboren recopilaciones o colecciones de obras huérfanas, o que establezcan hipervínculos que interconecten unas con otras dentro del gran repositorio informático en el que se alojen. Tampoco estaría permitida la elaboración de resúmenes, extractos, traducciones o actualizaciones.

Por encima de todo ello, dado que las obras huérfanas son obras protegidas, y en tanto el límite no modula en absoluto los derechos morales que puedan estar en juego, las utilizaciones deberán hacerse con un escrupuloso respeto a esas facultades morales, y en particular a las de paternidad e integridad. Lo subraya el apartado 3 del art. 37 bis, aunque sólo en lo que concierne al derecho moral de paternidad (*"toda utilización de una obra huérfana requerirá la mención de los nombres de los autores y titulares de derechos de propiedad intelectual identificados, sin perjuicio de lo dispuesto en el artículo 14.2º*"), en concordancia con el art. 6.3 de la Directiva ("*Los Estados miembros velarán porque, cuando utilicen una obra huérfana, las entidades a que se refiere el artículo 1, apartado 1, indiquen el nombre de los autores y otros titulares de derechos identificado*")[35].

Junto a las concretas actividades y derechos sobre los que aquéllas repercuten, han de tenerse en cuenta los requisitos de carácter general que deberán reunir todas ellas, a tenor del art. 37 bis.4 LPI: (i) la ausencia de ánimo de lucro; y (ii) el fin de alcanzar objetivos relacionados con su misión de interés público, requisito que a renglón seguido el propio precepto especifica indicando "*en particular, la conservación y restauración de las obras que figuren en su colección y la facilitación del acceso a la misma con fines culturales y educativos*".

Por lo que hace al aspecto de alcanzar objetivos relacionados con su misión de interés público, y a la concreción subsiguiente de los mismos, poco hay que decir, pues se corresponde linealmente con lo preceptuado en el art. 6.2 de la Directiva. Sin embargo, el requisito de la ausencia de ánimo de lucro, como ya hemos señalado al tratar el ámbito subjetivo de aplicación, supone presentar en negativo el dato, que la Directiva formula en positivo, de que las entidades beneficiarias podrán obtener ingresos en el transcurso de los usos autorizados a los solos efectos de cubrir los costes derivados de la digitalización de las obras huérfanas y de su puesta a disposición del público. Aunque se le quiera dar la vuelta a esta permisión, enfatizando que por consiguiente lo que no podrán obtener estas entidades son ingresos vinculados a un ánimo de lucro, habría sido conveniente puntualizar que la ausencia de ánimo de lucro no está reñida con la posibilidad de percibir ingresos, siempre que estén enderezados a sufragar los costes relacionados con la realización de los usos autorizados por el límite[36].

---

35   La salvedad relativa al apartado 2º del art. 14 LPI se explica, a su vez, por lo señalado en el art. 2.5 de la Directiva ("*la presente Directiva se entenderá sin perjuicio de las disposiciones nacionales en materia de obras anónimas o seudónimas*"). Sobre el concepto de obra anónima o seudónima y su contraste con la noción de obra huérfana, véase el epígrafe siguiente.

36   El Considerando (21) de la Directiva parece ir incluso un poco más lejos, cuando dice que "*a fin de incentivar la digitalización, se debe autorizar a los beneficiarios de la presente Directiva a obtener ingresos en relación con el uso por su parte de obras huérfanas en virtud de la presente Directiva, con el fin de lograr objetivos relacionados con su misión de interés público, también en el contexto de acuerdos de asociación público-privado*".

De igual modo, tampoco refleja la Ley española, y asimismo lo hemos destacado *supra*, la posibilidad de que las entidades beneficiarias alcance acuerdos con firmas privadas, en el ejercicio de su misión de interés público. Esos "acuerdos de asociación público-privada", como los llama el art. 6.4 de la Directiva no están aludidos en modo alguno en el art. 37 bis LPI, pero parece un tema de la suficiente trascendencia como para que se le hubiese dedicado alguna atención. Es más, cabe pronosticar que puede ser uno de los aspectos que en la práctica alcance mayor relevancia. No en vano, el Considerando (22) de la Directiva entiende necesario advertir que la ayuda financiera prestada por los socios comerciales no podrá servir ni para atribuirles derecho a utilizar o a controlar el uso de las obras huérfanas, ni para restringir el uso de las obras huérfanas por parte de los beneficiarios del límite, señalando así los dos peligros principales que pueden provenir de esa vinculación de los beneficiarios del límite con socios comerciales[37].

4. DEFINICIÓN DE OBRA HUÉRFANA

Una obra huérfana —concepto que, como sabemos, en la Directiva se vincula tanto a obras *stricto sensu* como a fonogramas, además de a otras obras o prestaciones que estén insertados en ellos—, es aquélla cuyo titular o titulares no está(n) identificado(s), o a pesar de que lo esté(n), no ha(n) sido localizado(s), tras haber efectuado una búsqueda diligente de él o ellos en los términos legalmente exigidos. Las definiciones contenidas tanto en el art. 5.1 de la Directiva como en el primer apartado del art. 37 bis vienen a ser sustancialmente coincidentes, aunque la Directiva pone el acento en la necesidad de que todos los titulares de una obra deben no haber sido identificados o, en caso de que alguno lo estuviera, deben no haber sido

---

[37]	A juicio de P. RIERA BARSALLO, "La solución europea a las obras huérfanas: la Directiva 2012/28/UE", *Diario La Ley*, 17 de julio de 2013 (LA LEY 4401/2013), p. 11, "la configuración de esta vía de posible financiación para los proyectos de digitalización de obras huérfanas por parte de bibliotecas y centros similares es cuanto menos desalentadora para la iniciativa privada, ya que no les dejan margen de maniobra para una posible explotación comercial de las obras digitalizadas". Para esta autora, "la Directiva no ha recogido ninguna solución para aquellos casos en los que se desee realizar un uso de las obras huérfanas diferente a los objetivos de la misión de interés público propio de bibliotecas y similares", lo que significa continuar dejando "desamparada a la iniciativa privada que muestra interés por explotar obra huérfanas".

localizados[38]. Asimismo, la Directiva subraya que la búsqueda diligente de los titulares debe haber quedado debidamente registrada.

La obra huérfana presenta por tanto una dificultad de identificación o de localización de su titular o titulares[39]. Quizás no sea una imposibilidad absoluta, pero sí un obstáculo lo bastante serio como para no poderlo superar a pesar de efectuar una búsqueda diligente, realizada conforme a parámetros legalmente establecidos. Nótese que la imposibilidad de identificación o localización debe afectar al titular de los derechos, quien no tiene por qué coincidir con el autor. Es posible que el autor esté identificado y localizado pero no haya forma de averiguar la identidad o localización del actual titular de los derechos. Y a la inversa, el hecho de que el autor no esté identificado ni pueda ser localizado no necesariamente determinará que la obra es huérfana, si acaso es posible identificar y localizar a quien ostente la titularidad de los derechos. Entendemos que esa *titularidad* remite a un sujeto con poder bastante para dar autorizaciones de uso a terceros, alguien que —según el esquema que describe el Considerando (6) de la Directiva— esté en disposición de otorgar un consentimiento previo para la digitalización y puesta a disposición del público de una obra o de cualquier otra prestación protegida[40].

El concepto de obra huérfana no requiere ser aplicado de forma unitaria a la totalidad de una obra o fonograma, pues la Directiva [ídem el art. 37 bis LPI] parte de la premisa de que algunos titulares pueden haber sido

---

[38] Ello se completa con lo dispuesto en el art. 2.2 de la Directiva, el cual —como ya hemos dicho— señala que cuando algunos de los titulares de derechos sobre la obra sí hayan sido identificados y localizados, éstos deberán dar su consentimiento para que la obra pueda ser objeto de las utilizaciones a las que se refiere el límite. Nuestro precepto interno (art. 37 bis.2) se limita a decir que en ese caso la obra se podrá utilizar "*sin perjuicio de los derechos de los titulares que hayan sido identificados y localizados y, en su caso, de la necesidad de la correspondiente autorización*", lo que introduce una dosis de ambigüedad que en la Directiva no existe.

[39] Se trata de una exigencia cumulativa: el titular ha de estar identificado y también localizado. Si sólo se le identifica pero no es posible determinar su localización, la obra puede ser considerada huérfana. Si el titular no es ni siquiera identificado, es obvio que esta sola constatación servirá para poder otorgar a la obra esa consideración.

[40] En nuestro ordenamiento eso nos llevaría al autor, sus derechohabientes *mortis causa* o un cesionario exclusivo, en la medida en que a éste se le reconoce la facultad de otorgar autorizaciones no exclusivas a terceros (art. 48.I LPI), cosa que no sucede con el cesionario no exclusivo (art. 50.1 LPI).

identificados y localizados y otros no, en cuyo caso, contando con consentimiento de los que sí lo hayan sido, la obra podrá ser objeto de las utilizaciones que el límite permite[41].

Conviene deslindar la noción de obra huérfana de otros conceptos que pueden resultar más o menos cercanos a ella, a fin de evitar cualquier equivocidad. En este sentido, son tres las categorías con las que tal vez podría producirse alguna confusión: las obras de dominio público, las obras descatalogadas y las obras anónimas.

Por lo que se refiere a las obras de dominio público, debe pensarse que por definición, si el legislador ha introducido un límite para el uso condicionado de las obras huérfanas, es porque éstas se hallan todavía protegidas. De otro modo, la posibilidad de utilización sería plena y no sujeta a límites ni exigencias. La Directiva lo recalca en el segundo párrafo del art. 2, al definir las obras huérfanas como aquéllas *"que estén protegidas por derechos de autor o derechos afines a los derechos de autor"*, no así nuestro art. 37 bis LPI, que lo da por descontado.

Naturalmente, son aquí aplicables los parámetros de duración de la protección propios de cada Estado miembro, ya que a pesar de la armonización del plazo de protección pueden subsistir algunas especialidades. Por ejemplo, en España los derechos de autor sobre las obras de autores fallecidos antes de la entrada en vigor de la Ley 22/1987 duran hasta ochenta años *post mortem auctoris* (disposición transitoria 4ª LPI), plazo del que pueden beneficiarse las obras de autores de otros países comunitarios que se encuentren en la misma situación (vid. Sentencias del TJUE de 20 de octubre de 1993 [caso Phil Collins] y 6 de junio de 2002 [caso Ricordi]). Esto provocará que obras que en principio podrían ya emplearse con total libertad en esos países por haber expirado el plazo de protección a los setenta años de la muerte del autor, en España deberían acogerse, en su caso, a las utilizaciones propias del límite de obras huérfanas durante diez años más.

---

[41]   Para R. CASAS VALLÉS, "La problemática de las llamadas obras huérfanas...", cit., para. 10, sería mejor —como se hace en Canadá— hablar de "titulares ilocalizables" que de "obras huérfanas", pues aquéllos "pueden ser muchos y, además, variados en la medida en que los derechos son independiente". Según CASAS, "la expresión «titulares ilocalizables» pone de manifiesto una complejidad que la unitaria referencia a «la obra huérfana» tiende a oscurecer".

En cuanto a las obras descatalogadas, también denominadas obras "fuera de comercio" o "fuera del circuito comercial", la diferencia con las obras huérfanas no viene dada por ser obras cuya protección haya decaído, sino porque siendo obras —como las huérfanas— todavía protegidas, sus titulares sí están identificados y localizados. Las obras fuera de comercio no presentan por tanto un problema de identificación o localización del titular, sino de falta de explotación efectiva por parte de un titular cuya identidad y paradero son conocidos[42]. Las razones para esa falta de explotación efectiva pueden ser variadas, desde una falta de recursos para reimpulsar la explotación, a motivos estratégicos de puesta en el mercado de otros objetos con los que no se desea que la obra descatalogada compita[43].

La aproximación por parte de las instituciones comunitarias al fenómeno de las obras fuera de comercio ha sido diferente al de las obras huérfanas. En lugar de diseñar un límite o un sistema de licencia obligatoria ligada a un derecho remuneratorio, se ha optado por propiciar un Memorando de Entendimiento entre todas las partes implicadas (bibliotecas, autores, editores y entidades de gestión)[44], a fin de facilitar la negociación y adquisición de licencias por parte de bibliotecas e instituciones culturales similares para digitalizar y ofrecer en línea los libros y revistas especializadas de sus colecciones que estén fuera de comercio[45].

---

[42] En nuestro ordenamiento no tenemos una definición genérica de "obra descatalogada", pero sí de "libro descatalogado", aunque más a los efectos del negocio de librería que de las relaciones autores-editores, ni mucho menos de los intereses de las bibliotecas y otros grandes usuarios de libros. Dicha definición se encuentra en el art. 10.1.h) de la Ley 10/2007, de 22 de junio, de la Lectura, del Libro y de las Bibliotecas, conforme al cual, *"se entiende que un libro ha sido descatalogado por el editor cuando no aparezca en su último catálogo o lo comunique por escrito a sus canales de distribución y venta y a la Agencia Española del ISBN o las Agencias autonómicas de ISBN correspondientes. La oferta y exposición de estos libros deberá realizarse separada y suficientemente indicada de la de los libros sujetos a precio fijo"*.

[43] Para un contraste entre la problemática de las obras descatalogadas, por contraste con la de las obras huérfanas, vid. R. XALABARDER, "Las obras «huérfanas» y las obras descatalogadas", *Noticias de la Unión Europea*, núm. 10, 2012 [disponible en Portal de Revistas: http://revistas.laley.es], *passim* y pp. 26 y ss.; I. ESPÍN ALBA, *Obras huérfanas y derecho de autor*, Aranzadi, 2014, pp. 159-162.

[44] El Memorando de Entendimiento se firmó en Bruselas el 20 de septiembre de 2011 y está disponible a partir de http://ec.europa.eu/internal_market/copyright/out-of-commerce/index_en.htm.

[45] El Considerando (4) de la Directiva de Obras Huérfanas alude a dicho Memorando y en general a la problemática de las obras fuera de comercio, precisamente para marcar

Finalmente, está el caso de las obras anónimas y seudónimas. Se trata de una categoría en la que la identidad del autor no es cognoscible, si bien esa circunstancia se explica por una pretensión deliberada de ocultación por parte del autor. Podría acaso pensarse que ésa podría ser la causa que explicase la dificultad de identificación del titular en al menos una parte de las obras huérfanas. Sin embargo, el que una obra sea anónima o seudónima no impide naturalmente que tenga titular, y que, si no este titular, sí pueda ser identificado y localizado al menos quien ejercite legítimamente los derechos sobre la obra. Recuérdese cómo el art. 6.2 LPI indica que *"cuando la obra se divulgue en forma anónima o bajo seudónimo o signo, el ejercicio de los derechos de propiedad intelectual corresponderá a la persona natural o jurídica que la saque a la luz con el consentimiento del autor, mientras éste no revele su identidad"*. Por lo tanto, mientras esa persona que haya sacado a la luz la obra con consentimiento [presunto] del autor pueda ser identificada y localizada, no será posible atribuir a la obra anónima o seudónima la condición de obra huérfana. En caso contrario, la obra podría acumular la doble condición de ser anónima (o seudónima) y además huérfana[46].

El art. 37 bis.3 LPI parece estar pensando precisamente en esa hipótesis, cuando dice que *"toda utilización de una obra huérfana requerirá la mención de los nombres de los autores y titulares de derechos de propiedad intelectual*

---

las diferencias con el fenómeno de las obras huérfanas. Dice ese Considerando que *"la presente Directiva se entiende sin perjuicio de las soluciones específicas que se desarrollen en los Estados miembros para hacer frente a cuestiones más amplias relacionadas con la digitalización a gran escala, como en el caso de las llamadas obras «fuera del circuito comercial». Esas soluciones tienen en cuenta las especificidades de los distintos tipos de contenido y los diferentes usuarios y toman como punto de partida el consenso de los pertinentes interesados. Este planteamiento se ha seguido asimismo en el Memorando de entendimiento sobre los principios clave en materia de digitalización y oferta de obras fuera del circuito comercial, firmado el 20 de septiembre de 2011 por representantes de bibliotecas, autores, editores y entidades de gestión colectiva europeos, y atestiguado por la Comisión. La presente Directiva se entiende sin perjuicio de dicho Memorando de entendimiento, que invita a los Estados miembros y a la Comisión a garantizar que los acuerdos voluntarios suscritos entre los usuarios, los titulares de derechos y las entidades de gestión colectiva de derechos con el fin de autorizar el uso de obras fuera del circuito comercial sobre la base de los principios recogidos en el Memorando de entendimiento se beneficien de la necesaria seguridad jurídica en un contexto nacional y transfronterizo"*.

46   Creemos que es así como debe entenderse lo dispuesto en el art. 2.5 de la Directiva, de acuerdo con el cual *"la presente Directiva se entenderá sin perjuicio de las disposiciones nacionales en materia de obras anónimas o seudónimas"*.

identificados, sin perjuicio de lo dispuesto en el artículo 14.2º"[47]. Esta salvedad relativa al art. 14.2º LPI, que como sabemos reconoce al autor el derecho moral a decidir si la divulgación de su obra *"ha de hacerse con su nombre, bajo seudónimo o signo, o anónimamente"*, parece descontar que no obstante tratarse de un caso de divulgación anónima, o bajo seudónimo o signo, la obra ha podido ser calificada como huérfana tras una búsqueda diligente, lo que será indicativo de que, más allá del carácter anónimo o seudónimo de la obra, tampoco ha sido posible identificar ni localizar a los titulares o a personas legitimadas para ejercitar los derechos sobre la obra con consentimiento del autor.

5. BÚSQUEDA DILIGENTE

Los beneficiarios del límite de obras huérfanas sólo podrán llevar a cabo las utilizaciones que dicho límite permite a condición de que, con carácter previo, hayan llevado a cabo una búsqueda diligente dirigida a averiguar la identidad y localización de los titulares de la obra. Dicha búsqueda, que deberá realizarse de buena fe, implicará la consulta de las fuentes adecuadas en función de la categoría de obras o prestaciones de que se trate. Así lo dispone el art. 3.1 de la Directiva, y lo reitera el art. 37 bis.5 LPI en sus párrafos primero y tercero.

La búsqueda diligente es la carga o contrapartida que se impone a las entidades beneficiarias a cambio de permitirles efectuar ciertos usos sobre las obras huérfanas. Es, mejor dicho, la carga mínima que tendrán que soportar y siempre con carácter previo a la utilización. Eventualmente, en caso de que pese a la búsqueda diligente efectuada, apareciera el titular de la obra y reclamara el fin de la condición de obra huérfana, las entidades be-

---

[47] Nuestro precepto interno requiere la mención de los nombres "de los autores y titulares de derechos de propiedad intelectual identificados". Esta dicción parece evocar la necesidad de mencionar el nombre de los cesionarios del autor [lo que en algunos casos —v. gr. cesionarios *mortis causa*— podría tener muy poco sentido], pero no tanto el nombre de titulares de derechos afines o conexos. La dicción de la Directiva en este caso parece más elocuente, pues habla de indicar "el nombre de los autores y otros titulares de derechos identificados" (art. 6.3). Una opción probablemente más acorde con esta finalidad, a la par que coherente con la terminología de la LPI, habría sido: "toda utilización de una obra huérfana requerirá la mención de los nombres de los autores *y de los titulares de otros derechos* de propiedad intelectual identificados".

neficiarias tendrían que hacer frente a una compensación equitativa por el uso que hubieran realizado. Es decir, la compensación equitativa se deberá abonar, no obstante haber realizado la búsqueda con arreglo a los cánones de diligencia legalmente fijados.

La búsqueda diligente es por tanto la garantía de que, aun en caso de que el titular aparezca y ponga fin a la condición de obra huérfana, los beneficiarios sólo tendrán que hacer frente al pago de la compensación equitativa. En el supuesto de no haber hecho una búsqueda diligente, no sería ya la compensación equitativa la que tendrían que atender, sino una acción de responsabilidad como consecuencia de haber protagonizado un uso no autorizado ni cobijado en un límite legal[48]. En efecto, según el Considerando (19) de la Directiva, *"si una obra o un fonograma han sido considerados erróneamente obras huérfanas, a raíz de una búsqueda no diligente, se pueden utilizar las vías de recurso existentes en las legislaciones de los Estados miembros contra las infracciones de los derechos de autor, de conformidad con las disposiciones nacionales pertinentes y con el Derecho de la Unión"*.

La búsqueda diligente que puede conducir, si es infructuosa, a la consideración de una obra como huérfana, viene definida conforme a dos vectores: las fuentes de consulta pertinentes y el territorio del país al que las pesquisas deberán extenderse. Así como en la Directiva ambos niveles aparecen convenientemente separados, no ocurre lo mismo con nuestro precepto interno.

Con relación a lo primero, la Directiva indica que las fuentes adecuadas de consulta para cada categoría de obras o prestaciones deberán ser determinadas por cada Estado miembro en consulta con los titulares de derechos y los usuarios, si bien, como mínimo, deberá ser incluidas las fuentes enumeradas en el Anexo de la Directiva (art. 3.2). El art. 37 bis.5.III LPI, como ya hemos advertido, señala que la búsqueda diligente se realizará *"mediante la consulta de, al menos, las fuentes de información que reglamentariamente se determinen"*. A pesar de haber dispuesto del periodo de carencia que va desde la publicación de la Ley 21/2014 hasta su entrada en vigor general, lo cierto es que en el momento de iniciarse la vigencia del art. 37 bis LPI no se había aprobado —tampoco en las semanas posteriores— el reglamento en el que se determinen las fuentes de consulta, a las que ten-

---

[48] Ídem, I. ESPÍN ALBA, *Obras huérfanas y derecho de autor*, Aranzadi, 2014, p. 179.

drán que acudir los beneficiarios del límite para llevar a cabo la búsqueda diligente a la que se hallan obligadas. A falta de ese desarrollo, las entidades en cuestión harán bien en atenerse de momento al mínimo descrito en el Anexo de la Directiva.

En segundo lugar, el factor de las fuentes de consulta debe combinarse con el del territorio del país en el que la búsqueda debe proyectarse. Aunque las fuentes de consulta estarán determinadas en el ordenamiento del Estado miembro donde tengan su sede los beneficiarios del límite, las pesquisas pueden tener que desarrollarse desde el punto de vista espacial en el territorio de otro Estado. Así, la búsqueda se efectuará en el territorio del Estado miembro de primera publicación o, a falta de publicación, de primera radiodifusión, con una excepción: tratándose de obras cinematográficas o audiovisuales cuyo productor tenga su sede o residencia habitual en un Estado miembro, la búsqueda diligente deberá llevarse a cabo en el Estado miembro de su sede o residencia habitual (art. 3.3.I de la Directiva y art. 37 bis.5.I LPI).

Como regla complementaria, el segundo párrafo del art. 3.3 de la Directiva indica que en el caso obras y fonogramas no publicados ni radiodifundidos pero puestos a disposición del público por entidades beneficiarias de forma autorizada, la búsqueda deberá efectuarse en el Estado miembro en el que se halle establecida la entidad que haya puesto la obra o el fonograma a disposición del público con el consentimiento del titular. Dicha regla ha quedado plasmada en el art. 37 bis.5.II *in fine* LPI.

Finalmente, el art. 3.4 de la Directiva señala que "*si existen pruebas que sugieran que en otros países existe información pertinente sobre los titulares de derechos, deberá efectuarse asimismo una consulta de las fuentes de información disponibles en esos países*". No se está hablando sólo de otros Estados miembros, sino también, llegado el caso, de países terceros, puesto que la información disponible sobre la identidad y localización del titular podría encontrarse en fuentes de consulta disponibles en ellos. Es en este punto donde, a nuestro modo de ver, el legislador español ha incurrido en una cierta mezcla de los dos niveles (fuentes de consulta y países de búsqueda).

El último párrafo del art. 37 bis.5, tras establecer que "*la búsqueda diligente se realizará de buena fe, mediante la consulta de, al menos, las fuentes de información que reglamentariamente se determinen*", añade: "*sin perjuicio de la obligación de consultar fuentes adicionales disponibles en otros países donde haya indicios de la existencia de información pertinente sobre los titulares de derechos".* No parece coherente conjugar ambos aspectos en el mismo párrafo, puesto que el primero se refiere con carácter general a las fuentes de consulta, mientras que el segundo representa una extensión desde el punto de vista de los países en cuyo ámbito deberá desenvolverse la búsqueda. Las fuentes disponibles en esos terceros países no son en rigor "fuentes adicionales" que se agreguen al catálogo que el legislador deberá concretar por vía reglamentaria, sino fuentes de los mismos tipos sólo que procedentes de esos otros países.

Los procesos de búsqueda diligente deberán quedar registrados, estando obligadas las entidades beneficiarias a remitir cierta información al órgano competente (art. 3.5 de la Directiva)[49]. En nuestro ordenamiento, ese órgano competente es el mismo al que los titulares de derechos podrán dirigirse para poner fin a la condición de obra huérfana (vid. remisión del apartado 6 del art. 37 bis al apartado siguiente), con la peculiaridad de que nuevamente el legislador no ha establecido cuál será ese órgano competente sino que ha dejado su determinación al ulterior desarrollo reglamentario.

La información que las entidades deberán remitir al órgano que reglamentariamente se determine aparece recogida en el art. 37 bis.6 LPI, a saber:

a) los resultados de las búsquedas diligentes que hayan efectuado y que hayan llevado a la conclusión de que una obra o un fonograma debe considerarse obra huérfana;

b) el uso que las entidades hacen de las obras huérfanas de conformidad con la presente ley;

c) cualquier cambio, de conformidad con el apartado siguiente, en la condición de obra huérfana de las obras y los fonogramas que utilicen;

d) la información de contacto pertinente de la entidad en cuestión.

---

[49]   Dice el Considerando (15) de la Directiva que *"las búsquedas diligentes pueden generar varios tipos de información, como un expediente de búsqueda y el resultado de la búsqueda. El expediente de búsqueda se debe mantener en un archivo a fin de que las entidades pertinentes puedan demostrar que la búsqueda fue diligente".*

Esta enumeración se corresponde con la plasmada en el art. 3.5 de la Directiva. Frente a ello, no ha considerado oportuno nuestro legislador reflejar el mandato contenido en el art. 3.6 de la Directiva, en virtud del cual los Estados miembros adoptarán las medidas necesarias para asegurar que la información que deben proporcionar las beneficiarias al órgano estatal competente, quede a su vez registrada en una base de datos en línea única y accesible al público, creada y gestionada por la Oficina de Armonización del Mercado Interior (OAMI)[50]. A tal efecto, el órgano competente remitirá dicha información a la OAMI sin demora, una vez la reciba de las entidades beneficiarias. Es de suponer que en el reglamento de desarrollo de los apartados 6 y 7 del art. 37 bis LPI, se dispondrá la necesidad de que el órgano competente remita a su vez a la OAMI la información recibida.

La centralización de la información en una base de datos europea tiene por objetivo evitar la duplicación de esfuerzos[51]. Hay que tener en cuenta que, conforme al art. 4 de la Directiva, toda obra o fonograma que hayan sido considerados huérfanos en un Estado miembro, recibirán el mismo reconocimiento en todos los Estados miembros, por lo que las entidades beneficiarias en un Estado miembro podrán dar a esa obra las utilizaciones permitidas por el límite sin necesidad de llevar a cabo por su parte una nueva búsqueda diligente.

Se supone que la culminación del proceso de búsqueda se produce con la remisión al órgano competente del resultado de la búsqueda conforme al art. 37 bis.6.a) LPI. Sería en ese momento cuando la entidad beneficiaria podría pasar a utilizar la obra en su calidad de huérfana. La mención, en la letra b) de ese mismo apartado, del "uso que las entidades hacen de las obras huérfanas", como una de las informaciones que se han de remitir al órgano competente, podría llevar a pensar que las entidades pueden haber comenzado a usar la obra huérfana antes —o a la vez— de remitir al órga-

---

[50]   Esa base de datos en línea a nivel europeo gestionada por la OAMI se puso en marcha el 28 de octubre de 2014. Puede accederse a ella desde https://oami.europa.eu/ohimportal/es/web/observatory/orphan-works-database.

[51]   Vid. el Considerando (16) de la Directiva, que explica cómo mediante la creación de esa única base de datos en línea para toda la Unión, *se puede permitir tanto a las entidades que estén llevando a cabo búsquedas diligentes como a los titulares de derechos fácil acceso a dicha información. Además, la base de datos podría desempeñar un importante papel en la prevención y erradicación de las posibles infracciones a los derechos de autor, en particular en el caso de cambios en la condición de obras huérfanas de las obras y los fonogramas*".

no competente los resultados de la búsqueda que le han llevado a concluir que se trata de una obra huérfana. Sin embargo, parece más bien que la enumeración de ese precepto alude, con perspectiva cronológica, a cuantas informaciones las entidades tendrán que ir facilitando al órgano competente a medida que los hechos a que se refieren se vayan produciendo[52].

Sea como fuere, tal vez habría sido conveniente establecer a partir de qué momento debe considerarse que una obra tiene la condición de huérfana, y quién —si alguno— es el sujeto con atribuciones para asignar a una obra dicha condición. Si se observa tanto la Ley como la Directiva, la condición de obra huérfana no deriva de una declaración formal u oficial al respecto. Se trata simplemente de la conclusión a la que llegan los propios beneficiarios del límite a raíz de un proceso de búsqueda diligente, cuyos resultados deberán ser comunicados al órgano competente. Pero éste no hace nada más que servir de correa de transmisión para reenviar a la OAMI la información que le han hecho llegar las entidades beneficiarias. Por su parte la OAMI tampoco efectúa ninguna declaración o atribución de obras huérfana a los objetos de que se trate, limitándose a insertar en su base de datos en línea las informaciones que le remitan los respectivos órganos competentes.

El sistema, en suma, pone toda la responsabilidad —por ejemplo derivada de un erróneo proceso de búsqueda diligente— sobre los hombros de las entidades beneficiarias. No hay posibilidad de que los órganos competentes ni la OAMI incurran por su parte en responsabilidad, puesto que ni supervisan la actuación de los beneficiarios ni proclaman formalmente la condición de obra huérfana, limitándose a ser vehículos de transmisión o de publicación de la información. Sin duda, un sistema basado en una proclamación oficial de la condición de obra huérfana habría aportado más seguridad[53], pero habría sido a cambio de involucrar —y responsabilizar—

---

[52]   Con la única excepción de la información recogida en la letra d). Esa visión evolutiva se aprecia de manera especial en la letra c), que alude a cualquier cambio que se pueda producir en la condición de obra huérfana de las obras y fonogramas que utilicen.

[53]   En el modelo canadiense, según relata R. CASAS VALLÉS, "La problemática de las llamadas obras huérfanas...", cit., para. 23, es un organismo público (el *Copyright Board*) el encargado de verificar la situación de orfandad y conceder licencias *ad hoc* para su utilización dentro de las coordenadas de tiempo y espacio que dicho organismo determine. El solicitante deberá acreditar haber llevado a cabo un esfuerzo de búsqueda razonable. El *Copyright Board* puede otorgar la licencia si entiende satisfecho ese requisito.

a los órganos competentes y/o a la OAMI, lo que con toda probabilidad se ha querido deliberadamente evitar[54].

El resultado es que ni la Directiva ni la Ley indican con exactitud cuál es el momento que se debe tomar como referencia para considerar que una obra ha pasado a recibir la condición de huérfana: si el de la conclusión del proceso de búsqueda diligente, una vez haya quedado plasmado en los registros de la entidad beneficiaria; si el del envío de los resultados al órgano competente; si el de la remisión por éste de esa información a la OAMI; o si el de publicación en línea por la OAMI de dicha información.

La determinación de ese momento es relevante, entre otras cosas porque cualquier utilización de la obra efectuada antes de que ésta tenga la condición de obra huérfana comportaría una infracción de los derechos de los titulares, no susceptible de ser paliada con la compensación equitativa diseñada para mitigar los efectos derivados de los usos que las entidades beneficiarias hayan hecho de una obra huérfana. La Directiva y la Ley dejan claro que la búsqueda diligente —toda ella, hasta su conclusión— debe preceder a cualquier uso de la obra supuestamente huérfana, lo que significa que la condición de obra huérfana no es una mera declaración de un estado preexistente. De otro modo, se darían por buenas las utilizaciones realizadas antes de haber corroborado que la obra es huérfana, con tal de que después se llegue a constatar esa condición[55].

---

54   No obstante, al menos en el esquema de la LPI —como veremos en el epígrafe siguiente con más detenimiento—, el órgano competente [pendiente de determinación reglamentaria] sí parece tener atribuciones para poner fin a la condición de obra huérfana, como se deduce de que el art. 37 bis.7 diga que los titulares podrán solicitar a dicho órgano "el fin de su condición de obras huérfana en lo que se refiere a sus derechos". No parece muy sistemático que quien no goza de atribuciones para determinar la condición de obra huérfana sí las tenga, en cambio, para determinar el fin de esa condición.

55   Por lo tanto, las entidades beneficiarias que hubieran comenzado a utilizar la obra en su calidad de huérfana antes de haber concluido el proceso de búsqueda diligente, estarían infringiendo los derechos de los titulares, por más que después se concluya que la obra era efectivamente huérfana. En caso de que el titular aparezca y ponga fin a la condición de obra huérfana podrá reclamar por esas utilizaciones previas mediante una acción de responsabilidad; a no confundir con la compensación equitativa que también podrá exigir por los usos realizados a partir del momento en que se concluyó, tras el proceso de búsqueda diligente, que la obra en efecto era huérfana.

Rafael Sánchez Aristi

6. FIN DE LA CONDICIÓN DE OBRA HUÉRFANA Y COMPENSACIÓN EQUITATIVA A FAVOR DE LOS TITULARES

El límite de obras huérfanas propicia una suerte de utilización *ad cautelam* de obras protegidas, donde los beneficiarios asumen que cabe la eventualidad de que el titular aparezca y tengan que abonarle a posteriori una compensación equitativa por los usos que hayan realizado de su obra. Para los titulares afectados, la principal garantía es que en cualquier momento van a poder poner fin a la condición de obra huérfana e impedir que su obra se siga utilizando con base en el límite, además de tener derecho a verse compensados por los usos que hasta entonces se hubiesen realizado (vid. arts. 5 y 6.5 de la Directiva, y apartado 7 del art. 37 bis LPI)[56].

Ésa es la razón que en definitiva determina la necesidad de que los beneficiarios tengan que realizar un previo proceso de búsqueda diligente, que deberá quedar debidamente registrado, y hayan de facilitar información al órgano competente sobre los resultados de sus búsquedas que les hayan llevado a la conclusión de que una obra es huérfana, así como de los usos que en su caso realicen de obras que hayan sido consideradas huérfanas.

Como puede comprenderse, tan importante como la determinación exacta del momento en que la obra ha pasado a ser huérfana, es la del momento en que ha dejado de tener esa condición, entre otras cosas porque igual que los usos realizados con anterioridad a la consideración de la obra como huérfana no podrán entenderse amparados en el límite, cualquier uso que se haga con posterioridad al momento en que quepa establecer que la obra ha perdido la condición de huérfana, será igualmente un uso infractor y ya no autorizado por la ley. Por lo tanto, para las entidades beneficiarias es una cuestión de suma importancia, pues se arriesgan a tener que hacer frente, no ya al pago de una compensación equitativa sino a una indemnización de daños y perjuicios.

Sin embargo, apreciamos una importante indefinición al respecto en la Directiva, que se limita a decir que "*los Estados miembros velarán por que*

---

[56] Observa R. CASAS VALLÉS, "La problemática de las llamadas obras huérfanas...", cit., para. 101, que "debe entenderse que el titular aparecido ostenta, en efecto, la facultad de prohibir el uso. Cuando la obra huérfana pierde su condición de tal, el límite deja de estar operativo y el titular podrá ejercer en toda su plenitud los derechos que ostenta. Nótese que se compensa el uso que los beneficiarios «hayan hecho» en el pasado".

los titulares de derechos sobre una obra o un fonograma que se consideren obras huérfanas tengan, en todo momento, la posibilidad de poner fin a dicha condición de obra huérfana en lo que se refiere a sus derechos" (art. 5). Si acudimos al Considerando (18), vemos que en él se añade que "*los titulares de derechos deben tener la facultad de poner fin a la condición de obra huérfana en el caso de que reclamen sus derechos sobre la obra u otra prestación protegida*". Por el contexto en el que se inserta esta consideración[57], todo parece apuntar a que en el esquema de la Directiva los destinatarios de la reclamación por parte de los titulares que deseen poner fin a la condición de obra huérfana, son las entidades beneficiarias que hubiesen llegado a la conclusión de que la obra era huérfana. Ello no está exento de lógica, si se piensa que en realidad son esas mismas entidades las que habrán llegado autónomamente a la conclusión de que la obra era huérfana a partir del proceso de búsqueda diligente que hayan emprendido[58].

El dato de que las entidades beneficiarias deban comunicar al órgano competente, entre otras informaciones, cualquier cambio en la condición de obra huérfana de las obras y fonogramas que vengan utilizando en esta calidad, también es elocuente, pues de él cabe inferir que dicho cambio opera con anterioridad al momento de remitirse la información y que por consiguiente son las entidades beneficiarias las que pueden operarlo. Pero lo cierto es que no se establece de manera expresa si la mera comunicación por el titular será suficiente para poner fin a la condición de obra huérfana,

---

[57]   Nótese que el Considerando inmediatamente anterior señala que la Directiva no debe afectar a los derechos de los titulares que estén identificados y localizados, y explica cómo los beneficiarios sólo podrán hacer uso de obras o fonogramas en los que se haya identificado y localizado a algún titular si han recibido una autorización de los titulares de derechos que hayan sido identificados y localizados. La aparición sobrevenida del titular reclamando sus derechos equivaldría a un caso de identificación y localización del titular, y en teoría colocaría a los entes beneficiarios en la tesitura de obtener de él una autorización. Por consiguiente, todo indica que esa reclamación de sus derechos por el titular que aparece ex post facto va dirigida a aquéllos que necesitarían contar con su autorización, a partir de ese momento, para seguir usando su obra.

[58]   Esa entidad beneficiaria puede estar establecida en otro Estado miembro, lo que comportará una carga adicional para los titulares de derechos. Quizás habría sido oportuno conferir expresamente al titular la facultad de dirigirse a cualquier entidad beneficiaria que esté utilizando su obra para exigirle que ponga fin a la condición de obra huérfana. Ello, combinado con un mecanismo de reconocimiento mutuo del fin de la condición de obra huérfana parejo al del art. 4 de la Directiva, garantizaría que el titular pudiera actuar desde el Estado miembro en el que le fuese más conveniente.

si la entidad beneficiaria deberá realizar alguna comprobación adicional, si el momento determinante será cuando la información se facilite al órgano competente, o qué función cumple en esta materia el reflejo de dicha información a través de la base de datos de la OAMI.

En cuanto a nuestra Ley, más que indefinición, debemos señalar la contradicción que provoca el hecho de que el apartado 7 del art. 37 bis establezca que los titulares podrán solicitar a dicho órgano "el fin de su condición de obras huérfana en lo que se refiere a sus derechos". Es decir, el legislador español sí ha determinado de forma expresa a quién deben dirigirse los titulares afectados que deseen poner fin a la condición de obra huérfana de su obra o fonograma. Lo que sucede es que, desviándose de la que parece ser la guía trazada por la Directiva, ha optado por atribuir esa función al órgano competente que se determinará por vía reglamentaria. Esta opción no sólo se encuentra en discordancia con la norma comunitaria de referencia, sino con el propio sistema que, en todo lo demás, el art. 37 bis LPI suscribe, ya que en ningún momento dicho precepto atribuye a ese órgano competente la capacidad para asignar a una obra la condición de obra huérfana.

Hay pues una falla sistemática en la atribución a un órgano de la potestad para deshacer el estatus jurídico afectante a una obra, siendo así que dicho órgano no tiene la potestad para hacer, en primer lugar, que dicha obra goce de tal estatus jurídico. Y prueba de ese fallo es que lo dispuesto en el apartado 7 del art. 37 bis entra en directa contradicción con lo prevenido en la letra c) del apartado anterior. En efecto, si los titulares que tengan intención de poner fin a la condición de obra huérfana que les afecte deberán solicitarlo al órgano competente, ¿a qué exigir entonces que las entidades beneficiarias del límite deban remitir a ese mismo órgano información sobre cualquier cambio en la condición de obra huérfana de las obras y fonogramas que utilicen? Si es el órgano competente el que recibe las solicitudes pertinentes, sería en todo caso él quien tendría que remitir a las entidades beneficiarias la información respecto de la reclamación efectuada por el titular, y el consiguiente cambio que ello provoca en la condición de obra huérfana del objeto de que se trate.

Por lo que se refiere a la compensación equitativa que se anuda a este límite de forma eventual y sobrevenida, para el caso de que el titular aparezca reclamando sus derechos, dice de ella el art. 37 bis.7 que procederá "por la utilización llevada a cabo conforme a lo dispuesto en este artículo". Pese a lo sucinto de esta descripción, contiene en verdad los dos elementos primordiales de esta figura, a saber:

(i) que la compensación está ligada a los usos efectivos que se hayan realizado de la obra en su condición de obra huérfana, y no a la mera asignación de esa condición, si ella no se ha traducido en una utilización efectiva; y

(ii) que la compensación sólo cubrirá los usos que se hayan llevado a cabo de conformidad con los requisitos legalmente exigidos a las entidades beneficiarias del límite, por lo que no podrá purgar las utilizaciones que se hayan producido antes de que la obra hubiera recibido la consideración de obra huérfana, ni después de haberla perdido, así como tampoco los usos hechos al amparo de una supuesta condición de obra huérfana que a la postre se revele inexistente por no haberse llevado a cabo la búsqueda diligente de manera correcta.

Por consiguiente, el titular, aun disolviendo el problema de identificación y localización que condujo a atribuir a la obra o fonograma la condición de obra huérfana, y pudiendo por tanto poner fin a esa condición, podría no tener nada que percibir en calidad de compensación equitativa si acaso la obra o fonograma en cuestión no hubieran sido utilizados por ninguna entidad beneficiaria, ni siquiera la que llevó a cabo la búsqueda diligente. No obstante, esa hipótesis no será probablemente muy frecuente, pues cabe suponer que la entidad que realizó el esfuerzo de búsqueda diligente estará interesada en darle a la obra, una vez verificada su orfandad, un cierto grado de utilización en el marco del límite. Por consiguiente, el caso más normal será aquél en el que el titular, tras poner fin a la condición de obra huérfana, tenga derecho a percibir una compensación equitativa por los usos que se hayan realizado de su obra.

Nuestro legislador omite proporcionar ningún elemento que sirva para caracterizar esa compensación equitativa, como podría ser la determinación de los sujetos que estarán obligados a satisfacerla y en qué medida, el modo de fijar su cuantía, o el carácter individual o colectivo de su gestión. La Directiva, por su parte, concede a los Estados miembros autonomía para determinar libremente las circunstancias con arreglo a las cuales se puede disponer el pago de esa compensación, incluida la fecha de vencimiento del pago[59], a lo que añade que "*la cuantía de la compensación será determinada, dentro de los límites impuestos por el Derecho de la Unión, por la legislación del Estado miembro en el que esté establecida la entidad que utilice la obra huérfana en cuestión*" (art. 6.5).

Esta disposición sería indicativa de que la cuantía de la compensación no podrá ser objeto de fijación unilateral por los titulares de derechos ni por las entidades de gestión colectiva que los representen, sino que será objeto de determinación directa por el legislador. También permite establecer una correlación entre Estado de establecimiento de la entidad utilizadora y legislación que fije la cuantía de la compensación, que probablemente signifique que los deudores de la compensación son los beneficiarios del límite que en cada Estado miembro hayan hecho uso efectivo de la obra.

A propósito de la fijación de la cuantía de la compensación, el Considerando (18) de la Directiva advierte de que "*deben tenerse debidamente en cuenta, entre otras cosas, los objetivos de los Estados miembros en materia de promoción cultural, la naturaleza no comercial de la utilización realizada por las entidades en cuestión con el fin de alcanzar objetivos relacionados con su misión de interés público, como el fomento del estudio y la difusión de la cultura, así como el posible daño a los titulares de derechos*". La Directiva no capta en cambio otros aspectos relacionados con la determinación de la cuantía de la compensación, como por ejemplo el dato de que los usos protagonizados por los entes beneficiarios pueden ser de distinta intensidad, dependiendo de si la obra ha sido únicamente reproducida con fines de digitalización, indexación, catalogación, conservación o restauración, o ha sido puesta a disposición del público y previamente reproducida para este fin. Asimismo, hay cuestiones que la Directiva aborda a otros efectos pero que pueden tener repercusión en esta materia. Así, cuando el Considerando (23) señala que las entidades beneficiarias del límite deben poder poner las obras huérfanas a disposición del público en otros Estados miembros, dibuja un panorama que puede tener trascendencia a los efectos de fijar la cuantía de la compensación equitativa.

---

[59]   R. CASAS VALLÉS, "La problemática de las llamadas obras huérfanas...", cit., para. 100, llama la atención sobre lo indeseable de esta última previsión, ya que propicia que los Estados miembros fijen un plazo de prescripción diferente para la acción dirigida a reclamar la compensación.

Por tanto, quien sí deberá tener en cuenta todos esos factores es el legislador de cada Estado miembro cuando proceda a fijar la cuantía de la compensación. En nuestro caso, no es ya sólo que nuestro legislador no haya introducido en la Ley ningún parámetro relacionado con la fijación de la compensación, sino que tampoco parece consciente de que le corresponda esa función, si tenemos en cuenta que tampoco ha remitido en este punto al ulterior desarrollo reglamentario. Sin embargo, creemos que el reglamento en el que se desarrolle el art. 37 bis LPI no tendrá más remedio que acometer esta cuestión. Y no se trata sólo de fijar la cuantía de la compensación, sino también de aclarar cuestiones como la obligatoriedad o no de que la gestión del derecho se efectúe de manera colectiva. Se trata de una materia en la que los Estados miembros disponen de margen, ya que la Directiva ha dejado a salvo las disposiciones relativas a la gestión de los derechos a nivel nacional (art. 1.5).

Continuando con los escenarios posibles una vez que el titular de una obra huérfana aparezca para solicitar el fin a esa condición, el tercero de ellos sería que, además del derecho a percibir una compensación equitativa, el titular pueda reclamar el derecho a una indemnización de daños y perjuicios por los usos de su obra realizados fuera del límite, tanto por haber tenido lugar antes de haber concluido la búsqueda diligente que permitiera determinar la orfandad, como después de haberse puesto fin a esa condición.

Por último, podría ocurrir que a causa de haberse llevado a cabo una búsqueda no ajustada a los parámetros legales de diligencia, la propia condición de obra huérfana se hubiera apreciado incorrectamente, de forma que todas las utilizaciones realizadas lo hubieran sido sobre un presupuesto equivocado. La reclamación del titular no implicaría aquí poner fin a la condición de obra huérfana, sino más bien poner en claro que nunca debió ser considerada como tal. Es un matiz importante, porque no habiendo sido nunca huérfana, tampoco podrá el titular reclamar el pago de la compensación equitativa anudada al límite. Sí podrá reclamar daños y perjuicios por las infracciones que se habrían cometido por aquellas entidades que, creyendo actuar al amparo del límite, en realidad habían estado explotando una obra no huérfana sin permiso de los titulares[60].

---

[60] Como dice el Considerando (19) de la Directiva, "*Si una obra o un fonograma han sido considerados erróneamente obras huérfanas, a raíz de una búsqueda no diligente, se pueden utilizar*

7. RECONOCIMIENTO MUTUO DE LA CONDICIÓN DE OBRA HUÉRFANA, APLICACIÓN TEMPORAL Y TRANSPOSICIÓN

La Directiva está construida sobre un principio de reciprocidad conforme al cual cuando una obra o fonograma, tras el correspondiente proceso de búsqueda diligente, haya sido considerada —total o parcialmente— obra huérfana en un Estado miembro, recibirá esa misma consideración en los demás Estados miembros, de tal modo que su uso podrá efectuarse con arreglo al límite en todos ellos sin que sea necesario llevar a cabo un nuevo proceso de búsqueda diligente en cada uno (art. 4)[61]. Obviamente, se trata de evitar una innecesaria duplicación de esfuerzos, en la medida en que el proceso de búsqueda diligente está estandarizado en la Directiva, la cual proporciona incluso un catálogo mínimo de fuentes de obligada consulta a través de su Anexo. Nuestro legislador ha trasladado esa regla a la nueva disposición adicional 6ª de la LPI (*"Obras consideradas huérfanas conforme a la legislación de otro Estado miembro de la Unión Europea"*).

La regla de mutuo reconocimiento de la condición de obra huérfana está llamada a favorecer a las entidades beneficiarias del límite, las cuales se ahorrarán el esfuerzo de tener que acometer una búsqueda diligente de los titulares de una obra que ya conste calificada como huérfana, a consecuencia de un proceso de búsqueda diligente llevado a cabo por una entidad homóloga de cualquier otro Estado miembro.

No encontramos en cambio una regla análoga que trate de favorecer a los titulares de los derechos, mediante la propagación recíproca de los efectos de la finalización de la condición de obra huérfana, instada por el titular ante cualquier entidad beneficiaria que esté haciendo uso de su obra [o ante el órgano competente de cualquiera de los Estados miembros]. Parecería lógico que si una entidad se puede beneficiar de la constatación de orfandad

---

las vías de recurso existentes en las legislaciones de los Estados miembros contra las infracciones de los derechos de autor, de conformidad con las disposiciones nacionales pertinentes y con el Derecho de la Unión".

[61]   Dice R. CASAS VALLÉS, "La problemática de las llamadas obras huérfanas...", cit., para. 87, que "parafraseando la terminología y solución acuñadas para el agotamiento del derecho de distribución, puede decirse que el límite de orfandad es regional (en y para la Unión Europea). No nacional ni mundial. La obra huérfana en un país miembro, es huérfana en todos".

alcanzada por una entidad homóloga sita en otro Estado miembro, suceda otro tanto con aquello que le puede perjudicar, como sería la constatación de que el titular ha puesto fin a la condición de obra huérfana reclamando sus derechos a una cualquiera de esas entidades. La Directiva no termina de aclarar si el titular debe dirigirse de modo necesario a aquella entidad que haya llevado a cabo la búsqueda diligente, dando pie con ello a la consideración de su obra o fonograma como obra huérfana, o si puede hacer valer sus derechos ante cualquier entidad beneficiaria que lleve a cabo algún uso de su obra, con independencia del Estado miembro en que se encuentre[62].

Por lo que se refiere a la aplicación temporal del límite de obras huérfanas, dice la disposición transitoria 21ª.2 LPI, que *"el artículo 37 bis se aplicará con respecto a todas las obras y fonogramas que estén protegidos por la legislación de los Estados miembros de la Unión Europea en materia de derechos de autor a 29 de octubre de 2014 o en fecha posterior, sin perjuicio de los actos celebrados y de los derechos adquiridos antes de dicha fecha"*. Nuestro legislador aglutina así las disposiciones contenidas en los apartados 1 y 2 del art. 8 de la Directiva. El 29 de octubre de 2014 es la fecha máxima de transposición fijada en el art. 9.1 de la Directiva. La norma no hace sino subrayar que no pueden ser obras huérfanas más que aquéllas que todavía se encuentren protegidas, pues no tiene sentido disciplinar una serie de usos determinados a favor de concretos beneficiarios, con relación a obras que son de libre utilización por hallarse en el dominio público.

Para finalizar, en conexión precisamente con el deber de transposición al que se refiere ese art. 9.1 de la Directiva, debemos advertir que nuestro legislador no ha efectuado una incorporación completa a nuestro ordenamiento interno de la Directiva 2012/28/UE. El art. 37 bis LPI, complementado por la disposición adicional 6ª LPI y la disposición transitoria 21.2ª LPI, no contiene todos los elementos que, conforme a la Directiva, han de ser determinados por los Estados miembros para la implementación del límite de obras huérfanas.

Ello es además admitido, de manera explícita, por el propio art. 37 bis, el cual se remite hasta en dos ocasiones al desarrollo reglamentario posterior

---

[62] Decir que los titulares tendrán la posibilidad de poner fin a la condición de obras huérfana "en todo momento" (art. 5), seguramente no equivale a decir "en todo lugar" o "en todo Estado miembro".

para concretar aspectos que, si bien puede aceptarse que tal vez no era procedente que se plasmaran en la propia disposición legal, deberían en todo caso haber sido llevados a un reglamento cuya entrada en vigor coincidiera con la vigencia de la norma legal de referencia.

El primero de esos casos es el de la determinación de las fuentes de consulta obligada para llevar a cabo una búsqueda diligente, apta para determinar en su caso el carácter de obra huérfana de una obra o fonograma. El otro es el del órgano competente al que las entidades beneficiarias del límite deberán remitir todas esas informaciones que están obligadas a proporcionarle en el marco de la documentación de su proceso de búsqueda, órgano competente que deberá reenviar a la OAMI las informaciones que le hayan sido remitidas por las entidades beneficiarias y que, además, será el mismo al que los titulares de derechos podrán dirigirse para reclamar el fin de la condición de obra huérfana. En tercer lugar, sin que haya remisión explícita a un desarrollo reglamentario ulterior, es evidente que habrá que dar cumplimiento a la disposición de la Directiva que ordena a los legisladores de los Estados miembros fijar la cuantía de la compensación equitativa a la que tendrán derecho los titulares de las obras huérfanas por la utilización de éstas una vez hayan puesto fin a su condición de tales.

En suma, puede decirse sin temor a exagerar que, tal y como ha quedado plasmado en el art. 37 bis LPI y disposiciones legales concordantes, y a falta del oportuno desarrollo reglamentario, el límite de obras huérfanas no resulta operativo en España, al estar pendientes de determinación aspectos clave para su aplicación, tales como las fuentes de obligada consulta para la búsqueda diligente, el órgano competente al que habrá que remitir las informaciones sobre los procesos de búsqueda y el cual deberá reenviar esas informaciones a la OAMI, el [mismo] órgano competente al que los titulares podrán dirigirse para poner fin a la condición de obra huérfana, y la cuantía de la compensación equitativa a la que tendrán derecho los titulares de las obras a cuya condición de obras huérfana se haya puesto fin.

VII. Las entidades de gestión[*]

ANTONIO PERDICES HUETOS

1. INTRODUCCIÓN

1.1. *Filosofía de la reforma: control externo ante la desconfianza en la gestión*

Fracasados en su inicio los intentos de una reforma de mayor calado del régimen de las entidades de gestión —rectius, de la gestión colectiva de derechos—[1], el resultado de la presente reforma se puede ordenar en torno a dos ejes. De un lado encontramos una selección de temas puntuales relacionados con la gestión, desde las tarifas a la contabilidad, que un legislador con vocación de autor de reglamentos desarrolla hasta la náusea. De otro lado, y en garantía del cumplimiento de lo anterior, hallamos una intervención pública reforzada, de hecho básicamente estatal, ante la desconfianza hacia la capacidad de gestión y control de las propias entidades, previéndose un régimen sancionador que puede llegar incluso a la intervención.

Las entidades de gestión pasan así a ser un sector regulado más de la economía, y eso sin una justificación clara en el interés público más allá de la alusión en la Exposición de Motivos de la ley (E. de M. IV, I) a un fin de "*defensa de los intereses generales en su conjunto respecto a la protección de la*

---

[*] "*Todas sus señorías son conscientes del hecho de que en los últimos años ha habido varios episodios que han puesto de manifiesto dos tipos de fenómenos que era preciso atajar legislativamente. De un lado, un cierto desorden y por tanto una cierta ineficiencia, además, en la gestión de estos derechos colectivos y, de otro lado, una falta de control en algunas de las entidades que los gestionaban*". Intervención del Sr. Ministro de Educación, Cultura y Deporte, Diario de Sesiones del Congreso de los Diputados, nº 194, de 10 de abril de 2014, p. 27.

[1] Nos referimos al Borrador de Anteproyecto de Reforma de la Ley de Propiedad Intelectual y de la Ley de Enjuiciamiento Civil que, después de las severas críticas vertidas al mismo a lo largo de 2013, quedó en el texto actual remitido finalmente al Congreso en 2014. Ese texto preveía nueva redacción o modificaciones en prácticamente toda la regulación de las entidades de gestión e incluso nuevas categorías como los "operadores en el mercado de gestión colectiva voluntaria", recibiendo severos informes del Consejo General del Poder Judicial de 25 de julio de 2013, de la Comisión Nacional de la Competencia (IPN 102/2013), del Consejo de Estado (Expediente 1064/2013) de 28 de noviembre, de CEOE (11 de marzo de 2014) y del Consejo de Consumidores y Usuarios, materiales disponibles en sus respectivas páginas web al redactar este trabajo.

propiedad intelectual"[2]. Desde luego no somos ajenos a que sectores claves como el financiero, los seguros —con el que los paralelismos regulatorios son patentes— o en general los operadores de los mercados de capitales están sometidos a un control exógeno de la administración. No obstante, y así lo prueba el dudoso éxito que ha demostrado esa supervisión en fechas recientes, la base de todo control eficaz de una organización debe ser endógena, es decir, interna. Así, aunque es cierto que la nueva regulación establece nuevos deberes y límites para los gestores de esas entidades, el problema es que aquellos se imponen desde fuera y desde arriba, no desde dentro y desde abajo en correspondencia a un aquilatamiento de los derechos políticos de los socios o de los deberes fiduciarios hacia estos de los administradores. A nuestro juicio, en efecto, el mejor control de toda entidad debe provenir de unos miembros conscientes de que aquella les pertenece y está manejando un dinero que no sólo es suyo, sino que en muchos casos es su principal o única fuente de ingresos ahora y en el futuro como base o complemento de su pensión. Eso debería provocar un activismo natural y espontáneo en quien no sólo es socio sino además mandante de la entidad de gestión, activismo al que la ley debería dar cauce favoreciendo los mecanismos internos de control de la gestión de estas entidades antes de llegar a la última ratio de la intervención pública (*vid.* Expositivo 23 Dir. 2014/26). Es cierto que muchas de estas entidades espontáneamente asumen en sus estatutos reglas estrictas de control de sus gestores, pero precisamente por ser un sector tan sensible, el legislador no puede abdicar de regular este extremo[3]. No se puede permitir que la regulación legal del régimen y los deberes de los administradores de una tienda de fruta constituida como sociedad limitada sea más completa, exhaustiva y rigurosa (*cfr.* arts. 209 a 252 de la Ley de Sociedades de Capital [LSC]) que la de una entidad de gestión que, aun careciendo de lucro, asume el manejo de cientos de millones de euros (*cfr.* art. 11.4 de la Ley Orgánica de 22 de marzo de 2002, reguladora del

---

[2]   No es necesario recordar el nulo valor normativo de las exposiciones de motivos; *vid.*, entre muchas, la primera STC 36/1981, de 12 de noviembre, FJ 7º: "*el preámbulo no tiene valor normativo aunque es un elemento a tener en cuenta en la interpretación de las Leyes*".

[3]   *Vid.*, Informe AEVAL —Agencia de Evaluación de las Políticas Públicas y la Calidad de los Servicios— 2008, p. 23, donde se puede comprobar la diversidad de reparto de competencias orgánicas de gestión y decisión en las entonces ocho entidades de gestión, concluyendo ese informe con la "*insuficiencia de regulación de sus procesos gestores*"; esa insuficiencia no se subsana con la presente ley.

Derecho de Asociación [LOA], única norma dedicada al órgano de administración de esas entidades)[4].

El buen gobierno interno se intenta así lograr con medios externos. La
propia Exposición de Motivos (E. de M. IV, III) es clara en cuanto a la
finalidad de fiscalización pública que se pretende: primero, se trata de reco-
ger de forma detallada y —poco— sistemática el catálogo de obligaciones
de las entidades de gestión —sobre todo— para con las Administraciones
Públicas y —en mucha menor medida— respecto a sus asociados. En segundo lugar, se establece un cuadro de infracciones y sanciones que permitan exigir a las entidades de gestión responsabilidades administrativas por
el incumplimiento de sus obligaciones legales, y, en tercer lugar, se delimita
a este respecto los ámbitos de responsabilidad ejecutiva del Estado y de las
Comunidades Autónomas. Por eso es lógico que en el debate de la totalidad de la ley el responsable del Ministerio de cultura indicase tres tipos de
agentes para la supervisión y control de las entidades: el propio Ministerio,
la Comisión de la Propiedad Intelectual y la Comisión nacional de mercados y competencia; los socios no parecen caber en el modelo legal. El buen
gobierno corporativo de estas entidades no es ahora el objetivo —o lo es
muy marginalmente— de la preocupación del legislador.

Asunto diverso del anterior es la preocupación lógica y socialmente sentida por neutralizar *ex ante* la posibilidad de abuso del monopolio natural
de estas entidades y de reducir el coste de contratar con ellas. Pero eso, que
también se regula en la ley con un régimen tarifario por uso efectivo de los
repertorios reglado y sometido a supervisión pública [art. 157.1 b)] y con
la centralización de la contratación y pago [art. 157.1 e)], no afecta ni se
refiere a la eficaz gestión de estas entidades. Esas justificadas exigencias de
la correcta actuación en el mercado son, en fin, propias de toda actividad
económica y de todo operador del mercado, se refiera a la energía, la distribución de automóviles o la cultura, incluso con operadores eficientísimos y
de moralidad acrisolada.

---

[4]   *Vid.*, entre nosotros, PAZ-ARES, C. "El buen gobierno de las organizaciones no lucra-
      tivas (reflexiones preliminares)" en *La filantropía: Tendencias y perspectivas. Homenaje a
      Rodrigo Uría Meruéndano.* Madrid 2008, pp. 147-158 y PERDICES HUETOS, A. B.
      "Hacia unas reglas de gobierno corporativo del sector no lucrativo" *Revista Jurídica de la
      Universidad Autónoma de Madrid*, 17 (2008) pp. 141-176.

Antonio Perdices Huetos

1.2. La presente ley no incorpora la Directiva 2014/26 relativa a la gestión colectiva de derechos de autor y derechos afines

En cualquier caso, los objetivos parecen, o han acabado, siendo modestos y de emergencia, aunque no tan urgentes como para acudir a la figura hoy tan recurrente del decreto-ley. En efecto, sólo la urgencia explica que, de un lado, y estando aprobada una Directiva de entidades de gestión de derechos desde marzo de 2014 (2014/26)[5], una ley de propiedad intelectual no la trasponga y su exposición de motivos (E. de M., II) sólo la justifique en la necesidad de incorporar a nuestro derecho dos directivas de 2011 y 2012[6]. La propia norma comunitaria o cuando menos sus trabajos preparatorios hubieran justificado algo más de atención[7]. Pero es que luego, de otro lado, y en referencia específica a la reforma del régimen de las entidades de gestión —e ignorando una vez más la ya vigente directiva 2014/26—, la E. de M., II sitúa genéticamente su necesidad, en la *moción consecuencia de interpelación urgente, aprobada por el Congreso de los Diputados el 19 de julio de 2011(¡!) en relación a una de las ocho entidades de gestión españolas*[8]; eso, sí,

---

[5] Directiva 2014/26/UE del Parlamento Europeo y del Consejo de 26 de febrero de 2014 relativa a la gestión colectiva de los derechos de autor y derechos afines y a la concesión de licencias multiterritoriales de derechos sobre obras musicales para su utilización en línea en el mercado interior. Precedente de esta norma es la Recomendación 2005/737/CE de la Comisión de 18 de mayo de 2005 relativa a la gestión colectiva transfronteriza de derechos de autor y derechos afines en el ámbito de los servicios legales de música en línea.

[6] Directiva 2011/77/UE del Parlamento Europeo y del Consejo, de 27 de septiembre de 2011, por la que se modifica la Directiva 2006/116/CE relativa al plazo de protección del derecho de autor y de determinados derechos afines, y Directiva 2012/28/UE del Parlamento Europeo y del Consejo, de 25 de octubre de 2012, sobre ciertos usos autorizados de las obras huérfanas.

[7] Expresamente se preguntó al Gobierno el 20 de noviembre de 2013 si el proyecto incorporaba los trabajos de la Directiva en esta materia [BOGC, 16.12.2013, p. 1674], a lo que se dijo que existía "*plena compatibilidad*" y que estaba el texto "*plenamente ajustado*" a ese proyecto si bien indicaba que no era su norma de trasposición y aludía a la "*reflexión ulterior*" que para ello debía hacerse [BOCG 16.03.2014, p. 117]. No obstante, se dice luego que "[…] *lo que hace fundamentalmente esta ley y las modificaciones que se adaptan en materia de entidades de gestión es adaptarnos a la Directiva 2014/26, de la Unión Europea, la última Directiva que hay sobre esta materia, que habla de la necesidad de transparencia y de mejora en las entidades de gestión*", en Diario de Sesiones del Senado —Comisión de Cultura—, 07.10.2014, p. 8.

[8] *Vid.*, el Texto de la Moción consecuencia de interpelación urgente del Grupo Parlamentario Popular en el Congreso, sobre las medidas que va a adoptar el Gobierno para garan-

declarando luego "[...] *diferida a una próxima ley una eventual revisión en profundidad del conjunto del sistema*". En consonancia con ello, la Disposición Final 3ª de esta ley sólo declara incorporadas a nuestro derecho esas dos directivas, con lo que sin perjuicio de los guiños o sintonía de la regulación reformada con la directiva sobre entidades de gestión, su incorporación a nuestro Derecho permanece como tarea pendiente para el legislador. A ese efecto, no obstante, se demuestra buena disposición: así, como indica la Disposición Final 4ª de la ley, esa reforma integral queda a expensas de que en el plazo de un año, es decir, antes del 1 de enero de 2016, se realicen

> "[...] los trabajos preliminares necesarios, en colaboración con todos los sectores y agentes interesados, para preparar una reforma integral de la Ley de Propiedad Intelectual ajustada plenamente a las necesidades y oportunidades de la sociedad del conocimiento. Con vistas a esa reforma deberán evaluarse, entre otros aspectos, el régimen aplicable a la gestión colectiva de derechos".

La autocontención del legislador en sus pretensiones es loable, no sólo porque no se prevé que la ley esté redactada para esa fecha, sino porque sólo se aspira a que "[...] *se realicen los trabajos preliminares necesarios* [...] *para preparar una reforma*". Desde luego el contenido imperativo de esa norma programática no podría ser menor; es más, da un cierto pudor poner un plazo para hacer algo que no es sino la preparación preliminar de un proyecto de reforma. Si eso es así, y el artículo 43 de la Directiva de entidades de gestión prevé como límite para su trasposición el 10 de abril de 2016, esos dos meses y diez días del año 2016 serán desde luego intensos. Sea como fuere, queda el consuelo de que esta no es sólo una reforma muy parcial y administrativizante en el peor sentido de las entidades de gestión, sino una reforma abocada a ser superada por una futura regulación completa de estas entidades merced a una "*reflexión ulterior*" —o no—.

---

tizar el control del cumplimiento de la legalidad en las entidades de gestión de los derechos reconocidos en la Ley de Propiedad Intelectual, especialmente la Sociedad General de Autores y Editores (SGAE) (núm. 173/000229), aprobado por el Pleno en su sesión del día 19 de julio de 2011. En http://www.congreso.es/docu/tramit/173.229.pdf. Otros trabajos previos en ese sentido son el Informe de 2008 de la Agencia de Evaluación de las Políticas Públicas y la Calidad de los Servicios y las Conclusiones de la Subcomisión de Propiedad Intelectual del Congreso de los Diputados, de 24 de febrero de 2010. La urgencia de la interpelación se ha traducido, pues, en tres años y medio de tramitación.

De todos modos, hoy por hoy, no parece justificable que se hayan de hecho traspuesto e incorporado en la ley normas comunitarias en materia, p.ej., de reparto de derechos como las de los arts. 11 y 13 de la Directiva 2014/26 —en ocasiones de forma casi literal—, y sin embargo, las reglas que se dirigen a la supervisión por los propios socios de los órganos de administración, caso de los arts. 9 y 10 de la Directiva, hayan sido completamente ignoradas, acaso en aras de dar esa función de vengador vicario de los inanes socios a la administración pública. No se olvide que la finalidad declarada de la directiva-Considerando (9) es *"garantizar un elevado nivel de administración, gestión financiera, transparencia e información"*. Ahora bien, para qué, se diría, un buen gobierno corporativo de la entidad cuando hay un magnífico régimen administrativo-sancionador[9].

1.3. *Perspectivas de incorporación de la Directiva 2014/26 relativa a la gestión colectiva de derechos de autor y derechos afines*

En esa línea, y sin perjuicio de la opción de la autorregulación sectorial[10], al legislador se le plantean varios escenarios en una futura regulación específica del sector, todos los cuales pasan por reconocer sin ambages que las entidades de gestión son auténticas empresas, o si se quiere, con la terminología del derecho proyectado, operadores de mercado, sometidos en cualquier caso ambos a un mismo régimen (*cfr.* art. 1-2.1 *c)* del Anteproyecto de Código Mercantil). La ausencia de lucro, entendida subjetivamente como la prohibición de reparto de beneficios (*cfr.* art. 151.12 LPI), no debe llevar a excluir su consideración como tales operadores de mercado en el tráfico, fruto acaso de una consideración atávica y peyorativa del concep-

---

9   No es buen augurio de temporalidad la previsión en esta materia de hasta tres desarrollos reglamentarios del más alto rango (art. 159.1 2 sobre coordinación de funciones de vigilancia de entidades; art. 162.Quater. 4 sobre intervención de entidades y Disposición Final 1ª, 2 sobre régimen de ventanilla única) así como una Orden ministerial para fijar la metodología de financiación de tarifas (art. 157.1). Con ello la sospecha acerca de la sedicente temporalidad de la ley se acrecienta.

10   De tan buenos resultados, p.ej., en el ámbito de la publicidad. *Vid.*, en el ámbito de las entidades de gestión el "Código de buenas prácticas para la gestión colectiva de los derechos de propiedad intelectual" auspiciado por el instituto IBERCREA en 2011, o los códigos de autorregulación de las fundaciones de las entidades de gestión.

to de empresario (*cfr.* art. 13.2 LOA)[11]. Es más, si como veremos el estatuto del empresario, cifrado en los deberes de contabilidad y publicidad registral mercantil, se predica de las entidades de gestión en la presente norma, es claro que ello se hace como una extensión natural y no violenta resultante de su consideración empresarial.

A ese respecto, se pueden considerar varios escenarios donde, de acuerdo con la libertad de forma jurídica que garantiza la Directiva 2014/26 en su Considerando (14), diversas estructuras organizativas aquilatadas ya en nuestra legislación pueden procurar un gobierno corporativo seguro: (a) de un lado, una norma que, al estilo de las sociedades anónimas deportivas, consagre un modelo de organización capitalista, con su acervo de gobierno corporativo y sin perjuicio de todas las adaptaciones que sean precisas a propósito de la prohibición de reparto de beneficios. No en vano, no se olvide que la sociedad anónima deportiva no es sino el intento legal de disciplinar entidades que originariamente eran asociaciones, como es el caso que nos ocupa[12]. De otro lado, se puede pensar en (b) una norma que, al estilo de las sociedades profesionales, admita cualesquiera formas de organización con las matizaciones que sean necesarias. En efecto, como es sabido, esa norma permite que cualquier tipo de sociedad pueda desarrollar actividades profesionales colegiadas, desde una sociedad civil a una cooperativa o una sociedad anónima (*cfr.* art. 1.2 LSP)[13]. En fin, (c), se puede barajar una norma que cree un tipo *ad hoc* de organización societaria de base mutualista y específica para la gestión de estos derechos, como es el caso de las mutuas de seguros, con las que la figura que nos ocupa guarda notorias semejanza, como la natural ligazón de la condición de socio y la de cliente de la entidad, la ausencia de lucro o la estricta supervisión administrativa[14].

---

11   Por muchos, *vid.*, CÁMARA, P., "El ánimo de lucro en las entidades de gestión de los derechos de propiedad intelectual". *Revista Pe.i.* nº 8, pp. 1 y ss., *passim*, y para asociaciones, fundaciones y mutuas, en su caso, *vid.*, PAZ-ARES, C., *Curso de Derecho Mercantil*, T. I, 2ª ed., Madrid 2006, pp. 540 y ss. Y eso, por descontado, más allá de lo previsto en sedes específicas como el art. 3 II de la Ley general de defensa de consumidores y usuarios a propósito de la actuación sin ánimo de lucro y lo que deba entenderse por tal.

12   *Vid.*, Ley 10/1990, de 15 de octubre, del Deporte, desarrollada mediante el Real Decreto 1251/1999, de 16 de julio, sobre sociedades anónimas deportivas.

13   *Vid.* Ley 2/2007 de 15 de marzo, de sociedades profesionales.

14   *Vid.*, arts. 9 y siguientes del Real Decreto Legislativo 6/2004, de 29 de octubre, por el que se aprueba el texto refundido de la Ley de Ordenación y Supervisión de los Seguros Privados. Las mutuas, por descontado, tienen naturaleza mercantil (arts. 16. 1 3º y 124 C de

Una última solución, en fin, sería mantener la opción que de hecho y aun en defecto de mandato legal, hace hoy de la asociación la forma jurídica de base de estas entidades, pero desarrollando el gobierno corporativo de estos operadores del tercer sector para permitir ese control endógeno. Esa sería una solución insoslayable, ya que la ley orgánica de asociaciones no dedica siquiera un artículo completo a la administración de esas entidades y confía a la plena autonomía de las mismas sus reglas de gestión. Ya se ha apuntado lo impresentable de que, por ejemplo, la Sociedad General de Autores vea regulada su administración por menos de un artículo de la ley de asociaciones, mientras que cualquier sociedad de capital por modesta que sea tenga todo un elenco legal perfectamente diseñado de deberes de lealtad y fidelidad de sus administradores y toda una batería de medidas de control y protección para sus socios. Se trata en fin de ofrecer una estructura legal a estas entidades que se adapte a sus funciones y que, aprovechando más de veinte años de gobierno corporativo de sociedades mercantiles haga que el gestor de la entidad sienta ante todo las manos frías de un intérprete o autor implicado en el control de la entidad, más que las siempre lejanas del supervisor público correspondiente. No se olvide que "*las entidades de gestión colectiva deben actuar en el mejor interés colectivo de los titulares a que representan*", como indica el Considerando (22) de la Directiva 2014/26; es decir en actuar ante todo para maximizar el interés de sus socios —en contemplación desde luego de su posición de monopolistas naturales—; eso implica de entrada exigencias de orden societario en cuanto a organización interna que no se dan en el momento actual.

Siendo realistas, a nuestro juicio, sin embargo, la opción más deseable o al menos factible pasa por dos presupuestos. De un lado, una ley especial donde de forma separada a la regulación material de los derechos de autor y afines, se regule de forma específica a las entidades de gestión de derechos de propiedad intelectual. Aunque no es imprescindible —y se dirá que las mutuas de seguros se regulan en la ley sectorial general correspondiente—, creemos que ello, que es la opción que ha seguido el legislador comuni-

---

C, arts. 7.3 y 20 LOSSP en cuanto a contabilidad e inscripción en el Registro mercantil arts. 11 a 21 del Real Decreto 2486/1998, de 20 de noviembre, por el que se aprueba el Reglamento de Ordenación y Supervisión de los Seguros Privados); precisamente en el art. 21 de este último se indica que "[*e*]*n todo lo no previsto en la Ley, en este Reglamento y en los Estatutos de la entidad, se estará a lo dispuesto en la normativa aplicable a las sociedades anónimas, en cuanto no contradiga el régimen específico de esta clase de entidades*".

tario al regular en una directiva *ad hoc* estas entidades, sirve no sólo para dar visibilidad a estas entidades sino que facilita su reforma y permite un tratamiento societario más consciente. De otro lado, en cuanto a la forma societaria, y aunque las opciones como pone de manifiesto el derecho comparado y ya lo ha manifestado nuestra doctrina son múltiples, parece la de la asociación sea, dada la tradición, la que haya de triunfar. Eso sí, una asociación que no sea la de la ley 2002, sino una forma societaria moderna donde se incorporen a su articulado los mecanismos de gobierno y control que casi veinte años de experiencia en gobierno corporativo de sociedades de capital han incorporado a nuestro acervo societario. Estas sociedades, de base claramente mutualista, pueden seguir siendo asociaciones, pero, sin duda, no las asociaciones que son hoy en día. En ese sentido, y lógicamente con una regulación general, el Real Decreto 3082/1978, de 10 de noviembre, podría ser una mejor guía de técnica legislativa que la normativa actualmente existente en el seno de la Ley de Propiedad Intelectual[15].

2. DEBERES Y OBLIGACIONES DE LAS ENTIDADES DE GESTIÓN

Como se ha indicado, el legislador ha ido espigando entre las especialidades que dedican los arts. 147 y siguientes de la Ley de Propiedad Intelectual frente al régimen general de la Ley Orgánica de Asociaciones aquellas que le parecían más relevantes en orden a implementar una política de transparencia que permita el control de la administración pública sobre estas entidades. No obstante, y a ello nos dedicamos en primer lugar, también toma en consideración al titular de derechos en su doble faceta de socio de la entidad y de cliente de la misma —o mandante si se quiere para no usar términos equívocos—. Dos son en esencia las modificaciones respecto al titular de derechos: en tanto mandante, la relativa al contrato de gestión (2.1); en tanto socio, la relativa a su posición en el seno de la sociedad (2.2).

La nueva ley incorpora pocas novedades en materia de contrato de gestión, básicamente localizadas en la interpolación realizada el art. 153 en cuanto a la duración del vínculo e, indirectamente, en el art. 154 en lo

---

15   Por una renovación de la figura, *vid.*, p.ej., PÉREZ ESCALONA, S, *La asociación y el derecho de sociedades. una revisión en clave contractual*, Madrid 2007, *passim*.

relativo al reparto. Frente a ello, el informe de la Comisión Nacional de la Competencia de 2010 fue enormemente exigente en esta materia, en concreto en lo relativo a la necesidad una mayor flexibilidad a la hora de determinar el alcance del contrato en términos de derechos, obras, territorios y utilizaciones, así como para establecer que el contrato se pueda realizar en términos no exclusivos y de conservar la posibilidad de conceder licencias a la vez que la entidad de gestión[16]. Pero como se verá, la ley se ha contentado con retocar el aspecto relativo a su duración máxima y ello, por cierto, de forma poco coherente con lo previsto en la directiva 2014/26, ya en vigor y con fuerza de obligar para los estados.

2.1. El contrato de gestión (art. 153)

El art. 153 LPI venía estipulando que la duración de los contratos de gestión entre la entidad y el titular de los derechos —de gestión colectiva obligatoria o no— gestionados en su nombre —socio o no, incluso aunque pierda esa condición— tendría una duración máxima de cinco años indefinidamente renovables. Frente a ello, la nueva redacción de esa norma prevé una duración máxima de tres años renovables por periodos de un año[17], entendemos en buena lógica que, a su vez, renovables indefinidamente sea por consentimiento expreso o por tácita reconducción[18]. Se mantiene por el resto y como hasta la fecha que dicho contrato no podrá imponer como obligatoria la gestión de todas las modalidades de explotación ni la de la totalidad de la obra presente o futura, desapareciendo por su parte el art. 153.2, ahora reubicado sin modificación alguna en el art. 151.13. Se introduce luego como novedad una cláusula de salvaguardia de no fácil entendimiento, en relación a que esos límites se entienden sin perjuicio

---

[16]   Informe sobre el Anteproyecto de la entonces Comisión Nacional de la Competencia (IPN 102/2013), pp. 21 y ss.

[17]   El informe de la Comisión Nacional de la Competencia "Un nuevo Impulso. Informe sobre la gestión colectiva de derechos de propiedad intelectual", 2010, pp. 55 y ss. después de estudiar los plazos de las distintas entidades, proponía un plazo de duración de un año con un preaviso máximo de tres meses.

[18]   Vid., p.ej., Art. 14.1 5 de los estatutos de la SGAE *El contrato tendrá una duración de tres años y se prorrogará indefinidamente por períodos iguales, salvo denuncia escrita por parte del titular otorgante con un preaviso de un año a su vencimiento inicial o al de su última prórroga. En el caso de denuncia, el vencimiento efectivo se producirá el 31 de diciembre del año de extinción del contrato, manteniéndose hasta ese momento las obligaciones de las partes*.

de los derechos cuya gestión deba ejercerse exclusivamente a través de las entidades de gestión. Lógicamente, el estrambote final es tan innecesario ahora como lo era antes, cuando no existía. La necesidad de que determinados derechos sea colectivamente gestionados es una previsión legal que puede ser discutible pero que no precisa de recordatorio. Tal vez tuviera más sentido en el texto del artículo precisamente lo contrario; es decir, un recordatorio de que no todos los derechos de propiedad intelectual han de ser necesariamente objeto de un contrato de gestión colectiva; es decir, que —corrigiendo un presunto *lapsus calami*— la ley debería acaso decir *"[e]l lo sin perjuicio de los derechos contemplados en la presente ley cuya gestión no deba ejercerse exclusivamente a través de las entidades de gestión"*.

Esta norma, a diferencia de otras reformadas, no parece obedecer a una implementación anticipada de la Directiva 2014/26[19]. Así, no se hace en el nuevo texto referencia expresa al derecho reconocido al titular en la Directiva a conceder, no obstante el contrato, licencias para el ejercicio no comercial del derecho, como tampoco se prevén requisitos especiales de forma, que sí contempla la Directiva, en el sentido de exigir conforme a su art. 5.7 que la autorización o encargo de gestión deba ser explícito en relación a cada derecho o categoría de derechos, debiendo constar en todo caso por escrito y teniendo una obligación específica de información más allá de la mera constancia legal o estatutaria de los derechos de los titulares en relación al contrato de gestión (art. 5.8 Dir. 2014/26). También se echa a faltar un régimen completo respecto a las deducciones a practicar, elemento lógico del contrato de gestión, que sí se prevé en el art. 12 de la Directiva. Esas deducciones, que son para el titular de derechos lo que las tarifas para su usuario, y que se contratan por adhesión, sólo se contemplan luego en el art. 157 a propósito de la publicidad *erga omnes* que debe la entidad.

Eso sí, como es propio del sesgo iuspublicista de esta ley, la garantía de que se respetarán las condiciones del contrato de gestión previstas, se refuerzan con la intervención pública al considerar el art. 162 ter. 3 a) como infracción administrativa grave el incumplimiento de las condiciones del contrato de gestión previstas en el art. 153, con la consecuencia de la imposición de multa a la propia entidad —es decir, en última instancia al

---

[19]   Sobre los aspectos problemáticos de los contratos d gestión, *vid.*, el informe de la Comisión Nacional de la Competencia "Un nuevo Impulso. Informe sobre la gestión colectiva de derechos de propiedad intelectual", 2010, *cit.*, pp. 58 y ss.

propio perjudicado— y cuya capacidad de recuperación del responsable vía acción social de responsabilidad parece ilusoria: sobre esto se volverá más adelante. Por otro lado, subjetivamente, La ley establece en el art. 151.14 y en garantía de los socios la necesidad de la previsión de un procedimiento estatutario de tratamiento y resolución de las reclamaciones y quejas planteadas por los miembros en lo relativo, entre otros temas, a los aspectos relativos al contrato de gestión[20].

Sea como fuere, lo interesante de la reforma es el periodo máximo de duración previsto, lo que hace que la permanencia obligatoria o la aplicación de penalidades, en su caso, se deba ajustar al mismo. Eso sí, habrá que ver en el futuro cómo se compadece esto con el derecho de desistimiento libre mediante preaviso que se prevé en el art. 5.4 de la Directiva 2014/26. En efecto, poco sentido tiene fijar un plazo de duración si no es para impedir el ejercicio de la denuncia ordinaria (*cfr.* art. 1705 CC) y limitarla a la extraordinaria o por justa causa (*cfr.* art. 1707 CC). Siendo libre el desistimiento con la implementación de la Directiva, con un plazo máximo de preaviso de seis meses[21], el fijar un plazo de duración máxima parece que carecería de utilidad. De ese modo, conforme a la Directiva, resulta irrelevante e incluso admisible que el contrato de gestión carezca de plazo, es decir, que se plantee desde su comienzo como indefinido, ya que el titular podrá desistir en cualquier momento mediando el correspondiente plazo de preaviso y sin perjuicio de la facultad de la entidad de decidir que la revocación surta efecto sólo al final del ejercicio —como por cierto ya se viene haciendo en los casos de renuncia a prórrogas—.

---

[20]   *Vid.*, art. 156.2, que prevé hacer constar en la memoria "*f) Las modificaciones de los estatutos, normas de régimen interno y funcionamiento y del contrato de gestión, aprobadas durante el ejercicio*".

[21]   Eso obligará igualmente a revisar plazos de preaviso superiores; *vid.*, art. 8.3 de los estatutos de CEDRO: "*El contrato tendrá una duración de dos años y se prorrogará indefinidamente por periodos iguales, salvo denuncia escrita del solicitante dirigida a la Junta Directiva con un preaviso de un año del vencimiento inicial o de su última prórroga*". Ese plazo máximo de seis meses es precisamente el que se puede concebir como límite estándar entre nosotros a la vista del art. 16 de la Ley de Competencia Desleal, que lo prevé por defecto en los casos más extremos de situaciones de dependencia.

2.2. El reparto, pago y prescripción de derechos (art. 154.1 a 6)

El art. 154 es otra de las normas que ha sufrido una severa inflación de contenido hasta llegar a tener en su seno, frente a los sucintos dos números actuales, nueve números en su seno, algunos a su vez desglosados en letras y no todos ellos por cierto relacionados con la intitulación del mismo. Es este otro de los casos donde el legislador no se resigna a que haya un desarrollo reglamentario y decide agotar hasta el detalle la regulación de esta materia, con el consecuente sufrimiento del intérprete. Sea como fuere, esta norma prevé las reglas de reparto entre socios de las cantidades recaudadas, no siendo preciso recordar, por cierto, que este no es un reparto de beneficios como el de una sociedad mercantil sino la retribución de la gestión de los mandantes que tienen la condición de socios de la entidad.

(i) *Reparto equitativo y reglado.* En lo esencial se mantiene la regla lógica que debe presidir el reparto: la de ser materialmente justo. Esa justicia está cifrada en la proporcionalidad de uso de sus obras o prestaciones, y conforme con un procedimiento preestablecido no arbitrario (art. 154. 1 y 2 y art. 151.10). Además, como prevé el art. 157.1 d) 4º, la entidad está obligada a dar una publicidad reforzada en su sitio web de los sistemas, normas y procedimientos de reparto[22]. Eso sí, conforme a la implementación arbitraria de la directiva 2014/26 que hace el legislador de vez en cuando, se añade en el *in fine* del art. 154.1 que ese reparto y pago se deberán hacer *diligentemente*[23]. No obstante, no se ha apurado la concreción de la Directiva de esa diligencia en términos temporales precisos, en el sentido de exigir, además, que en todo caso ese reparto tenga lugar en un plazo máximo de nueve meses a partir del cierre del ejercicio en el que se

---

[22] Lo que vendría a ser la política general de reparto a que se refiere el art. 8.5 a) de la Directiva 2014/26. También prevé el 157.1 h) la obligación de realizar respecto de sus miembros la rendición de liquidaciones y de los pagos que les haya realizado la entidad por sus obras y prestaciones, con indicación de derechos y modalidad, periodo de devengo, origen de la recaudación y deducciones aplicadas.

[23] *Vid.*, art. 13.1 de la Directiva, lo que no deja de ser un petición de principio que atañe a las obligaciones de los gestores, que lógicamente también habrán de ser diligentes en la recaudación, conforme al art. 11.2 de la Directiva.

hayan recaudado los derechos, salvo que razones objetivas lo impidan (art. 13.1 II Dir. 2014/26)[24].

El art. 154.2 prevé además como obligación de las entidades el establecimiento de métodos y medios adecuados para informarse del uso efectivo de su repertorio, de acuerdo con los usuarios. En el texto de la ley no se dice expresamente, a diferencia del anteproyecto, si bien es lógico que en el mundo actual esos medios sean electrónicos[25]. Eso, que ya se venía haciendo y que es precisamente un dato que ha pesado a favor del criterio del uso efectivo frente al de disponibilidad a la hora de fijación de tarifas, no es sino una elemental obligación de diligencia de los órganos administrativos de las entidades de gestión frente a sus asociados y mandantes en general[26]. Y ello, por cierto, sin las prevenciones del Anteproyecto, que lo preveía *"siempre que ello sea posible y económicamente razonable"*. Sin duda el legislador ha considerado que esa cautela no es hoy por hoy necesaria. Otro tanto, en el sentido de novedad relativa, sucede con el párrafo segundo del art. 154.2 LPI, que también se prevé la posibilidad de que la Asamblea de la entidad adopte reglas que modulen esa proporcionalidad conforme a la naturaleza, primicia, relevancia cultural o *"cualquier otro aspecto objetivamente razonable"* que haga que unos autores deban ser más remunerados que otros. En ese sen-

---

[24]   *Vid.* art. 156.2 b): en la memoria se hará constar: *"El importe total repartido, desglosado por cada uno de los derechos y las modalidades de explotación administrados, con detalle en todos los casos de los siguientes extremos: 1º Las cantidades tanto asignadas como percibidas por los miembros de la entidad y por las entidades de gestión nacionales y extranjeras. 2º Las cantidades pendientes de asignación en el reparto. 3º Las cantidades asignadas a titulares que no sean miembros de la entidad en los casos de gestión colectiva obligatoria y las efectivamente percibidas por éstos"*.

[25]   *[...] A estos efectos, establecerán los medios necesarios para la obtención por vía electrónica de dicha información, [...]". Vid.*, Disposición adicional 1ª.1 sobre la importancia de internet en las comunicaciones actuales.

[26]   Otras partes de la norma sorprenden por lo innecesario; p.ej., ¿es realmente necesario decir que *"En los supuestos en los que la obtención de la información se realice por vía electrónica se deberán observar las normas o prácticas sectoriales voluntarias desarrolladas a nivel internacional o de la Unión Europea para el intercambio electrónico de ese tipo de datos"*? Acaso sí, si se comprueba que eso es una transcripción literal del párrafo final del expositivo 42 de la Directiva 2014/26, a pesar de que no se incorpore a nuestro ordenamiento por la presente ley.

tido, se trata de una libertad estatutaria que ya existía previamente a esta guía legal que se nos ofrece ahora.

(ii) *Prescripción y destino de cantidades prescritas.* Una vez acordado el reparto, la ley se ocupa prolijamente de considerar la prescripción de derechos, haciendo una trasposición *sui generis* de lo previsto en el artículo 13 de la directiva 2014/26 —que recordemos, no es objeto de trasposición por esta ley—. El núcleo novedoso de esta norma se centra en el régimen de prescripción, cuyo plazo general que se cifra en cinco años —frente a los diez del Anteproyecto y los tres de la Directiva 2014/26 (art. 13.4)—. Así, el art. 154.3 prevé que La acción para reclamar a las entidades de gestión el pago de cantidades asignadas en el reparto a un titular, prescribe a los cinco años contados desde el 1 de enero del año siguiente al de la puesta a disposición del titular de las cantidades que le correspondan. No obstante, si como es normal en el caso de los dividendos de sociedades se procede a la domiciliación del pago de estas cantidades este supuesto no será frecuente. De hecho, la propia Directiva ni siquiera lo contempla.

Otra cosa es el caso de los importes no asignados por falta de identificación de obra o autor, donde esa posibilidad sí es verosímil. La ley extrema la diligencia de las entidades en orden a evitar esta anomalía; así, las entidades de gestión vienen obligadas a adoptarán las medidas necesarias para identificar y localizar a los titulares de derechos; en particular, (cfr. art. 13.3 Dir. 2014/26) estas medidas incluirán: a) La verificación de datos de registro actualizado de los miembros de la entidad, así como de registros normalizados de obras y prestaciones protegidas, y de otros registros fácilmente disponibles. b) La puesta a disposición de los miembros, de otras entidades de gestión y del público de un listado de obras y prestaciones cuyos titulares de derechos no hayan sido identificados o localizados, conjuntamente con cualquier otra información pertinente disponible que pueda contribuir a identificar o localizar al titular del derecho, en los términos del apartado 4º del artículo 157.1.d). Si no se pudiese identificar al beneficiario, la sociedad deviene depositaria de las cantidades correspondientes[27] y, una vez prescritos los derechos, la entidad deviene titular de esas cantidades, si bien debe

---

[27]   Con separación contable conforme a la Directiva, art. 13.2 y al art. 154.9, inciso primero, de la Ley de Propiedad Intelectual. Esa separación contable parece ser a los solos efectos

aplicarlas a fines de formación, asistenciales o de promoción, excluyendo en todo caso y conforme a su falta de lucro, el reparto entre los socios. Es más, se prevé una suerte de prescripción anticipada o provisional de modo que si en tres años no se reclama la cantidad ya se puede disponer de la mitad de ella para esos fines, si bien por descontado el titular podrá reclamarlas hasta el plazo de prescripción. A tal efecto se prevé la necesidad de dotar un fondo de cobertura —o reserva— del 10 por ciento de las cantidades así dispuestas[28].

Las cantidades recaudadas y no reclamadas por su titular en el plazo previsto en los apartados 3 y 4 del artículo 154 serán destinadas por las entidades de gestión a finalidades determinadas, conforme a la habilitación a tal efecto del art. 13.5 y 6 de la Directiva 2014/26; las dos primeras ya estaban en el anteproyecto y las dos segundas fueron introducidas en el trámite parlamentario; a saber: a) a la realización de actividades asistenciales a favor de los miembros de la entidad y/o actividades de formación y promoción de autores y artistas intérpretes y ejecutantes. b) a la promoción de la oferta digital legal —de modo que no se podrá utilizar para la oferta digital ilegal— de las obras y prestaciones protegidas cuyos derechos gestionan, en los términos previstos en el artículo 155.1.c) 1º y 3º, c) a acrecer el reparto a favor del resto de obras gestionadas por la entidad de gestión, debidamente identificadas y, en fin, d) a la financiación de una ventanilla única de facturación y pago[29]. Se prevé luego que la *Asamblea acuerde anualmente* los porcentajes mínimos de las cantidades recaudadas y no reclamada para cada una de las finalidades anteriormente señaladas y que en ningún caso, salvo en las dotaciones necesarias para el mantenimiento de la ventanilla única podrán ser inferiores a un 15 por ciento (cfr. art. 13.5 Dir. 2014/26). Eso sí, lo anterior está supeditado a que las entidades no tengan pérdidas —excedentes negativos en técnica no lucrativa— o estén en deuda con sus

---

de claridad y transparencia, ya que no se constituye como un patrimonio separado respecto al general de la entidad.

[28] *Vid.* art. 156.2 i) donde se prevé que se haga constar en el informe de gestión "*las cantidades recaudadas acumuladas que estén pendientes de asignación o de reparto efectivo y las fechas de prescripción para su reclamación*".

[29] *Cfr.* art. 13.6 Dir. 2014/26; podría plantearse la conformidad con la Directiva de las letras c y d. ya que la norma comunitaria se refiere a actividades sociales, culturales y educativas en beneficio de los titulares; sin embargo, no parece ese el caso ya que precisamente es facultad de los estados el limitar el uso de esas cantidades y, además, los casos que recoge el art. 13 parecen ser ad exemplum.

obligaciones fiscales o de seguridad social. En tales casos, las cantidades prescritas se destinarán en el importe necesario a compensar las pérdidas o cumplir sus deberes fiscales.

No obstante, y aunque el plazo de prescripción extintiva —del titular— y correlativamente adquisitiva —de la entidad— es de cinco años, ya desde que pasen tres —que es el plazo de la Directiva 2014/26— se puede provisionalmente echar mano de lo recaudado sin titular conocido para esas funciones. En efecto, transcurridos tres años desde el 1 de enero del año siguiente al de la puesta a disposición del titular de las cantidades que le correspondan o de la recaudación, las entidades de gestión podrán disponer, anualmente de forma anticipada de hasta la mitad de las cantidades pendientes de prescripción, para los mismos fines previstos en el apartado anterior. Ello, desde luego sin perjuicio de las reclamaciones de los titulares sobre dichas cantidades no prescritas para lo que las entidades de gestión constituirán un depósito de garantía con el 10 por ciento de las cantidades dispuestas. Es decir, tomarán el 90 y asignarán el 10 por ciento en depósito y cuenta separada, lo que pone a las claras que en la mente del legislador pasados tres años ya es poco probable una reclamación.

2.3. Modificaciones en cuanto al estatus de socio. Los estatutos (art. 151)

La modificación del art. 151 en cuanto al contenido necesario de los estatutos de la asociación que es la entidad de gestión tiene un alcance menor. De un lado, el nuevo número cinco mantiene como presupuesto la existencia de voto plural en la entidad y se limita a establecer criterios de ponderación del mismo. Ese punto de partida es desde luego sorprendente con el tipo de la asociación, modelo donde las reglas de democracia interna parten de la idea un hombre un voto. No obstante, bien es cierto que al igual que en una sociedad capitalista, la mayor influencia de unos socios sobre otros en términos de aportación se deben lógicamente traducir en un mayor peso político, teniendo igualmente predicamento en la actualidad la idea de que el socio de larga duración y por tanto con mayor implicación en la vida social debe tener mayor presencia política que el especulador o jugador cortoplacista en la vida social.

Esos criterios del art. 151.5 recogen lo previsto a tal efecto en la Directiva; en efecto, los mismos deberán en todo caso garantizar una representa-

ción suficiente y equilibrada del conjunto de los asociados[30], y sólo podrán
consistir en la contemplación de la duración de la vinculación o en las cantidades recibidas en virtud de su condición de socio[31]. Así se reconoce una
suerte de criterio capitalista en el sentido de que a mayor peso económico
mayor poder político, sumándose por otro lado el criterio de la duración de
la vinculación (*long term shareholders*), también de actualidad en el seno de
las sociedades capitalistas como forma de dar mayor poder a los socios que
valoran la trayectoria a largo plazo de la sociedad frente a la especulación
—por mucho que eso en situaciones como la española de falta casi absoluta
de competencia entre entidades no sea de mucho peso—[32]. Eso sí, frente
a lo anterior, se sigue manteniendo la regla del voto igualitario en materia
de exclusión de socios. Esa norma carece de sentido teniendo en cuenta
que siendo regladas las causas de exclusión, el socio afectado siempre tiene
la posibilidad de una revisión judicial del acuerdo adoptado de manera injustificada o abusiva. Respecto al texto del Anteproyecto, interesa destacar
que cayó la regla de voto paritario en orden a la elección de miembros del
órgano de administración de la entidad, severamente criticada por el Consejo de Estado sobre la base de la regla del funcionamiento democrático
de la entidad, aunque a nuestro juicio sería más correcto referirse a la regla
del funcionamiento mayoritario de los entes de estructura corporativa (*cfr.*
arts. 11.3 y 12 d) LOA)[33]. No en vano, la regla de la Ley orgánica de Aso-

---

[30]   Norma correspondiente al art. 6.3 de la Directiva 2014/26: "*La representación de las dife-
        rentes categorías de miembros en el proceso de toma de decisiones deberá ser equitativa y equili-
        brada*".

[31]   *Vid.*, art. 8.9 Directiva 2014/26: "[...] *No obstante, los Estados miembros podrán autorizar
        restricciones sobre el derecho de los miembros de la entidad de gestión colectiva a participar y ejer-
        cer derechos de voto en la asamblea general de los miembros, sobre la base de uno de los criterios
        siguientes o de ambos: a) la duración de la condición de miembro; b) los importes recibidos o que
        deban abonarse a un miembro, siempre que esos criterios se determinen y apliquen de manera
        equitativa y proporcionada. Los criterios establecidos en las letras a) y b) del párrafo primero se
        incluirán en los estatutos o en las condiciones para ser miembro de la entidad de gestión colectiva
        y se harán públicos, de conformidad con los artículos 19 y 21*".

[32]   Por cierto, en el Anteproyecto nada se decía respecto a esos criterios que ahora se limitan
        necesariamente a esos dos indicados: permanencia y volumen de participación económi-
        ca. Sobre el tratamiento de los socios de largo plazo, *vid.*, p.ej., "Report of the Reflection
        Group On the Future of EU Company Law", 05.04.2011, p. 78, disponible al redactar
        este trabajo en http://ec.europa.eu/internal_market/company/docs/modern/reflection-
        group_report_en.pdf.

[33]   Dictamen del Consejo de Estado, p. 59 del documento en formato pdf.

ciaciones parece ser la de un hombre un voto, frente a la lógica mayoritaria plutocrática de las sociedades mercantiles de estructura corporativa; sin
duda las entidades de gestión se parece al menos aquí más a las segundas
que a las primeras. Como ya se indicó, el legislador deberá tener en cuenta
estos datos a la hora de configurar la futura estructura societaria de estas
entidades cuando incorpore la Directiva 2014/26.

De otro lado, el nuevo número 13 del art. 151 no es más que el antiguo
artículo 153.2 que se traslada al art. 151 sin modificación apreciable —no
deja de ser una lógica previsión del principio de paridad de trato entre
los socios (cfr. art. 97 LSC)— y finalmente, y sin perjuicio de que estas
sean materias objeto de disputa ante los tribunales, el nuevo número 14
—inexistente en el anteproyecto— pasa a exigir una regulación estatutaria
de las reclamaciones y quejas de los socios en lo relativo a su condición de
socio y a su contrato de gestión[34]. La ley, en efecto, establece igualmente en
garantía de los socios un procedimiento estatutariamente reglado de tratamiento y resolución de las reclamaciones y quejas planteadas por los miembros en lo relativo particularmente a (i) las condiciones de adquisición y
pérdida de la condición de socio, a (ii) los aspectos relativos al contrato
de gestión y (iii) a la recaudación y reparto de derechos. Esta apresurada
transcripción de lo previsto en el artículo 33 de la Directivas 2014/26 no
deja de plantear algunas dudas, en concreto en lo relativo a la relación de
este procedimiento interno con el derecho de todo socio —o mandante de
la entidad— de recurrir a los tribunales para dilucidar estos extremos. A
ese respecto parece que la previa observancia de este procedimiento interno
es requisito de procedibilidad ante los tribunales cuya ausencia se podrá
alegar contra la pretensión del actuante. No se olvide por lo demás que,
ante una exclusión del socio o ante la negativa a su admisión podría incluso
plantear dudas la jurisdicción competente, civil o mercantil, para decidir

---

[34] *Vid.*, Expositivo nº 49 de la Directiva 2014/26 y arts. 21 j) y 33: "1. *Los Estados miembros
velarán por que las entidades de gestión colectiva pongan a disposición de sus miembros [...]
procedimientos eficaces y rápidos para la tramitación de reclamaciones, en particular en relación
con la autorización para gestionar derechos y la revocación o retirada de derechos, las condiciones
para ser miembro, la recaudación de importes que deban abonarse a los titulares de derechos,
las deducciones y el reparto. 2. Las entidades de gestión colectiva responderán por escrito a las
reclamaciones presentadas por los miembros o las entidades de gestión colectiva por cuya cuenta
gestionan derechos en virtud de un acuerdo de representación. Cuando las entidades de gestión
colectiva rechacen una reclamación, deberán motivar su decisión*".

sobre estos extremos. A nuestro juicio, no obstante la relevancia en cuanto al derecho de asociación, siendo ésta una cuestión directamente relacionada con la gestión de derechos de propiedad intelectual parece que deberá ser la mercantil. Por lo demás, y aunque la ley no lo diga, parece que ese procedimiento deberá permitir su constancia escrita y la resolución de la entidad deberá ser siempre motivada (art. 33.2 de la Directiva).

Sin embargo, y más allá de los aspectos concretos objeto de la reforma, esta norma delata su edad y resulta manifiestamente insuficiente; así, la regulación de la denominación en el art. 151.1 causa un cierto sonrojo a la luz de la sofisticación que el Reglamento del Registro Mercantil dedica a la regulación de las razones y denominaciones sociales, por no hablar de la doctrina marcaria en torno a la noción de confusión y asociación. Del mismo modo que los administradores deban ser necesariamente socios en el caso de entidades de gestión sofisticada como las de gestión parece normativa fuera de fecha[35].

3. CONDICIONES DE LA CAPACIDAD DE OBRAR DE LAS ENTIDADES DE GESTIÓN (ART. 154.7 A 9, ART. 155).

Las entidades de gestión son sujetos afectos a un fin: la gestión colectiva de derechos (art. 151.2). De ahí que la ley parta, como principio, de que las entidades no pueden usar los importes diligentemente recaudados para fines diversos del mero reparto a los titulares de derechos gestionados, que es en puridad su objeto social legal. Así lo recoge en un lugar por cierto poco destacado el inciso final del art. 154.9 al señalar al hilo del art. 11.4 de la Directiva 2014/28 que los derechos recaudados y los rendimientos derivados de los mismos sólo se podrán destinar a remunerar a los titulares de derechos, salvo (a) para cubrir los costes de la actividad vía descuentos [públicos para todos *ex* art. 157.1 d) 4º y para los afectados *ex* art. 157.1 h)][36]y (b) para cumplir su función social conforme al art. 155. De esa forma se limita extraordinariamente la capacidad de actuación en el tráfico

---

35

36   Se deberá precisamente hacer constar en la memoria conforme al art. 156.2 "*c) Los descuentos aplicados a cada uno de los derechos y modalidades de explotación administrados*".

de estas entidades en comparación con otras del tercer sector o sector no lucrativo[37].

Con ello se omite cualquier referencia a la forma que tiene la sociedad de poder hacer una política sensata o prudente de inversiones de sus recursos (art. 11.5 Directiva 2014/26 y Expositivo 27), fijándose el art. 154 únicamente en normas parciales de prevención de determinados usos puntuales de su patrimonio[38]. Por lo demás, formalmente, a efectos de transparencia y evitación de confusión de patrimonios pero sin relevancia en materia de responsabilidad frente a terceros, las entidades de gestión deberán administrar los derechos recaudados y los rendimientos derivados de los mismos manteniéndolos separados en su contabilidad de sus propios activos y de los ingresos derivados de sus servicios de gestión para no socios o de otras actividades —las del 155— (art. 13.2 Dir. 2014/26). Dejando para más adelante lo referido a la función social de estas entidades, se analizarán ahora las cautelas del art. 154 en materia de gestión de recursos.

---

[37] Como es sabido, la ausencia de lucro no impide el ejercicio de una empresa siempre que sea instrumental: el caso paradigmático entre nosotros es el de las asociaciones, que carecen de lucro (art. 1.2 de la Ley Orgánica de Asociaciones), pero que tienen la posibilidad de ejercitar una actividad económica siempre que sea accesoria y destinada a los fines asociativos (art. 13.2 LOA), el de las cooperativas sin ánimo de lucro (DA 1ª letra *a)* de la Ley de Cooperativas), o el de las fundaciones, sin lucro de acuerdo con el art. 2 de su ley reguladora pero que pueden realizar actividades empresariales directa o indirectamente de acuerdo con los 24.1 de la Ley de Fundaciones y art. 23.2 del Reglamento de Fundaciones de Competencia Estatal de 11 de noviembre de 2005. Aunque esas manifestaciones sean las más habituales, no obstante, así definido ese tercer sector sería enorme, y abarcaría desde luego asociaciones y fundaciones pero también sindicatos, partidos políticos, cajas de ahorro —las que quedan—, colegios profesionales y cámaras oficiales, entidades religiosas, entidades deportivas no lucrativas, federaciones y ligas profesionales, etc.

[38] Art. 11.5 de la Directiva 2014/16: "*Cuando una entidad de gestión colectiva invierta ingresos de derechos o cualquier rendimiento derivado de la inversión de los ingresos de derechos, deberá hacerlo en el mejor interés de los titulares cuyos derechos representa de conformidad con la política general de inversión y de gestión de riesgos contemplada en el artículo 8, apartado 5, letras c) y f), y teniendo en cuenta las normas siguientes: a) cuando exista un posible riesgo de conflicto de intereses, la entidad de gestión colectiva velará por que la inversión se realice buscando únicamente el interés de los de dichos titulares de derechos; b) los activos se invertirán atendiendo a las exigencias de seguridad, calidad, liquidez y rentabilidad del conjunto de la cartera; c) los activos estarán debidamente diversificados, a fin de evitar una dependencia excesiva de un activo concreto y la acumulación de riesgos en el conjunto de la cartera*".

3.1. *Interdicción y control de préstamos y anticipos (art. 154 7 y 8)*

La primera cautela establecida, conforme al expositivo 23 de la Directiva, y entendemos, en interés de la generalidad de los socios y de la función general de estas entidades es que las mismas no podrán conceder créditos o préstamos, directa o indirectamente, ni afianzar, avalar o garantizar de cualquier modo obligaciones de terceros, salvo autorización expresa y singular de la *Administración competente* y siempre y cuando estén directamente relacionadas con actividades asistenciales o promocionales que redunden en beneficio de los titulares de derechos representados. Se trata en fin de no comprometer el patrimonio social en actos *ultra vires* del objeto social propio de estas entidades. No obstante, la redacción plantea de entrada el problema de qué se ha de entender por terceros y si dentro de ese término están englobados los asociados. Es decir, cabe plantearse si cabe un préstamo o un aval a favor de un socio. A este respecto, el art. 162 LSC dispone que

> *"En la sociedad de responsabilidad limitada la junta general, mediante acuerdo concreto para cada caso, podrá anticipar fondos, conceder créditos o préstamos, prestar garantías y facilitar asistencia financiera a sus socios y administradores".*

A nuestro juicio, precisamente los peligros de trato discriminatorio y de infracción del principio de paridad de trato —más que el compromiso del patrimonio de la asociación— hacen que estos supuestos sean los más sensibles; no obstante, la alusión a "tercero" del art. 154 parece que remite derechamente a un sujeto ajeno a la sociedad, de modo que la asistencia financiera a los propios asociados se deberá controlar mediante los mecanismos endógenos del conflicto de interés y la previsión estatutaria de mecanismos de control de la arbitrariedad. A nuestro juicio, la previsión estatutaria de un acuerdo del consejo o, en el extremo, de la asamblea con exclusión del conflictuado podría ser una solución atendible. Por el resto, ni que decir tiene que la infracción de esta norma hará el negocio nulo incluso frente a un tercero que se pretenda de buena fe (art. 6.3 CC).

Acto seguido se establece una excepción lógica en su concepción a la anterior prohibición, ya que sí serán admisibles los préstamos a los miembros de la entidad en concepto de adelantos. Las entidades de gestión, en efecto, y conforme al art. 154. 8 podrán conceder anticipos a los miembros de la entidad, a cuenta de los futuros repartos de derechos recaudados, cuando su concesión se base (a) en normas no discriminatorias y (b) no comprometan el resultado final de los repartos de derechos[39]. Eso implica tanto la existencia de reglas específicas que entendemos deben gozar de la legitimidad de un acuerdo adoptado por la asamblea, como una decisión de la propia asamblea o en su caso de los administradores, sujeta al control impugnatorio de los asociados y a las reglas del conflicto de interés. Con ello parecería no tanto asumirse, *mutatis mutandis,* la doctrina sobre dividendos a cuenta de las sociedades de capital, (cfr. art. 277 LSC), sino más bien la lógica de la asistencia financiera a los socios y administradores del art. 162 LSC. Esta práctica, por el resto, tampoco es desconocida en sociedades como las profesionales, donde esos anticipos responden a la lógica del sustento cotidiano del socio más allá del reparto final del resultado del ejercicio.

No obstante esa admisión legal, parece sensato que de acuerdo con lo apenas visto para las sociedades de capital, una futura ley o los propios estatutos de las entidades si la misma no llega, prevean reglas procedimentales que establezcan un protocolo de limpieza *ex ante* —justificación del préstamo, límites cuantitativos absolutos o relativos, abstención en la votación en junta o consejo del conflictuado, etc.— como bálsamo frente a noticias inquietantes de préstamos millonarios sin interés a miembros de las juntas directivas de entidades de gestión[40]. Y todo ello, por descontado, sin perjuicio del control *ex post* por los socios derivado de la redacción y auditoría de cuentas, de la justificación de semejantes operaciones en la memoria explicativa (*cfr.* art. 260, regla novena LSC) y, en fin, de las acciones de responsabilidad social que procedan en su caso contra los gestores responsables (*cfr.* art. 240 y 241 LSC)

3.2. *La función social de las entidades de gestión (art. 155)*

Más allá de la gestión de índole privada de los derechos de propiedad intelectual especificados en sus estatutos —al fin y al cabo no hacen sino recaudar rendimientos privados de los titulares de derechos particulares— estas entidades podrán, además, realizar actividades distintas a aquellas

---

[39]   *Vid.*, Art. 87.7 Estatutos de SGAE "*Reglamentariamente se establecerán las condiciones de los anticipos sobre futuros repartos*".

[40]   http://www.larazon.es/detalle_hemeroteca/noticias/LA_RAZON_163723/la-sgae-presta-7-67-millones-sin-intereses-a-su-junta#.Ttt1k3KYOvmjmJ8.

siempre que estén vinculadas al ámbito cultural de la entidad y se hagan
sin ánimo de lucro; es decir, sin ánimo de repartir las ganancias entre sus
miembros como cualquier sociedad civil o mercantil. Esa posibilidad de intervención social se desarrolla, una vez más, hasta sus más mínimos detalles
en el nuevo art. 155 LPI, dedicado a la función social de estas entidades y,
lo que es la verdadera novedad, al desarrollo de la oferta digital, entendiendo por tal lo que el propio artículo nos indica. No obstante, se ha de indicar
que en la Directiva 2014/26, esta función social no tiene una significación
relevante; es más, se trata tan sólo a propósito de las deducciones sobre los
ingresos correspondientes a los titulares de derechos y se sujetan a severos
requisitos de transparencia [vid., Expositivos 28 y 36 y arts. 12.4, 13.6 18.1
f), etc.]; dicho de otro modo, para el legislador comunitario las entidades
de gestión no tienen por qué ser vehículos de activismo cultural; lo que tienen que hacer y hacer bien es gestionar los derechos que se les encomienda.

En efecto, el previgente art. 155.1 ya indicaba y así se ha mantenido que
las entidades de gestión, directamente o por medio de otras entidades, debían fomentar la promoción de actividades o servicios de carácter asistencial en beneficio de sus miembros —"socios" se decía antes—, así como la
realización de actividades de formación y promoción de autores y artistas,
intérpretes y ejecutantes —"autores y artistas intérpretes o ejecutantes", se
decía antes—. A ello suma ahora el legislador, como algo distinto de lo anterior, el fomento de la oferta digital legal de las obras y prestaciones cuyos
derechos gestionan. Una vez más es preciso contenerse ante expresiones
como ésta, en concreto ante el sonrojo de leer una norma que prevé el fomento de una oferta "legal". Ciertamente sería chocante que se promoviese
la ilegal, incluso aunque la ley se refiriese sencillamente a oferta digital; de
ahí que en lo sucesivo omitamos los epítetos innecesarios.

Esa oferta digital de las obras y prestaciones protegidas cuyos derechos
gestionan, recibió en el Senado un contenido más específico que el del
Proyecto, y ahora comprende de forma exclusiva, en principio y dada su
redacción, conforme al art. 155.1 c) lo siguiente:

> "1º Las campañas de formación, educación o sensibilización sobre oferta
> y consumo legal de contenidos protegidos, así como campañas de lucha con-
> tra la vulneración de los derechos de propiedad intelectual.
> 2º La promoción directa de las obras y prestaciones protegidas cuyos de-
> rechos gestiona a través de plataformas tecnológicas propias o compartidas
> con terceros.

3° Las actividades para fomentar la integración de autores y artistas con discapacidad en su respectivo ámbito creativo o artístico, o ambos, así como a la promoción de la oferta digital de sus obras, creaciones y prestaciones, y el acceso de las personas discapacitadas a las mismas en el ámbito digital".

Ni que decir tiene que el contenido sustantivo de esa oferta digital, en todas sus manifestaciones legales, está ya en esencia comprendido en las actividades de formación y promoción del actual art. 155.1 a), pero estas normas redundantes son cuando menos inofensivas y desde luego es difícil no estar de acuerdo con ellas. Así en particular sucede con la proactividad y visibilidad reforzada (*cfr.* art. 31 bis 2 LPI) que se manifiesta y concede a los autores y artistas con discapacidad y, en general, al acceso de las personas discapacitadas a la cultura[41]. En cualquier caso, no se debe olvidar, especialmente en lo que toca a la promoción de autores o artistas, que la entidad, sin perjuicio de políticas justificadas de discriminación positiva, deberá respetar el principio de paridad de trato entre sus asociados (*cfr.* art. 97 LSC), de modo que será conveniente establecer protocolos y reglas abstractas que *a priori* determinen quién se ha de beneficiar de esas actividades de promoción.

En orden a sufragar esas actividades, y conforme al inmodificado art. 155.2, las entidades de gestión deberán dedicar a las actividades y servicios a que se refieren las letras a) y b) del apartado anterior, por partes iguales, el porcentaje de la remuneración compensatoria prevista por copia privada y determinado reglamentariamente[42]. Eso sí, y conforme al actual art. 155.3 LPI, las entidades de gestión deberán acreditar a requerimiento de la Administración competente el carácter asistencial, formativo, promocional o de oferta digital de las actividades y servicios referidos en el art. 155. Aun-

---

41   A propuesta del Comité Español de Representantes de Personas con Discapacidad (CERMI), sin perjuicio de las numerosas iniciativas ya acometidas entre las entidades de gestión y sus fundaciones con entidades como la ONCE en orden a promover actividades de integración y acceso. *Vid.*, también la Ley 51/2003, de 2 diciembre, de igualdad de oportunidades, no discriminación y accesibilidad universal de las personas con discapacidad y la *Estrategia Integral Española de Cultura para Todos. Accesibilidad a la Cultura para las Personas con Discapacidad*, de 29 de julio de 2011, disponible en https://www.msssi. gob.es/ssi/discapacidad/informacion/estrategiaEspanolaCultura.htm.

42   *Vid.* art. 156.2 e), donde se señala que deberán constar en la memoria *"[L]as cantidades destinadas al cumplimiento de la función social prevista en el artículo 155 de esta Ley, desglosadas por conceptos e indicando las entidades que realicen las correspondientes actividades, los proyectos aprobados y las cantidades destinadas a cada uno de ellos".*

que ese deber se configura sólo ante el poder público, cabe entender que los socios también derecho a que los administradores de la entidad rindan cuentas de que efectivamente han hecho bien su trabajo y cumplido la ley, aunque eso no es excesivamente relevante para el legislador, obsesionado con el régimen de supervisión jurídico público de las entidades. Por lo demás, ese no tiene por qué ser el único origen de la financiación, cabe que sean también como es lógico las deducciones, eso sí, convenientemente fiscalizadas (art. 12.4 Directiva 2014/26).

3.3. Ejercicio indirecto de la función social a través de entidades sin ánimo de lucro o con ánimo de lucro

a) A través de entidades sin ánimo de lucro. Dice el art. 155.4 que "*a fin de llevar a cabo las actividades del apartado 1, las entidades de gestión podrán constituir personas jurídicas sin ánimo de lucro*" —de fundaciones hablaba más sinceramente el anteproyecto— "*según lo establecido en la legislación vigente*" —claro, hacerlo en contra de lo establecido en la legislación vigente sería imposible o ilegal—, y eso "*previa comunicación a la Administración competente. En caso de disolución de la persona jurídica así constituida, la entidad de gestión deberá comunicar dicha disolución y los términos de la misma al órgano al que en su momento comunicó su constitución*".

Se debe tratar en primer término de personas jurídicas sin ánimo de lucro, lo que se debe entender tanto en sentido estructural —p.ej., asociaciones, fundaciones o agrupaciones de interés económico— como funcional —sociedades de capital constituidas estatutariamente con exclusión de finalidades lucrativas—. Como es sabido, la polivalencia funcional de estas sociedades de capital permite sin problema alguno su configuración como entidades no lucrativas con las convenientes adaptaciones estatutarias (cfr. art. 3 LSC). No se especifica, en segundo lugar, el régimen de esa "comunicación" al Ministerio de cultura ni su relevancia en términos jurídicos; es decir, si será un requisito constitutivo de la persona jurídica o no. No obstante, a la luz de la norma, es claro que el fedatario que autorice, si es el caso, la escritura de constitución de esa persona jurídica deberá requerir constancia de la comunicación realizada, sin que del texto de la norma se desprenda que la administración deba consentir o autorizar en modo alguno esa constitución. En cualquier caso, si se llegara a autorizar la constitución en defecto de la acreditación fehaciente de esa comunicación, y a falta de disposición expresa en otro sentido, parece que la consecuencia será simplemente la de concurrir un supuesto de infracción administrativa grave del art. 162 ter. 3 c). Del mismo modo, la disolución se podrá llevar a término sin autorización administrativa y sólo será precisa la notificación de la misma, entendemos que de la escritura de disolución, más allá del resultado de la liquidación y de la cancelación registral en su caso de la entidad instrumental. No se indica por otro lado si esas personas jurídicas creadas lo deben ser en régimen de unipersonalidad estricta; es decir, si la entidad de gestión puede contar con otros sujetos para constituir la misma. Se podría argumentar que ello no se prevé, a diferencia de lo que sucede en el número 5 de ese mismo artículo, pero ese argumento no parece decisivo. No se ve motivo para impedirlo, supuesto que el objeto de esa sociedad, fundación o asociación no podrá ser otro que el previsto en el art. 155.1 LPI y cualquier modificación de su objeto pondría a la entidad de gestión en la obligación de solicitar la disolución de la entidad o, en su caso, de procurar su salida de la misma, sea transmitiendo su parte de interés o solicitando su separación por justa causa (*arg. ex* art. 1707 CC).

b) A través de entidades con ánimo de lucro. El art. 155.5 LPI, en fin, permite que "*con carácter excepcional y de manera justificada, a fin de llevar a cabo las actividades contempladas en las letras a) y b) del apartado 1, u otras de interés manifiesto, las entidades de gestión puedan, mediante autorización expresa y singular de la administración competente, constituir o formar parte de personas jurídicas con ánimo de lucro*"[43]. "*En caso de disolución de dichas personas jurídicas, la entidad de gestión deberá comunicar de forma inmediata dicha disolución y los términos de la misma al órgano al que en su momento autorizó su constitución o asociación*". Como se ve, el lucro en la mente del legislador es una suerte de charco donde sólo excepcionalmente la entidad de gestión puede mancharse; en efecto, la norma pone de manifiesto lo extremadamente anómalo y sospechoso que debe ser este supuesto, concebible sólo excepcionalmente y de manera justificada y con autorización expresa y singular de la administración —frente a la rejada comunicación del número anterior del art. 155—[44]. Eso parece apuntar a que la entidad de gestión, a

---

[43]   De sociedades mercantiles, decía el Anteproyecto: las civiles, no se olvide, también son lucrativas (art. 1665 CC).

[44]   No en vano, el Dictamen del Consejo de Estado aplaude esta excepcionalidad sobre la base de que esos "*requisitos —excepcionalidad y debida justificación, autorización expresa y*

la hora de solicitar la autorización administrativa para suscribir o comprar derechos de participación social, debe demostrar que no existe otra forma más conveniente de dar cumplimiento a su finalidad social que constituir por sí o en compañía de otros una persona con ánimo de lucro civil o mercantil —p.ej., una sociedad civil, colectiva o limitada— o comprar acciones o participaciones en la misma. Por cierto, en el presente caso, y a diferencia del número anterior, es patente que la sociedad puede fundar o participar en la sociedad sola o en compañía de otros.

Asimismo, parece, se deberá justificar las circunstancias que permitirán a la entidad de gestión el cumplimiento de esos fines —p.ej., su posición de control en el accionariado o su condición de administrador—, sin perjuicio del cobro de los dividendos cuando los mismos se generen y acuerden. En efecto, no se olvide que la entidad participa en una entidad lucrativa y como tal, participará en sus resultados, sin perjuicio de que, lógicamente, los mismos se deban retener en la entidad. La justificación desde luego no será sencilla en el caso de existencia de otros socios —salvo que sean a su vez entidades de gestión— desde el momento que la sociedad mercantil debe perseguir ante todo la maximización de beneficios, y en ese sentido, la promoción de un dudoso autor o interprete novel puede resultar difícilmente compatible con ese objetivo. Sea como fuere, la justificación y el visto bueno de la administración será requisito constitutivo de la sociedad o de la adquisición o suscripción de sus participaciones, de modo que el notario deberá denegar la autorización en su ausencia, y si se autoriza a pesar de todo, la entidad se entenderá que ha obrado sin capacidad de disposición en este negocio (cfr. art. 1259 CC), generando su nulidad —p.ej., la de compraventa o suscripción de acciones o participaciones—. No obstante, en el caso de que el negocio de constitución de sociedad, y conforme a las reglas de nulidad de las sociedades de capital, eso no siempre conducirá a la nulidad y, si ese es el caso, la conclusión será la disolución de la sociedad indebidamente constituida. En todo caso, también en este caso procederá una de infracción administrativa grave del art. 162 ter. 3 c) LPI. También se deberá notificar la disolución; es decir, la apertura del proceso extintivo de la sociedad, que se consumará con la liquidación y cancelación registral de aquella. No se hace constar el destino de la cuota de liquidación corres-

---

singular— [...] se consideran adecuados para la garantía del carácter no lucrativo que caracteriza a las entidades de gestión colectiva", en p. 59 del documento en pdf.

pondiente a la entidad de gestión, que por tanto será un bien patrimonial propio no sujeto a reparto.

El tenor del art. 155.5, es claro en el sentido de sólo el ejercicio indirecto de las actividades del art. 155.1 a) y b) permite la participación en sociedades con lucro. No se recogió la sugerencia del Consejo de estado de extenderlo a la letra c), en concreto para el fomento de la descarga legal, aunque siempre pueda caber dentro de la cláusula general del "interés manifiesto". En efecto, esa regla excepcional, no obstante, deja en el aire el interrogante de cuáles son aquellas actividades *de interés manifiesto* distintas de las asistenciales en beneficio de sus miembros o las de su formación y promoción. Parece que deberá ser la administración autorizante quien tenga la última palabra para decidir, p.ej., si constituir una sociedad limitada entre dos entidades de gestión y un tercero para montar un macro festival en homenaje a una figura de la copla española es de manifiesto interés o no. No obstante, esta cláusula de cierre, o vía de escape si se quiere, no deja de resultar en última instancia un instrumento más de control administrativo de difícil intelección desde el derecho privado. Será acaso la actuación administrativa la que a través de la doctrina de los propios actos y la confianza legítima de los administrados en su comportamiento coherente vaya generando un *corpus* sustantivo que pueda dar una cierta certidumbre a esa actuación de los poderes públicos.

Tampoco se resuelve, aunque habrá que estar por la solución más permisiva *ex* arts. 34 y 38 de la Constitución, si hay algún límite en participar en personas jurídicas con responsabilidad ilimitada de sus socios, como se prevé en sede de fundaciones. A nuestro juicio, en defecto de norma semejante en sede de asociaciones o de previsión específica al respecto en la ley de propiedad intelectual, y a la luz del derecho de propiedad y libre empresa habrá que sostener la licitud de semejante participación[45].

Por el resto, no creemos que quepa duda de que lo anterior no impide inversiones meramente financieras, especialmente en sociedades cotizadas,

---

[45] La ley de 2002 de fundaciones prohíbe que la misma tenga participación en sociedades mercantiles donde se responda personalmente de las deudas sociales (art. 24.2 LF). Eso tenía sentido en un modelo como el anterior de 1994, donde se dudaba que las fundaciones pudiesen ejercitar por sí mismas actividades económicas y además y sobre todo buscaba evitar el riesgo ilimitado que eso suponía para el patrimonio empresarial. Actualmente esa norma carece de sentido.

donde la entidad de gestión persiga mediante la adquisición directa o vía adquisición de participaciones en fondos de inversión, posiciones en el capital de sociedades mercantiles. El carácter meramente financiero de esa operación pone de manifiesto no un ejercicio indirecto del comercio sino una mera forma de gestión diligente del patrimonio social.

4. OBLIGACIONES CONTABLES (ART. 156 Y DT PRIMERA)

4.1. En general (art. 156)

Conforme al nuevo artículo 156, las entidades de gestión deberán presentar cuentas anuales elaboradas de conformidad con el Plan de Contabilidad de las entidades sin fines lucrativos y formuladas según los modelos previstos en él. De ese modo, y de acuerdo con la función a la que parecen llamadas, se extiende a las entidades de gestión una obligación contable prevista hasta ahora para asociaciones de interés general y fundaciones de competencia estatal[46].

Lo anterior incluye en su caso la obligación de consolidar en aquellos casos de entidades de gestión que ostenten una participación de control en sociedades mercantiles —lo que sólo será posible como es sabido en los casos del art. 155.5— y se encuentren en cualquiera de los supuestos previstos legalmente para la sociedad dominante[47]. El supuesto es improbable a la luz de los arts. 151.2 y 155 LPI, y en todo caso vendría ya exigido por

---

[46]   Real Decreto 1491/2011, de 24 de octubre, por el que se aprueban las normas de adaptación del Plan General de Contabilidad a las entidades sin fines lucrativos y el modelo de plan de actuación de las entidades sin fines lucrativos y Resolución de 26 de marzo de 2013, del Instituto de Contabilidad y Auditoría de Cuentas, por la que se aprueba el Plan de Contabilidad de las entidades sin fines lucrativos, siendo de aplicación en todo lo no modificado específicamente por las normas de adaptación, el Plan General de Contabilidad, en los términos previstos en el Real Decreto 1514/2007, de 16 de noviembre, así como las adaptaciones sectoriales y las Resoluciones del Instituto de Contabilidad y Auditoría de Cuentas (ICAC).

[47]   Artículos 42 y 43 del Código de Comercio: se deberán formular cuentas anuales consolidadas en los términos previstos en dicho Código y en el Real Decreto 1159/2010, de 17 de septiembre, por el que se aprueban las Normas para la Formulación de Cuentas Anuales Consolidadas y se modifica el Plan General de Contabilidad aprobado por Real Decreto 1514/2007, de 16 de noviembre, y el Plan General de Contabilidad de Pequeñas y Medianas Empresas aprobado por Real Decreto 1515/2007, de 16 de noviembre.

lo previsto en el Código de Comercio que su previsión parece superflua. En efecto, de tener una participación de control en una sociedad mercantil dedicada a los hidrocarburos o la construcción estaríamos ante un supuesto de ejercicio indirecto de un objeto social abiertamente contrario al exclusivo de toda entidad de gestión que, como es sabido, es la gestión de los derechos de propiedad intelectual que se le confíen.

El art. 156.2, transcribe el texto de los párrafos primero y segundo del artículo 1 del Plan general contable de estas entidades, indicando que la memoria de las cuentas anuales de la entidad de gestión, además de completar, ampliar y comentar la información contenida en el resto de documentos que forman parte integrante de las cuentas anuales, incluirá información sobre las actividades desarrolladas para el cumplimiento de su objeto y fines y, como mínimo, los datos contenidos en las letras a) a i) de esa norma, siendo sin duda el de la letra d) el más relevante desde una perspectiva de gobierno corporativo y control de la gestión de los administradores, que prevé

> *"Un informe sobre la evolución y la situación de la entidad, los acontecimientos importantes para la misma ocurridos después del cierre del ejercicio, la evolución previsible de la entidad y las actividades de investigación y desarrollo realizadas en materias tales como sistemas de gestión de derechos".*

Por el resto, no queda claro si con eso se da cumplimiento al informe anual de transparencia del art. 22 de la directiva 2014/16 —trasunto del informe anual de gobierno corporativo de las entidades corporativas—, aunque entendemos que no, teniendo en cuenta, más allá de la conformidad de su contenido con el anexo I de la Directiva, que el art. 22.1 II de esa norma prevé su publicación en el sitio de internet de la entidad y su disponibilidad durante cinco años posteriores, lo que no se predica de la memoria aquí planteada.

Ulterior requisito de probidad económica de las cuentas de las entidades que todas las entidades someterán a auditoría sus cuentas anuales. Nos encontramos en este caso con la prueba de que, aun siendo una asociación, las entidades de gestión presentan una lógica empresarial perfecta y equiparable a las de cualquier sociedad de capital de estructura corporativa: no en vano, como se verá, las reglas legales siguen casi especularmente las previstas en cuanto a formulación, aprobación y auditoría de cuentas de una sociedad anónima.

Así, en materia de auditoría, se establece un régimen que va en paralelo al de las sociedades de capital (arts. 263 y ss.), aunque extendiendo la obligación a todas las entidades con independencia de su facturación o volumen de ingresos. La auditoría se contratará y realizará de acuerdo con lo previsto en el Texto Refundido de la Ley de Auditoría de Cuentas, aprobado por Real Decreto Legislativo 1/2011, de 1 de julio, con excepción de lo dispuesto en su artículo 19, disponiendo los auditores de un plazo mínimo de un mes, a partir del momento en que les fueran entregadas las cuentas anuales formuladas, para realizar el informe de auditoría (cfr. art. 270 LSC).

Los auditores serán nombrados por la Asamblea General de la entidad celebrada antes de que finalice el ejercicio a auditar (cfr. art. 264 LSC). El nombramiento de los auditores no podrá ser inferior a tres años ni superior a diez —a nueve dice el art. 19 LAC y el 264.1 LSC—, ni renovarse sin transcurrir un mínimo de tres años desde su anterior mandato. Es decir, que se puede nombrar por diez años y luego, nombrar otra por tres para en el siguiente volver a nombrar al inicial. La exclusión del art. 19 LAC excluye la necesidad de rotación del auditor en casos de montos superiores a cincuenta millones de euros. La Asamblea General no podrá revocar a los auditores antes de que finalice el período para el que fueron nombrados, a no ser que medie justa causa —eso sí lo dice el art. 19 LAC y 264.3 LSC—. De esta manera se suprime la obligatoriedad de permitir otro auditor por la minoría, prevista en el art. 156 II LPI 1996, aunque lógicamente no se excluye la posibilidad de que así se haga si se desea.

Encontramos igualmente un trasunto del art. 265 LSC en la referencia a que cuando la Asamblea General no hubiera nombrado al auditor antes de finalizar el ejercicio a auditar o la persona nombrada no acepte o no pueda cumplir sus funciones, el máximo órgano ejecutivo de la entidad deberá solicitar del registrador mercantil del domicilio social la designación de la persona o personas que deban realizar la auditoría, de acuerdo con lo dispuesto en el [Reglamento del] Registro Mercantil para las sociedades mercantiles. En estos casos, y sin límites de minoría, dicha solicitud al Registrador Mercantil podrá ser realizada por cualquier socio de la entidad. Entendemos que todo lo relativo al contenido del informe, remuneración y responsabilidad del auditor se regirá por las reglas al efecto de la ley de sociedades de capital, arts. 267 a 271 y que en la memoria se debe hacer constar igualmente el importe de esos servicios (art. 260 undécima LSC)

Finalmente, el art. 156.4 se ocupa de la formulación y aprobación de las cuentas anuales —aunque tal vez sería más ortodoxo que al menos la formulación de cuentas se regulase antes que su auditoría—. A tal efecto dispone que el máximo órgano ejecutivo de la entidad de gestión —su órgano de administración sería técnicamente más correcto y menos farragoso— formulará las cuentas anuales, dentro de los tres primeros meses siguientes al cierre de cada ejercicio (cfr. art. 253 LSC). Lógicamente, deberá estar firmado por todos los administradores con indicación de quién no lo hace y el motivo, como por otro lado ya se hace en la actualidad (art. 253.2 LSC). Las cuentas anuales junto con el informe del auditor se pondrán a disposición de los miembros de la entidad en su domicilio social y en el de las delegaciones territoriales, con una antelación mínima de quince días al de la celebración de la asamblea general en la que hayan de ser aprobadas (art. 156 III LPI 1996 y art. 272 LSC). Las cuentas anuales deberán ser aprobadas por la Asamblea General en el plazo de seis meses desde el cierre de cada ejercicio, de modo análogo a lo previsto en el art. 164 LSC. Lógicamente, si por cualquier razón no lo fueran, sea porque se rechazan o sea porque la junta no se celebra, podrán ser aprobadas en cualquier otra junta posterior sin perjuicio de lo que puedan disponer al respecto los estatutos de cada entidad así como de le eventual responsabilidad de los administradores por falta de convocatoria.

Dentro del mes siguiente a la aprobación de las cuentas anuales, se presentará para su depósito en el Registro Mercantil del domicilio social certificación de los acuerdos de la asamblea general de aprobación de las cuentas anuales, a la que se adjuntará un ejemplar de cada una de dichas cuentas y del informe de los auditores (cfr. art. 279 LSC). Nada se dice en cuanto a calificación, publicidad y régimen sancionador en caso de falta de depósito. A nuestro juicio, y dejando las sanciones por falta grave que prevé expresamente el art. 162 ter. 3 c) LPI, las reglas de calificación y publicidad serán las previstas en la LSC y en el propio Reglamento del Registro Mercantil en relación a las sociedades de capital.

4.2. *Régimen transitorio de contabilidad (DT primera)*

La Disposición Transitoria Primera prevé que las entidades de gestión aplicarán el Plan de Contabilidad de las entidades sin fines lucrativos a partir del 1 de enero de 2015, previendo normas técnicas en relación con el balance de apertura (nº 1) y con las Cuentas anuales (nº 2). A efectos jurídicos interesa destacar la inclusión en la memoria de las cuentas anuales del primer ejercicio —y sólo en esas, claro— que aplique el nuevo plan se creará un apartado denominado "*Aspectos derivados de la transición a las nuevas normas contables*", que incluirá una explicación de las principales diferencias entre los criterios contables aplicados, así como la cuantificación del impacto que produce esta variación de criterios contables en el patrimonio neto de la entidad.

5. MÁS OBLIGACIONES DE LAS ENTIDADES GESTIÓN (ART. 157)

El nuevo artículo 157 LPI, se ha convertido como es común en esta reforma, en un gran cajón de sastre de obligaciones de diverso tenor, contenido y beneficiario. Así podemos identificar un grupo de deberes sustantivos, en esencia ya recogidos previamente, como negociar contratos y autorizaciones sobre la base de tarifas generales —a, b y c—, o de nuevo cuño —como la de realizar liquidaciones y pagos— de la letra i o el participar en la ventanilla único conforme a la letra e. Otros deberes tienen carácter meramente formal o informativo, algunos *erga omnes*, como la difusión de tarifas, repertorios, contratos y régimen de reparto, en su web —letra d—, otro frente a sus usuarios, como la de informarles de las tarifas aplicadas a otros usuarios —letra f— o, en fin, frente a sus socios como la de informar a sus miembros de la composición y remuneraciones de la directiva así como de los contratos suscritos por la entidad —letra g—. o la elaborar y someter a la asamblea un presupuesto por anticipado de recaudación y reparto de derechos —letra h—. En fin, un *totum revolutum* de difícil sistematización. No obstante, se puede ver que una parte de esos deberes hacen referencia al tema tarifario mientras que el resto no; de ahí que sigamos ese criterio para su exposición.

5.1. *Obligaciones generales en temas no tarifarios*

Dejando para el lugar oportuno la obligación de crear un ente único de cobro o ventanilla única, que se introdujo en el art. 157.1 e) durante la tramitación parlamentaria para dar cabida en el articulado a la Disposición

Adicional Primera, estas obligaciones tienen una relevancia esencialmente informativa, sea frente al público en general, frente a sus miembros y usuarios o frente a la administración.

a) Frente al público en general. Las entidades deberán publicar en su web, y además hacerlo de forma bien visible, información exhaustiva sobre (1º) las tarifas generales, (2º) sobre su repertorio propio o, en la medida que sea posible, por representación, (3º) sobre los contratos generales en vigor y sus formularios así como sobre (4º) las reglas de reparto y descuentos aplicables (cfr. art. 12.1 Dir. 2014/16) así como las obras con titulares total o parcialmente desconocidos. Con ello no obstante no se agotan los extremos necesitados de esa publicidad reforzada y general en internet previstos en el art. 21 Directiva 2014/26, que se deberá completar en una futura regulación. La razón de ser de esa publicidad frente a todos, que evidentemente y no es necesario decirlo deberá respetar la legislación en materia de protección de datos, parece ser la de facilitar la decisión de contratar con la entidad, sea para decidir ser miembro de la misma —p.ej., reglas de reparto y descuento— o sea para ser usuario de su repertorio —tarifas, contratos generales, repertorio—.

b) Frente a los usuarios de su repertorio. Como forma de implementar sus deberes de actuación leal en el mercado, se prevé la obligación de informar a los usuarios de su repertorio sobre las condiciones comerciales otorgadas a otros usuarios que lleven a cabo actividades económicas similares. La lógica de ello estriba en evitar el tratamiento discriminatorio de los usuarios y la generación de desventajas competitivas, conforme al deber que en tal sentido le impone la normativa en materia de defensa de la competencia dada la posición de dominio en el mercado de estos operadores (art. 2 LDC). De este modo, los propios usuarios disponen de la información precisa para valorar la conducta de la entidad y ella misma ve en esta obligación un freno a la tentación de tal comportamiento.

c) Frente a sus miembros o socios. La letra g del art. 157.1 prevé que los socios, en principio sin necesidad de justificación pero debiendo hacerlo por escrito —y por tanto identificándose frente a la entidad y acreditando su condición de socio— puedan solicitar información sobre aspectos propios del Gobierno Corporativo de la entidad. Además, esta información se podrá requerir en cualquier momento y no sólo con ocasión de la celebración de juntas o asambleas. Lógicamente, el elenco de informaciones recogidas en esta norma no agota en absoluto el derecho de información del socio a conocer los extremos de la gestión social, con el límite ya conocido en las sociedades de capital de que esas informaciones puedan ser perjudiciales para el interés de la entidad y de la responsabilidad de los socios por su mal uso (art. 197 LSC). Sea como fuere, y como se ha indicado, esta información del art. 157.1 g) no es pública, aunque tal vez, como sucede en el caso de las sociedades cotizadas en mercados secundarios, cabe pensar en un interés general en conocer de forma anónima extremos como a) Las personas que forman parte de la alta dirección (es decir, con vínculo laboral ex RD 1985) y de los órganos de administración (es decir, representantes orgánicos), así como de las comisiones y grupos de trabajo en las que aquéllas participen; y b) cualquier tipo de remuneración que se atribuya a los citados por su condición de miembros de los órganos de representación, de trabajadores de alta dirección o de comisiones y grupos de trabajo[48]. Si parece justificada en todo caso la reserva en relación a c) Las condiciones de los contratos suscritos por la entidad con usuarios de su repertorio, con sus asociaciones y con otras entidades de gestión, pero, en este caso, sólo cuando acrediten tener interés legítimo y directo, lo que parece ir en la dirección de la fiscalización de la actuación de los administradores

También es una obligación de información respecto a sus miembros, complementaria a la operación de reparto y pago efectivo de los derechos, el practicar una rendición de las liquidaciones y pagos hechas por la entidad (vid., en extenso, el art. 18.1 Directiva 2014/26)[49]. Dichas liquidaciones, señala el art. 157.1 h), deberán contener *al menos* los siguientes datos: derecho y modalidad a la que se refieren, periodo de devengo, origen o procedencia de la recaudación y las deducciones aplicadas.

---

[48]   Eso sí, tampoco se ha de dar información concreta en exceso: esas informaciones, dice la norma siguiendo el art. 260, regla novena de la Ley de Sociedades de Capital, *"se podrán dar de forma global por concepto retributivo"*, recogiendo separadamente los correspondientes al personal de alta dirección del resto. Es decir, se podrá saber lo que se dedica a remunerar a la alta dirección y a los administradores en conjunto pero, en principio, no a cada uno de ellos. Lo primero parece sensato, lo segundo no tanto. Ya que la remuneración del administrador la aprueba la Junta o Asamblea, la información útil para el socio no es que le digan lo que ya sabe sino saber cuánto gana cada administrador en concepto de tal.

[49]   La ley, no obstante, omite el art. 18. 1 a) de la Directiva relativo a la comunicación y actualización de todo dato de contacto que el titular de derechos haya autorizado a la entidad de gestión colectiva a utilizar a fin de identificarlo y localizarlo; lo que es lógico a efectos de mantener actualizado el registro de socios del art. 6.5 de la Directiva.

Se añade, en fin en la letra k) del art. 157.1 la necesidad de elaborar un presupuesto anual de recaudación y reparto de derechos así como de otros ingresos y gastos de la entidad, aprobado con carácter previo al inicio del ejercicio al que vaya referido. No indica la ley qué órgano debe tener la competencia para esa redacción aunque se antoja que de ser la Asamblea eso supondría celebrar una en diciembre, con el coste que eso supone para algo a la postre tan sujeto a modificación como una previsión presupuestaria. No obstante, y aunque como se indica la ley no prejuzga qué órgano debe ser el competente, sí se prevé que todos los miembros de la entidad tengan acceso al presupuesto en su domicilio social y en el de sus delegaciones territoriales —cabe entender que también valdrá colgarlo en internet con una clave de acceso personal— con una antelación mínima de quince días al de la celebración de la sesión del órgano que tenga atribuida la competencia para su aprobación. De ese modo, aunque sea el órgano de administración quien apruebe ese presupuesto, todos los socios podrán conocerlo. Otra cosa es qué harán con esa información desde el momento que no pueden participar en la sesión del órgano que ha de aprobarlo.

d) Frente a titulares de derechos no socios. Dice al art. 157.1 i) que la entidad deberá cumplir con las obligaciones previstas en el apartado 1 de la letra g) y la letra h) del art. 157.1 respecto a *"los titulares de derechos no miembros de la entidad de gestión que administre la misma categoría de derechos que pertenezca al titular en lo relativo a los derechos de gestión colectiva obligatoria"* (cfr. art. 18.2 *in fine* Directiva 2014/26). Más allá de lo retorcido del tenor literal, que aunque se entienda suena bizarramente en castellano, estos titulares de derechos, a pesar de no ser miembros, podrán saber sin necesidad de consultar internet, la prensa o preguntar a alguien que sea miembro quién es quien gestiona la entidad así como saber consultando la liquidación periódica de sus derechos cuánto ha cobrado. Qué menos.

e) Frente a la Administración. Como no podía ser de otra forma, la ley recoge la obligación de notificar, y de hacerlo de forma diligente, a la Administración competente —que conforme al art. 159 será en la regla la estatal— los documentos que contengan la información completa sobre los nombramientos y ceses de sus administradores y apoderados —generales, entendemos—, los modelos de contratos de gestión y sus modificaciones, las tarifas generales y sus modificaciones, junto con los principios, criterios y metodología utilizados para su cálculo, los contratos generales celebrados con asociaciones de usuarios y los concertados con organizaciones nacionales y extranjeras de gestión colectiva, así como, aparte y además de su depósito en el Registro Mercantil, los documentos contables mencionados en el artículo 156, es decir, cuentas anuales, memoria e informe de auditoría. Y todo ello sin perjuicio de las ulteriores peticiones de información que sobre cualesquiera extremos que consideren convenientes puedan hacer las administraciones conforme al art. 157 bis. 2 y la sanción correspondiente, en su caso, por su incumplimiento conforme al art. 162. La regla pues es de puertas abiertas frente a los poderes públicos.

5.2. Obligaciones en temas tarifarios (art. 157.1, 2 y 3 y DT segunda)

a) La obligación de negociar de buena fe (art. 157.1 a). El nuevo art. 157 LPI conserva y reproduce, como no podía ser de otro modo, la obligación de las entidades de gestión de contratar la concesión de autorizaciones no exclusivas de los derechos gestionados, bajo remuneración y en condiciones equitativas y no discriminatorias —de criterios objetivos y no discriminatorios habla el 16.2 de la Directiva 26/2014— con quien lo solicite, salvo motivo justificado. Actualmente, el control efectivo sobre ese carácter no discriminatorio y equitativo corresponde al Comisión Nacional de los Mercados y de la Competencia, sin perjuicio de la función de control funcional o de denuncia ante aquella de la Sección Primera de la Comisión de propiedad intelectual (art. 158 bis 4). Precisamente esta última norma, que se remite para ese control a los criterios del art. 157 1 b) que luego se verán, pone de manifiesto que los mismos no sólo son concreción del criterio de *razonabilidad* que se recoge específicamente en el art. 157.1 b) sino también de los de *equidad* y *no discriminación* a que se refiere el art. 157.1 a), manifestándose con ello el uso poco riguroso, intercambiable y casi intuitivo de dichas nociones por el legislador.

Se explicita como novedad en el nuevo art. 157.1 a), frente al texto precedente, la obligación legal de negociar, y de hacerlo además de buena fe y con transparencia. Aunque es cierto que la obligación de negociar se podría considerar en principio ya implícita en la de contratar (SJMER Barcelona 30.09.2014), el carácter obligado de la negociación se ha recogido, con acierto, con sustantividad propia en la norma. La razón sin duda se debe al deseo del legislador de poner de manifiesto que las tarifas generales ni son tasas fijas ni tienen un carácter subsidiario automático favorecedor de conductas obstruccionistas /STS 18 de enero de 1990) Por el contrario, se trata de llamar la atención y permitir que, en su caso, la negociación pueda llevar a que la tarifa finalmente aplicada difiera de la general[50]. Se trataría así, en fin, de conjurar la precompresión social acerca de la imposición unilateral de precios por parte de estos monopolistas naturales —*"take it or leave it"*—: la tarifa debe ser un precio razonable de partida pero ajustable al caso concreto. Lo anterior, no obstante, no significa que se proscriba la negociación por adhesión con estas entidades. Esa capacidad de negociación del lado de los usuarios estará lógicamente limitada a aquellos con mayor capacidad, como se comprueba en el art. 158.3 II —asociaciones de usuarios, entidades de radiodifusión o usuarios especialmente significativos—. El resto, el usuario minorista si se permite la expresión, contratará por adhesión y será la razonabilidad y equidad de las tarifas generales, elaboradas conforme a un reglamento ministerial (art. 157.1 b) II) y supervisadas por el Comisión de Propiedad Intelectual y la Comisión de los Mercados (art. 158.4) su forma de protección en abstracto. Por lo demás, se mantiene tal vez por mera practicidad la regla de cantidad sustitutoria del art. 157.2 en su redacción actual lo que, como puso de manifiesto la Comisión Nacional de la Competencia en su informe de 2009, ahonda en el desequilibrio de la negociación, al incrementar los costes de negociar para el usuario pudiendo llevarle a aceptar un acuerdo que no aceptaría en una situación de mayor equilibrio de poder negociador.

A esos efectos también se ha creído preciso especificar también un deber de negociar de buena fe, evidentemente ínsito en toda negociación, y más en los casos de poder de mercado de una de las partes[51]. El motivo, más allá de la alusión al deber de negociar de buena fe del expositivo 31 de la Directiva 26/ 2014 y de su art. 16.1, sin duda se encuentra también en advertir a quien ostenta poder de mercado en contra de que pueda negociar sólo formal o aparente en orden a provocar la mentada aplicación de la tarifa gene-

---

[50]   La CNC, Res. 9 de diciembre de 2008 sobre el Expediente 636/07, ha indicado que se *"genera una clara asimetría de poder entre las partes negociadoras a favor de la entidad de gestión, y reduce los incentivos que ésta puede tener a alcanzar un acuerdo, puesto que se le reconoce el derecho a exigir coactivamente a través de los tribunales [...] el pago de un precio fijado unilateralmente y sin más límite que el que se deriva de los conceptos jurídicos indeterminados de la equidad o razonabilidad de la remuneración".*

[51]   En última instancia, el deber de negociar de buena fe ex arts. 7.1 y 1258 CC y la consecuente *culpa in contrahendo* en su defecto son nociones de sobra conocidas en el derecho civil común.

ral. Una especificación de lo anterior será el deber de negociación diligente que se desprende del art. 16.3 de la Directiva 26/2014, en relación a la evitación de dilaciones indebidas respecto a las solicitudes de los usuarios. Otra especificación sería igualmente la de negociación facilitada, en la medida que se debe admitir la posibilidad de comunicación con los usuarios por medios electrónicos conforme al art. 16.4 de la Directiva 26/2014. Por lo demás, Tanto el Consejo de Estado como el Consejo General del Poder Judicial, en sus respectivos informes, han incidido en la importancia de este proceso negociador, especialmente a la vista de las competencias de la Sección Primera en orden a la fijación de la tarifa en caso de desacuerdo; de ahí que, por ejemplo, se haya propuesto por el Consejo del Poder Judicial el prever reglamentariamente la comunicación formal a esa sección del inicio formal de las negociaciones en orden a la determinación del *dies a quo* del plazo de negociación libre (art. 158 bis 3 II LPI). Lo que desde luego no parece reconducible a ese deber de buena fe del art. 157 es el someterse a la mediación de la sección primera en caso de bloqueo de la negociación, supuesto que ello se configura como potestad libre de las partes por el art. 158 bis 1 a) LPI.

También se introduce la obligación de una negociación transparente. Eso en principio no añade nada a la obligación de negociar de buena fe, aunque se pueda dotar de contenido específico a la luz del *in fine* del art. 16.1 de la Directiva 26/2014 en relación a la máxima transmisión de información entre las partes de la negociación.

b) La obligación de establecer tarifas generales (art. 157.1 b). El art. 157.1 b) ya venía exigiendo de las entidades de gestión la obligación de establecer tarifas generales, que determinen la remuneración exigida por la utilización de su repertorio, que deberán, como una suerte de carga en interés de la cultura, prever reducciones para las entidades culturales que carezcan de finalidad lucrativa.

Hasta la fecha era la propia entidad de gestión la que fijaba de forma unilateral esas tarifas, con la obligación de su comunicación a efectos informativos a la administración (art. 159.3). Eso permanece en esencia en la actualidad, si bien con la significativa peculiaridad de que la redacción de esas tarifas, simples y claras (a) se deberá ajustar a la metodología reglada que se fije por una orden del Ministerio de Educación, Cultura y Deporte, previo informe de la Comisión Nacional de los Mercados y la Competencia y previo acuerdo de la Comisión Delegada del Gobierno para Asuntos Económicos (b). Dicha metodología reglamentariamente fijada deberá a su vez estar basada en los hasta siete criterios en los que se especifica *ad exemplum* y como regla de mínimos el criterio del *uso efectivo* en el nuevo art. 157.1 b).

(i) Simplicidad y claridad de las tarifas. La primera novedad es que, a partir de ahora esas tarifas deberán ser "simples y claras". El origen de esta exigencia cabe rastrearlo en el informe de la Comisión Nacional de la Competencia de 2010 donde recomendaba expresamente que *"los manuales tarifarios debían ser simples y claros y las metodologías de cálculo de las tarifas accesibles a los usuarios"*[52]. El contenido normativo concreto de ese mandato, sin embargo, resulta limitado, ya que esas propiedades habrán de ser contrastadas en cada caso conforme a la capacidad del usuario medio de estos servicios y teniendo en cuenta, además, la inherente complejidad de un criterio de fijación de tarifas por uso efectivo[53]. Por otro lado, y dado que no hay control *ex ante* o autorización previa de las tarifas por la administración, el cumplimiento de estos requisitos de simplicidad y claridad, aunque parece poco probable, podría considerarse como objeto de revisión *ex post* y sanción leve conforme al art. 162 bis 4 c) —no se olvide que el art. 162 bis 3 c) excluye de sanción como falta grave el incumplimiento del art. 157.1 b)—, y eso sólo si se entiende lo anterior como un incumplimiento meramente formal, lo que es dudoso. No obstante, y contra de cualquier posible incriminación *ex* art. 162 bis, a nuestro juicio, la voluntad legal clara creemos que ha sido dejar a la Comisión de los Mercados y la competencia la sanción de los supuestos de infracción del art. 157.1 b) LPI (cfr. art. 158 bis 4). Nótese así que se excluye de sanción grave la infracción del art. 157.1.k (art. 162. bis 3 c) para luego recogerla como infracción leve (art. 162 bis 4 b), lo que no sucede con el art. 157.1 b), que no se vuelve a mencionar en absoluto en dicho art. 162 bis.

---

[52]   Informe sobre la gestión colectiva de derechos de propiedad intelectual, cit., Recomendación Séptima, p. 101.

[53]   Así, se indicó durante la tramitación que. "[*l*]*a claridad es una consecuencia de la transparencia que se exige a las entidades de gestión, sin embargo, la simpleza, es poco compaginable con aquellos supuestos en que la tarifa tenga que revestir cierta complejidad como ocurre cuando se introduce el parámetro del «uso» para su cálculo*" (Grupo socialista, BOC 9.07.2014, p. 127).

(ii) De las tarifas por disponibilidad a las tarifas por uso efectivo. La segunda novedad, que de alguna forma ya venía anticipada por el art. 158.3. 3º LPI redactado en 2011 por la Ley de economía sostenible[54], se cifra en la concreción de criterios tarifarios de utilización efectiva. En efecto, se indica ahora que el importe de las tarifas se establecerá en condiciones razonables, atendiendo al valor económico de la utilización de los derechos sobre la obra o prestación protegida en la actividad del usuario, y buscando el justo equilibrio entre ambas partes, concretando a continuación hasta siete criterios a tal efecto. Es decir, que la razonabilidad se cifra en lo que podríamos calificar de criterio del valor económico equilibrado, desgranado en los citados siete subcriterios.

El *leit motiv* de la nueva regulación viene a ser así el desplazamiento del generalizado sistema actual de tarifas por disponibilidad por un sistema único de tarifa por uso, método ahora imperante tanto en la jurisprudencia y legislación comunitarias como postulado en la doctrina más reciente del Tribunal Supremo[55]. En principio parece difícil resistirse a la bondad del sistema de tarificación por uso y a la conveniencia de la sustitución del de disponibilidad. Ese desplazamiento, no obstante, habrá que entenderlo como potestativo para y en beneficio del usuario; es decir, que la nueva regulación creemos que no se opone a la posibilidad de que la entidad de gestión ofrezca al usuario o a ciertas categorías de usuarios, con plenas garantías de transparencia, la posibilidad de optar por uno u otro sistema en

---

[54] *"En el ejercicio de sus funciones para la fijación de cantidades sustitutorias de tarifas, la Comisión valorará, el criterio de utilización efectiva, por el usuario, del repertorio real de titulares y obras o prestaciones que gestionen las entidades y la relevancia y utilización en el conjunto de la actividad del usuario. La Comisión también podrá tener en cuenta, entre otros criterios o antecedentes, las tarifas existentes para la explotación de los mismos derechos y que hayan sido establecidas por la Comisión o en los acuerdos y contratos firmados por la propia entidad para situaciones análogas".*

[55] V., por todas, SSTJUE 06.02.2003, asunto C-245/00, y la STJUE de 14.07.2005, asunto C-192/04 y SSTS de 15.01.2008, 10.09.2008, 18.022009, 07.042009, 17.02.2010, 13.12.2010 y 23.03.2011; Vid., E de M Directiva 26/2014, nº 31 *"Es conveniente que los cánones de licencia o la remuneración determinados por las entidades de gestión colectiva sean razonables en relación con, entre otros factores, el valor económico del ejercicio de los derechos en un contexto particular".* Luego, el art. 16.2 II establece en consonancia que *"[l]as tarifas aplicadas a los derechos exclusivos y a los derechos a remuneración serán razonables en relación con, entre otros factores, el valor económico de la utilización de los derechos negociados, teniendo en cuenta la naturaleza y ámbito de uso de las obras y otras prestaciones, y el valor económico del servicio prestado por la entidad de gestión colectiva [...]".*

atención a las ventajas e inconvenientes de cada uno —p.ej., en términos de repertorio usado o de complejidad y coste económico y de gestión de un sistema de uso efectivo—[56]. *Mutatis mutandis*, se trataría de dejar al usuario la opción entre pagar el parking por minutos o por horas; si va a usar la plaza bastante tiempo, es posible que sea más conveniente el segundo que el primero si se me da la opción de elegir. Otra cosa, como luego se verá, es si la monitorización de ese uso se revelase imposible en la práctica o excesivamente costosa; en tal caso cabría pensar en un régimen de disponibilidad como única opción; como se ha podido decir, la aplicación de tarifas por uso se debería condicionar al coste razonable de su implementación y a la disposición y capacidad del usuario a tal efecto.

La base del sistema de disponibilidad, en efecto, suponía un precio independiente del uso efectivo que se hiciera del repertorio de la entidad, frente al segundo, el de uso efectivo, que precisamente se basa en ese uso como dato determinante. El primero ha sido considerado por las autoridades de competencia como una barrera de entrada a nuevos operadores de mercado así como un elemento favorecedor de tarifas desproporcionadas respecto al valor económico de uso del repertorio. Las tarifas por uso efectivo, por el contrario y sin perjuicio de las eventuales dificultades técnicas y del coste de su implantación, resultan en ese sentido más justas. Dos ejemplos pueden ayudar a comprender lo anterior

> *"[...] Si se cobra un 3% sobre ingresos a dos televisiones, y una pone un minuto de música al día y otra pone cinco horas de música al día, la tarifa independiente del uso efectivo podría hacer que la primera televisión realizase un pago desproporcionado. Resultaría más razonable que dicho pago se modulara en función del uso que cada televisión hace del repertorio[57].*
>
> *"[...] Para la determinación de si el precio es equitativo o no puede acudirse a varios parámetros [...] como el valor económico de la prestación; por ejemplo, diferenciando entre las distintas grabaciones audiovisuales por su taquilla y procedencia ya que no tiene un mismo valor la exhibición de una*

---

[56]   Se va pues en la ley más lejos que las recomendaciones de la CNC 2010, que preveían incluir como una obligación en la LPI que las entidades estableciesen, al menos para determinadas clases de usuarios, tarifas por uso efectivo, manteniendo como alternativa las tarifas por disponibilidad. A ese respecto se entendía que siempre que la monitorización del uso efectivo pudiera ser a un coste razonable y que el usuario estuviese dispuesto a proporcionar la información necesaria para determinar el uso, la entidad de gestión debería tener la obligación de ofrecer al usuario una tarifa por uso efectivo.

[57]   CNC, *Un nuevo Impulso. Informe sobre la gestión colectiva de derechos de propiedad intelectual*, 2010, cit., p. 80.

> *grabación audiovisual de cine extranjero minoritario o no comercial y subtitulada sin doblaje, que el de la misma película doblada, que el de las películas con mayor éxito comercial, o la exhibición de una película de estreno o de una película estrenada hace más de 20 o 30 años —el valor se medirá y será mayor o menor por las expectativas que tenga la exhibidora de obtener un mayor o menor beneficio por su exhibición, y no por un porcentaje fijo de la taquilla a cobrar incluso aunque la grabación audiovisual haya sido o esté siendo un fracaso comercial—"* [SAP Las Palmas, 19.03.2013].

No obstante la evidente conveniencia de pagar por lo que se usa, al menos hasta la fecha, la realidad denunciada por la Comisión Nacional de la Competencia y a la que ha sido especialmente sensible el legislador era la prevalencia de unas tarifas por disponibilidad que no se ajustaban al valor económico real de la utilización y uso efectivo de su repertorio, y eso a pesar de la viabilidad de un sistema de uso, como pondría de manifiesto el que precisamente las entidades se sirven de informes de uso efectivo para el reparto de su recaudación[58].

(iii) Los concretos criterios de razonabilidad de las tarifas por uso. El nuevo texto desgrana el criterio de uso efectivo en siete reglas que, de modo meramente expositivo se pueden agrupar en torno a las nociones de razonabilidad o equidad de un lado y de no discriminación de otro. Estas reglas, ahora tipificadas, recogen en esencia la doctrina jurisprudencial elaborada en los últimos seis años así como la propia tendencia legal recogida desde 2011 en el art. 158.3. 3º LPI ahora derogado[59]. A tal efecto se pueden distinguir entre aquellas de equidad absoluta o razonabilidad abstracta (1º) y aquellas de equidad relativa o de no discriminación (2º)

1º. Reglas de equidad absoluta o razonabilidad

a) las relativas al impacto del uso en el conjunto de la actividad del usuario. Los ordinales primero y segundo hacen referencia respectivamente al grado de uso efectivo del repertorio en el conjunto de la actividad del usuario,

---

[58]   *Vid.*, Comisión Nacional de la Competencia ", Un nuevo Impulso. Informe sobre la gestión colectiva de derechos de propiedad intelectual", 2010, *cit.*, p. 95 y su Res. 04.04.2008, donde indica que el estado actual de la técnica permite realizar una cuantificación en atención a la efectividad del uso del repertorio, por lo que la utilización del criterio de la simple disponibilidad no es equitativo.

[59]   *Vid.*, por todas, SSTJUE 06.02.2003, asunto C-245/00, y la STJUE de 14.07.2005, asunto C-192/04 y SSTS de 15.01.2008, 10.09.2008, 18.022009, 07.042009, 17.02.2010, 13.12.2010 y 23.03.2011; *Vid.*, E de M Directiva 26/2014, nº 31 y art. 16.2 II.

así como a la intensidad y relevancia del uso del repertorio en el conjunto de la actividad del usuario. Lo primero, por ejemplo, supone tomar en consideración la audiencia u ocupación efectiva de un acto y no la potencial[60], mientras que lo segundo haría referencia a conexión de los actos de explotación con la actividad del usuario, distinguiendo entre, al menos, una conexión directa o un carácter accesorio o secundario[61].

También en este grupo de reglas creemos inscribible el ordinal cuarto, relativo a los ingresos económicos obtenidos por el usuario por la explotación comercial del repertorio[62]. Interesa destacar dos notas; de un lado, la ley se refiere a "ingresos" y no a "beneficios"; de otro, no exige que esos ingresos se deriven directamente de la explotación de los derechos gestionados por la entidad. Interesa destacar esos extremos en la medida que durante la tramitación de la norma pudieron surgir sus alternativas como enmiendas al texto final, que finalmente no las contempló. Por lo que respecta al primero, es cierto que el art. 47 LPI utiliza la noción de beneficio mientras el 90.3 LPI la de ingreso; no obstante, y como bien se dijo en el Congreso, el beneficio de un negocio depende de factores que poco tienen que ver con la explotación del derecho, de forma que se estaría ante una suerte de negocio asociativo o parciario en lugar de uno sinalagmático, como es el caso[63]; de otro lado, y en cuanto a la conexión del ingreso con

---

[60] De forma didáctica, la CEOE propuso añadir a este respecto que "[e]n particular, en caso de que una determinada tarifa se calcule con base en la audiencia u ocupación a la que se destina un acto de explotación, el cálculo de dicha tarifa deberá realizarse teniendo en cuenta la audiencia u ocupación efectiva y no la audiencia u ocupación potencial de dicho acto, ni la capacidad máxima o aforo del establecimiento donde se desarrolla el acto". Propuesta de enmiendas de 11 de marzo de 2014, p. 8.

[61] Así, la CEOE propuso la adición a esta norma del siguiente párrafo: "En este sentido, las tarifas que se determinen deberán tener en cuenta si el usuario realiza una explotación que se conecta directamente con la actividad realizada o si, por el contrario, dicha explotación es secundaria o accesoria a la misma", propuesta de enmiendas de 11 de marzo de 2014, p. 8.

[62] Enmienda en BOCG 09.07.2014, en p. 157: "El concepto de "beneficio económico", que ya figuraba en una anterior versión del anteproyecto, es más coherente que el concepto de ingresos económicos atendiendo a la finalidad de la remuneración en el caso de derechos colectivos obligatorios, vinculados al beneficio del usuario, en especial si se relaciona con relación a los artículos 47 (en cuanto a la remuneración a tanto alzado), 90, 108.4 y 116.2 de la Ley".

[63] Así se propuso que "en el ordinal 4.° sería recomendable especificar, según consta en el texto de la enmienda, que los ingresos económicos deben ser «directamente» obtenidos de la explotación comercial del repertorio de la entidad de gestión /.../ aunque como bien se ha podido decir, eso supone de algún modo vincular al éxito económico del usuario la remuneración del autor", BOCG,

la explotación de la obra, la misma ya está recogida implícitamente en la relevancia del uso en el conjunto de la actividad del sujeto.

b) las relativas a la amplitud del propio repertorio de la entidad de gestión. El ordinal tercero hace referencia a la amplitud del repertorio de la entidad de gestión. A estos efectos, se introdujo en la tramitación del proyecto de ley en el Congreso, una definición de repertorio, entendiendo por tal *"las obras y prestaciones cuyos derechos gestiona(n) una entidad de gestión colectiva"*[64]. De esta forma, y conforme al criterio tanto del tribunal supremo como de las autoridades de competencia, se abandona el criterio de repertorio universal a favor del de repertorio contractual. Así, se conforma el criterio de la Comisión Nacional de la Competencia en Res. 04.02.2008 al sentar que *"la tarifa deja de ser equitativa si el repertorio que sirve de base para su fijación no es el que efectivamente administra la entidad de gestión"* Confirmación de ello se encuentra en su informe de 2010: *Amplitud del repertorio. "La tarifa debe ajustarse al repertorio o ámbito de derechos efectivamente gestionado por la entidad, y si existen titulares a quienes la entidad no gestiona sus derechos, éstos no deben entrar en el cálculo de la tarifa"*[65].

c) Las relativas al coste del servicio de tarificación por uso efectivo. También en el Congreso se introdujo como ordinal 5º la referencia al valor económico del servicio prestado por la entidad de gestión para hacer efectiva la aplicación de tarifas, conforme a lo previsto por la Directiva 26/2014 en su art. 16.2. Es decir, el coste de la implementación. Esta regla funcionaría como contrapeso de las anteriores, en la medida que, eventualmente no sólo podría incrementar sensiblemente el coste de la tarifa, siendo razona-

---

09.07.2014, p. 128. También la CEOE propuso la adición de la expresión "directamente; propuesta de enmiendas de 11 de marzo de 2014, p. 8.

[64] Vid., la enmienda en el BOCG, 09.07.2014, p, 171. Para la inclusión de la definición del concepto "repertorio", prevista por el artículo 3.1) de la Directiva 2014/26/CE, para dotar de mayor seguridad jurídica a los criterios para la determinación de tarifas generales.

[65] *Una tarifa equitativa* [continúa la Comisión] *tiene que tener en cuenta el repertorio efectivamente gestionado por la entidad. En caso contrario, se dificulta que la tarifa guarde una relación razonable con el valor económico de la utilización del repertorio y se incrementa la posibilidad de que los usuarios realicen pagos por titulares que la entidad no representa. Recientemente, el Tribunal Supremo, en la citada Sentencia de 18 de febrero de 2009, dictada en el contexto de un conflicto tarifario entre Telecinco y AIE, ha defendido que un principio que debe guiar la fijación de tarifas es el de la amplitud del repertorio: "...no puede quedar al margen de la fijación de las tarifas la consideración de los criterios relacionados con la amplitud del repertorio de cada una de estas sociedades en relación con las demás...".*

ble una alternativa de disponibilidad, sino incluso llegar a hacer inviable la posibilidad de una tarifa por uso.

2º. Reglas de equidad relativa o no discriminación

La posición de dominio de las entidades de gestión en sus respectivos ámbitos les imponen unos deberes inexistentes para quienes no se encuentran en esa posición; en efecto, la inexistencia de alternativas razonables a contratar exige que todos los que lo pretendan deben tener la garantía de un acceso en paridad o al menos de no sufrir una discriminación injustificada[66]. De ahí que las reglas recogidas en los números 6 y 7 de la norma se correspondan con esa lógica: el 6º dispone que en proscripción de tarifas discriminatorias se deben considerar *"las tarifas establecidas por la entidad de gestión con otros usuarios para la misma modalidad de utilización"*, y el 7º lo amplía del lado de la oferta transnacional, al sentar que *"las tarifas establecidas por entidades de gestión homólogas en otros Estados miembros de la Unión Europea para la misma modalidad de uso, siempre que existan bases homogéneas de comparación"*[67].

(iv) Contratos generales. En fin, recogiendo el tenor ya vigente del art. 157 LPI, las entidades de gestión están obligadas a negociar y celebrar contratos generales con asociaciones de usuarios de su repertorio, siempre que aquéllas lo soliciten y sean representativas del sector correspondiente (art. 157 c) LPI 1996), debiendo quedar constancia en la memoria de los mismos (art. 156.2 g). En el Congreso se propuso prever expresamente la posibilidad de bonificaciones para los asociados en estos casos, aunque finalmente esa posibilidad no se acogió, entendemos que por no necesaria[68].

---

[66] *Vid.*, STS de 10 de septiembre de 2008, *"Resulta evidente que el hecho de no llegar a un acuerdo en un proceso negociador no puede convertirse en un criterio justificado para la imposición de unas tarifas más gravosas que aquellas que responden objetivamente a criterios de equidad ponderados en función de las tarifas aplicadas a otros organismos en los correspondientes convenios"*.

[67] En contra, ignorando el *caveat* de la homogeneidad de términos de comparación, la CEOE sostuvo que las *"diferencias existentes en los mercados y el nivel de vida de los distintos Estados Miembros de la Unión Europea respecto a España hacen que la incorporación de dicho criterio resulte incorrecta"*. Propuesta de enmiendas de 11 de marzo de 2014, p. 8.

[68] Se propuso, en efecto, incluir un inciso que regulase el establecimiento de descuentos en tales supuestos, en atención a la reducción de costes de transacción y gestión que comportan, con el consiguiente beneficio obtenido en materia de seguridad jurídica. Enmienda G. Socialista, BOCG, 19.07.2014, p. 128.

5.3. *Aprobación y negociación de nuevas tarifas: el régimen transitorio (DT segunda)*

Dando por supuesto que las tarifas vigentes no se adaptan a las reglas de uso efectivo, se prevé en la Disposición transitoria segunda que las entidades de gestión deberán aprobar nuevas tarifas generales en el plazo de seis meses a partir de la entrada en vigor de la orden ministerial que apruebe la metodología para su determinación (art. 157.1.b).

Asimismo, en su caso, las entidades de gestión deberán renegociar con las asociaciones representativas a nivel nacional del sector correspondiente y con los organismos de radiodifusión unas nuevas tarifas adaptadas a los citados criterios de uso efectivo del art. 157.1 b) antes del uno de enero de 2016. No obstante, prevalecerá lo ya pactado con esas asociaciones y organismos respecto a derechos exclusivos y a utilizaciones singulares durante la vigencia de dichos acuerdos, con el límite máximo del uno de enero de 2018. Llegado el término de vigencia del acuerdo antes de esa fecha y en todo caso, llegada la misma, se deberá proceder a su negociación en términos comunes[69]. A falta de acuerdo, la Sección Primera, en ejercicio de sus funciones arbitrales, determinará la tarifa correspondiente (art. 158 bis.3)

Hasta que se aprueben y difundan públicamente las nuevas tarifas generales, siempre que no haya tarifas acordadas con asociaciones y organismos después del uno de enero 2012 y dejando a salvo lo arriba previsto para derechos exclusivos y utilizaciones singulares, los usuarios sólo deberán pagar a cuenta el 70 por ciento de las tarifas generales aprobadas por cada entidad de gestión, en relación con los derechos de remuneración y los exclusivos. Así, cuando un acto de explotación esté sujeto a un derecho de remuneración y concurra con un derecho exclusivo de la misma categoría de titulares a la que corresponde aquél, la tarifa de ambos derechos se someterá al régimen establecido en este apartado. El legislador, pues, ha cifrado conforme a sus estimaciones que el exceso de las tarifas vigentes respecto a las que hayan de resultar en el futuro es del 30 por ciento.

---

[69]   Vid., la crítica de la CEOE a esta salvedad y a la del párrafo siguiente sobre la base de que ello *"permitiría a las entidades de gestión evitar el nuevo marco normativo en materia de fijación de tarifas y los criterios rectores que deberán inspirar aquélla"*. Propuesta de enmiendas de 11 de marzo de 2014, p. 22.

5.4. *Especialidades adicionales: adecuación de tarifas a radios y televisiones públicas*

La Disposición adicional 2ª de la ley prevé determinadas especialidades tarifarias en relación a ciertos usuarios. En concreto, se trata de la obligación de aplicar "tarifas adecuadas" a aquellos usuarios que tengan encomendada la gestión de servicios públicos de radio y televisión, carezcan de ánimo de lucro y tengan legalmente impuestas obligaciones de fomento de la cultura. Más allá de la redundancia en la descripción del destinatario —la noción de servicio público parece llevar ínsitas la de falta de lucro y fomento cultural—, eso viene a acumularse, no se sabe muy bien cómo, a la previsión de reducciones tarifarias que ya se establece en el art. 157.1 b) para las entidades culturales —públicas o privadas, radiotelevisivas o no— que carezcan de finalidad lucrativa. Es de esperar que la orden de desarrollo de los criterios de establecimiento de tarifas a que se refiere el art. 157 prevea unas y otras especialidades tarifarias así como su contenido. Parece no obstante que esa "adecuación" a que se refiere la norma se traducirá, en fin, en una ulterior reducción a la ya prevista legalmente en el art. 157.1 b), lo que con independencia de alegaciones de una imposición encubierta debe, en última instancia, ponerse también en relación en cuanto a su validez con el art. 4.1 de la Ley de defensa de la competencia respecto a la discriminación que supone en relación al resto de operadores culturales carentes de lucro.

6. RÉGIMEN DE CONTROL, SUPERVISIÓN E INTERVENCIÓN DE ENTIDADES DE GESTIÓN (ARTS. 157 BIS, 159 Y 162 BIS, TER Y QUÁTER)

6.1. *La potestad general de control y supervisión de la administración*

Conforme al espíritu de la reforma, el nuevo artículo 157 bis convierte a las administraciones, ahora se verá cuales, en garantes últimos del buen funcionamiento de estas instituciones privadas a través del ejercicio de su poder público de control y sanción. Esta norma, no en vano intitulada *facultades de supervisión,* siguiendo al art. 159.1 I LPI 1996 configura de la forma más amplia y genérica esas potestades, al sostener que "*las administraciones competentes velarán por el cumplimiento de las obligaciones que incumben a las entidades de gestión de derechos de propiedad intelectual*". Y nótese que hace referencia, como luego se verá a propósito del régimen sancionador, a cualesquiera obligaciones, sin matizarlas o limitarlas en modo alguno.

A tal efecto fiscalizador, el poder público *"podrá realizar las actividades de inspección y control que consideren convenientes, recabando, cuando resulte necesario, la colaboración de otras entidades públicas o privadas"* (art. 157 bis 1 II)[70]. Una vez más, desarrollando lo previsto en al art. 159.1 II LPI 1996, la amplitud de estas facultades se formula sin restricciones, restricciones que no obstante se deberán deducir de otros ámbitos del ordenamiento, tanto administrativo como constitucional. No se olvide que es doctrina pacífica y consagrada por el Tribunal Constitucional que las personas jurídicas gozan el mismo ámbito de protección, siempre que ello sea compatible, que las personas físicas, y en ese sentido, la administración quedará en todo caso sujeta a su observancia[71]. Así, por ejemplo, y a los efectos que nos ocupan, se puede traer a colación la STC 137/1985 de 17 de octubre que venía a reconocer la inviolabilidad del domicilio de una sociedad mercantil[72].

---

[70]   La expresa alusión a la posibilidad de recabar la colaboración de entidades privadas deja de ser misteriosa leída a la luz de la posibilidad de la administración de encargar auditorías a empresas privadas; no en vano, y no hacemos juicios de valor, desde este verano la propia Intervención General de la Administración del Estado ha previsto recurrir a auditoras privadas ante su insuficiencia de medios; *vid.*, Orden HAP/1368/2014, de 14 de julio, por la que se declara la insuficiencia de medios de la Intervención General de la Administración del Estado, que justifica la contratación con empresas privadas de auditoría. No en vano, el art. 159.1 II hacía referencia expresa a la posibilidad de ordenar auditorías, aunque ahora se ha suprimido.

[71]   Así FJ 2º de la sentencia 23/1989 de 2 de febrero ha indicado que: *"[...] en nuestro ordenamiento constitucional, aun cuando no se explicite en los términos con que se proclama en los textos constitucionales de otros Estados* [art. 19 Constitución alemana], *los derechos fundamentales rigen también para las personas jurídico nacionales en la medida en que, por su naturaleza, resulten aplicables a ellas"*. En general, sobre esta titularidad, *vid.*, por muchos a GÓMEZ MONTORO, A., "La titularidad de derechos fundamentales por personas jurídicas: un intento de fundamentación", en *La democracia constitucional. Estudios homenaje al Profesor Francisco Rubio Llorente*, vol. I, Madrid, 2003, pp. 387 y ss.; ROSADO IGLESIAS, G. J., "Sobre la Capacidad de las personas jurídicas para ser titulares de derechos fundamentales", en *derecho Constitucional para el siglo XXI. Actas del VIII Congreso Iberoamericano de derecho Constitucional*, t. I. Pamplona 2006, pp. 1465 y ss., etc.

[72]   La STC 139/1995 de 26 de septiembre indica que *"debe reconocerse otra esfera de protección a las personas morales, asociaciones, entidades o empresas, gracias a los derechos fundamentales que aseguren el cumplimiento de aquellos fines para los que han sido constituidas, garantizando sus condiciones de existencia e identidad. [...] En ocasiones, ello sólo será posible si se extiende a las personas colectivas la titularidad de derechos fundamentales que protejan —como decíamos— su propia existencia e identidad, a fin de asegurar el libre desarrollo de su actividad, en*

Como innecesario corolario de lo anterior pero recordatorio siempre eficaz, prevé el tercer número del art. 157 bis una genérica obligación de colaboración de las entidades de gestión con las administraciones competentes, así como, específicamente, la de atender diligentemente —no a desgana, con retraso o a regañadientes— a sus requerimientos de información y documentación. De este modo se amplían los términos precisos del antiguo art. 159.3 LPI —remisión de nombramientos, tarifas, documentación contable, etc., por el resto ahora reubicado en el art. 157 j)—, a favor de un deber mucho más genérico y omnicomprensivo.

Como cobertura de lo anterior, el nuevo art. 162 ter 4 prevé en su letra a) como falta leve el desatender a los requerimientos de las administraciones públicas realizados al amparo de lo dispuesto en el artículo 157 bis, entendiendo por tal desatención dejar transcurrir injustificadamente más de un mes desde la notificación del requerimiento. Como luego se verá, el responsable será la propia entidad de gestión, sin que se prevea régimen sancionador alguno frente a los gestores inmediatamente responsables de dicho retraso o incumplimiento. Las administraciones públicas, eso sí, podrán reducir el plazo de un mes para la remisión de la información por razones de urgencia debidamente motivadas (art. 162 ter 4 a) *in fine*).

6.2. *La administración competente*

a) Las competencias estatales. La ordenación territorial de España y la atribución de competencias que de ella deriva plantea también cuestiones en relación a la intervención de los poderes públicos en la vida de las entidades de gestión (art. 149.1.9ª CE). De ahí el paso de la antigua intitulación original, que sólo se refería a las potestades del Ministerio de Cultura, a la presente, más neutra, inclusiva y reconocedora de la realidad territorial del país. A ese respecto, se procede también a la incorporación de la doctrina constitucional que se ha ido formando, y que, como es sabido y se ha apuntado en los informes emitidos a propósito de la reforma[73], son en esencia dos:

---

la medida en que los derechos fundamentales que cumplan esta función sean atribuibles, por su naturaleza, a las personas jurídicas".

[73]   *Vid.* Dictamen del Consejo de Estado, nº 5.5.d. —sin paginación propia en el original disponible en red en la web del BOE, aunque en p. 60 del texto en formato pdf—.

(i) Así, el primer hito es la Sentencia del Tribunal Constitucional 196/1997, que en relación al art. 144 LPI 1987, reconoció al Estado la facultad de otorgar o revocar la autorización necesaria para actuar como entidad de gestión (arts. 147, 149 y primer inciso del art. 159.1 LPI), así como la de aprobar las modificaciones estatutarias de la entidad (art. 159.2 LPI). Por el contrario, sería asumible por las Comunidades autónomas la vigilancia sobre el cumplimiento de las obligaciones establecidas en el segundo inciso del art. 159.1.I LPI, así como las funciones de control y supervisión en los términos del art. 159.1 II LPI[74].

(ii) El segundo hito es la Sentencia del Tribunal Constitucional 31/2010, relativa al art. 155 del Estatuto de Cataluña (Ley Orgánica 6/2006, de 19 de julio), donde, dentro de la competencia ejecutiva en materia de propiedad intelectual, se incluía:

> "b) La autorización y la revocación de las entidades de gestión colectiva de los derechos de propiedad intelectual que actúen mayoritariamente en Cataluña, así como asumir tareas complementarias de inspección y control de la actividad de dichas entidades".

El Tribunal considera que la autorización de estas entidades puede estar incluida dentro de las competencias ejecutivas salvo que el estado decida en otro sentido; es decir, que no son constitucionalmente no ejecutivas por naturaleza[75]. Sin duda por ello, y antes de la entrada en vigor de la presente

---

[74] *Vid.*, art. 12.4 del Estatuto Vasco: "*Art. 12.– Corresponde a la Comunidad Autónoma del País Vasco la ejecución de la legislación del Estado en las materias siguientes: propiedad intelectual e industrial.*". Lo mismo prevé el art. 28.1.11 del Estatuto de la Comunidad de Madrid y, en general, todos los promulgados. Algunos, no obstante, son más prolijos; así, el catalán prevé en su art. 155. "*Propiedad intelectual e industrial 1. Corresponde a la Generalitat de Cataluña, la competencia ejecutiva en materia de propiedad intelectual, que incluye en todo caso: a) El establecimiento y la regulación de un registro, coordinado con el del Estado, de los derechos de propiedad intelectual generados en Cataluña o de los que sean titulares personas con residencia habitual en Cataluña; la actividad de inscripción, modificación o cancelación de estos derechos, y el ejercicio de la actividad administrativa necesaria para garantizar su protección en todo el territorio de Cataluña. La Generalitat debe comunicar al Estado las inscripciones efectuadas en su registro para que sean incorporadas al registro estatal; debe colaborar con éste y facilitar el intercambio de información. b) [reproducida en el texto]*".

[75] "*[...] dicha autorización y revocación pueden inscribirse, en cuanto tales, en la función ejecutiva. Sin embargo, siendo el Estado el titular de la función legislativa en esta materia (art. 149.1.9 CE), al Estado corresponde decidir si tales autorizaciones y revocaciones pueden ejercerlas las*

ley, el Gobierno Vasco ha autorizado la constitución de una entidad de gestión con ese ámbito territorial. No obstante, y para el futuro, y dentro del marco sentado pro el Tribunal Constitucional, la opción y la decisión del Estado es clara en el nuevo art. 159.1, en el sentido de que corresponderán, *en todo caso*, al Ministerio de Educación, Cultura y Deporte, las siguientes funciones:

> *"a) La comprobación del cumplimiento de los requisitos legales al inicio de la actividad y la inhabilitación legal para operar, de las entidades de gestión de derechos de propiedad intelectual, conforme a lo previsto en esta ley.*
> *b) La aprobación de las modificaciones estatutarias presentadas por estas entidades, una vez que lo hayan sido por la respectiva Asamblea general y sin perjuicio de lo dispuesto por otras normas de aplicación. Dicha aprobación se entenderá concedida si no se notifica resolución en contrario en el plazo de tres meses desde su presentación".*

Es decir, que si el Tribunal Constitucional exigía del Estado una decisión que extrajese expresamente la autorización para la creación de estos entes de la competencia autonómica, sea cual sea su ámbito territorial, esa decisión se ha tomado ahora. Así, como dice el dictamen del Consejo de Estado, *"el Estado ha decidido que las autorizaciones y revocaciones deben permanecer en su esfera de competencia para asegurar el cumplimiento sin fraccionamiento de la legislación en materia de propiedad intelectual".* Se podría decir, en consecuencia, que lo que no se quiso hacer en 2009 al modificar el art. 147 se ha querido y se ha hecho ahora al modificar el art. 159.1 a y b[76].

Comunidades Autónomas o debe retenerlas el propio Estado para asegurar el cumplimiento sin fraccionamiento de la propia legislación. A este respecto es obvio que, [...], tales potestades ejecutivas no impiden que la legislación estatal retenga para el Estado las competencias que ahora se controvierten. En consecuencia, ha de desestimarse la impugnación del art. 155.1 b) [...]".

[76] El Consejo de Estado considera en efecto esa opción como conforme con la jurisprudencia constitucional, (*vid.*, p. 62 de su informe en formato pdf). Eso parece implicar la decadencia de lo previsto en la Res. 20 septiembre 2010, de la Secretaría de Estado de Cooperación Territorial, por la que se publica el Acuerdo de la Subcomisión de Seguimiento Normativo, Prevención y Solución de Conflictos de la Comisión Bilateral Generalitat-Estado en relación con la Ley 25/2009, de 22 de diciembre, BOE de 20 octubre, y donde se lee que *"Respecto del artículo 42 de la Ley 25/2009, que da nueva redacción al artículo 147 del Texto Refundido de la Ley de Propiedad Intelectual, y prevé que las entidades que tengan establecimiento en territorio español y pretendan dedicarse a la gestión de derechos de explotación y otros de carácter patrimonial deberán obtener la autorización del Ministerio de Cultura, ambas partes coinciden en considerar que la plena vigencia de esa disposición legal no obsta para el ejercicio por la Generalitat de Cataluña de la competencia asumida conforme a lo*

b) Las competencias autonómicas. Reservadas al Estado las funciones de autorización de la entidad y sus estatutos, se dejan en el nuevo art. 159.2 I las funciones de inspección, vigilancia y control de las entidades de gestión, incluido el ejercicio de la potestad sancionadora, a la Comunidad Autónoma *"en cuyo territorio desarrolle principalmente su actividad ordinaria"* (*cfr.*, STC 196/1997)[77]. Y eso, lógicamente hay que entenderlo con independencia de que el control, la información y eventualmente las sanciones puedan traer causa de la actuación de la entidad fuera de ese ámbito territorial. O dicho de otro modo, una entidad de gestión sometida conforme al art. 159 a la supervisión autonómica de, digamos, el País Vasco, puede verse sancionada por éste como consecuencia de una conducta verificada en cualquier otro lugar del país. A estos efectos, la competencia es efectivamente exclusiva de la autoridad autonómica y no compartida con el Estado.

Otra cuestión es concretar la definición de qué hay que entender por el adverbio "principalmente" del art. 159.2. Precisamente, el alcance de esa mención se ha suavizado de forma sensible respecto a las primeras y muy exigentes redacciones del proyecto. La razón de ello sin duda estriba en evitar el reproche de exclusión *de facto* de cualquier posibilidad de ejercicio autonómico de esta potestad así como de falta de conformidad con los criterios constitucionales derivados de la fijación de puntos de conexión en la STC 194/2004, de 4 de noviembre.

Así, inicialmente, el Anteproyecto exigía a estos efectos de las entidades de gestión sometidas a supervisión autonómica que

> *"Se considerará que una entidad de gestión de derechos de propiedad intelectual actúa principalmente en una Comunidad Autónoma cuando su domicilio social se encuentre en el territorio de dicha Comunidad Autónoma y el principal ámbito de recaudación de la remuneración de los derechos confiados a su gestión se circunscriba a dicho territorio. Se entenderá por principal ámbito de recaudación aquel de donde proceda más del 85% de ésta, siendo revisable bienalmente el cumplimiento de esta condición".*

---

previsto en el artículo 155.1.b del Estatuto de Autonomía de Cataluña, según la interpretación realizada por la jurisprudencia del Tribunal Constitucional, entre la que se cuenta la Sentencia 31/2010, de 28 de junio".

[77]　Y eso como bien se dijo en el Congreso, pese a tratarse de *"actividades deslocalizadas y de productos que se venden o consumen en ámbitos internacionales para los que el propio ámbito nacional resulta carente de realismo."* Vid., BOCG 09.07.2014, p. 9.

A la luz de las observaciones vertidas sobre el mismo[78], el texto finalmente remitido al Congreso señalaba que:

> "Se considerará que una entidad de gestión de derechos de propiedad
> intelectual actúa principalmente en una Comunidad Autónoma cuando su
> domicilio social y el domicilio fiscal de al menos el 50 por ciento de sus socios
> se encuentren en el territorio de dicha Comunidad Autónoma, y el principal
> ámbito de recaudación de la remuneración de los derechos confiados a su
> gestión se circunscriba a dicho territorio. Se entenderá por principal ámbito
> de recaudación aquel de donde proceda más del 60 por ciento de ésta, sien-
> do revisable bienalmente el cumplimiento de esta condición"[79].

El texto finalmente aprobado, como es sabido, y rechazadas todas las
enmiendas presentadas, se limita a reproducir el texto que entró original-
mente en el Congreso. Lógicamente, queda la duda de la constitucionalidad de esta nueva redacción, que rebaja sensiblemente la cuota numérica
de recaudación respecto al Anteproyecto, pero que introduce el elemento
del domicilio fiscal de, al menos, la mitad de los miembros. A nuestro juicio, y sin perjuicio de una mayor y mejor reflexión, estamos por la viabilidad constitucional de la medida, ya que los nuevos puntos de conexión no
parece que vacíen de forma ostensible la posibilidad de ejercicio de esas
competencias. No obstante, y aunque sólo sea por la intuición de identificar
"principal" con "mayoritario" e incluso por una idea de simetría, podría parecer que haber fijado el límite de recaudación también en el 50% hubiese
sido más elegante.

Lo anterior no obstante no resuelva todas las dudas interpretativas que
se plantean. Es preciso, en primer término, como indica el Consejo de Estado y el legislador no ha resuelto, la necesidad de precisar por qué entidad

---

[78]   *Vid.* Dictamen del Consejo de Estado, que dudaba de su compatibilidad con lo previsto
en la STC 194/2011, en p. 64 del documento en pdf., abogando por una regulación que
permitiera el ejercicio de esa competencia por las comunidades autónomas que la hubieran asumido.

[79]   En el Congreso, para garantizar las competencias de las Comunidades Autónomas en la
materia, se llegó a proponer como único dato de conexión el del domicilio social de la
entidad —BOCG 09.07.2014—, p. 75; otras enmiendas, sin llegar tan lejos, exigían el
domicilio de la entidad en la comunidad y que la actividad se desarrollase principalmente
en su territorio, aunque sin especificar en qué consistía esto último, *ibíd.*, p, 162; en fin
otros grupos, en el extremo opuesto, elevaban al 90% los socios que debían estar domici-
liados fiscalmente y elevaban también al 90% las cifras de recaudación para entender la
actividad realizada principalmente en el territorio, *ibíd.*, p. 106.

—estatal o autonómica— se efectuará esa revisión bianual del estatus de la entidad así como con arreglo a qué procedimiento y con qué efectos. A nuestro juicio parecería lógico que fuese el Estado quien, con los datos facilitados por la respectiva Comunidad Autónoma, realizase esa comprobación, reasumiendo, en su caso, la competencia de inspección, vigilancia y control de la comunidad. No se olvide que el Estado tiene en última instancia la competencia genérica en esa materia *ex* art. 149.1.9ª CE con los límites impuestos por él mismo en el art. 159 LPI, y por tanto debe estar facultado para comprobar y, en su caso, recuperar la ejecución de la misma si aquellos límites se traspasan. No obstante, creemos más respetuoso y más eficiente que la competencia del Estado no sea la de hacer de forma inmediata y directa esa comprobación sobre la base de datos crudos remitidos desde la comunidad, sino la de recibir y comprobar la evaluación bianual que pueda realizar directamente la propia Comunidad Autónoma, sin perjuicio de solicitar cuantas aclaraciones considere necesarias. Ese, por ejemplo, sería un contenido oportuno del desarrollo reglamentario previsto en el art. 159.2 III en orden a establecer por Real Decreto los mecanismos y obligaciones de información necesarios para garantizar el ejercicio coordinado y eficaz de estas funciones entre el Estado y las Comunidades Autónomas.

Finalmente, y esto tampoco hacía falta decirlo, el art. 159.3 prevé la competencia residual del Estado en esta materia, de modo que corresponderán al Ministerio de Educación, Cultura y Deporte las funciones de inspección, vigilancia y control, incluida la sancionadora, sobre las entidades de gestión de derechos de propiedad intelectual, cuando su ejercicio no corresponda, por la razón que sea, a una Comunidad Autónoma.

c) El caso de las entidades de ámbito regional ya aprobadas. Como es sabido, de forma inmediatamente anterior a la aprobación de la vigente norma y sin duda en contemplación del nuevo régimen establecido en la misma, el Gobierno Vasco ha concedido la autorización para actuar como entidad de gestión de los derechos de autor a *Euskal Kulturgileen Kidegoa* [EKKI][80]. Más allá de la relativa y siempre discutible practicidad en la era digital de una gestión de derechos —todos, según parece— atendiendo a un criterio meramente geográfico —más aún, regional—, se trata de consi-

---

[80]   *Vid.*, Boletín Oficial del País Vasco [BOPV], nº 200, de 21 de octubre de 2014.

derar ahora brevemente su ajuste legal[81]. Sin perjuicio de la jurisprudencia constitucional ya referida y sobre la que se volverá, lo anterior tiene su antecedente positivo inmediato en el Real Decreto 896/2011, de 24 de junio, sobre ampliación de servicios de la Administración General del Estado traspasados a la Comunidad Autónoma del País Vasco por el Real Decreto 3069/1980, de 28 de septiembre, en materia de ejecución de la legislación sobre propiedad intelectual[82]. En el anexo de dicha norma se recogen los acuerdos del Pleno de la Comisión Mixta de Transferencias Administración del Estado-Comunidad Autónoma del País Vasco, celebrado el día 22 de junio de 2011. La letra B de dicho documento, además de competencias sobre vigilancia, control y arbitraje prevé en su nº 2 que:

> En cuanto a las entidades de gestión de derechos de propiedad intelectual, la Comunidad Autónoma del País Vasco asume las siguientes funciones en los términos que establezca la legislación del Estado:
> a) La autorización y revocación de autorización de las entidades o asociaciones de entidades que pretendan dedicarse, de manera exclusiva o mayoritariamente en el ámbito de la Comunidad Autónoma del País Vasco, en nombre propio o ajeno, a la gestión de derechos de explotación u otros de carácter patrimonial por cuenta y en interés de varios autores u otros titulares de derechos de propiedad intelectual. Para la autorización, se estará a la observancia de que cumplan los requisitos establecidos en la normativa estatal, las condiciones necesarias para asegurar la eficaz administración de los derechos en el territorio de la Comunidad Autónoma del País Vasco y el servicio a los intereses generales de la protección de la propiedad intelectual[83].
> b) La aprobación de Estatutos de dichas entidades de gestión y sus modificaciones [...]"[84].

---

[81] En efecto, parece que esa entidad de gestión deberá tener el *expertise* necesario para gestionar desde derechos de intérpretes o ejecutantes, pasando por autores audiovisuales y llegando a derechos reprográficos de autores de libros. Habré que estar lógicamente al contenido de sus estatutos para ver cómo se define su objeto, si bien por las noticias de prensa se define a sí misma como "transversal". http://www.diariovasco.com/culturas/201411/15/nace-sgae-vasca-20141115001013-v.html.

[82] BOE nº 155, de 30 de junio de 2011 y BOPV nº 124, de 30 de junio de 2011, corregida en BOPV nº 138, de 20 de julio de 2011).

[83] Nótese, por cierto, la posible ilegalidad que contenía la norma: si la entidad se dedica no de forma mayoritaria sino de forma *exclusiva* a la gestión en el ámbito vasco, se podría estar incumpliendo el art. 148.1 b) LPI que exige un ámbito, potencialmente al menos, nacional.

[84] Para Cataluña, *vid.*, el Decreto 122/2013, de 26 de febrero, sobre autorización, revocación de la autorización, inspección y Registro de las entidades de gestión colectiva de derechos de propiedad intelectual de Cataluña. No nos consta que se haya hecho uso de esta norma hasta la fecha.

En desarrollo de lo anterior se publica por el Gobierno Vasco el Decreto 247/2012, de 21 de noviembre, de modificación del Decreto por el que se establece la estructura orgánica y funcional del Departamento de Cultura. En cuyo art. 7 se lee en lo que nos interesa:

> *"Se añade un nuevo subapartado 2.5 al párrafo 2 del artículo 10 del Decreto 45/2011, de 22 de marzo, por el que se establece la estructura orgánica y funcional del Departamento de Cultura, con la siguiente redacción:*
> *«2.5.– Corresponde al Registro de la Propiedad Intelectual y Asesoría Jurídica de Patrimonio Cultural: [...]*
> *f) La autorización y revocación de autorización de las entidades o asociaciones de entidades que pretendan dedicarse, en nombre propio o ajeno, a la gestión de derechos de explotación u otros de carácter patrimonial por cuenta y en interés de varios autores u otros titulares de derechos de propiedad intelectual.*
> *g) La aprobación de Estatutos de dichas entidades de gestión y sus modificaciones [...]»"*.

Como se ha visto, la doctrina del Tribunal Constitucional no impide que se entiendan comprendidas dentro de las competencias en materia de ejecución de la legislación sobre propiedad intelectual las de autorización de entidades actuantes mayoritariamente en el territorio de una Comunidad autónoma. Así se dijo expresamente respecto a la previsión expresa del estatuto catalán (STC 31/2010) y así parece que se entendió por el Estado aun en ausencia de semejante norma expresa en el estatuto vasco (RD 896/2011). Si eso es así, y la Constitución no excluye en defecto de decisión en contra del legislador la competencia para la creación de entidades de gestión de ámbito preferentemente regional, no parece objetable la decisión del Gobierno Vasco en el momento que se tomó.

Ahora bien, lo anterior debía y debe entenderse como una competencia claudicante; es decir, sólo en defecto de una reserva exclusiva al estado de esa facultad (art. 149.1.8 CE), reserva que de forma expresa y terminante sólo se ha producido con la entrada en vigor del presente art. 159.1 I (y no con la ley 25/2009 conforme a la Res. 20 septiembre 2010, de la Secretaría de Estado de Cooperación Territorial). De este modo, y para el futuro (art. 2.2 CC), queda sin lugar a interpretación excluida la posibilidad de creación de este tipo de entidades territoriales salvo por decisión del titular de la competencia originaria en la materia (art. 149.1.8 CE).

Otra cosa es lo que haya de suceder respecto a la entidad así creada, dado que la ley nada ha previsto al respecto —como por otra parte era lógico ya

que no existían otras entidades de gestión territoriales y ésta solo se ha autorizado sólo pocos días antes de la aprobación definitiva de la reforma—.
A nuestro juicio, no obstante, nos encontramos ante un falso problema.
En efecto, y en principio, parecería que los términos de los arts. 148 y 159
podrían dar pie a entender que el Ministerio de Cultura puede revocar la
autorización concedida por el Gobierno Vasco mientras tuvo competencia
para ello en los términos del art. 149. Si la decisión del legislador, legítimamente tomada aunque políticamente debatible, es no admitir la presencia
de entidades de ámbito regional no parece lógica la ultraactividad de una
norma que permita la supervivencia de un único ejemplar en su género
como el que se considera aquí[85]. Otra cosa es que el art. 149 no imponga el
ejercicio inmediato de esa facultad de revocación y puedan existir motivos
de oportunidad que aconsejen no ejercitarla[86].

Todo lo anterior nos parece un error evidente: no se olvide que cuando el
Gobierno Vasco autoriza esa entidad, lo hace en ejercicio de competencias
legítimamente asumidas en ese momento y, como ya se ha indicado, con
observancia de que cumplan los requisitos establecidos en la normativa estatal",
es decir, con observancia de lo dispuesto en el art. 148 de la ley. Si eso es así
y el acto administrativa de concesión es ajustado a derecho como parece, no
se ve el problema en que esta entidad perviva bajo el nuevo régimen del art.
159.1 en lo que toca al Estado y sometida a vigilancia y control del Gobierno Vasco (art. 159.2). No se olvide que la nueva ley no impide la creación
de entidades —mayoritariamente— regionales, como podría parecer —al
contrario, el art. 159.2 expresamente lo admite—, sólo impide que a partir
de ahora las autoricen los gobiernos autonómicos: por tanto, si lo hicieron
mientras pudieron no parece que haya nada que discutir respecto a su validez (arts. 2.3 CC y arts. 20 y 38 CE), sin perjuicio de la aplicación para
el futuro del nuevo régimen —p.ej., sometiendo al Ministerio la reforma
de sus estatutos en lugar de a la Consejería Vasca de Cultura *ex* art. 159.1
b)—. Y todo ello más allá de lo bienvenida que en todo caso es la competencia en cualquier sector.

---

[85] Ni mucho menos nos planteamos la posibilidad de la inhabilitación legal para operar, que
sólo se considera en la ley como una sanción por infracciones muy graves, arts. 162. quáter
1 a), 162.bis. 2 y 159.1 a).

[86] *Vid.*, MARÍN LÓPEZ, "Comentario al art. 149", en *Comentarios a la ley de propiedad
intelectual,* [R. Bercovitz (Dir.)], 3ª ed., 2007, p. 1826.

7. RESPONSABILIDAD ADMINISTRATIVA, ÓRGANOS COMPETENTES SANCIONADORES Y PROCEDIMIENTO SANCIONADOR

7.1. En general. Sujetos pasivos, activos y procedimiento

Los artículos 162 bis, ter y quater de la nueva ley configuran el régimen sancionador de la actividad corporativa y económica de estas entidades. Esto no es un fenómeno nuevo en la actividad mercantil; así, el Código de Comercio, siendo ley de derecho privado prevé sanciones administrativas en su art. 24 para cualesquiera empresarios, al igual que la Ley de Sociedades de Capital en el caso de infracciones por autocartera las prevé en el caso de cualesquiera sociedades (art. 157); no obstante, se trata de normas aisladas y hasta cierto punto anómalas. Sólo en sectores regulados como paradigmáticamente el de los mercados de valores (arts. 95 y ss. de la Ley del Mercado Valores [LMV]), los seguros (arts. 40 y ss. de la Ley de Ordenación y Supervisión de Seguros Privados [LOSSP]) o las entidades de crédito (arts. 89 a 118 de la Ley 10/2014, de 26 de junio, de Ordenación, Supervisión y Solvencia de Entidades de Crédito [LOSSEC]) encontramos una sistematización de normas sancionadoras en relación al entero régimen de funcionamiento del operador económico en cuestión. La justificación de ese régimen se encuentra en las graves distorsiones que una mala práctica de los operadores de esos sectores podrían tener para la economía en general. De ese modo, el legislador, atendiendo al parecer a esa función de protección cultural de las entidades de gestión proclamada en su Exposición de Motivos, ha decidido incorporar a las entidades de gestión a la casta de entidades sometidas a especial supervisión y sanción. Esa es una decisión de política legislativa lógicamente no sometible a un juicio jurídico de validez. Otra cosa es su conveniencia o su necesidad, especialmente en los términos que se verán a continuación, y sobre todo, asunto diverso la calidad técnica y la función de prevención cumplen, que parecen escasamente presentes. Tan sólo la intuición de que estas sanciones no se llegarán a aplicar proporciona un cierto alivio tras su lectura.

a) Los sujetos de responsabilidad. De acuerdo con el art. 162 ter 1, las entidades de gestión incurrirán en responsabilidad administrativa por las infracciones que cometan en el ejercicio de sus funciones, como es propio superado hace tiempo el axioma de *societas delinquere non potest.* Son así las entidades, en tanto que personas jurídicas, quienes serán destinatarias de la sanción, sin preverse en modo o circunstancia alguna que la autoridad competente se pueda dirigir directamente contra las personas físicas o jurídicas que ostenten cargos de administración o dirección en la entidad (en contra, sí se prevé, p.ej., en el resto de sectores económicos regulados: art. 40 d) y e) y art. 47.2 LOSSP, art. 95 LMV, art. 157.3 LSC). Lo anterior no deja de ser relevante si se tiene en cuenta que, en la mayoría de casos, la sanción será pecuniaria, y muy elevada, con lo que será la propia entidad quien tenga que satisfacer, *prima facie*, la sanción. Es cierto que luego dispondrá la entidad de una acción de regreso contra el responsable, pero desde luego no tendrá la ejecutividad de la reclamación administrativa y por otro lado, se dirigirá contra alguien que previsiblemente será insolvente. Es decir, que el socio que ha sufrido la desastrosa gestión de unos administradores deberá, además de sufrir aquella, pagar la multa a la administración en la parte que le toque y luego intentar recuperar algo del administrador desleal o negligente. Es posible que con ello se haya intentado excitar la diligencia de los socios en el control de sus agentes, pero nos tememos que eso es pensar demasiado. Eso supone que además, y en consecuencia, que no se prevé ninguna sanción de inhabilitación o pérdida de la capacidad de ejercicio de cargos directivos para esos sujetos (a diferencia de lo previsto en ese sentido en otros sectores regulados, *cfr.* art. 42 LOSSP, art. 102.1 f) g) y h) LMV). Contemplado lo anterior, a nuestro juicio y a la vista del art. 130.1 de la Ley de Procedimiento Administrativo [LPA], cabría incluso preguntarse si esta regulación es materialmente conforme con el principio de responsabilidad por la sanción[87].

b) La administración competente. Prevé el art. 162 ter que el ejercicio de la potestad sancionadora corresponde a la Administración competente —estatal o autonómica— de conformidad con el artículo 159, si bien la inhabilitación legal para operar corresponde, en todo caso, al Ministerio de Educación, Cultura y Deporte. No se especifica, sin embargo, qué órgano concreto ostenta esta competencia, a diferencia de otras normas sancionadoras en el ámbito de otros sectores regulados de la economía que sí lo precisan (p.ej., art. 46 LOSSP, art. 97 LMV, art. 157. 6 LSC); en consecuencia habrá que estar al régimen general del art. 10 del Real Decreto 1398/1993,

---

[87]   Art. 130 LPA: *"Sólo podrán ser sancionadas por hechos constitutivos de infracción administrativa las personas físicas y jurídicas que resulten responsables de los mismos aun a título de simple inobservancia".*

de 4 de agosto,. No hay que indicar que se trata de una competencia exclusiva; es decir, que si, por ejemplo una entidad está sometida al control de una comunidad autónoma, sólo esa comunidad autónoma podrá sancionar, con independencia del tipo de ilícito que se haya podido cometer y del lugar donde pueda haber tenido lugar.

c) El procedimiento sancionador. La previsión del procedimiento sancionador adolece, como en el caso de la identificación de los sujetos responsables, de una falta de sofisticación palmaria; en efecto, el art. 162 ter se contenta en su número 3 con prever que el ejercicio de la potestad sancionadora se regirá por el procedimiento establecido en el Título IX de la Ley 30/1992, de 26 de noviembre, de Régimen Jurídico de las Administraciones Públicas y del Procedimiento Administrativo Común, y en su normativa de desarrollo[88]. Precisamente al art. 131 de esa ley se remite de forma expresa y redundante el art, 162 quater 6 para graduar las sanciones a imponer por la Administración del Estado. El problema es que esas normas legales no prevén un procedimiento sancionador completo, sino tan sólo principios; principios de la potestad sancionadora en los arts. 127 a 133 y principios del procedimiento sancionador en los arts. 134 a 138[89]. Habrá que estar en consecuencia en el caso del Estado al Real Decreto 1398/1993, de 4 de agosto, por el que se aprueba el Reglamento del procedimiento para el ejercicio de la Potestad Sancionadora, donde sí se prevé un procedimiento[90].

---

[88]   Ley 30/1992, de 26 de noviembre, de Régimen Jurídico de las Administraciones Públicas y del Procedimiento Administrativo Común (en adelante LRJAP), modificada por Ley 4/1999, de 13 de abril, que derogó casi en su totalidad la Ley de Procedimiento Administrativo de 17 de julio de 1958, en cuyos artículos 133 y siguientes regulaba el procedimiento sancionador. En este sentido, la Exposición de Motivos de la LRJAP señala, tras citar el contenido del art. 149.1.18ª de la Constitución Española que *"la Ley recoge esta concepción constitucional de distribución de competencias y regula el procedimiento administrativo común, de aplicación general a todas las Administraciones Públicas y fija las garantías mínimas de los ciudadanos respecto de la actividad administrativa"*.

[89]   Así, no hay normativa específica en materia de prescripción de sanciones (sí la hay y específica en los art. 45 LOSSP, art. 101 bis LMV, art. 157.4 LSC) eso supone la aplicación subsidiaria del art. 132.1 LPA.

[90]   Las Comunidades Autónomas han dictado normas para regular las peculiaridades propias del procedimiento sancionador, entre las que podemos citar el Decreto 28/2001, de 30 enero, aprueba el reglamento sancionador de Aragón, Decreto 245/2000, de 16 de noviembre, por el que se aprueba el Reglamento para el ejercicio de la potestad sancionadora de la Comunidad de Madrid; la Ley 2/1998, de 20 de febrero, de la potestad sancionadora de las Administraciones Públicas de la Comunidad Autónoma Vasca; el Decreto

Aun así, llama la atención que, a diferencia de la legislación en materia de entidades de seguros, no se haya previsto un procedimiento *ad hoc* para la medida absolutamente extrema de la intervención de la entidad.

Queda la duda, sobre la que se volverá, acerca de si el plazo de apercibimiento previsto en el art. 149 LPI es extensible a cualesquiera supuestos de procedimiento sancionados o sólo al previsto en esa norma. Aunque en principio parece que debería ser esto último lo procedente por aplicación literal, y al menos en los casos más graves de infracciones del art. 162 ter, consideramos que se debe extender —por prudencia— este apercibimiento y la consecuente posibilidad de arrepentimiento y corrección allí previstos, aunque en defecto de exigencia expresa no quepa denunciar por su ausencia un defecto invalidante del procedimiento[91].

Eso sí, con un detallismo digno de encomio, el art. 162 quáter.7 de toda una ley se preocupa de prever que cuando las sanciones pecuniarias hayan sido impuestas por el Ministerio de Educación, Cultura y Deporte, los órganos y procedimientos para la recaudación serán los establecidos en el Reglamento General de Recaudación, aprobado por Real Decreto 939/2005, de 29 de julio, y demás normas de aplicación. En los demás casos, serán los establecidos en la legislación aplicable por las Administraciones Públicas que las hayan impuesto.

7.2. Tipicidad de infracciones (art. 162 ter)

Conforme al art. 129 LPA el principio de tipicidad exige que la ley recoja las conductas sancionables. A ese efecto, el art. 162 ter., insistiendo que las infracciones las cometen y sólo las pueden cometer las entidades de gestión y no sus directivos, procede a clasificarlas en muy graves, graves y

---

189/1994, de 25 de agosto, que aprueba el Reglamento del procedimiento sancionador de Castilla y León; el Decreto 21/1994, de 24 de febrero, que aprueba el Reglamento del procedimiento sancionador del Principado de Asturias; el Decreto 14/1994, de 10 de febrero, que aprueba el Reglamento del procedimiento de las Islas Baleares; el Decreto 9/1994, de 8 de febrero, que aprueba el Reglamento sobre procedimientos sancionadores de Extremadura o el Decreto 278/1993, de 29 de noviembre, sobre procedimiento sancionador de la Generalidad de Cataluña.

[91] Como dice el CGPJ, Teniendo en cuenta la gravedad de esta medida sancionatoria, que implica la pérdida de la condición de entidad de gestión, quizás fuese razonable mantener el trámite de apercibimiento previo, ubicándolo en el futuro art. 159 quater.1.

leves (art. 129.1 II LPA), previendo luego en el art. 163 quater las sanciones que proceden contra dichas entidades de gestión.

1º Infracciones muy graves

(i) En primer lugar es muy grave *"[l]a ineficacia manifiesta y notoria en la administración de los derechos que la entidad de gestión tenga encomendados, circunstancia que habrá de apreciarse respecto del conjunto de los usuarios y de los titulares de dichos derechos y no de forma aislada o individual."* Una vez más se ponen de manifiesto varios problemas serios que incluso pueden cuestionar la constitucionalidad de la norma. De entrada el hecho ilícito es la *"ineficacia manifiesta y notoria en la gestión"* de los derechos encomendados contemplada globalmente. Como es notorio y manifiesto, resulta difícil determinar con una mínima seguridad jurídica cuando una gestión se puede considerar "ineficiente" (art. 9.3 CE). Que una empresa esté mal gestionada es desde luego indeseable; ahora bien, determinar cuándo está desastrosamente gestionada es algo que normalmente el mercado determina y sanciona con el concurso de acreedores, no con una multa. Por cierto, en este último caso, y además como acreedor, concurriría el estado al concurso de la entidad de gestión por la sanción derivada de su mala gestión, sanción que por cierto no es baladí. Eso sí, la norma lo explicita, no se está hablando de un incumplimiento contractual de la entidad con uno o alguno de sus socios o clientes, sino de una gestión generalizadamente ineficiente. Una vez más, será discreción de la admiración decidir cuándo lo cuantitativo deviene cualitativo, y un incumplimiento contractual deviene generalizado e insostenible[92]. Sea como fuere, y más allá de los problemas de inseguridad jurídica del tipo del injusto, aparecen otros, como el de su imputabilidad. En efecto, la norma imputa directa y exclusivamente a la sociedad de gestión su ineficiente gestión, ignorando en absoluto a sus administradores,

---

[92] Debemos al Consejo de Estado la actual redacción de la norma: *"En el apartado 2, letra a), se emplea la expresión "ineficacia manifiesta, continuada e injustificada" en la administración de los derechos; es preferible emplear expresiones de uso corriente en nuestro Derecho, como "ineficacia manifiesta y notoria", antes que introducir ideas como las de la falta de justificación que pertenecen a otras culturas jurídicas y que generarán incertidumbre en la aplicación del tipo, al obligar a probar la falta de justificación de la ineficacia. Es obvio que no puede hacerse depender la intelección de una infracción muy grave de expresiones de conceptos tan difusos como el aquí comentado, que debe suprimirse con arreglo a lo expuesto. En cualquier caso, se entiende que la ineficacia manifiesta, continuada y notoria ha de referirse no sólo a los usuarios sino también a los "titulares" de los derechos".* Vid., p. 87 del informe en su formato pdf.

que son lógicamente los verdaderos responsables del desastre[93]. Eso supone que sean precisamente las víctimas inmediatas de ese ilícito las que hayan de cargar con las consecuencias del mismo, es decir, con la multa correspondiente, que habrán de sufragar en su parte correspondiente. Y eso, nos tememos, casa mal con los principios más elementales de todo el derecho sancionador, incluyendo el administrativo económico. Como antes apuntábamos, tal vez con ello se pretenda excitar el celo de los socios en controlar la diligencia y lealtad de los gestores, aunque no creemos que esa sea la verdadera motivación del legislador.

(ii) Sentado el sorprendente principio que gestionar mal la sociedad supone un ilícito administrativo cometido además por la propia sociedad, la ley prevé como segunda infracción grave "*el incumplimiento grave y reiterado del objeto y fines señalados en los estatutos de la entidad de gestión, cuando se realicen, de manera directa o indirecta, actividades que no sean de protección o gestión de los derechos de propiedad intelectual que tengan encomendados, sin perjuicio de la función social y del desarrollo de la oferta digital legal que deben cumplir y de las actividades vinculadas al ámbito cultural de la entidad y sin ánimo de lucro referidas en dicho artículo, siempre que estén previstas en sus estatutos.*" Aquí, el primer reproche procede de que malamente se entiende lo que dice una norma que encadena proposición tras proposición si saberse a dónde quiere llegar, lo que siendo una norma penal no deja de ser indeseable (art. 9.3 CE). De entrada, parece que se sanciona con multa el incumplimiento grave y reiterado del objeto y fines —si es que cabe distinguir entre uno y otros— señalados en los estatutos. Ahora bien, no cualquier incumplimiento grave y reiterado, sino el derivado de llevar a cabo actividades *ultra vires*, es decir, que no sean de protección o gestión de derechos (art. 151.2). Ciertamente hay ocasiones en que el legislador debería poner ejemplos o remitir a la noticia de periódico que justifica su norma para hacer la exégesis correspondiente. En cualquier caso, y una vez más, se sanciona a la persona jurídica sin atender al responsable de su gestión, el órgano de administración de la misma

---

[93] *Vid.*, p.ej., art. 157.3 LSC: "*Se reputarán como responsables de la infracción a los administradores de la sociedad infractora y, en su caso, a los de la sociedad dominante que hayan inducido a cometer la infracción. Se considerarán como administradores no sólo a los miembros del consejo de administración, sino también a los directivos o personas con poder de representación de la sociedad infractora. La responsabilidad se exigirá conforme a los criterios previstos en los artículos 225, 226, 236 y 237*".

(iii) En tercer lugar, una vez más, la ley prevé un tipo sorprendente de conducta muy grave; a saber, "*el incumplimiento grave y reiterado de la obligación establecida en el artículo 152 de administrar los derechos de propiedad intelectual que tenga conferidos la entidad de gestión.*" Después de lo dicho no parece que esta norma merezca mayor detenimiento: se sanciona doblemente al socio, de un lado, por la mala gestión que sufre de sus derechos, de otro, con la multa por esa misma mala gestión. Y aquí se ve cómo el legislador, que no cree en el derecho privado, hace derecho público y lo hace de forma discutible. Si la gestión es mala, serán los socios quienes sensatamente removerán a los gestores, y lo que tiene que hacer el legislador es favorecer eso, no castigarles.

(iv) En fin, el elenco de conductas muy graves del 162 ter se cierra, con un cuarto y último supuesto: "*la puesta de manifiesto de algún hecho que suponga el incumplimiento muy grave de las obligaciones del Título IV*"; eso pone de manifiesto una técnica económicamente perfecta —por el ahorro— aunque un tanto circular, ya que basta ver que será una infracción *muy grave* del art. 162 ter aquella que suponga un incumplimiento *muy grave* de los arts. 147 a 159 bis LPI. Es ciertamente más simple este modo de prever tipos penales que, por ejemplo, las más de veinte especificaciones de conductas muy graves que se prevén es sede de seguros —hasta la letra s) del alfabeto— en el art. 40 LOSSP; el problema es la inseguridad que esa genérica remisión supone, máxime cuando se deja a la apreciación de la administración la determinación de la gravedad de la conducta.

(v) Quedaría un último supuesto de naturaleza claramente sancionadora y de difícil encaje con el último expuesto y que no ha quedado recogido en el art. 162 ter. Nos referimos al caso del art. 149.1 LPI, que ha quedado inmodificado tras la reforma. Dispone tal norma que "*La autorización podrá ser revocada por el Ministerio de Cultura si [...] la entidad de gestión incumpliera gravemente las obligaciones establecidas en este Título*". Esos incumplimientos frente a los titulares de derechos, los usuarios o la Administración activan esa facultad de revocación que no puede sino considerarse como sancionadora[94]. Su encaje con el 162 quater 1 a) se considera más adelante. Sea como fuere, en este caso y frente a los del art. 162 ter LPI el apercibimiento previsto en el art. 149 LPI es presupuesto de validez de la actuación

---

[94]   Así lo entiende, en efecto, J. J. Marín López, "Comentario al art. 149 LPI", en *Comentarios a la ley de propiedad intelectual*, [R. Bercovitz (Dir.)], 3ª ed., Madrid 2007, p. 1829.

administrativa, como una cláusula de última oportunidad de cumplimiento cifrada en un plazo no inferior de tres meses para la subsanación. Posiblemente, como ya se apuntaba, no hay razón para no extender ese apercibimiento al resto de supuestos de incumplimiento.

2° Infracciones graves

La ley cifra las infracciones graves en cinco actos llevados a cabo por la entidad de gestión -*rectius*, sus administradores, como incumplimientos graves; a saber:

(i) *El incumplimiento de las condiciones establecidas en el artículo 153 respecto del contrato de gestión.* En este caso nos encontramos ante una norma tuitiva del interés personal del titular de derechos que confía su gestión a la entidad. En concreto se trataría de sancionar a la entidad por imponer términos de duración más allá de tres años o imponer como obligatoria la gestión de todas las modalidades de explotación o de la totalidad de la obra o producción futura. Una vez más, el sujeto a quien se trata directamente de proteger será, en la regla, el perjudicado por esta sanción. No obstante, la necesaria comunicación de estos contratos y sus modificaciones prevista en el art. 157 j), desincentivará prácticas transgresoras, con lo que el supuesto será más que infrecuente. Y todo ello sin perjuicio, como ya se indicó, de la necesidad de revisar esta norma del art. 153 a la luz de lo previsto en la Directiva 26/2014 en cuanto a la facultad de desistimiento *ad nutum* del titular de derechos.

(ii) *La aplicación de sistemas, normas y procedimientos de reparto de las cantidades recaudadas de manera arbitraria y no equitativa.* Como en el caso anterior, la norma que pretende tutelar al socio frente a esta conducta de la entidad acaba imponiéndole a él la sanción. No obstante, al ser contenido estatutario expreso las reglas a que han someterse los sistema de reparto de la recaudación (art. 152.10), el supuesto será más que infrecuente. Tan sólo cabría pensar en que la ley se refiere a la "aplicación", y no a la previsión estatutaria; en tal caso, la sanción a la entidad por una conducta claramente imputable a los gestores (saltarse los estatutos) resulta aún más extraña[95].

---

[95]   No se hizo caso de la recomendación del Consejo de Estado en el sentido de que: *"[l] a tipificación como infracción grave en el apartado 3, letra b), de la conducta consistente en "la aplicación de sistemas, normas y procedimientos de reparto de las cantidades recaudadas de manera arbitraria y no equitativa", debería ser calificada como muy grave, porque afecta a una de*

(iii) *El incumplimiento* —no muy grave— *de las obligaciones establecidas en los artículos 154 a 156, 157.1 a excepción de las letras b) y k), y 157.4.* Es decir, meras infracciones de las reglas de reparto y pago (154), desarrollo de la función y desarrollo de la oferta digital legal (155), de los deberes de contabilidad y auditoría (156) de los deberes de negociar y contratar en condiciones equitativas y otras (157.1 a), c) d) e) f) g), h) i) y j) y el hacer efectivos los derechos a remuneración equitativa previstos en la ley (157.4). Puede llamar la atención la despenalización de las infracciones no muy graves del establecimiento de tarifas generales simples y claras —que se explicaría tal vez para evitar el *non bis in idem* respecto a las eventuales sanciones de la Comisión Nacional de los Mercados y la Competencia, aunque no explicaría por qué si se incrimina el supuesto de la letra a)—, así como la infracción no muy grave de la obligación de elaborar un presupuesto, supuesto que se pueda distinguir entre cuándo se infringe gravemente o levemente la obligación de redactar un presupuesto. Como luego se verá, esa mera infracción de la redacción se castiga como falta leve, el por qué es otro tema.

(iv) Es también grave *La resistencia, excusa o negativa, por las entidades de gestión colectiva de derechos de propiedad intelectual, a la actuación inspectora de las Administraciones competentes según lo previsto en esta Ley.* En este caso nos encontraríamos ante meros incumplimientos del deber de colaboración con la Administración (primer inciso del art. 157 bis 2), ya que, de ser muy graves, su incriminación correspondería *ex* art. 162 Ter 2 d). No obstante, se plantea la coordinación de esta norma con el segundo inciso del art. 157 bis 2 así como con lo previsto en el art. 162 ter 4. a). En efecto, parece, como luego se verá, que si esa resistencia, excusa o negativa lo es a los requerimientos de las administraciones públicas no estaremos ante una falta grave del 162 ter 3 d) sino ante una falta leve del 162 ter 4 a). Los motivos de esa falta de coherencia valorativa se nos escapan. En todo caso, y no sería necesario decirlo, la actividad inspectora de la administración se debe realizar con pleno respeto de la legalidad, p.ej., a los efectos de disponer de la correspondiente habilitación judicial para pretender la entrada en los locales de la entidad.

---

las funciones esenciales de las entidades de gestión colectiva de derechos de propiedad intelectual con sus titulares".

(iv) En fin, es falta grave *la inobservancia significativa del procedimiento previsto estatutariamente en relación con las quejas planteadas por los socios de conformidad con lo previsto en el artículo 151.14.* Una vez más, la infracción de los estatutos por los gestores de la entidad en perjuicio de los legítimos intereses de uno o algunos de los socios conlleva una sanción administrativa a la entidad misma, eso sí, siempre que la infracción sea significativa. No basta pues una infracción poco significativa de ese procedimiento, lo que lógicamente será objeto de consideración durante el desarrollo del expediente sancionador donde los administradores alegarán lo procedente para evitar que la Administración sancione a la entidad que gestionan.

3º Infracciones leves

Conforme al art. 162 ter 4 se reputan infracciones leves de la entidad de gestión los siguientes actos de sus administradores:

(i) *La falta de atención a los requerimientos de las Administraciones Públicas realizados al amparo de lo dispuesto en el artículo 157 bis. Se entiende que se produce falta de atención del requerimiento cuando la entidad de gestión no responda en el plazo de un mes desde que aquél le fue notificado, salvo que medie causa justificada. Las Administraciones Públicas podrán reducir el plazo de un mes por razones debidamente motivadas.* Como ya se indicó, el legislador hace un distingo poco justificable entre la resistencia a la actividad inspectora de la administración y la falta de atención a los requerimientos de ésta. A nuestro juicio no parece que haya causa que justifique un tratamiento distinto a una actitud obstruccionista del control público de la entidad; no obstante, como se indica, mientras en el primer caso la falta será grave en el segundo será leve.

(ii) *El incumplimiento de las obligaciones establecidas en el artículo 157.1.k)* en materia de elaboración de un presupuesto anual de recaudación y reparto de derechos, así como de puesta a disposición del mismo a favor de los miembros de la entidad antes de su aprobación[96].

(iii) *Cualesquiera otros incumplimientos que afecten a obligaciones meramente formales o documentales, salvo que deban ser considerados como infracción grave o muy grave conforme a lo dispuesto en los apartados anteriores.*

---

[96] Otro problema que ya se apuntó es que no se sabe r quién ha de aprobar esos presupuestos.

7.3. Sanciones (art. 162 quáter)

El nuevo artículo 162 quáter desgrana las sanciones que corresponden a la entidad de gestión por los actos de sus administradores. Téngase en cuenta, cuando se fijan límites máximos y mínimos, que conforme al art. 162 quater 6 que para la graduación de las sanciones se atenderá a los criterios establecidos en el artículo 131 de la Ley 30/1992, de 26 de noviembre. Se puede comparar la genericidad de esa remisión con la exhaustividad y cuidado en la redacción de las circunstancias específicas de graduación de penas en el art. 43 LOSSP.

(i) *Por la comisión de infracciones muy graves, se impondrá a la entidad infractora alguna de las siguientes sanciones*: es decir, que la administración deberá elegir entre una y otra, en el bien entendido de que si es la autonómica quien ejercita su potestad sancionadora sólo podrá optar por la pecuniaria (arts. 159.1 a) y 162 bis.1 *in fine*). Las sanciones posibles son dos: a) *inhabilitación para operar como entidad de gestión de los derechos de propiedad intelectual*, y alternativamente b) *multa de entre un 1 y un 2 por ciento de la recaudación total obtenida por la entidad de gestión en el año anterior a la fecha de imposición de la multa. En defecto de recaudación en el año anterior a la fecha de imposición de la multa, se impondrá una multa no superior a 800.000 ni inferior a 400.001 euros.* La sanción pecuniaria no precisa de más comentario que el ya reiterado hasta la náusea de su imposición a la entidad y no a los gestores. Mayores dudas puede plantear la figura de la *inhabilitación* —de *inhabilitación legal* habla el 162 bis 1 in fine— sobre todo en relación a la de la *revocación de la autorización* del art. 149 LPI 1996, que se conserva, por incumplimientos graves de las obligaciones del título IV de la Ley de propiedad intelectual. Es posible que se trate de la misma sanción aunque con una terminología diversa[97]. O bien es posible que se trata de figuras distintas, donde la inhabilitación no suponga una pérdida definitiva de la capacidad de actuación como entidad de gestión. No obstante, en tal caso los problemas se multiplican: ¿en qué casos procede la inhabilitación y en cuales la revocación, ya que en principio los hechos son los mismos?, ¿Qué duración tendrá esa inhabilitación y qué consecuencias para los miembros

---

[97] En el art. 159 quater del Anteproyecto inicial se leía: *"Sanciones. 1. Por la comisión de infracciones muy graves, se impondrá a la entidad infractora alguna de las siguientes sanciones: a) Revocación de la autorización para actuar como entidad de gestión de los derechos de propiedad intelectual".*

de la entidad y los contratos de gestión que tienen con la misma? La solución no es fácil, lo que tratándose en concreto de normas de naturaleza sancionatoria no parece en absoluto de recibo (art. 9.3 CE)

A lo anterior se suma la pena reputacional, aunque la lectura del BOE no sea muy frecuente, consistente en que *las resoluciones sancionadoras por infracciones muy graves deberán ser publicadas en el "Boletín Oficial del Estado" y, en su caso, en el de la Comunidad Autónoma correspondiente, una vez que sean firmes en vía administrativa, y previa disociación de los datos personales que contenga.* Siendo el sancionado una persona jurídica y no estando éstas amparadas por la ley de protección de datos (art. 1 LO 13/1999) no se ve con claridad quiénes puede ser los interesados en la preservación de esos datos y en qué consisten; en cualquier caso, es una previsión prudente para evitar afectar la reputación del gestor que ha cometido esa irregularidad grave (*cfr.* con lo previsto en el art. 44.3 LOSSP).

(ii) Por la comisión de infracciones graves *se impondrá al infractor una multa no superior al 1 por ciento de su recaudación total correspondiente al año anterior a la fecha de imposición de la multa. En defecto de recaudación en el año anterior a la fecha de imposición de la multa, se impondrá una multa no superior a 400.000 ni inferior a 200.001 euros.* En este caso, como se ve, la única sanción posible es la pecuniaria y por importe sensiblemente inferiores a los precedentes.

Del mismo modo, la sanción reputacional de publicación se hace opcional, pudiendo —a discreción del sancionante— *"ser publicadas en el "Boletín Oficial del Estado" y, en su caso, en el de la Comunidad Autónoma correspondiente, una vez que sean firmes en vía administrativa, y previa disociación de los datos personales que contengan".*

(iii) En fin, y por la comisión de infracciones leves se impondrá a la entidad infractora multa por importe no superior a 200.000 euros ni a un 0,5 por ciento de su recaudación total correspondiente al año anterior a la fecha de imposición de la multa. En estos casos no se prevé una especial publicidad de esta sanción.

7.4. *El caso de la intervención de la entidad (art. 162 quáter 8)*

El Anteproyecto preveía la posibilidad de intervención temporal en su art. 149 en el seno o como antecedente a un procedimiento de revocación de la autorización. Ahora, en al art. 162 quáter 8 la posibilidad de intervención de la entidad se recoge como parte de o en el seno de un procedimiento ya iniciado de sanción por causa grave, no necesariamente ligado a una eventual revocación[98].

Lo primero que llama la atención es lo equívoco de la expresión, ya que lo que se prevé es en puridad una sustitución o remoción provisional de los órganos de gestión de la entidad (p.ej., art. 112 LOSSEC) y no el nombramiento de interventores que, manteniendo aquellos, fiscalicen e intervengan la actividad de aquellos (p.ej., art. 39.3 LOSSP y arts. 70 y ss. LOSSEC). En segundo lugar destaca la parquedad con la que se regula una medida de semejante calado. Se puede, en efecto, una vez más, comparar lo breve de la regulación de la intervención de la entidad en la ley de propiedad intelectual en relación con la exhaustividad del art. 39, números 3 a 9 LOSSP, que por el resto, concibe la intervención y en su caso, la sustitución de órganos no como una media relativa a un proceso sancionador sino más asépticamente como una medida de control especial no necesariamente ligada a un proceso sancionador (expresamente, art. 70.2 LOSSEC). Eso sí, frente al laconismo del legislador la propia norma de propiedad intelectual prevé la deslegalización del desarrollo admitiendo que el Gobierno pueda desarrollar reglamentariamente el procedimiento de intervención temporal de las entidades de gestión, con las dudas que ello puede plantear[99].

---

[98]   El Anteproyecto decía: *"Artículo 149. Revocación de la autorización.[...] Una vez iniciado el procedimiento de revocación o con carácter previo, cuando concurran razones de urgencia debidamente motivadas, la autoridad competente podrá acordar motivadamente la remoción de los órganos de gobierno de la entidad y su intervención temporal, mediante la designación de un gestor interino que asumirá las funciones legales y estatutarias de los órganos de gobierno de la entidad, en las siguientes condiciones: a) La intervención se realizará por un plazo de seis meses, prorrogables por periodos de la misma duración. b) Los gastos derivados de la intervención temporal correrán a cargo de la entidad intervenida. c) La finalidad de la intervención será regularizar el funcionamiento institucional de la entidad, clarificar su gestión y adoptar e implantar cuantas medidas resulten necesarias para el cumplimiento de las obligaciones legales en esta materia, o en su caso, acreditar la concurrencia de los supuestos que determinan la revocación de la autorización concedida. El Gobierno podrá desarrollar reglamentariamente el procedimiento de intervención temporal de las entidades de gestión de derechos de propiedad intelectual [...]".*

[99]   El CGPJ apunta a ese respecto cómo *"[...] plantea dudas la deslegalización de la materia que se hace en el último párrafo del art. 159 quater.1, en virtud de la cual el Gobierno podrá desarrollar reglamentariamente el procedimiento de intervención temporal de las entidades de gestión de derechos de propiedad intelectual. Tal y como está configurado en el Anteproyecto, el rol de la Administración competente se limita aquí a solicitar del órgano judicial que éste adopte la*

Sea como fuere, el punto de partida legal, como se indicó, es el inicio de un proceso sancionador por infracción muy grave. En tal caso, "*y siempre que concurran razones de urgencia justificadas en dificultad o impedimento objetivo de reinstaurar el cumplimiento de la legalidad,*" la autoridad competente podrá acordar "*motivadamente*", y "*previa autorización del juez correspondiente al domicilio social de la entidad*" la remoción de los órganos de representación de la entidad y su intervención temporal, mediante la designación de un gestor interino que asumirá las funciones legales y estatutarias de los órganos de representación de la entidad,

(i) Como presupuesto objetivo se prevé la existencia durante el procedimiento de sanción muy grave de "*razones de urgencia justificadas en [la] dificultad o impedimento objetivo de restaurar el cumplimiento de la legalidad*". Esa urgencia genérica debe cifrarse pues en la dificultad o impedimento objetivo de cumplir la ley.

(ii) En segundo lugar se exige "*la previa autorización del juez correspondiente al domicilio social de la entidad*". La explicación está en el mimetismo no con otras formas de intervención de entidades de seguros o financieras, donde, como en la primera versión del Anteproyecto, no hay intervención judicial en estos casos, sino con otras partes de la propia Ley de Propiedad Intelectual, como la relativa a las medidas acordadas por la sección primera (158 ter. 5 VI y 158 ter 6 b)[100]. La ley fija así la competencia territorial —el del domicilio social— pero no la funcional —qué juez—. Aunque en principio parecería que deberá ser el Juez de lo mercantil como competente *ratione materiae*, no obstante, al tratarse de una medida ínsita en un procedimiento administrativo sancionador hace que deban ser los

---

medida de intervención ("*solicitar al juez (...) la remoción de los órganos (...) y su intervención temporal*"), lo que significa que en rigor nos encontramos ante un procedimiento de naturaleza judicial, para el que no resulta apropiada una regulación de naturaleza reglamentaria".

[100] Así, el CGPJ explica que: "*Es posible que el prelegislador tenga en mente que la intervención del juez sea meramente autorizativa, a semejanza de la prevista en el procedimiento de salvaguarda ante la S2 CPI, donde los Jugados Centrales de lo Contencioso-administrativo deben autorizar la ejecución forzosa de las medidas adoptadas por ese órgano administrativo (arts. 9.2 y 122 bis LJC-A). Pero, de ser ése el caso, la redacción del segundo párrafo del art. 159 quater.1 LPI debería ser otra, aproximadamente de este tenor: "(...) la autoridad competente podrá acordar motivadamente, previa autorización del juez correspondiente al domicilio social de la entidad, la remoción de los órganos de representación (...)*".

órganos de ese orden jurisdiccional los competentes al efecto. El silencio de la ley es clamoroso en este aspecto a pesar de las advertencias que se le hicieron en el sentido de modificar la legislación contencioso-administrativa para preverlo[101]. Tampoco se prevé qué cauce procesal debe seguir esta autorización, pero sí parece que implica que el juez deberá comprobar la existencia de esas razones de urgencia justificadas que alegue la administración. No podemos a tal efecto usar referentes del ámbito financiero o de seguros ya que en aquellos casos, como se indicó, no se exige intervención alguna del juez.

(iii) En tercer lugar, la resolución de sustitución provisional del órgano no podrá ser de plano, sino que deberá, como todos los actos administrativos limitativos de derechos, ser motivada (art. 51 LRJAP).

(iv) El contenido de la intervención supone, como se anticipó, *"la remoción de los órganos de representación de la entidad y su intervención temporal, mediante la designación de un gestor interino que asumirá las funciones legales y estatutarias de los órganos de representación de la entidad"*. En el diseño legal, por tanto, la intervención supone una

---

[101] El Consejo de Estado previó que *"Por lo que se refiere al régimen de sanciones, la regulación de la posible intervención temporal de las entidades de gestión debería ir acompañada de las normas de competencia procesal y de la eventual reforma de la Ley reguladora de la Jurisdicción Contencioso-Administrativa, a fin de atribuir la competencia en la materia a los Juzgados Centrales"*. El CGPJ por su parte indica que *"En el precepto se habla de solicitar la medida "al juez correspondiente al domicilio social de la entidad". Aunque no se especifica, dado que estamos ante una actuación sancionadora regida conforme a la Ley 30/1992, ese "juez" al que el precepto se refiere será el Juzgado de lo Contencioso-administrativo que resulte territorialmente competente. Frente a ello, teniendo en cuenta que el ámbito de actuación de las entidades de gestión, al menos de las que operan en la actualidad, se extiende a todo el territorio nacional, podría estar justificado residenciar la competencia en un órgano judicial central (al modo en que hizo la DA 43 de la LES con motivo de la regulación del procedimiento de restablecimiento de la legalidad ante la S2 CPI, en el que determinadas autorizaciones judiciales se encomiendan a los Juzgados Centrales de lo Contencioso-administrativo). Pero, más allá de eso, lo que importa subrayar es que en la Ley de la Jurisdicción Contencioso administrativa LJC-A) no se prevé la competencia de los Juzgados de lo Contencioso-administrativo (tampoco de los Juzgados Centrales de lo Contencioso-administrativo) para acordar la remoción de un órgano de representación de una entidad de gestión ni la intervención temporal de la misma. Así pues, para que la regulación de este procedimiento de intervención sea completa, resulta preciso que esa nueva competencia —se atribuya finalmente a los Juzgados de lo Contencioso-administrativo o a los Juzgados Centrales de lo Contencioso-administrativo— quede plasmada en el artículo correspondiente de la LJC-A, lo que aboca a una modificación de dicha Ley, que sin embargo el Anteproyecto no prevé"*.

verdadera sustitución de los órganos de representación, no la designación de interventores o comisarios que supervisen la llevanza de
la entidad. Como es patente, tal vez lo más eficiente fuera lo segundo, supuesta la experiencia y conocimiento de los administradores
sociales frente al carácter de recién llegados de los interventores.
En todo caso parece que, del mismo modo que sucede en el caso de
los procedimientos concursales, pueda dejarse a la discreción de la
administración si procede una remoción plena o una mera intervención en sentido propio (cfr. art. 40 de la Ley Concursal). Sentado lo
anterior, las condiciones de la intervención serán las siguientes:

a) La intervención se realizará por un plazo de seis meses, prorro-
gable por igual período. Es decir, un plazo máximo de un año.

b) Los gastos derivados de la intervención temporal correrán a cargo de la entidad intervenida, como no podría ser de otro modo.
Eso supone, ante todo, el abono de la remuneración de los gestores designados —a los que acaso por analogía se pudieran aplicar
las reglas de los administradores concursales— y otros costes derivados como los de auditoría externa.

c) La finalidad de la intervención será —y deberá limitarse— a regularizar el funcionamiento institucional de la entidad, clarificar
su gestión y adoptar e implantar cuantas medidas resulten necesarias para el cumplimiento de las obligaciones legales en esta
materia. En consecuencia, la administración interina no podrá
tomar decisiones que supongan alteraciones sustanciales o vin-
culaciones de la entidad que no sean estrictamente necesarias
para el restablecimiento de una situación normal. Lógicamente
lo anterior también implica la carga del gestor de procurar un
proceso de renovación del órgano de administración que haya de
hacerse cargo de la entidad una vez supera a la situación de crisis.

Por lo demás, esta entidad intervenida deberá hacerse cargo de la sanción que le corresponda —no se olvide que la intervención sólo procede
en el seno de un proceso de sanción por falta muy grave— resultado del
proceso sancionador, bien pecuniaria o bien de inhabilitación, aunque ésta
última no parece procedente en estos casos a la luz de la propia finalidad
de la intervención.

8. LA OBLIGACIÓN LEGAL DE REDUCIR LOS COSTES DE TRANSACCIÓN: CREACIÓN, GESTIÓN, FINANCIACIÓN Y MANTENIMIENTO DE UNA VENTANILLA ÚNICA DE FACTURACIÓN Y PAGO (DA PRIMERA Y ART. 157.1 e)

La Disposición adicional primera, haciendo un uso pretendidamente técnico de la terminología económica en su intitulación, alude a la necesidad de medidas de reducción de los costes de transacción. En ese sentido, después de un llamamiento genérico que supone un recordatorio de lo obvio —la sociedad de la información, internet y los ordenadores permiten una gestión más rápida de todo, incluidos los derechos de autor— (i), se ocupa de la medida verdaderamente trascendente que, frente al tecnicismo del título, utiliza la noción más castiza y popular de "ventanilla única", terminología esta vez prestada del ámbito administrativo y de las sedicentes "ventanillas únicas empresariales" que menudean por internet (ii), ventanilla que implica la obligación legal, jurídicamente coercible, de crear y participar en una persona jurídico-privada.

Y es que la configuración actual del sistema tiene lo malo de los monopolios y lo malo de la competencia: sólo se puede contratar con unos sujetos y encima es costoso, aunque no es un coste de búsqueda del mejor oferente sino de simple búsqueda del monopolista. Se podría incluso decir con cierto sarcasmo que nadie quiere los monopolios pero, qué caramba, son tan cómodos...

8.1. *La reducción de costes de transacción en general*

El número primero de la disposición adicional primera, en efecto, indica que "*el Gobierno impulsará medidas para la reducción de los costes de transacción entre* [los] *titulares de derechos de propiedad intelectual y los usuarios de tales derechos, tomando especialmente en consideración las posibilidades ofrecidas por los desarrollos tecnológicos, incluyendo, entre otras, medidas dirigidas a una articulación más eficiente de la interlocución entre titulares de derechos, representantes de éstos y usuarios*". El contenido normativo de semejante declaración, más allá de su rebuscada y ampulosa formulación, es inexistente y por tanto eximiría de mayor comentario. Todo lo más se limitaría a constatar que internet permite una facilidad y ahorro en el manejo y transmisión de información impensables hace veinte años, y que, en consecuencia, eso se

debe aprovechar en este como en cualquier otro ámbito jurídico y económico. No obstante, acaso se haya querido hacer un guiño a los supuestos
que la Directiva 2014/26 hace a la necesidad de favorecer el uso de las nuevas tecnologías en la interlocución entre la entidad y sus socios y usuarios,
como en el art. 20 respecto a la facilitación de información, facturación en
línea del art. 27.3, comunicaciones en relación a repertorios en arts. 25 y
26, arts. 6.4 y 16.4 sobre ejercicio de derechos y comunicación electrónica
de la entidad con sus miembros, etc. Lógicamente, cada una de esas previsiones deberá ser objeto de concreción positiva en términos vinculantes en
la futura ley.

Tal vez por ello sea chocante —o tal vez sea su consecuencia lógica—
que, acto seguido, se imponga a todas las entidades de gestión la creación
de una persona jurídica encargada de facilitar información a los usuarios y
de proceder a la gestión de cobro. Es evidente, en efecto, que hubiera sido
más fácil, rápido y económico simplemente implementar una web o un
programa informático —accesible desde la web del ministerio o desde la
de las entidades de gestión— donde, rellenando un formulario con la información necesaria, se facilitase a cada usuario la identidad de la entidad
o entidades a las que hacer el pago por lo usos pretendidos y el importe del
mismo. Que un empresario pague a varios proveedores —como impuestos
a varias administraciones— es una carga aneja al ejercicio empresarial, de
modo que un buen programa informático hace que el que un hotel que
instale televisiones en las habitaciones tenga que pagar a siete entidades de
gestión diferentes tarifas diferentes por conceptos y periodicidad diferentes
no sea a priori una carga insoportable. No obstante, no se ha juzgado así
en este caso, tal vez por la complejidad añadida por el decidido tránsito a
un régimen de tarificación por uso real, de modo que la tarea de unificar
subjetivamente a las entidades frente al usuario se encomienda por la ley
a una sociedad, asociación o fundación que, como operador del mercado
y con los costes e implicaciones jurídicas, laborales y fiscales que suponga,
debe proceder a esa tarea.

8.2. La reducción de costes de transacción en particular: la ventanilla única de facturación y pago

Los casos de unificación subjetiva en el ejercicio de derechos no son
extraños en nuestra experiencia; así, los más organizados han sido los casos

de la Unión Temporal de Empresas denominada "CopyEspaña" integrada por AGEDI, AIE, CEDRO Y SGAE, así como de la asociación IBAU ("Asociación Ibercopiaudiovisual")[102], compuesta por AISGE. DAMA y EGEDA en relación ambas a la gestión y recaudación de la compensación equitativa por copia privada reconocida en el artículo 25 TRLPI. Más allá de esa superada experiencia, las entidades AGEDI y AIE, en lo que supone el precedente más claro del texto del Anteproyecto, constituyeron una sedicente comunidad de bienes denominada Órgano Conjunto de Recaudación de Artistas y Productores para la recaudación de los derechos devengados por la comunicación pública y la reproducción instrumental de fonogramas[103], extendiéndose la práctica de mandatos entre entidades en orden al cobro de sus derechos[104]. Es más, la conveniencia de esa unificación, al menos cuando así lo exigía la concurrencia de derechos, era sentida en el propio sector, como se puede rastrear el punto noveno del Código de Buenas prácticas de Ibercrea o incluso en noticias de prensa[105].

Respondiendo a ello, la redacción inicial de esta norma, atenta a los precedentes surgidos de forma espontánea en el ámbito del cobro y gestión de ciertos derechos, se limitaba a prever que *"cuando un misma actividad económica requiera la explotación de obras y prestaciones protegidas que afecte a varias categorías derechos de propiedad intelectual y el colectivo de usuarios que*

---

[102] *Vid.*, aún, la página de www.ibau.es, consultada en el momento de redacción de estas consideraciones.

[103] *Vid.*, www.agedi-aie.es. Para conocer su forma jurídica es preciso acudir al "aviso legal" al final de página de inicio, donde se puede ver que esta entidad es una "C.B.".

[104] Algunas entidades de gestión ya prestan servicios de recaudación a otras, como CEDRO que presta servicios de recaudación a VEGAP para algunos derechos, lo que también hacen EGEDA y SGAE para AGEDI y AIE o también SGAE para VEGAP [véase a ese respecto el informe AEVAL (2008) y el informe del Consejo general del Poder Judicial respecto al Anteproyecto.

[105] Que concluía indicando que *"[l]as entidades de gestión promoverán la inclusión de otras entidades de gestión confluyen en un mismo mercado y asumen, en la proporción que les corresponde, los acuerdos de constitución y funcionamiento de la unión temporal de empresas y la comunidad de bienes".* No faltaron propuestas en ese sentido, así, se pudo leer en 2012 cómo *"el escritor, músico y director de cine Antón Reixa, que encabeza la candidatura Aunir (Autores Unidos por la Refundación) en las próximas elecciones a la Junta Directiva de la SGAE, ha propuesto hoy la creación de una 'ventanilla única' para gestionar los derechos de propiedad intelectual".* En http://www.laregion.es/articulo/cultura/reixa-propone-ventanilla-unica-gestionar-propiedad-intelectual/20120323192801196131.html. No obstante, tal vez la más vehemente solicitud de ventanilla única se pueda ver en el informe de la CEOE al Anteproyecto de 11 de marzo de 2014, disponible en su web.

la ejerza sea significativo, las entidades de gestión que los administren deberán actuar conjuntamente o bajo una sola representación frente a dichos usuarios en todo lo relacionado con la negociación, facturación y pago"[106].

Sin embargo, el texto que finalmente llegó al Congreso se formuló en términos mucho más ambiciosos y omnicomprensivos de cualesquiera derechos y entidades, que se tradujeron incluso formalmente con la inclusión de una nueva letra, la e), en el artículo 157, de forma que la ventanilla única se abrió no sólo en el discreto aparato de disposiciones adicionales sino en el propio articulado de la ley[107]. La justificación de esta medida, aunque no de su extensión respecto al Anteproyecto, se encuentra en la propia justificación del gobierno y que vendría a ser que el dueño de un bar o de un hotel no tenga que ir entidad de gestión por entidad de gestión, sino que baste con que acuda a esta ventanilla para saber cuánto tiene que pagar por cualesquiera conceptos, y lo pague allí precisamente[108]. Se trata en fin de unificar subjetivamente a cualesquiera titulares de derechos de autor y afines frente a los usuarios de esos derechos. Lo discutible es que para obtener ese objetivo sea necesaria una operativa tan sumamente compleja como la que supone la implantación del modelo legalmente previsto.

En efecto, el art. 157.1 e) LPI prevé un único gestor técnico del sistema de contratación y recaudación de derechos de propiedad intelectual, al estilo de lo que ya es conocido en sectores como el gas y la energía. En concreto, no deja el caso de plantear similitudes, p.ej., en relación a la Oficina de Cambios de Suministrador, prevista como sociedad mercantil privada

---

[106] Ello hacía, p.ej., que la gestión de derechos derivados del libro, afectante a una única categoría, quedara fuera de esa gestión forzosamente centralizada.; de hecho, la gestión de derechos reprográficos —los relacionados con las obras textuales, se decía— se excluía de esta ventanilla en algunas enmiendas parlamentarias, *vid.*, BOCG, 09.07.2014, p. 64.

[107] No obstante, alguna enmienda intentó reconducir a ese ámbito del Anteproyecto el texto discutido en el parlamento, sin éxito, claro; *vid.*, BOCG 09.07.2014, en pp. 29 y 30, y en pp. 164 y 165 en relación a sectores en los que el volumen de usuarios es muy elevado y sus características son muy heterogéneas dentro del mismo grupo, tanto desde un punto de vista geográfico como de intensidad de uso.

[108] Se trata, como dijo el responsable del Ministerio de Cultura en el debate de totalidad de la norma: "[...] *de evitar que, como hasta ahora, concurran para perjuicio del obligado al pago de derechos de propiedad intelectual distintas instancias que se superponen porque a veces no está claro lo que gestiona cada una de ellas y, en definitiva, suponen, como decía al principio, un incremento injustificado que es preciso reparar de los costes de transacción en esta cuestión*". Diario de Sesiones, 10.04.2014, BOCG, núm. 194, p. 28.

y anónima en el RD 1011/2009 de 19 de junio, y que ha estado en funciones hasta junio de 2014[109]. Así, como es propio de mercados altamente regulados, se dispone la obligación legal de las entidades de *"participar en la creación, gestión, financiación y mantenimiento de una ventanilla única de facturación y pago, accesible a través de Internet, en los plazos y condiciones determinados en la normativa en vigor,* [o sea, en la Disposición adicional primera de esta misma ley] *y en la cual los usuarios del repertorio de las entidades de gestión puedan conocer de forma actualizada el coste individual y total a satisfacer al conjunto de dichas entidades, como resultado de la aplicación de las tarifas generales a su actividad*[110]*, y realizar el pago correspondiente."*

a) Régimen jurídico. El régimen jurídico de esta entidad de gestión del sistema de contratación y cobro de las entidades de gestión se desarrolla en la Disposición adicional primera de la ley de reforma, y, como se viene indicando, se caracteriza en primer término por su generalidad, frente a las diversas iniciativas parlamentarias que trataron de limitar su alcance. Es decir, el uso de ese gestor centralizado es imperativo e insoslayable para cualesquiera usuarios —no como se propuso, para sectores concretos de usuarios— y en relación a la gestión de cualesquiera derechos, no sólo los casos de explotación de derechos concurrentes. Y eso, parece, incluso en presencia de contratos generales o acuerdos específicos con asociaciones o con usuarios significativos. De ese modo, entre otros casos, la contratación de derechos reprográficos o la contratación con la entidad vasca de gestión de derechos de autor deberán —aunque ello no aporte nada— necesariamente pasar por esta ventanilla. Posiblemente haya que estar al desarrollo reglamentario previsto en la propia norma para ver el concreto alcance de lo que está por venir.

Dispone luego el número 2 de esta disposición adicional —de forma un tanto redundante, en relación al art. 157.1 e)—, que *"las entidades de gestión colectiva de derechos de propiedad intelectual legalmente establecidas* [las

---

[109] Art. 47 bis 2 II LEY 17/2007, de 4 de julio, por la que se modifica la Ley 54/1997, de 27 de noviembre, del Sector Eléctrico, para adaptarla a lo dispuesto en la Directiva 2003/54/CE, del Parlamento Europeo y del Consejo, de 26 de junio de 2003, sobre normas comunes para el mercado interior de la electricidad: *"En su capital deberán participar los distribuidores y comercializadores de gas natural y de electricidad con los siguientes porcentajes de participación:*[...]"; v., también DT 3ª de la Ley 24/2013, de 26 de diciembre, del Sector Eléctrico.

[110] Tarifas no se olvide que se traducirán en general en términos de uso efectivo.

ilegalmente establecidas parece que no] *deberán crear una ventanilla única a través de la cual se centralizarán las operaciones de facturación y pago de los importes que los usuarios adeuden a las mismas, según la obligación establecida en el artículo 157.1.e) del texto refundido de la Ley de Propiedad Intelectual"*. En efecto, esta ventanilla única, indica el párrafo III de este número 2 *"será gestionada por una persona jurídica privada sin que ninguna entidad de gestión ostente capacidad para controlar la toma de decisiones"*.

Se trata pues de una persona jurídico-privada a la que las ahora nueve entidades de gestión están obligadas a pertenecer por ley, con independencia de su ámbito de actuación o de gestión de derechos, y donde, como creemos entender de la dicción legal, ninguna de ellas puede ostentar una participación de control. Llama en primer término la atención el que la ley obligue a la creación y participación de las entidades de gestión en una persona jurídico-privada, que será sin duda una sociedad o asociación, aunque también cabría plantearse en teoría la posibilidad de una fundación. Esta forma de actuar resulta insólita —o poco frecuente salvo en los casos antes apuntados de la energía— en nuestro derecho privado, donde la obligación de asociarse es precisamente contraria al origen negocial y por tanto libre que tiene el ejercicio del derecho de asociación (art. 20 CE). Sea como fuere, parece que se debe aceptar que el estado pueda obligar —de *"obligación legal"* habla la norma— a los particulares a crear y formar parte de una asociación, sociedad o fundación. Eso sí, una sociedad peculiar, que no crea el estado sino que el estado obliga a crear, a la que es obligado pertenecer y de la que no se puede salir[111].

b) La personalidad jurídica de la ventanilla única. La pregunta lógicamente que ya se ha apuntado es qué persona jurídica puede ser y cómo se relacionan con las mismas sus fundadoras y partícipes. De entrada no son admisibles algunos precedentes ya explorados en el asociacionismo espontáneo de estas entidades, como las Uniones temporales de empresas o las —sedicentes— comunidades de bienes, carentes ambas de personalidad jurídica (*cfr.* arts. 1669 CC y art. 7.2 Ley 18/1982, de 26 de mayo, sobre Régimen Fiscal de Agrupaciones y Uniones Temporales de Empresas y de las Sociedades de Desarrollo Regional), aunque se hayan considerado con

---

[111]   Tal vez sea similar el caso de un colegio profesional, al que, en principio y sin perjuicio de la normativa comunitaria sobre liberalización de servicios, es obligado pertenecer si se quiere ejercer una profesión.

cierta subjetividad a efectos fiscales o laborales. La letra de la ley es terminante: se debe tratar de una persona jurídica conforme al derecho privado. Eso deja como alternativas, aparte de la fundación que no parece de recibo, de un lado, a la asociación, como es el caso de las propias entidades de gestión y de otro a las figuras societarias del derecho mercantil. En este punto, creemos que la forma más idónea es la de la Agrupación de interés económico. Sentada su personalidad jurídica en el art. 1 de la Ley 12/1991, de 29 de abril, de Agrupaciones de Interés Económico y siéndole de aplicación supletoria las reglas de la sociedad colectiva, basta considerar los arts. 2, 3 y 4 de la ley, para comprobar la idoneidad de esta forma asociativa. Así, el art. 2.1 dispone quela finalidad de la Agrupación es facilitar el desarrollo o mejorar los resultados de la actividad de sus socios, como es el caso, estableciendo el art. 2.2 algo evidente también en el presente caso y es que la agrupación no tiene ánimo de lucro para sí misma. Como especificación de esa finalidad, el art. 3 dispone que su objeto se deberá limitar exclusivamente a una actividad económica auxiliar de la que desarrollen sus socios, como es en este caso la gestión de los cobros, y sin que directa o indirectamente pueda dirigir o controlar las actividades de sus socios o de terceros. En fin, creemos que la actividad de una entidad de gestión cabe perfectamente en varios epígrafes de los relacionados en el art. 4 de la ley, que prevé que las agrupaciones sólo podrán constituirse por personas físicas o jurídicas que desempeñen actividades empresariales, agrícolas o artesanales, por entidades no lucrativas dedicadas a la investigación y por quienes ejerzan profesiones liberales[112]. Es más, conforme al art. 10 de la ley 12/1991, y como es propio de una sociedad de personas, las decisiones se tomarán en la regla con el consenso de todos los socios, lo cual garantiza, conforme dispone la ley, que ninguno de ellos tendrá una posición de control en la entidad. Eso sí, las reglas en materia de separación y exclusión de socios se deberían acomodar a la obligación legal de pertenencia a la sociedad, aspecto donde una vez más el derecho privado chirría ante la obligación de constituir y pertenecer a una sociedad. Eso salvo que se admita que el ejercicio del derecho de separación o una exclusión hayan de llevar aparejada la pérdida de la autorización para actuar como entidad de gestión.

---

[112] Y tampoco se olvide, si es que el escrúpulo se impone, que "CopyEspaña" se constituyó como una Unión temporal de empresas entre entidades de gestión, igual, p.ej., que la que constituyen tres constructoras para construir una autopista.

En última instancia, y a favor de esta solución, no se olvide que el actual "Órgano Conjunto de Recaudación de Artistas y Productores" se define a sí mismo como una comunidad de bienes, lo que como es sabido no deja de ser para el derecho privado más que una sociedad colectiva irregular[113]; si la agrupación de interés económico es esencia una sociedad colectiva, es patente que la opción por esta forma no sólo es posible sino que está contrastada.

Tema distinto y merecedor de mayor consideración es el de las relaciones entre la ventanilla única y las entidades que la forman, en concreto en lo referente al régimen de relaciones jurídicas, que parece deberá ser de mandato, y a su régimen fiscal, en orden a evitar una imposición excesiva derivada del movimiento de dinero puesto. Parece no obstante que en tanto mandataria de las entidades de gestión la sociedad haría el cobro en nombre y por cuenta de sus mandantes, de modo que la imposición que procediese sería imputable directamente a cada entidad de gestión.

c) La constitución de la ventanilla única. A tal efecto, prevé la norma que *"las entidades de gestión dispondrán del plazo de cinco meses desde la entrada en vigor de la Ley para acordar los términos de creación, financiación y mantenimiento de esta ventanilla única".* Se trata así, como ya apuntábamos, de una obligación legal de negociar que en caso de ser infructuosa se sancionará, al parecer, con la imposición por el estado de una forma legal jurídico privada y de unos estatutos, amén de la multa correspondiente por ese incumplimiento. Eso es desde luego un incentivo para llegar a un acuerdo, pero es una regla un tanto bizarra en el ámbito del derecho privado. Eso sí, no se piense que por llegar a un acuerdo tienen libertad para establecer lo que tengan por conveniente. No es así.

En lo que toca a financiación, y supuesto que la entidad no puede cargar a sus usuarios ni siquiera el coste de su servicio, la ley ya prevé que sus fuentes deban provenir de contribuciones de sus fundadores y socios. Así, tanto el art. 154.5 d) como la Disposición Adicional primera núm. 3 prevén de forma específica la financiación a través de las cantidades recaudadas y no

---

113   En extenso, DE LOS RÍOS, J. M., *Comunidad de bienes y empresa*, Madrid 1997, *passim*, y GARROTE, I, "La comunidad de bienes de origen empresarial: la comunidad de empresa", en *Tratado de contratos*, [R. Bercovitz (Dir.)]. T. III, 2ª ed., Valencia 2013, pp. 3276 y ss.

reclamadas[114]. Es decir, que la propia ley dispone que esa sea, al menos, una fuente de financiación de esta asociación, sociedad o fundación, en lógico demérito del resto de finalidades previstas en ese artículo. Otra cosa es que esa cantidad sea bastante, en cuyo caso la financiación deberá provenir del fondo de gastos comunes de la entidad.

d) Supervisión de la ventanilla. A este respecto, la ley es clara: *"el Ministerio de Educación, Cultura y Deporte y la Comisión Nacional de los Mercados y la Competencia, en sus respectivos ámbitos de competencia, velarán por el cumplimiento de lo dispuesto en este apartado, incluyendo el control de los estatutos de la persona jurídica que gestiona la ventanilla con carácter previo al inicio del funcionamiento de la misma"*. Lo que es dudoso es en qué se pueda concretar esa tutela del cumplimiento más allá de lo previsto en la Ley de defensa de la competencia para la Comisión encargada de su aplicación en relación a cualquier operador del mercado, ya que en lo referente al Ministerio de Cultura no se prevén sanciones específicas o potestades de control concretas sobre esta entidad o sus gestores en cuanto tales en los arts. 162 y siguientes, ni se establece una capacidad de intervención del estado respecto a esta entidad privada, a diferencia de lo especialmente previsto para las entidades gestión. Los principios de legalidad y tipicidad que rigen la actuación sancionadora de la administración limitan así la posibilidad de sanción de la persona jurídica que gestiona la ventanilla (*cfr.*, arts. 127 y 129 L 30/1992).

Tampoco se prevé en qué ha de consistir ese control preventivo de los estatutos de la entidad, que parecería haya de ser de contenido autorizativo por parte del ministerio en orden a garantizar aquello de la disposición adicional primera que haya de ser contenido estatutario, lo que salvo la prohibición de posiciones de control (DA 1ª.2 II) parece poco. Dicho de otro modo; no se ve qué es lo que se haya de autorizar fuera de ese requisito de control conjunto de la ventanilla. Sea como fuere, parece que del mismo modo que se autoriza la creación y los estatutos de la entidad de gestión parece que se deberán autorizar también, al menos, los estatutos de la entidad de gestión de la ventanilla única. En ese sentido, parece, una vez más, que

---

[114]   Antes, en el art. 154 se decía que: *"[l]as cantidades que las entidades de gestión destinen a la financiación de la ventanilla única de facturación y pago prevista en el apartado anterior, podrán entenderse comprendidas en las actuaciones de fomento de la oferta digital legal a los efectos previstos en la letra b) del artículo 154.5 de la Ley de Propiedad Intelectual"*.

el Notario deberá denegar la autorización de la escritura de constitución si no se adjunta el visto bueno a los estatutos por parte del ministerio del ramo. En cualquier caso, y aunque será difícil que sea antes de que empiece a correr el plazo de los cinco meses, se prevé que "*el Gobierno podrá desarrollar reglamentariamente lo establecido en este apartado*". Sin duda el Real Decreto de desarrollo en ciernes podrá concretar —dentro de lo que le permita su competencia reglamentaria— estos extremos de control y vigilancia.

Sea como fuere, si no se llegara a un acuerdo para la creación de esta sociedad o asociación o si sus estatutos no recibieran la correspondiente aprobación, será en el plazo improrrogable de tres meses desde el fin del anterior de cinco meses —1 de septiembre y 1 de junio de 2015 respectivamente si no hemos contado mal— la Sección Primera de la Comisión de Propiedad Intelectual que "*podrá dictar una resolución estableciendo dichos términos,* [los términos de creación, financiación y mantenimiento de esta ventanilla única] [y] *pudiendo resolver cuantas controversias puedan surgir, y establecer cuantas instrucciones sean precisas para el correcto funcionamiento de esta ventanilla única, todo ello sin perjuicio del correspondiente expediente sancionador en base al incumplimiento de la referida obligación legal* [ex art. 157.1 e) LPI]"[115]. Cabe la duda de si en tal caso el fundador de la asociación, sociedad o fundación será esa Sección primera —parece que no— o si por el contrario la administración podrá solicitar del juez de primera instancia o de lo mercantil que se supla su consentimiento y se les fuerce al otorgamiento de la escritura pública de constitución de la asociación o sociedad sobre la base de unos estatutos redactados total o parcialmente por el ministerio. O si bien lo que hará el ministerio será crear una ventanilla sin forma de persona jurídica privada en alguna subdirección general y obligar a que la contratación y los pagos se hagan a través suyo. Hoy por hoy la reacción de la administración frente a la inacción de las entidades de gestión en este terreno es una incógnita que no ha resuelto el legislador.

A nuestro juicio, lo que siempre es factible incluso de forma transitoria y eliminaría desde luego costes de transacción es, como se apuntaba, una aplicación informática común y accesible o descargable con facilidad

---

[115]   Entrando en vigor el régimen sancionador el 5 de mayo de 2015 esa sanción a las entidades por su inacción o, entendemos, falta culpable e inexcusable de acuerdo resulta pues perfectamente posible. También parece posible que para evitarlo se sometan a la mediación voluntaria de la administración antes de que ésta intervenga.

en las páginas web del ministerio y de las propias entidades donde, rellenando los datos correspondiente, cualquier usuario pueda conocer si tiene
que pagar, el importe, en su caso, y a quién debe hacerlo. Que la gestión
y mantenimiento de esa web se haga por el propio ministerio nos parece
perfectamente admisible sin perjuicio de prever una tasa a satisfacer por las
entidades de gestión por el coste que pudiera suponer.

e) En cuanto al funcionamiento de la ventanilla, se prevé en fin que la
misma "*deberá prestar sus servicios en condiciones objetivas, transparentes y no
discriminatorias, y adecuarse a las siguientes reglas: a) Deberá garantizarse la
prestación de servicios a toda entidad de gestión legalmente establecida.*[a las
ilegales no, claro], *b) Deberá incorporar las tarifas generales vigentes para cada
colectivo de usuarios y en relación con todas las entidades legalmente establecidas* [excluyendo una vez más a las ilegales] y *c) Deberá facilitar el pago de
los importes de las tarifas generales que los usuarios adeuden a las entidades de
gestión legalmente establecidas* [las ilegales, en fin, quedan fuera]". Poco se
puede añadir respecto a unas reglas que no son sino explicitación del objeto para el que se crea esta ventanilla. Así, de un lado, parece lógico que si
toda entidad de gestión ha de ser forzosamente socia de esta ventanilla, la
misma —qué menos— le preste sus servicios. Otro tanto sucede con la incorporación de tarifas y usuarios, puesto que su misión es informar y sobre
la mismas y recaudarlas; en fin, que debe facilitar el pago es precisamente
su razón de ser. La redundancia de estas reglas es evidente, aunque desde
luego sirve para dar un aire de rigor y exhaustividad, amén de su función de
divulgación. Eso, por descontado, sin perjuicio de que obviamente todas las
obligaciones que tienen las entidades de gestión frente a los usuarios de los
derechos que gestionan también las asuman, por propiedad distributiva se
diría, esa entidad o ventanilla que actúa como su mandataria.

9. ENTRADA EN VIGOR DEL NUEVO RÉGIMEN DE ENTIDADES DE GESTIÓN (DF QUINTA)

La *Disposición final quinta de la ley,* frente a lo previsto en los trabajos
previos al respecto, dispone la fecha de uno de enero de 2015 como general para la entrada en vigor de la reforma. No obstante, y como excepción,
prevé igualmente un régimen escalonado para la aplicación de determinados aspectos de la misma, siendo la materia relativa a entidades de gestión

objeto de tres de las cuatro excepciones previstas. Acaso los plazos un tanto peculiares que se verán a continuación puedan obedecer a que tanto el Anteproyecto como el Proyecto que se llevó al Congreso preveían la entrada en vigor de la reforma a partir del día siguiente a la publicación de la ley, mientras que en redacción final en el Senado se previó una *vacatio legis* de casi dos meses[116]; sea como fuere y en lo tocante a las entidades de gestión se prevé que:

(i) De acuerdo a lo previsto en el Anteproyecto, lo dispuesto en el artículo 158 ter y concordantes entrará en vigor a los dos meses de la publicación de la reforma en el BOE, es decir, el 5 de enero de 2015, cuatro días después de la entrada en vigor del grueso de la ley. El motivo de esos cuatro días de retraso queda en la mente del legislador; en cualquier caso, eso puede ser útil: y es que la incertidumbre acerca de cuáles sean las normas "concordantes" con el art. 158 ter —es extraño que la entrada en vigor de una norma pueda ser materia de interpretación— queda contrapesada por las noventa y seis horas de duración de esa situación de incerteza.

(ii) Igualmente conforme al Anteproyecto, se mantiene en el texto final que lo establecido en los artículos 154, apartados 7 y 8, 162 ter y 162 quáter entrará en vigor a los seis meses de la publicación de la reforma en el BOE, es decir, el 5 de mayo de 2015. Hasta esa fecha parece que, por razones que no entendemos del todo, se podrán conceder préstamos, créditos y anticipos tal y como se venía haciendo. Tampoco se aplicarán hasta esa fecha ni la clasificación de las infracciones ni sus correspondientes sanciones, aunque no queda en suspenso la facultad de requerir información ni en general de control de la administración.

(iii) Finalmente, como novedad en el Proyecto remitido a las Cortes respecto al Anteproyecto, y también como —aparente— excepción a la entrada en vigor de la norma, la DF 5ª d), establece que los apartados 3, 4, 5 y 6 del art. 154 sean aplicables a las cantidades recaudadas por las entidades de gestión a partir del 1 de enero del año natural

---

[116] La modificación de la entrada en vigor con la citada *vacatio legis* se introdujo, en efecto, por enmienda en el Senado, BOCG 22.09.2014, p. 390, bajo la clásica aunque siempre discutible justificación de "mejora técnica".

siguiente a la publicación de la reforma —o sea, del 1 de enero de 2015, precisamente la fecha de entrada en vigor de la ley (¿?)—, con independencia de la fecha de su devengo. Es decir, que el régimen de prescripción de derechos de los titulares frente a las entidades será de aplicación a las cantidades efectivamente recaudadas por éstas a partir de la entrada en vigor de la ley.

VIII. La comisión de propiedad intelectual

RAMÓN CASAS VALLÉS

1. INTRODUCCIÓN

La Comisión nació como *Comisión Arbitral de la Propiedad Intelectual* con la Ley 22/1987, de 11 de noviembre, de Propiedad Intelectual de 1987 (LPI/1987). Su regulación se contenía en el art. 143 LPI/1987, al que se añadió un Reglamento con relativa rapidez (RD 479/1989). Han pasado casi treinta años y no son pocos los cambios que ha experimentado este órgano, adscrito al Ministerio de Cultura (hoy Educación Cultura y Deporte). En su pequeña y desigual historia podemos distinguir tres etapas. La primera se extiende desde 1987 hasta 2011 y se caracteriza por un cierto movimiento normativo unido a una escasa, por no decir nula, productividad. La segunda, más corta e intensa, cubre desde 2011 a 2014. La tercera, en la que estamos, va desde 2015 en adelante. Los hitos los han marcado la ya mencionada LPI/1987, la Ley 2/2011, de 4 de marzo, de Economía Sostenible (LES) y la Ley 24/2014, por la que se modifica el Texto Refundido de la Ley de Propiedad Intelectual y la Ley de Enjuiciamiento Civil. Como es lógico, habrá que centrarse en esta última. No obstante, vale la pena dotarse de alguna perspectiva comenzando con una breve exposición de los antecedentes.

1.1. Primera etapa: Comisión Arbitral, Comisión Mediadora y Arbitral y, finalmente, Comisión de Propiedad Intelectual (1987-2011)

La Comisión tuvo inicialmente asignadas funciones arbitrales a las que iba asociada la posibilidad de fijar cantidades sustitutorias de las tarifas al efecto del pago bajo reserva o consignación requeridos para acceder de inmediato al uso del repertorio de las entidades de gestión. Más adelante se le atribuyó la fijación del importe de la remuneración por alquiler para los contratos celebrados antes del 1 de julio de 1994. Esta función, sin embargo, no llegó a activarse ni dejó más huella que el recuerdo de que, en alguna ocasión, se pensó en la Comisión como un órgano adecuado para fijar el montante de derechos de remuneración (vid. DF 3ª de la Ley 43/1994, de

30 de diciembre, de incorporación de la Directiva 92/100/CEE sobre derechos de alquiler, préstamo y derechos afines y RD 1248/1995, de reforma del RD 479/1989). Durante esta primera fase aún se produciría una nueva ampliación de funciones cuando, al incorporarse la Directiva 93/93/CEE, sobre radiodifusión por satélite y distribución por cable, la Comisión se convirtió también en instancia mediadora. A este efecto, la Ley 28/1995, de 11 de octubre, dio nueva redacción al art. 143 LPI/1987 y rebautizó a la Comisión como *Comisión Mediadora y Arbitral de la Propiedad Intelectual*. La nueva función, sin embargo, nacía con un ámbito objetivo ridículamente reducido (el estricto para dar cumplimiento a la citada Directiva, que sólo exigía mediación materia de distribución por cable) y sin tan siquiera unas normas de procedimiento, pues las previsiones reglamentarias no llegaron a materializarse. Tras la reforma de 1995 no hubo otros cambios que la nueva numeración resultante de la aprobación del Texto Refundido de la Ley de Propiedad Intelectual (RD legislativo 1/1996, de 12 de abril, TRLPI), en el que la Comisión pasó a ocupar el art. 158. Hubo, no obstante, dos buenas noticias pues, por una parte, se despejaron al fin las dudas acerca de la constitucionalidad de la Comisión[1]; y, por otra, las funciones arbitrales sobrevivieron a la Ley 60/2003, de 23 de diciembre, de Arbitraje (LA), cuyas disposiciones se declararon "*de aplicación supletoria a los arbitrajes previstos en otras leyes*", como la de propiedad intelectual (art. 1.3 LA).

El saldo de esta primera etapa sólo puede describirse como decepcionante. La configuración normativa de la Comisión hacía de ella un organismo casi inútil pese a los esfuerzos desplegados para que no fuera así. Resulta comprensible que menudearan las propuestas de reforma más o menos ambiciosas. Como mínimo estaba claro que había que ampliar el ámbito material de la mediación y del arbitraje y pensar seriamente en la posibilidad de que la Comisión tuviera algo que decir en materia de tarifas sin necesidad de un previo sometimiento de las dos partes en conflicto.

---

[1]   La LPI/1987 había sido llevada al Tribunal Constitucional por la Generalidad de Cataluña y el Gobierno vasco. Entre los preceptos impugnados estaba el art. 143 LPI/1987. La STC 196/1997 refrendó la constitucionalidad de la disposición por ser el arbitraje "*un equivalente de la función jurisdiccional*" y, por tanto, sujeto a la competencia estatal en materia de legislación procesal. Pero también porque el art. 149.1.9ª CE permite al Estado "*establecer un régimen jurídico completo de la propiedad intelectual*" (FJ 12). La precisión es importante pues, al dictarse la sentencia la Comisión, ya había dejado de ser un órgano meramente arbitral, situación que se ha acentuado con las reformas posteriores.

Una vez más, la ocasión vino de la mano de una Directiva. En este caso, la 2001/29/CE, sobre la Sociedad de la Información. En realidad ésta no imponía nada que afectara a la Comisión de forma directa. Pero se aprovechó la ley de incorporación para incluir una norma que diseñaba un nuevo futuro para la Comisión, a la que se cambiaba de nuevo el nombre con efectos inmediatos. La norma rezaba así: "*Se habilita al Gobierno para que, mediante Real Decreto, modifique, amplíe y desarrolle las funciones que el artículo 158 de esta Ley[2] atribuye a la Comisión Mediadora y Arbitral, debiendo incluir, entre otras, las de arbitraje, mediación, fijación de cantidades sustitutorias de tarifas y resolución de conflictos en los que sean parte las entidades de gestión de derechos de propiedad intelectual entre sí o entre alguna o algunas de ellas y una o varias asociaciones de usuarios o entidades de radiodifusión. La Comisión Mediadora y Arbitral de la Propiedad Intelectual pasará a denominarse Comisión de Propiedad Intelectual*" (DA 2ª Ley 23/2006, de 7 de julio, de reforma del Texto Refundido de la Ley de Propiedad Intelectual).

El cambio habría sido mayúsculo. No sólo por la amplitud del ámbito material de la mediación y el arbitraje o la significativa referencia autónoma —tras la mediación— a la "*fijación de cantidades sustitutorias de tarifas*", sino también, y sobre todo, porque se producía una extensa —y problemática— deslegalización, dotando al Gobierno de amplias facultades para modificar, ampliar y desarrollar las funciones de la Comisión. Todo apuntaba, en particular, a la atribución a la misma de algún tipo de intervención directa en materia de tarifas. Sin embargo, las cosas no siempre se desarrollan de acuerdo con las previsiones. Mientras se pensaba cómo materializar las funciones auspiciadas por la DA 2ª Ley 23/2006, se abrió un nuevo frente de batalla al que también fue convocada la Comisión. El resultado fue una reforma sustancial de la misma con la que se inauguró la segunda etapa de su historia.

1.2. *Segunda etapa: Primera refundación de la Comisión de Propiedad Intelectual (2011-2014)*

Las dificultades para luchar con los medios tradicionales contra lo que, simplificando, suele describirse como *piratería en la red* junto con la frustración y consiguiente impaciencia ante los pobres resultados logrados en la

---

[2]   La referencia a "esta ley" era un lapsus. Obviamente no se quería aludir a la Ley 23/2006 sino al Texto Refundido de la Ley de Propiedad Intelectual.

vía judicial, condujeron a los titulares a reclamar una tutela directa de corte administrativo, en línea con lo que se estaba haciendo en algunos países. Se pensaba que por este medio se lograría un sustancial cambio de panorama, en particular en relación con las páginas electrónicas dedicadas a reunir y presentar, de forma organizada, enlaces a obras y prestaciones explotadas en la red sin el consentimiento de los titulares. Existía, por supuesto, la opción de partir de cero, creando una autoridad u órgano *ad hoc*. Pero también cabía aprovechar alguna plataforma ya existente y así se hizo recurriendo a la Comisión de Propiedad Intelectual, de acreditada *vis atractiva*.

La materialización de la idea se produjo mediante una Disposición Final, nada menos que la número 43, de la Ley 2/2011, de 4 de marzo, *De Economía Sostenible* (LES). Dicha DF 43ª fue popularmente bautizada como *Ley Sinde* y, poco después, *Sinde/Wert*, por el nombre de los ministros que la impulsaron. Su objetivo era la "*salvaguarda de los derechos de propiedad intelectual frente a su vulneración por responsables de servicios de la sociedad de la información*", mediante un procedimiento administrativo "*para el restablecimiento de la legalidad*". La operación era de envergadura porque se trataba de poner una lanza en el territorio de la sociedad de la información, venciendo además la resistencia de quienes recelaban de un intervencionismo administrativo sin suficientes garantías.

Para implementar esta nueva función de salvaguarda de la propiedad intelectual y asegurar el control judicial de los actos más sensibles (cesión de datos para identificar a los infractores y ejecución final de las medidas adoptadas) se hizo necesario modificar varias leyes. En concreto, la Ley 34/2002, de 11 de julio, de *Servicios de la Sociedad de la Información y de Comercio Electrónico* (LSSICE); la Ley 29/1998, de 13 de julio, *Reguladora de la jurisdicción contencioso administrativa* (LJCA); la Ley Orgánica 6/1995, de 1 de julio, *del Poder Judicial* (LOPJ); y, por supuesto, el Texto Refundido de la Ley de Propiedad Intelectual de 1996 (TRLPI/1996) cuyo art. 158 incrementó considerablemente su extensión, pasando a tener cuatro apartados. Asimismo hubo que aprobar un nuevo Reglamento de la Comisión, con derogación del anterior, cosa que se llevó a cabo mediante el RD 1889/2011, de 30 de diciembre, *Por el que se regula el funcionamiento de la Comisión de Propiedad Intelectual*[3].

---

[3]   La legalidad de este Reglamento, y aun su constitucionalidad, fueron impugnadas ante los tribunales por la "Red de empresas de Internet" y la "Asociación de Internautas". Ambos

A partir de ese momento, convivirían en la Comisión, juntas que no re-vueltas, las viejas funciones de mediación y arbitraje con la nueva y polémica función de salvaguarda de derechos de propiedad intelectual. Para su pues-ta en práctica la Comisión se dividió en dos Secciones. Pero tan diferentes entre sí que incluso se hacía difícil hablar de la Comisión a secas. Más allá de la declaración de adscripción al Ministerio de Cultura y del listado de cometidos (art. 158.1 TRLPI/2011), la distinción era inmediata (art. 158.2 TRLPI/2011). No había ningún órgano común; ni siquiera un presidente, que había existido hasta la división de la Comisión en Secciones. La Pri-mera y la Segunda (art. 158.3 y 4 respectivamente TRLPI/2011) solo com-partían la denominación general (Comisión de Propiedad Intelectual) y el *hábitat* administrativo; situación esta que se mantiene tras la Ley 21/2014, como se verá. Para los amigos de la heráldica, sería fácil evocar el emblema de una desigual ave bicéfala. A un lado una pacífica paloma, sometida a la necesidad de previo acuerdo de las partes (mediación y arbitraje). Al otro lado, un agresivo halcón, si se quiere con una urraca ladrona en el pico, que *ataca* a partir de la petición unilateral de los afectados (salvaguarda de derechos mediante un procedimiento de restablecimiento de la legalidad).

Todo ello, huelga decirlo, supuso una auténtica refundación de la Co-misión de Propiedad Intelectual. Hasta entonces había sido una pieza del sistema de gestión colectiva. Con la *Ley Sinde/Wert* no perdió esta condi-ción. Pero pasó a ser también algo más. Hasta el punto de que habría estado justificado dedicarle un Título propio en el Libro III del TRLPI con un número mayor de artículos, por supuesto de menor extensión.

La razón de ser de la reforma fue la nueva función de salvaguarda de derechos. Pero era lógico que se aprovechara la ocasión para introducir ajustes en las funciones tradicionales, ahora atribuidas a la Sección Prime-ra. Resumiendo mucho, la DF 43 LES y el RD 1889/2011 procedieron, en primer lugar, a modificar la composición de la Sección, reduciendo el número de vocales y redefiniendo su perfil profesional[4]. En segundo, se

---

recursos, sin embargo, fueron desestimados, salvo en lo relativo a un inciso del art. 20.2, en el que se daba a la interrupción del servicio o retirada voluntaria de contenidos el "*valor de reconocimiento implícito de la [...] vulneración*", y que se declaró nulo por la primera de las sentencias (cfr. SSTS, 3ª, ambas de 31/5/2013, ROJ 3181/2003 y 3169/2013, respectiva-mente).

[4]   Hasta ese momento la Comisión tenía tres miembros permanentes a los que se podían sumar dos "*representantes*" por cada una de las partes en litigio. Por tanto un máximo de

amplió el ámbito material de la mediación y se salvó el grave vacío procedimental de que ésta adolecía[5]. En tercero, se amplió también el ámbito objetivo del arbitraje[6]. En cuarto lugar, se aprovechó para introducir en la ley criterios para el establecimiento de tarifas, un asunto este de gran importancia aunque la introducción se hiciera de soslayo al hilo de la eventual fijación de cantidades sustitutorias[7]. En quinto lugar, cabe llamar la atención sobre la atribución a la Sección Primera de una nueva función de control y denuncia de comportamientos anticompetitivos, precedente de la

---

siete (art. 4 RD 479/1989). Con la reforma de 2011, la Sección Primera, heredera de la vieja Comisión, pasó a estar integrada simplemente por "*tres miembros*" sujetos a los principios de independencia, neutralidad e imparcialidad. En cuanto al perfil profesional, ya no debían ser "*juristas de prestigio*" sino "*expertos de reconocida competencia en materia de propiedad intelectual*", pudiendo valorarse adicionalmente su "*experiencia o conocimiento en los ámbitos del derecho económico y de la competencia, y mercado audiovisual y de las comunicaciones electrónicas*" (art. 3 RD 1889/2011).

[5]   El art. 158.3.1º,a) TRLPI/2011 incluyó en la mediación no sólo el caso fundacional (distribución por cable), sino también "*cualesquiera materias directamente relacionadas con la gestión colectiva de derechos de propiedad intelectual*". Ello abría la posibilidad de intervenir en conflictos entre entidades y cualesquiera usuarios, conflictos entre las propias entidades e incluso en conflictos internos entre éstas y sus miembros. En cuanto al procedimiento de mediación, la falta de reglas en el RD 479/1989 se suplió con un capítulo *ad hoc* en el RD 1889/2011 (capítulo III, arts. 4 a 6).

[6]   De acuerdo con el art. 158.3.2º,a) TRLPI/2011, la Sección Primera actuaría en su función de arbitraje "*dando solución, previo sometimiento de las partes, a los conflictos que se susciten entre entidades de gestión, entre los titulares de derechos y las entidades de gestión, o entre éstas y las asociaciones de usuarios de su repertorio o las entidades de radiodifusión o de distribución por cable*". Por tanto, ya no se trataba sólo de os conflictos relacionados con las obligaciones que el art. 157 TRLPI imponía a las entidades de gestión. Por otra parte, el arbitraje, antes limitado a conflictos *ad extra* (con los usuarios) se abría también a conflictos entre entidades y a conflictos *ad intra* (con los titulares de los derechos administrados).

[7]   De acuerdo con el art. 158.3.3º TRLPI/2011 (donde [//] indica punto y aparte): "*En el ejercicio de sus funciones para la fijación de cantidades sustitutorias de tarifas, la Comisión valorará, el criterio de utilización efectiva, por el usuario, del repertorio real de titulares y obras o prestaciones que gestionen las entidades y la relevancia y utilización en el conjunto de la actividad del usuario. [//] La Comisión también podrá tener en cuenta, entre otros criterios o antecedentes, las tarifas existentes para la explotación de los mismos derechos y que hayan sido establecidas por la Comisión o en los acuerdos y contratos firmados por la propia entidad para situaciones análogas*". Por supuesto, no era el lugar adecuado para indicar los criterios para determinar tarifas. Pero se trataba de un avance y habría tenido, indirectamente, un efecto positivo, tanto en la práctica de las entidades como, en su caso, de la autoridad de competencia y de los órganos judiciales.

que, con mayor fuerza y alcance, se le ha asignado en la Ley 21/2014[8]. A otro nivel, también cabe recordar que fue en 2011 cuando se puso fin a la gratuidad de las actuaciones, al imponerse a los usuarios de los servicios de la Sección Primera el pago de los costes de administración y honorarios de sus miembros, tanto en el caso de la mediación como en el del arbitraje[9].

En cuanto a la Sección Segunda, la Ley *Sinde/Wert* le encomendó, de forma específica, la salvaguarda de los derechos de propiedad intelectual en las redes digitales. Pero no de forma general sino en un ámbito muy concreto: el de las vulneraciones cometidas por responsables de servicios de la sociedad de la información. Para ello se diseñó un procedimiento administrativo de restablecimiento de la legalidad, con algunos de sus trámites sujetos a estricto control judicial para garantizar mejor los derechos de los interesados. La resolución final podía traducirse en órdenes de retirada de contenidos o de suspensión de servicios. Dada la naturaleza de la función y su incidencia en la actividad de los prestadores de servicios de la sociedad de la información, se optó por una composición de la Sección Segunda muy diferente de la Primera, con un marcado perfil funcionarial de sus vocales.

La creación de la Sección Segunda suscitó recelo y fuerte oposición por parte de algunos grupos de usuarios de Internet para los que cualquier

---

[8]   El art. 2.3 del nuevo Reglamento (RD 1889/2011) dispuso que: "*Ante la reiterada negativa Ante la reiterada negativa de una parte a someterse, a petición de otra, a los procedimientos previstos en los capítulos IV y V sin aceptar tampoco acudir ante otro órgano que pueda realizar un arbitraje al respecto, o ante una posibilidad de infracción de la Ley 15/2007, de 3 de julio, de Defensa de la Competencia, la Sección Primera valorará si existen indicios racionales de conductas prohibidas de conformidad con lo previsto en dicha Ley, a efectos de ponerlo en conocimiento de la Comisión Nacional de la Competencia*". Nótese que la norma no solo contemplaba la resistencia a aceptar actuaciones arbitrales de la Comisión sino también la existencia de conductas contrarias al normal juego de la competencia, lo que presuponía una cierta aunque imprecisa facultad de supervisión tanto de las entidades de gestión como de los usuarios de su repertorio. El precedente de esta disposición estaría en el art. 9 de la Ley 28/1995, que incorporó la Directiva sobre Satélite y Cable y que se refería a la "*prevención del abuso de posiciones negociadoras*".

[9]   Arts. 4.3,d); 7.3,d); y 11.1 RD 1889/2011. A este objeto, al amparo de la DF 3ª RD 1889/2011, el Ministerio de Educación Cultura y Deporte dictó la Orden ECD/576/2012, *por la que se establecen precios públicos por prestación de servicios de la Sección Primera de la Comisión de Propiedad Intelectual*. En dicha orden se fijaba una tarifa de admisión a trámite de 100 € (tanto para la mediación como pare el arbitraje), más una tarifa por sesión de 1316 € (para la mediación) y 1616 € (para el arbitraje), en ambos casos "*con un máximo de cinco sesiones por procedimiento*" (art. 1.2 y Anexo Orden ECD/577/2012).

medida relacionada con actividades infractoras en este medio debía ser adoptada por órganos judiciales y no por la Administración. La puesta en marcha de la Sección Segunda no fue fácil. Dejando a un lado la abierta hostilidad de una parte de la opinión pública, hubo que afrontar numerosos problemas operativos, muchos de ellos relacionados con la dificultad de identificar y localizar a los infractores. Asimismo hubo que lidiar con el problema de la dudosa calificación de ciertas actividades. Entre ellas, precisamente la que más se había publicitado como objetivo a batir por parte de la Sección: las páginas de enlaces a contenidos ilegalmente explotados. Detenerse algo en esta problemática ayudará a entender mejor el sentido de la reforma llevada a cabo por la Ley 21/2014.

Dados los objetivos buscados con la creación de la Sección Segunda, es lógico que se pensara que las referidas páginas de enlaces podían quedar incluidas en la referencia del nuevo art. 158.4 TRLPI/2011 a la "*vulneración [de derechos de propiedad intelectual] por los responsables de servicios de la sociedad de la información*". No había duda de que los proveedores de enlaces tienen la condición de prestadores de servicios de la sociedad de la información (PSSI), al menos cuando se trata de una actividad económica (vid. el Anexo de Definiciones de la LSSICE). Ahora bien, y esa era la duda, ¿vulnera derechos quien enlaza o, por el contrario, se trata de un simple intermediario de cuyos servicios se vale —aun sin saberlo— el auténtico infractor? La cuestión, nada simple, no podía resolverse sin introducir algunas distinciones entre tipos de enlaces y páginas dedicadas a tal actividad. Obviamente no es lo mismo el listado, más o menos aleatorio, que resulta de una búsqueda automatizada en Internet que el conjunto de enlaces deliberadamente organizado para facilitar el acceso a contenidos protegidos, sabiendo o debiendo saber que todos o una buena parte se explotan desde las páginas enlazadas sin el consentimiento de los titulares afectados.

Ante la dificultad para distinguir entre los auténticos enlazadores y los infractores disfrazados de seudoenlazadores, la Sección segunda optó en no pocos casos por tratar a estos últimos como simples prestadores de servicios de intermediación[10]. De este modo, no se les llamaba al procedimien-

---

[10]   Tomo la expresión "seudoenlazadores" del trabajo de Rafael SÁNCHEZ ARISTI a este propósito: "*Enlazadores y seudoenlazadores: Del rol de intermediarios al de proveedores de contenidos que explotan obras y prestaciones intelectuales*", Aranzadi Civil-Mercantil, vol. 2, nº 5, septiembre 2012, pp. 91 y ss.).

to como infractores sino como simples interesados cuya colaboración, no obstante, podía ser necesaria para proceder al cumplimiento forzoso de las medidas adoptadas para el restablecimiento de la legalidad. La solución era ingeniosa pues, esquivando el vidrioso asunto de la existencia o no de infracción por su parte, cabía exigirles la desactivación de los enlaces, abriendo al tiempo la puerta a eventuales acciones de responsabilidad en su contra por haber adquirido "conocimiento efectivo" de la ilícita actividad de los titulares de las páginas enlazadas. Esta estrategia o *modus operandi* daba lugar a situaciones curiosas. Mientras el señalado como responsable de la infracción —un sujeto lejano o acaso un simple prestador de servicios de alojamiento del que este se valía— accedía a retirar los contenidos o simplemente se desinteresaba del asunto, los titulares de las páginas de enlaces, traídos al procedimiento como meros invitados por si se requería su colaboración para llevar a efecto las medidas acordadas por la Sección Segunda, comparecían belicosamente para defenderse de lo que nadie les imputaba, a saber, la infracción de derechos de propiedad intelectual mediante el establecimiento de enlaces a contenidos ilícitamente ofrecidos por terceros[11]. El procedimiento de restablecimiento de la legalidad adquiría en esos casos un cierto tono de comedia de las equivocaciones con los papeles trastocados, aunque en realidad nadie se llamaba a engaño. El colaborador sabía perfectamente que, sin perjuicio de que se apuntara contra un infractor indudable, en realidad la Sección Segunda *iba a por él*. La propia Sección lo tenía tan claro que, incluso no habiendo infractor o mejor dicho habiendo dejado de haberlo, mantenía las medidas de colaboración exigidas al *inocente* intermediario. Es ilustrativo a este respecto el *Caso Quedelibros*, finalmente resuelto por sentencia de la Audiencia Nacional, sala de lo contencioso-administrativo, de 22/7/2014[12].

---

11   Pueden verse en este sentido las resoluciones dictadas en los casos *Vooxi* y *Bajui*, ambas de 27/7/2012. Pese a la inexistencia de publicación oficial, estas dos resoluciones circularon libremente por la red. Para la primera, por ejemplo, http://comunicacion21.com/wp-content/PDF/Curso/ResolVooxi.pdf (última visita, 15/1/2015). Para la segunda, http://comunicacion21.com/wp-content/PDF/Curso/ResolBajui.pdf (ídem).

12   El procedimiento de salvaguarda se había abierto contra un sujeto que, al fin, resultó no ser el responsable de la página desde la que se ofrecían ilegalmente contenidos protegidos. Ello no impidió que la Sección Segunda exigiera al intermediario (responsable de la página "*Quedelibros*") la retirada de los enlaces y le diera por informado de que estaba prestando servicios de localización a un infractor. El responsable de "*Quedelibros*" impugnó la resolución de la Comisión alegando que su página no contenía enlaces sino simple

Sin embargo, la Sección Segunda no siempre recurrió a la vía oblicua antes descrita. En algunos casos consideró los hechos suficientemente claros como para optar por un ataque directo contra los responsables de las páginas de enlaces, apuntando de este modo la línea posteriormente seguida por la Ley 21/2014. Así se hizo por ejemplo en los casos "Goear" (Resolución CPI/S2, de 21/12/2012) y *"Elitetorrent"* (Resolución CPI/S2 de 29/88/2013). En ambos, el criterio de la Sección Segunda ha recibido el aval de los tribunales. En sentencias de 17/10/2014 (*Elitetorrent*) y 17/11/2014 (*Goear*), la Sala de lo Contencioso-Administrativo de la Audiencia Nacional rechazó que, en esos casos, pudiera considerarse meros intermediarios a los responsables de las páginas de enlaces y aceptó su calificación como vulneradores directos, en línea con lo decidido por la Comisión de Propiedad Intelectual[13]. Es interesante señalar que la Audiencia, consciente de la reforma que se avecinaba, lejos de verla como una innovación la consideró como una simple aclaración de lo que ya cabía entender con la normativa vigente en el momento de los hechos[14].

---

información (direcciones no activables, que el usuario debía trasladar a la correspondiente ventanilla de su buscador) y que, en cualquier caso, no era aceptable que el procedimiento de salvaguarda del art. 158.4 TRLPI/2011 siguiera adelante sin un responsable de una vulneración y al solo objeto de mantener las medidas impuestas al intermediario. La sentencia aceptó este segundo argumento y anuló la resolución tras declarar que el procedimiento *"no puede ser dirigido exclusivamente contra los intermediarios"*.

13   En la SAN de 17/11/2014 (*"Caso Goear"*) se dice: *"Debe concluirse que PC Irudia, S.L., como responsable de la página web goear, que es el servicio específico que nos ocupa, no se limita a una labor meramente técnica, pasiva y automática de almacenamiento de los contenidos que los usuarios suben a la web, sino un papel activo y decisivo, tanto en lo que se refiere a la determinación y tipo de contenidos y a la mejora y presentación de los mismos, como a su puesta a disposición mediante el servicio de streaming musical en Internet, no pudiendo conceptuarse como mero prestador intermediario"* (FJ 5). A lo que añade, con una referencia al conocido *"Caso Svensson"* (STJUE, 13/2/2014, C-466/12): *"La conclusión expuesta sobre la naturaleza del servicio prestado por PC Irudia S.L. en su página de Internet www.goear.com conlleva que se pueda considerar a dicha entidad responsable de la infracción de los derechos de propiedad intelectual de los productores fonográficos, cometida con la puesta a disposición del público de los fonogramas en cuestión, sin la preceptiva autorización de los titulares de dichos derechos, al facilitar la posibilidad de escuchar el contenido de los mismos"* (FJ 6).

14   En este sentido, en la SAN de 17/10/2014 (*"Caso Elitetorrent"*), se afirma que *"con la modificación que se va a producir en la Ley de Propiedad Intelectual [es decir, con el Proyecto que acabaría siendo la Ley 21/2014, invocado a contrario por el recurrente], se viene a especificar más detalladamente la actividad que lleva a cabo el actor en su página de Internet, pero ello no significa que la misma no se encuentre dentro del vigente art. 158.4 [TRLPI/2011]"* (FJ 8).

De acuerdo con la DF 4ª RD 1889/2011, el procedimiento de restablecimiento de la legalidad empezó a aplicarse el 1 de marzo de 2011. En algo más de dos años tramitó unas cuatrocientas solicitudes de las que la mitad fueron archivadas por diferentes razones (entre ellas, instancias deliberadamente defectuosas y denuncias contra sujetos carentes de la condición de responsables de servicios de la sociedad de la información o cuyas actividades estaban amparadas por algún límite a la propiedad intelectual). Los casos restantes fueron también archivados por desaparición sobrevenida de la infracción o bien se tramitaron hasta llegar a resoluciones que, no obstante, se cumplieron de forma voluntaria. El saldo de los veinte primeros meses fue de noventa páginas electrónicas afectadas y dieciocho de ellas cerradas[15]. La simple puesta en marcha de la Sección Segunda constituyó, objetivamente, un logro innegable. Pero el balance distaba de ser satisfactorio. Los titulares lo consideraban a todas luces insuficiente y la propia Administración era consciente de la necesidad de optimizar los recursos invertidos.

1.3. Tercera etapa: Segunda refundación de la Comisión de Propiedad Intelectual (Ley 21/2014)

Razones diversas confluían en la necesidad de llevar a cabo una reforma importante de la legislación de propiedad intelectual. Era imprescindible incorporar las Directivas sobre ampliación del plazo de protección de fonogramas y obras huérfanas (respectivamente, Directivas 2011/77/UE, de 27 de septiembre y 2012/28/UE, de 25 de octubre). Había que resolver también varios asuntos en materia de límites, entre ellos el añoso problema de la copia privada y su compensación. Tampoco había duda acerca de la necesidad de reorganizar nuestro sistema de gestión colectiva, aunque, para hacerlo, podía haberse esperado hasta que estuviera aprobada la correspondiente Directiva europea, cuya elaboración discurrió en paralelo a nuestra

---

[15]   Tomo todos estos datos de un breve trabajo de Jorge CANCIÓ, Vocal Asesor y Coordinador Jurídico de la Sección Segunda de la Comisión de Propiedad Intelectual, sumamente útil dada la escasa información pública de las actividades y resoluciones de la Comisión. El trabajo, fechado el 20/12/2013, lleva por título "*El procedimiento administrativo-judicial frente a vulneraciones en Internet: Mucho más que un procedimiento de notificación y retirada*" y fue presentado en el *Comité Asesor sobre Observancia de la OMPI*. Puede consultarse en la página de esta organización.

reforma (Directiva 2014/26/UE, de 27 de febrero[16]). Finalmente, continuaba pendiente la exigencia de lograr mayor eficacia en la lucha contra las infracciones, ante todo en la vía judicial.

La Comisión de Propiedad Intelectual estaba directamente involucrada en la materialización de dos de esos grandes objetivos. En este sentido, para mejorar el funcionamiento del sistema de gestión colectiva había que dotar de nuevas y más incisivas funciones a la Sección Primera, en particular en materia de tarifas. Asimismo una Sección Segunda más eficiente serviría para reducir el nivel de vulneración de derechos de propiedad intelectual en la redes, sin perjuicio de potenciar también, dándole además prioridad, la vía judicial.

La agitada vida normativa de la Comisión de Propiedad Intelectual ha recibido así una nueva sacudida con la Ley 21/2014, de 4 de noviembre. Probablemente, además, no será la última. La propia DF 4ª de la ley anuncia una "*reforma integral*", cuyos "*trabajos preliminares*" (el compromiso no va más allá) deberán estar concluidos el 1 de enero de 2016. Con vistas a esa reforma deberán evaluarse, precisamente, las materias objeto de la Ley 21/2014 y entre ellas "*las competencias y naturaleza del regulador*". Es claro que se alude a la Comisión de Propiedad Intelectual y, de forma más específica a la Sección Primera, acaso por las dudas que haya podido suscitar el mantenimiento de un órgano regulador *ad hoc* en materia de propiedad intelectual cuando otros reguladores han sido eliminados para concentrar sus funciones en una gran *Comisión Nacional de los Mercados y de la Competencia*, en aplicación de la Ley 3/2013, de 4 de junio. Es posible que, en su momento, se reconsidere no tanto la existencia de la Comisión como el mantenimiento de las nuevas funciones en materia de determinación y control de tarifas que la Ley 21/2014 le atribuye.

Hablar de sacudida para referirse a la Ley 21/2014 no es una ligereza. Basta una lectura rápida de los nuevos arts. 158 (*Comisión de Propiedad Intelectual: composición y funciones*), 158 bis (*Funciones de mediación, arbitraje, determinación de tarifas y control*) y 158 ter TRLPI/2014 (*Función de salvaguarda de los derechos en el entorno digital*) para percatarse de que el

---

[16]   La fecha límite para incorporarla al Derecho interno de los Estados es el 10 de abril de 2016 (art. 43 de la Directiva). Habrá que ver qué ajustes son necesarios después de que la Ley 21/2014 haya reorganizado nuestro sistema de gestión colectiva.

animal heráldico de este órgano administrativo ha pasado, de ser un ave heterogéneamente bicéfala, a convertirse en una auténtica hidra, a la que, por cierto, otras disposiciones han añadido alguna cabeza más (cfr. DA 1ª y DT 2ª Ley 21/2014 relativas, respectivamente, a *"medidas de reducción de los costes de transacción"* y *"aprobación de nuevas tarifas"*). En cualquier caso, esas múltiples cabezas —alguna de las cuales incluso lanza fuego por sus fauces— siguen básicamente agrupadas a partir de dos cuellos.

En otra orden de cosas, dada la extensión que ha alcanzado la regulación de la Comisión, ha sido una buena opción repartirla en tres preceptos en vez de dedicarle uno solo, como sucedía antes. De cara al futuro, habría que considerar incluso dar a este corpus normativo autonomía sistemática dentro del Libro III TRLPI pues desde su refundación en 2011, como ya ha habido ocasión de señalar, la Comisión dejó de ser una simple pieza del sistema de gestión colectiva para convertirse en algo más. Tampoco sería mala idea aumentar el número de preceptos, reduciendo su extensión[17].

2. LA COMISIÓN DE PROPIEDAD INTELECTUAL: FUNCIONES Y COMPOSICIÓN (ART. 158 TRLPI/2014)

El art. 158 TRLPI/2014 mantiene en su primer apartado la definición de la Comisión que ya daba el art. 143 LPI/1987. Se trata de un *"órgano colegiado de ámbito nacional"*, adscrito al Ministerio de Educación, Cultura y Deporte. Acto seguido el precepto enumera las funciones que se le asignan. Con la reforma han pasado a ser tantas y tan variadas que, para lograr una exposición clara, sería útil distinguir, de un lado, entre las comunes a ambas Secciones y las específicas de cada una; y, de otro lado, entre las asignadas de forma transitoria y las que lo están de manera estable o indefinida. Esta segunda distinción, no obstante, se produce dentro de la Sección Primera y, por tanto, allí se comentará. También la otra podría reconducirse al interior

---

17 A los efectos de las páginas que siguen, hay que tener en cuenta que la Ley 21/2014 es el resultado de un largo proceso abierto con un Anteproyecto con al menos tres versiones conocidas (julio, marzo y octubre de 2013) y algunos informes, entre los que cabe destacar los del *Consejo General del Poder Judicial* (de 27/7/2013; ubicado por tanto entre las versiones segunda y tercera del Anteproyecto) y el *Consejo de Estado* (Nº 1064/2013, de 28/11/2013; situado entre la tercera versión del Anteproyecto y el Proyecto de Ley). El Proyecto entró en las Cortes en febrero de 2014 (BOCG, Congreso, 21/2/2014).

de cada una de las Secciones y acaso sería lo más riguroso pues, en realidad, esa única función común a ambas Secciones se ejercerá probablemente por separado. Pero mencionarla aquí, de forma previa, es una manera de destacarla y de abundar, por contraste, en la radical separación entre las dos Secciones que componen la Comisión.

2.1. Funciones de la Comisión. El asesoramiento como única función común a ambas Secciones

El art. 158.1 TRLPI/2014 da una lista de las funciones estables de la Comisión: "*Mediación, arbitraje, determinación de tarifas y control [...] y [...] salvaguarda de los derechos de propiedad intelectual*". Tras el listado, viene el reparto. Las cuatro primeras funciones se encomiendan a la Sección Primera, que mantiene así, con algunos cambios, sus tradicionales funciones de mediación y arbitraje y suma, como nuevas, las funciones de determinación de algunas tarifas y de control de todas ellas [art. 158.2,a) TRLPI/2014]. La Sección Segunda por su parte sigue con su función inicial de salvaguarda de derechos de propiedad intelectual frente a su vulneración por los responsables de servicios de la sociedad de la información [art. 158.2,b) TRLPI/2014], a la que ha venido a añadirse, no obstante, a modo de apéndice, una nueva función sancionadora (vid. infra art. 158 ter TRLPI/2014).

No obstante, antes de ese reparto de funciones, el art. 158.1 TRLPI/2014 añade una última. La Comisión de Propiedad Intelectual, dice: "*Asimismo ejercerá funciones de asesoramiento sobre cuántos asuntos de su competencia le sean consultados por el Ministerio de Educación, Cultura y Deporte*". Resulta razonable que se haya reconocido de forma expresa lo que ya se venía produciendo de forma oficiosa. Esta es la única función común a ambas Secciones. Probablemente se ejercitará por separado pues el asesoramiento viene referido a la respectiva "*competencia*" de cada Sección. Aun así no hay que descartar que, en alguna ocasión, sea la Comisión en su conjunto la interpelada. Y, en cualquier caso, aunque la desarrollen por separado, no por ello deja de tratarse de la misma función.

2.2. Composición de la Comisión

Tal como anuncia la rúbrica —aunque en un orden que luego no respeta— el art. 158 TRLPI/2014 tiene por objeto establecer la composición y funciones de la Comisión. Al hilo de ello, también fija cuál es el marco normativo de actuaciones de cada una de ellas.

A) La Sección Primera: Composición y marco normativo

En la nueva regulación la Sección Primera pasa de tres a cuatro *"vocales"* titulares, permitiéndose que deleguen en sus *"respectivos suplentes"*, sin especificar, no obstante, si la delegación deberá ser por necesidad reglada o también por simple conveniencia. Por lo pronto y a reserva de nuevas normas reglamentarias, hay que entender que los suplentes por cada titular son dos, de acuerdo con el art. 3.1 RD 1889/2011. Todos los vocales deben seguir siendo *"expertos de reconocida competencia"*, aunque ahora ya no sólo *"en materia de propiedad intelectual"* (art. 158.4.4º TRLPI/2011) sino también en *"defensa de la competencia"* (art. 158.3 TRLPI/2014). Los términos de la ley son suficientemente abiertos como para incluir a personas con formación no jurídica sino económica. Al margen de ello, la norma parece exigir esa doble experiencia en propiedad intelectual y competencia. Pero costaría poco hacer una lectura diferente que permitiera separar ambos dominios, de forma que hubiera vocales expertos en un ámbito y vocales expertos en otro, tal como había venido sucediendo con anterioridad.

También hay cambios en el nombramiento. Este ya no corresponde al Ministro de Educación, Cultura y Deporte. Lo llevará a cabo el Gobierno, mediante Real Decreto, a partir de una propuesta procedente de cuatro Ministerios: Educación, Cultura y Deporte, Economía y Competitividad, Justicia e Industria. Como puede verse, la potenciación de la Sección Primera en su papel regulador va acompañada de una pérdida de peso del Ministerio de Educación, Cultura y Deporte, aunque le sigue correspondiendo designar, entre los vocales, al presidente de la Sección, que ejerce el voto de calidad. Importa subrayar, en cualquier caso, que el art. 158.3,II TRLPI/2014 ha deslegalizado la composición de la Sección Primera, al permitir que el Gobierno pueda modificarla reglamentariamente[18]. Finalmente también varía la duración en el cargo de los vocales —titulares y suplentes— que pasa de tres a cinco años, admitiéndose —como ya se había dispuesto en 2011— la posibilidad de renovación *"por una sola vez"*.

---

[18]   Se trata de una deslegalización discutible y a la que se opuso el Consejo de Estado en su Informe al Anteproyecto de la Ley 21/2014 (nº 1064/2013, 28/11/2013, p. 133).

El marco normativo de la Sección Primera Comisión lo conforman la legislación de propiedad intelectual y las *"normas reglamentarias que la desarrollen"*, entre las que se incluye el RD 1889/2011, en la medida en que sus normas sea compatibles con la Ley 21/2014. Supletoriamente será de aplicación al funcionamiento y actuación de la Sección Primera la Ley 30/1992, de 26 de noviembre, de Régimen Jurídico de las Administraciones Públicas y Procedimiento Administrativo común. A esas normas hay que añadir, para la función mediadora, la Ley 5/2012, de 6 de julio, de Mediación en asuntos civiles y mercantiles; y para la arbitral la Ley 60/2003, de 23 de diciembre, de Arbitraje.

B) La Sección Segunda: Composición y marco normativo

La composición de la Sección Segunda continúa establecida en la propia ley, remitiéndose a normas reglamentarias únicamente su funcionamiento y el procedimiento para el ejercicio de sus funciones (arts. 158.4 y, para el procedimiento, 158 ter.3,III TRLPI/2014). Con buen criterio, ya desde el Proyecto de Ley, se renunció a la deslegalización que contemplaba el Anteproyecto, en el que se permitía al Gobierno *"modificar reglamentariamente la composición de la Sección Segunda"*, a diferencia de lo que sucede con la Primera, como se ha visto[19].

Sigue ostentando la presidencia de la sección el Secretario de Estado de Cultura o persona en quien delegue. Se incrementa, sin embargo, el número de vocales, que pasa de cuatro a seis, atribuyendo uno más al Ministerio de Educación, Cultura y Deporte y asignando uno al Ministerio de Justicia, antes ausente[20]. Los seis vocales, por tanto, pertenecerán a los siguientes Ministerios: Dos a Educación, Cultura y Deporte; uno a Industria, Energía y Turismo; uno a Justicia; uno a Economía y Competitividad; y uno a Presidencia. Su designación continúa asignada a los propios Departamentos, aunque esta previsión ya no está en el Reglamento (art.

---

[19] Art. 158.4,I *in fine* del Anteproyecto de Ley en las tres versiones conocidas de marzo, julio y octubre de 2013.

[20] El Anteproyecto no preveía este incremento. En su art. 158 los vocales seguían siendo cuatro, como hasta entonces. El cambio, presente ya en el Proyecto de Ley (BOCG, Congreso, 21/2/2014) tiene su origen en el Informe del Consejo de Estado en el que se proponía un aumento del número de vocales dada la importancia de las funciones y la previsible carga de trabajo (Informe Nº 1064/2013, 28/11/2013, p. 136).

14.1 RD 1889/2011) sino en la propia ley (art. 158.4 TRLPI/2014). Se
había sugerido por el Consejo de Estado que la designación se efectuase
por el Gobierno mediante Real Decreto, para así dar, además, publicidad a
la composición de la Sección Segunda, al igual que sucede con la Primera.
Sin embargo, esta razonable sugerencia no fue aceptada y la designación
ministerial se mantuvo hasta el final[21].

También se mantiene sin cambios el perfil de los vocales aunque, de
nuevo con buen criterio, se lleva del Reglamento (art. 14.1 RD 1889/2011)
a la ley (art. 158.4 TRLPI/2014). Como hasta ahora, ha de tratarse de *"personal de las Administraciones Públicas"*. Se supone que serán funcionarios de
los correspondientes Ministerios que efectúan la designación, aunque no
se exige formalmente. Todos ellos deberán pertenecer a *"grupos o categorías
para los que se exija titulación superior"* (por tanto no bastará tener ésta si no
se está integrado en aquellos). Han de contar asimismo con *"conocimientos
específicos acreditados en materia de propiedad intelectual"* y, al designarlos, *"se
valorará adicionalmente la formación jurídica en los ámbitos del Derecho procesal, de la Jurisdicción Contencioso-Administrativa y de las comunicaciones electrónicas"*. También se ha trasladado a la ley la previsión, antes reglamentaria
(art. 14.2 1889/2011), de que los Departamentos designen, al tiempo que
los vocales titulares, *"un suplente para cada uno"* de ellos. Tales suplentes, como es lógico, están sujetos a los mismos requisitos que los titulares y actua-
rán en casos de *"vacante, ausencia o enfermedad y, en general, cuando concurra
alguna causa justificada"*, situaciones estas que deberá valorar y decidir el

---

21   El anonimato de la Sección Segunda había suscitado una fuerte contestación. Incluso
      había habido amenazas, un tanto histriónicas, de querellas por prevaricación en función
      de cómo se entendiera y aplicara el concepto de *"vulneración de derechos de propiedad in-
      telectual"*. Ello dio lugar a una cierta psicosis y a la ocultación de los nombres de los inte-
      grantes de la Sección Segunda, que tampoco constan en las resoluciones, al menos en las
      escasas que han trascendido. En ellas el único firmante es el presidente o, por delegación,
      la Directora General de Política e Industrias Culturales y del Libro (cfr. Casos *Bajui,
      Vooxi* y *Quedelibros*, resoluciones de 27/7/2012 para los dos primeros y de 6/11/2012 para
      el tercero). Es comprensible que se haya querido poner a los funcionarios que integran la
      Sección Segunda a cubierto de presiones y eventuales campañas, por muy carentes de base
      y disparatadas que pudieran resultar. Pero habría sido deseable una designación pública,
      tal como sugería el Consejo de Estado en su Informe Nº 1064/2013, 28/11/2013, p. 135.
      En cualquier caso, la solución adoptada respeta el mínimo que asegura a los ciudadanos
      el art. 35 de la Ley 30/1992, al reconocerles el derecho de *"identificar a las autoridades y al
      personal al servicios de las Administraciones Públicas bajo cuya responsabilidad se tramiten los
      procedimientos"*.

correspondiente Ministerio. La única duda que podría suscitarse afecta a la posibilidad de que los dos suplentes del Ministerio de Educación, Cultura y Deporte pudieran sustituir, indistintamente, a cualquiera de los dos vocales titulares asignados al mismo. Los términos de la ley parecen impedirlo ("*un suplente «para cada uno»*"). Pero permitirlo sería razonable y no iría en contra de la finalidad de la suplencia.

El art. 14.3 RD 1889/2011 prevé que la Sección Segunda cuente con un secretario, con voz pero sin voto, perteneciente al Ministerio de Educación, Cultura y Deporte. El vigente art. 158.4 TRLPI/2014, sin embargo, no dice nada al respecto. Cabría así asignar la función a uno de los vocales (art. 25.1 Ley 30/1992) o bien entender que la norma anterior sigue vigente y, por tanto, que la Dirección General competente en materia de propiedad intelectual del referido Ministerio procederá, como hasta ahora, a efectuar el nombramiento de un secretario. Esto último sería lo más lógico.

El marco normativo de la Sección Segunda lo definen la propia legislación de propiedad intelectual, junto con las leyes a las que esta se remite (*vid. infra* comentario al art. 158 ter TRLPI/2014). Sin perjuicio de otras remisiones para cuestiones concretas, a las que se hará referencia en su momento, el art. 158.4, II TRLPI/2014 dispone que: "*Reglamentariamente se determinará el funcionamiento de la Sección Segunda y el procedimiento para el ejercicio de las funciones que tiene atribuidas*"

3. FUNCIONES DE LA SECCIÓN PRIMERA (ART. 158 BIS Y CONCORDANTES TRLPI/2014)

Como ha habido ocasión de señalar, la Sección Primera tiene asignadas diversas funciones estables o indefinidas. Pero también se le asignan otras que está llamada a desempeñar de forma transitoria. Concretamente dos. En primer lugar, se le permite intervenir si los interesados no son capaces de cumplir la obligación que se les impone de "*acordar los términos de creación, financiación y mantenimiento*" de la "*ventanilla única*" que obliga a crear el art. 157.1,e) TRLPI/2014. Tienen para ello hasta el 1 de junio de 2015. Si fracasan, se abra un término "improrrogable" de tres meses, has el 1 de septiembre de 2015 por tanto, en el que la Sección Primera de la Comisión "*podrá dictar una resolución estableciendo dichos términos, pudiendo resolver cuantas controversias puedan surgir y establecer cuantas instrucciones*" *sean precisas para el correcto funcionamiento de esta ventanilla*" (DA 1ª.2 Ley 21/2014, "*Medidas de reducción de los costes de transacción*"). Como se ve, la Sección Primera prácticamente podrá decidir cómo será la "*ventanilla única*". A este objeto no solo se le atribuyen unas exorbitantes facultades decisorias, obviamente al margen del arbitraje, sino también otras de tipo normativo en la medida en que podrá dictar "*instrucciones de funcionamiento*". Hay que señalar, no obstante, que la fe del legislador en la Sección Primera es limitada, pues tal intervención subsidiaria no es obligatoria sino facultativa ("la Sección Primera «podrá»") y además se sujeta a un término improrrogable, tras el cual la única posibilidad de seguir interviniendo en el asunto debería canalizarse por la vía de la mediación o el arbitraje.

La segunda función temporal se relaciona con el transito del viejo al nuevo sistema tarifario. Se contempla en la DT 2ª de la Ley 21/2014 y, como la DA 1ª antes mencionada, es objeto de comentario en otro lugar de esta obra. Bastará pues una breve referencia. La idea de fondo es simple. El legislador ha establecido los criterios conforme a los cuales las entidades de gestión deberán fijar sus tarifas [art. 157.1,b) TRLPI/2014] y, al hacerlo, ha extendido también una sombra de sospecha sobre las existentes hasta el momento. De ahí la imposición del deber de aprobar nuevas tarifas. La sospecha, sin embargo, no tiene la misma intensidad en todos los casos. La DT 2ª se muestra relativamente respetuosa con las tarifas que sean resultado de acuerdos y se refieran a derechos exclusivos, cuyo plazo de vigencia respeta siempre que no vaya más allá del 1 de enero de 2018 (DT 2ª.2 Ley 21/2014). En los demás casos (es decir, cuando se trate de tarifas fijadas de forma unilateral y, en todo caso, en cuanto se refieran a derechos de simple remuneración), se exigen que se negocien y pacten nuevas tarifas. El plazo para hacerlo vencerá el 1 de enero de 2016. Si no hay acuerdo "*se estará a lo dispuesto en el artículo 158 bis.3 [TRLPI/2014]*" y, por tanto, será la Sección Primera la encargada de proceder a la fijación de esas tarifas. (DT 2ª.3,I Ley 21/2014).

Las funciones mencionadas son, como queda dicho, transitorias y, además, subsidiarias. La primera ("*ventanilla única*") depende de que no haya acuerdo y, además, de que la Sección decida usar la facultad que se le otorga cosa que podría no hacer, al menos de acuerdo con el tenor literal de la norma. La segunda ("nuevas tarifas") parece más probable, pero también se configura como subsidiaria. No se activará si las nuevas tarifas son negociadas. No obstante. vale la pena señalar que, en función de las circunstancias, la DT 2ª Ley 21/2014 podría llevar a que la Sección Primera fije tarifas para derechos exclusivos sin necesidad de que se produzca la situación de concurrencia a la que se refiere el art. 158 bis TRLPI/2014 (*vid. infra*). Si la tarifa para derechos exclusivos preexistente no fue el resultado de un acuerdo, las entidades y los usuarios deberán negociar para alcanzarlo y, si no lo logran, cabrá pedir la intervención de la Sección Primera. Por supuesto, las entidades concernidas no dejarán de decir que la remisión debe entenderse en sus propios términos y que el art. 158 bis.3 TRLPI/2014 sólo contempla la intervención en materia de derechos exclusivos en caso de concurrencia con derechos de gestión colectiva obligatoria. Pero la norma también da pie a la interpretación contraria, con lo que, al menos por una vez y sólo para las "sospechosas", la Sección fijaría las tarifas de derechos exclusivos.

Seguidamente se analizaran las cuatro funciones que el art. 158 bis TRL-PI/2014 asigna a la Sección Primera, remitiendo para la quinta (asesoramiento) a lo ya dicho al presentar la estructura organizativa de la Comisión.

3.1. *Función mediadora (art. 158 bis.1 TRLPI/2014)*

En lo que atañe a esta función, los grandes cambios se introdujeron en 2011. Como ya ha habido ocasión de señalar, fue entonces cuando se amplió su ámbito de aplicación (hasta entonces limitado al caso fundacional de la distribución por cable) para abarcar todas las materias directamente relacionadas con la gestión colectiva. También cuando se establecieron las necesarias reglas de procedimiento (cap. III RD 1889/2011). La Ley 21/2014 no introduce cambios en la función mediadora. Su ámbito sigue siendo el mismo: "*Materias directamente relacionadas con la gestión colectiva*", comprendiendo la autorización de la distribución por cable de emisiones de radiodifusión que, como se sabe, es un derecho exclusivo de gestión colectiva obligatoria [art. 20.4, b), c) y f) TRLPI/1996][22]. Tampoco hay cambios en cuanto la voluntariedad y subsidiariedad de la mediación, que sólo se producirá si las partes no resuelven sus diferencias mediante acuerdo y siempre que, ante esta situación, decidan ambas acudir a la Sección Primera. Por lo demás, el desarrollo de la mediación se producirá en los términos

---

[22]   La referencia expresa a este caso podía por tanto suprimirse. Cabe suponer que se mantiene por costumbre o, acaso, para seguir dando visibilidad al cumplimiento de la exigencia de la Directiva sobre Satélite y Cable (Directiva 93/83/CEE, de 27 de septiembre).

ya conocidos, a reserva de eventuales modificaciones reglamentarias, ya sea por la vía de modificar el RD 1889/2011 o aprobando un Reglamento de nueva planta.

El procedimiento mediador se inicia con una solicitud bilateral o unilateral, caso este en el que la Sección Primera simplemente traslada la petición a la otra parte, entendiéndose que la falta de respuesta en un plazo de quince días implica rechazo de la mediación (cfr. art. 4.2 RD 1889/2011). La solicitud debe ir acompañada de los documentos que detalla el art. 4.3 RD 1889/2011, entre ellos el justificante de pago de la provisión de fondos. Admitida la mediación, el procedimiento se desarrolla *"de acuerdo con los principios de legalidad, voluntariedad, imparcialidad, neutralidad, igualdad entre partes, confidencialidad y audiencia"* (art. 5.4 RD 1889/2011). Esta larga y razonable lista no incluye, sin embargo, dos ideas que es preciso destacar y que, sin duda, preocuparon a los redactores de la norma a la vista de la experiencia precedente. Podrían describirse con los términos celeridad y fomento.

Para evitar un alargamiento indebido de los procesos de mediación, el art. 6 RD 1889/2011 no sólo marca plazos para algunas actuaciones sino que fija la *"duración máxima del procedimiento"*, situándola en *"seis meses a contar desde la admisión a trámite de la solicitud"*. Ello no impediría iniciar un nuevo procedimiento, razón por la cual sería razonable admitir la posibilidad de prórroga si ambas partes la pidieran[23].

Con independencia del plazo, se quiso una Comisión implicada en el logro de acuerdos. El art. 158 bis.1,b) TRLPI/2014 sigue diciendo que la Sección Primera ejercerá esta función *"presentando, en su caso, propuestas a las partes"*. Siempre se había entendido que esa facultad era totalmente discrecional y, de hecho, era muy raro que se llegara a presentar alguna propuesta completa y articulada. Por ello el Reglamento de 2011 intentó dejar claro que el procedimiento ha de orientarse al acuerdo o, al menos, a que la Sección Primera esté en condiciones de formular una propuesta (cfr. art. 5.2 RD 1889/2011). Transcurridos dos meses desde la puesta en marcha efectiva de la mediación (es decir, desde la reunión de fijación de posiciones iniciales, art. 5.1 RD 1889/2011), la Sección Primera *"dará por finalizado*

---

[23]   En contra, cabe señalar, no obstante, que la prórroga se ha previsto de forma expresa para el arbitraje (art. 9.3 RD 1889/2011).

el intento de avenencia" y convocará a las partes para que fijen sus "*posicio-nes definitivas*" (art. 5.2 RD 1889/2011). A partir de éstas y en el plazo de un mes, la Sección "*formulará, en su caso, [...] una propuesta de solución del conflicto*", que será notificada a las partes, entendiéndose que la aceptan si ninguna de ellas manifiesta su oposición en el plazo de tres meses (art. 5.3 y 4 RD 1889/2011). El "*en su caso*" deja la puerta abierta a que no haya propuesta, cosa razonable pues, en función de las circunstancias, quizá la Sección Primera no esté en condiciones de formularla. No obstante, es claro que se intenta evitar tal situación. No hay que olvidar que la formulación de propuestas puede ser una herramienta utilísima en manos de la Sección Primera. Sobre todo cuando el eventual rechazo de las mismas debe ser razonado ("*oposición motivada*", art. 5.4 RD 1889/2011). Desde otro punto de vista, también será un instrumento útil la posibilidad de acordar pruebas de oficio (art. 5.5 RD 1889/2011).

3.2. *Función arbitral (art. 158 bis.2 TRLPI/2014)*

El art. 158 bis.2 TRLPI/2014 sigue refiriéndose a dos espacios para el arbitraje que podrían describirse como "arbitraje general" y "arbitraje especial". No obstante, esta terminología resulta equívoca por las razones que seguidamente se exponen. Por lo pronto, será mejor no hacer supuesto de la cuestión y hablar de "arbitraje" y, aunque sea más largo, de "fijación de cantidades sustitutorias en el marco del arbitraje".

A) Arbitraje

Tampoco hay grandes novedades en materia de arbitraje. Como en el caso de la mediación, los cambios importantes se produjeron en 2011. Fue entonces cuando se amplió el ámbito del arbitraje, previamente limitado a conflictos relacionados con las obligaciones que el viejo art. 157 TRL-PI/1996 imponía a las entidades de gestión. Con el art. 158.3.2º,a) TRL-PI/2011 la Sección Primera quedó habilitada para arbitrar en conflictos entre las propias entidades, entre éstas y sus miembros (*ad intra*) y, por supuesto, también con los usuarios o, mejor, con "*las asociaciones de usuarios de su repertorio o las entidades de radiodifusión por cable*". No obstante, hay que consignar una novedad, pues la Ley 21/2014 ha vuelto a ampliar el ámbito de la función arbitral. De acuerdo con el art. 158 bis.2,a) TRLPI/2014, la

Sección Primera actuará en su función de arbitraje, "*dando solución, previo sometimiento voluntario de las partes, a los conflictos sobre «materias directamente relacionadas con la gestión colectiva de derechos de propiedad intelectual»*" (énfasis añadido). La diferencia estriba en que, tras la reforma, podrán someterse al arbitraje de la Sección Primera conflictos de las entidades de gestión no sólo con asociaciones de usuarios sino también con cualesquiera usuarios individuales, algo que antes sólo cabía en el caso de entidades de radiodifusión o distribución por cable. En definitiva, la reforma ha equiparado los ámbitos básicos de la mediación y el arbitraje, algo razonable teniendo en cuenta que se trata de procedimientos voluntarios cuyo coste, además, asumen las partes.

En materia de procedimiento, salvo futuras novedades reglamentarias, habrá que estar a la situación resultante de la reforma de 2011 y en particular al RD 1889/2011. Éste, sin embargo, tampoco se apartó mucho de las líneas generales ya seguidas en el precedente RD 479/1989. Quizá lo único digno de mención fuera la expresa admisión de solicitudes unilaterales en ausencia de convenio o cláusula arbitral, en cuyo caso, al igual que en la mediación, la Sección Primera se limitará a trasladar la petición, entendiéndose que la falta de respuesta de la parte requerida equivale a rechazo [cfr. arts. 7.1,b) y 7.5 RD 1889/2011]. También el establecimiento de un plazo máximo de seis meses, supeditado no obstante a posibles acuerdos en contra de las partes y, además, susceptible de prórroga por dos meses más (art. 9.3 RD 1889/2011). Los principios del procedimiento arbitral coinciden, aunque no totalmente, con los de la mediación: "*legalidad, voluntariedad, audiencia, confidencialidad, contradicción, imparcialidad e igualdad entre las partes*" (art. 8.2 RD 1889/2011). También en el arbitraje puede la Sección Primera acordar prueba de oficio (art. 3 RD 1889/2011: "*pruebas complementarias*"). Por lo demás, el arbitraje de Comisión de Propiedad Intelectual sigue siendo un arbitraje en el que, ante todo, se trata de "*promover un acuerdo entre las partes*", que será objeto del laudo (art. 8.4 y 9.4 RD 1889/2011). Solo si el acuerdo no se logra, la Sección Primera dictará uno o varios laudos para resolver todas las cuestiones planteadas.

B) Arbitraje y fijación de cantidades sustitutorias de las tarifas

Son mayores los cambios que se introducen en la fijación de cantidades sustitutorias de las tarifas generales a los efectos del pago bajo reserva o consignación requeridos para que se entienda concedida una autorización no exclusiva de uso del repertorio de las entidades (cfr. art. 157.2 TRLPI, cuya redacción no se ve afectada por la Ley 21/2004).

En primer lugar, se amplía el elenco de sujetos legitimados para pedir la intervención de la Sección Primera a este objeto. Con anterioridad, la ostentaban las entidades de gestión afectadas (a quienes se les reconoció en la reforma de 2011), las asociaciones de usuarios y las entidades de radiodifusión. Ahora también podrá pedir la fijación *"un usuario afectado especialmente significativo, a juicio de la Comisión"* (art. 158 bis.2,b) TRLPI/2014). No, en cambio, cualquier otro usuario aunque, como se acaba de ver, pueda ser parte en un procedimiento arbitral.

En segundo lugar, hay un cambio formal con el que se ha venido a poner fin a una vieja fuente de malentendidos; aunque podría ahondar en otros. Desde la LPI/1987 se venía diciendo que las asociaciones de usuarios, entidades de radiodifusión y —desde la reforma de 2011— también las entidades de gestión afectadas, podrían pedir la fijación de cantidades sustitutorias de las tarifas *"siempre que [...] se sometan, por su parte, a la competencia de la Comisión con el objeto previsto en la letra a)"*, en su día, del art. 143 LPI/1987 y, al final, del art. 158.3.2° TRLPI/2011. Lo previsto en la letra a) no era otra cosa que la función general de arbitraje. No obstante, la redacción resultaba extraña y de inmediato había suscitado dudas acerca de la verdadera naturaleza del papel de la Comisión, dando pie a pensar que la fijación podría obtenerse a partir de una petición unilateral al margen del marco arbitral.

El nuevo art. 158 bis.2,b) TRLPI/[2014 ha eliminado por fin ese extraño circunloquio para decir que la fijación de una cantidad sustitutoria se hará a petición de parte pero siempre *"previa aceptación de la otra parte"*. El objetivo es dejar claro, de una vez, que la fijación de cantidades sustitutorias no cabe al margen de un arbitraje, cuyo objeto podría ser la propia fijación de la tarifa o bien otras cuestiones relacionadas con ellas (p.ej. un desacuerdo en cuanto a la calificación de una modalidad de explotación). No obstante, la nueva redacción también podría llevar a pensar que ambas partes deben estar de acuerdo en la propia fijación arbitral de cantidades sustitutorias, cosa que no tiene demasiado sentido. ¿Para qué una referencia independiente? ¿Necesitamos un "arbitraje especial" para fijar cantidades sustitutorias? ¿No bastaría con la referencia general a la función arbitral?... Lo lógico sería que la fijación de una cantidad sustitutoria pudiera pedirse unilateralmente, aunque habiendo aceptado previamente las partes someter a arbitraje el conflicto que las enfrenta, normalmente a causa de las tarifas y relacionado con la negativa a conceder autorizaciones no exclusivas. De esta forma podría entenderse que la legitimación para ser parte de procedimientos arbitrales no coincida con la exigida para poder pedir la fijación de una cantidad sustitutoria que, en el caso de usuarios individuales, sólo se reconoce, a los *"especialmente significativo[s]"*.

Al margen de lo anterior y teniendo en cuenta que ahora la Sección Primera podrá determinar tarifas (*vid. infra*), cabe preguntarse si no tendría sentido reconducir a esta nueva función la posible petición de fijación cautelar de una cantidad a pagar en tanto no se lleva a cabo la determinación de la tarifa correspondiente. Ciertamente, el ámbito de aplicación de la nueva función de determinación de tarifas es menor pues ni siquiera cubre todas las tarifas. Pero no hay duda de que las posibilidades de puesta en práctica de una fijación cautelar serían mayores en ese marco que en la función arbitral, donde hasta ahora no parece que se haya aplicado jamás y, en cualquier caso, como incidente podría ser excluida por las partes[24].

La última cosa digna de nota del nuevo art. 158 bis.2,b) TRLPI/2014 es la eliminación de los criterios para la fijación de cantidades sustitutorias en su día introducidos en el art. 158.3.3º TRLPI/2011. Como ya ha habido ocasión de señalar, el legislador de 2011 optó por establecer los criterios para el establecimiento de las tarifas, de forma oblicua, aprovechando la función que ahora nos ocupa, quizá esperando que poco a poco fueran calando en la práctica de las entidades, de los tribunales y de la autoridad de la competencia. Por fortuna, con la Ley 21/2014, tales criterios ya están donde debían: En el artículo 157.1,b) TRLPI/2014, al hilo de la obligación de establecer tarifas generales impuesta a las entidades de gestión. Con esa base, el art. 158 bis.2,b) TRLPI/2014 puede limitarse ya a una mera remisión: Al fijar cantidades sustitutorias, la Sección Primera *"deberá tener en cuenta al menos los criterios mínimos de determinación de éstas, previstos en el artículo 157.1.b)"*.

---

24   Nada parece impedir, por ejemplo, que una entidad de gestión y una asociación de usuarios pacten someter a arbitraje sus diferencias en relación con la concesión de una autorización no exclusiva, pero excluyendo que, en el ínterin y de modo cautelar, la Sección Primera pueda fijar una cantidad sustitutoria diferente de la prevista en las tarifas para poder hacer un uso inmediato del repertorio.

3.3. Función de determinación de tarifas y actualización o desarrollo de la metodología general para su establecimiento (art. 158 bis.3 TRLPI/2014)

En lo que atañe a la Sección Primera, la novedad más importante de la Ley 21/2014 está en que, por primera vez, se le atribuye la función de determinar tarifas, algo a lo que las entidades de gestión siempre se habían resistido; a ultranza, en el caso de los derechos de carácter exclusivo que incluyen la facultad de autorizar o prohibir. Como veremos, la ley se ha hecho eco de esta oposición y de la consiguiente distinción entre derechos exclusivos y derechos de simple remuneración. A esta función, limitada a algunas tarifas, se añade la de controlarlas todas. La Sección Primera asume así un claro papel de órgano regulador, con las dudas de futuro asociadas a este hecho ya mencionadas con anterioridad. El papel de control y determinación de tarifas es tan importante que, al principio, los redactores del Anteproyecto no creyeron que la Sección Primera fuera capaz de desempeñarlo de inmediato y, por ello, previeron un período transitorio, de carácter indefinido, en el que podría *"recabar la colaboración, asistencia técnica y apoyo material de otros organismos públicos"*[25].

A) Ámbito de la función: Derechos de gestión colectiva obligatoria y casos de concurrencia cualificada con derechos de gestión colectiva voluntaria

La fijación imperativa del montante de derechos carentes de la condición de exclusivos no es una novedad. Así ha venido sucediendo, por ejemplo, con las compensaciones por copia privada y préstamo bibliotecario (arts. 25 y 37.2 TRLPI) y con el montante del derecho de participación de los artistas plásticos (art. 5 Ley 3/2008, de 23 de diciembre, *relativa al derecho de participación en beneficio del autor de una obra de arte original*). La propia Comisión de Propiedad Intelectual había ostentado transitoriamente la competencia para determinar la remuneración por los actos de alquiler

---

[25] DT 3ª del Anteproyecto, versiones de marzo y julio de 2013. En la versión de octubre de 2013 se modificó la redacción para disponer que la Sección Primera se constituiría —como si no existiera ya— *"en el plazo máximo de seis meses desde la entrada en vigor de [la] Ley"* y se adoptarían las medidas presupuestarias precisas para que, *"en el plazo de un mes desde su constitución"*, pudiera *"desempeñar eficazmente sus competencias"*. La fe de los redactores en sus propias previsiones era, no obstante, limitada pues añadían que, *"en caso de no disponer de los medios necesarios"*, podría recabar colaboración, y asistencia en los términos antes señalados.

en el caso de cesión presunta del derecho exclusivo en el caso de contratos anteriores a 1 de julio de 1994. En mayor o menor medida, las entidades de gestión daban por descontada la heterofijación de tarifas en esos casos[26].

La Ley 21/2014 ha respetado este planteamiento, aceptando la tesis de que, tratándose de derechos exclusivos, el "precio" deben fijarlo unilateralmente los titulares, sin perjuicio de la normas de Derecho de la competencia. En cambio, el montante de los derechos de remuneración puede imponerse desde fuera y, por tanto, cabe encomendar esta misión a la Sección Primera de la Comisión de Propiedad Intelectual, sin perjuicio de lo que establezcan otras disposiciones más específicas (como el mencionado art. 37.2 TRLPI, que remite a un Real Decreto la cuantía de la remuneración por préstamo).

No obstante, se ha preferido evitar referirse en primera instancia a la categoría o naturaleza de los derechos (exclusivos o de remuneración) para apoyarse en el tipo de gestión colectiva (voluntaria u obligatoria). Como dispone el art. 158 bis 3,I TRLPI/1996[2014], la Sección Primera *"ejercerá su función de determinación de tarifas para la explotación de los derechos de gestión colectiva obligatoria"*. Se trata de una opción inteligente. En lo esencial las distinciones apuntadas coinciden. Todos los derechos exclusivos son objeto de gestión colectiva voluntaria (con la única excepción de la retransmisión por cable de previas emisiones o transmisiones, *cfr.* art. 20.4 TRLPI) y todos los de simple remuneración son de gestión colectiva obligatoria (con

---

[26]   Es ilustrativo a este respecto lo sucedido con una Moción, aprobada por el Congreso el año 2002, en la que se instaba al Gobierno a *"Impulsar, a la luz de la experiencia positiva de otros Estados de la Unión Europea, el establecimiento efectivo de un organismo mediador y arbitral de la propiedad intelectual que, sin perjuicio de las competencias de las Comunidades Autónomas, y previa consulta con los representantes de los titulares de los derechos y de los usuarios, se constituya en mecanismo permanente de comunicación entre los sectores afectados y de resolución de toda clase de controversias en materia de propiedad intelectual y, «en lo referente a los derechos de remuneración», con capacidad de dictar resoluciones que podrían tener, «o no», carácter vinculante, según los casos, y sin perjuicio, en todo caso, de su revisión jurisdiccional"* (énfasis añadido; cfr. BOCG, Congreso, VII Legislatura, Serie D, núm. 372, 18 de junio de 2002, pp. 13-15). La precisión de que la capacidad de dictar resoluciones (vinculantes o no) se limitaría a los derechos de remuneración fue consecuencia de una modificación de la propuesta inicial, mucho más radical. Sobre la tramitación de esta Moción, vid. Ramón CASAS, *"La Comisión Mediadora y Arbitral de Propiedad Intelectual. Experiencias y perspectivas de futuro"*, PE. I (Revista de Propiedad Intelectual), núm. 15, sep./dic. 2003, pp. 11-12.

la única salvedad del derecho de participación de los artistas plásticos para el que la gestión colectiva es facultativa, cfr. art. 7.1 Ley 3/2008)[27]; y, siendo así, resulta más seguro usar un criterio formal, para cuya aplicación basta leer la ley, que un criterio material que puede resultar conflictivo cuando se entra en detalles. En este sentido, mientras la categoría de los derechos exclusivos es de perfiles claros, no sucede lo mismo con la de los derechos de remuneración, objeto de no pocas polémicas doctrinales. En ella podemos encontrarnos derechos de carácter compensatorio (las señaladas compensaciones por copia privada y por préstamo bibliotecario, por ejemplo), derechos de remuneración nacidos ya como tales (como el reconocido a los artistas por la comunicación pública de fonogramas) y derechos de remuneración que no son sino el contenido económico de derechos exclusivos retenido *ope legis* por sus cedentes (sería el caso de los derechos de remuneración que nacen con ocasión de la cesión de los derechos de alquiler o de comunicación pública en su modalidad de puesta a disposición interactiva). No cuesta mucho imaginar intentos de rechazar la intervención de la Sección Primera en este último caso con el argumento de que no es lo mismo una remuneración irrenunciable que un derecho de remuneración. El criterio de la gestión colectiva obligatoria corta de raíz estas discusiones pues tales remuneraciones, cualquiera que sea su naturaleza, son objeto de esta forma de gestión. La referencia directa a derechos exclusivos y de remuneración, sin embargo, no se ha podido evitar totalmente pues la reforma parece haberse aprovechado para dar solución a un viejo asunto.

La Sección Primera, en principio, sólo determina tarifas para los derechos de gestión colectiva obligatoria. Sin embargo, la Ley 21/2014 también la ha legitimado para una muy concreta incursión en el terreno de la gestión colectiva voluntaria. En este sentido, el art. 158 bis.3,I TRLPI/2014 dispone que la Sección "*ejercerá su función de determinación de las tarifas para la explotación de los derechos de gestión colectiva obligatoria, «y para los derechos de gestión colectiva voluntaria que, respecto de la misma categoría de titulares, concurran con un derecho de remuneración sobre la misma obra o prestación»*"

---

[27]   Por tanto, la Sección Primera no fijará tarifas para el derecho de participación, cosa lógica pues en este caso la remuneración la fija directamente la ley, sin que quepa otra solución. Sí las fijará en cambio para el derecho de distribución por cable, pese a ser un derecho exclusivo, cuando se den las circunstancias que permiten intervenir a la Comisión (art. 158 bis.3, II TRLPI/2014).

(énfasis añadido). Lo que se contempla es una concurrencia entre derechos exclusivos (de gestión colectiva voluntaria) y derechos de simple remuneración (de gestión colectiva obligatoria). Una situación a la que también se refiere, de forma incluso más directa, la DT 2ª.3 último párrafo de la Ley 21/2014, según la cual, hasta la aprobación de nuevas tarifas generales y en los casos y términos a los que la norma se refiere, los usuarios deberán "*pagar a cuenta*" un 70% de las tarifas ya existentes "*en relación con la remuneración exigida por las entidades de gestión por la explotación de derechos de remuneración y a los efectos de entender concedida la autorización respecto de los derechos exclusivos concurrentes con éstos*". La misma fórmula se repite también, cuidadosamente, en la DA 3ª de la Ley 21/2014 relativa a la "*tasa por determinación de tarifas*" (*vid. infra* el comentario correspondiente).

Cabe señalar que el Anteproyecto no se refería a esta situación de concurrencia en ninguna de sus tres versiones conocidas. En él la determinación de tarifas por la Sección Primera se limitaba a los derechos de gestión colectiva obligatoria. Los de gestión colectiva voluntaria concurrentes aparecieron, de manera inesperada, en el Proyecto de Ley, sin que haya rastros previos en los extensos Informes del Consejo General del Poder Judicial y del Consejo de Estado. Todo apunta a que no se trata de una fórmula improvisada. ¿Pero exactamente cuál es la situación contemplada?

La concurrencia de derechos exclusivos y derechos de remuneración no es una situación extraña. Al contrario, resulta muy común. No obstante, el art. 158 bis.3 TRLPI/2014 y normas concordantes no se refieren a una concurrencia "simple" sino "cualificada". Hay concurrencia simple cuando un usuario no solo necesita la autorización de quienes ostentan derechos exclusivos sino que, además, debe pagar a otros sujetos titulares de derechos de simple remuneración. Pero nada en esa situación justifica una intervención de la Sección Primera de la Comisión. Por supuesto, el legislador podría haber optado por otra solución. Pero para ello la norma debería estar redactada de otra manera, sin incluir la precisión "*respecto de la misma categoría de titulares*". Por otra parte ¿para qué preocuparse entonces de crear una "ventanilla única" cuyo objetivo, precisamente, es facilitar las cosas a los usuarios en los casos de concurrencia simple [cfr. art. 157.1,e) TRLPI/2014?

El art. 158 bis.3, I TRLPI/2014 contempla la concurrencia de derechos de diferente naturaleza sobre la base de una doble coincidencia, subjetiva y objetiva. Se requiere que los derechos, exclusivo y de simple remuneración, los ostente una "*misma categoría de titulares*" y, al propio tiempo, que recaigan "*sobre la misma obra o prestación*". Se trata de una situación que no es fácil identificar. Sin descartar que pueda haber otras, cabe considerar tres tipos de situaciones. En primer lugar, la concurrencia podría ser el resultado de una transmisión que ha concentrado en unas únicas manos los dos tipos de derechos de que se trata. En segundo, dado que la ley no exige que la concurrencia se dé también con respecto al mismo acto de explotación, cabría considerar la posibilidad de que, con referencia a una misma actividad, alguien ostente un derecho exclusivo sobre uno de los actos necesarios para llevarla a cabo y un derecho de remuneración sobre otro acto diferente pero asimismo imprescindible para la actividad en cuestión. Finalmente y en tercer lugar tenemos aquellos casos, anómalos, en los que la ley admite la compatibilidad de derechos exclusivos y de remuneración en cabeza de un mismo sujeto y que fueron, probablemente, los primeros que se tuvieron en mente al redactar la norma comentada.

La concurrencia derivada de una transmisión de derechos —primera hipótesis— se produciría cuando un sujeto, titular de un derecho de simple remuneración, deviniera titular de un derecho de gestión colectiva voluntaria. En teoría, es algo posible. Sin embargo, en ese caso no se cumpliría la exigencia de que ambos derechos recaigan sobre el mismo objeto. Si un artista, por ejemplo, adquiriese los derechos exclusivos del productor del fonograma en el que está fijada su interpretación o ejecución, se daría una situación de concurrencia. Pero no "*sobre la misma obra o prestación*" pues cada derecho tendría su propio objeto.

Lo mismo sucede —y seguimos con la primera hipótesis— con los derechos exclusivos cuya cesión da lugar a un derecho de remuneración. El artista intérprete o ejecutante o el autor que cede su derecho exclusivo de alquiler al productor de fonogramas o de grabaciones audiovisuales conserva su contenido económico —o al menos parte de él— en forma de derecho de simple remuneración (arts. 109.3, 2º y 90.2 TRLPI/1996[28]). Pero no hay aquí concurrencia cualificada en el sentido del art. 158 bis.3,

---

[28] Aunque nada tenga que ver con la Ley 21/2014, hay que insistir en que es un grave error sistemático incluir la relación entre autores y productores de fonogramas en el art. 90 TRLPI, correspondiente a la obra audiovisual. En ese lugar el derecho de remuneración reconocido a los autores, básicamente los de obras musicales, pasa casi inadvertido. La

I TRLPI/2014. El artista o autor cedente ostenta únicamente un derecho de remuneración por el alquiler del fonograma o grabación en el que están fijadas su interpretación o ejecución o su obra. El productor, por su parte, ostenta dos derechos exclusivos (uno, originario, sobre el fonograma o grabación y otro u otros, derivativos, sobre la interpretación o ejecución del artista y sobre la obra del autor). Pero el productor no ostenta ningún derecho de simple remuneración por el alquiler. Una situación semejante se da cuando los artistas ceden su derecho exclusivo de comunicación pública en la modalidad de puesta a disposición interactiva y, precisamente por ello, adquieren *ex lege* el derecho a *"la remuneración que proceda, de acuerdo con las tarifas generales establecidas por la correspondiente entidad de gestión"* (cfr. art. 108.3 TRLPI/1996).

La segunda hipótesis a considerar es aquella en la que coinciden el sujeto y el objeto de un derecho exclusivo y otro de simple remuneración referidos, cada uno de ellos, a actos de explotación que, siendo diferentes, resultan conjuntamente necesarios para llevar a cabo la actividad pretendida por el usuario. Sería el caso, por ejemplo, de las reproducciones instrumentales para llevar a cabo actos de comunicación, no amparadas por límite alguno[29]. Si el acto de reproducción está sujeto a un derecho exclusivo y el de comunicación a uno de remuneración, ambos sobre el mismo objeto y a favor del mismo sujeto, se producirá la situación contemplada en el art. 158 bis.3 TRLPI/2014. Es irrelevante que se trate de actos diferentes (reproducción y comunicación) pues la ley no exige que estos coincidan. Se pensara o no en primera instancia en este tipo de situaciones, la lógica económica y la letra de la norma autorizan que en ellas se proceda a una determinación conjunta de las dos tarifas por parte de la Sección Primera.

La tercera hipótesis se dará cuando la ley acepta expresamente la compatibilidad de los derechos exclusivos y de simple remuneración en manos de un mismo titular. Sería el caso, por ejemplo, de la comunicación pública de fonogramas, suponiendo que se admita la pervivencia del derecho

---

referencia debería incluirse en otro lugar. Quizá en el art. 19 TRLPI, al tratar del derecho de alquiler o bien en las reglas sobre cesión de derechos.

[29]   Un ejemplo de reproducción instrumental cubierta por un límite sería el caso del art. 36.3 TRLPI conforme al cual las entidades de radiodifusión autorizadas a comunicar pueden *"registrar la obra por sus propios medios y para sus propias emisiones"*. Por el contrario, cuando no hay límite alguno es preciso obtener la correspondiente autorización.

exclusivo de comunicación pública. Este derecho había sido reconocido a los productores de fonogramas en el art. 109.1 LPI/1987. Los artistas, por su parte, tenían derecho a una compensación cifrada en el 50% de los rendimientos obtenidos por el productor por causa de dicha comunicación pública (art. 103 LPI/1987). Con posterioridad, sin embargo, hubo que incorporar la Directiva 92/100/CEE, de 19 de noviembre, *sobre derechos de alquiler y préstamo y otros derechos afines a los derechos de autor en el ámbito de la propiedad intelectual*, cuyo art. 8.2, para el caso de comunicación pública de fonogramas, imponía a los usuarios la obligación de pagar *"una remuneración equitativa y única a los artistas intérpretes o ejecutantes y productores de fonogramas, entre los cuales se efectuará el reparto de la misma"*. Lamentablemente, la incorporación de la Directiva no se llevó a cabo mediante una reforma de la Ley de Propiedad Intelectual sino a través de una Ley especial (Ley 43/1994, de 30 de diciembre), que vino a añadirse a aquella sin pronunciamiento expreso alguno acerca de la relación entre los preceptos correspondientes de una y otra. La confusa coexistencia de los arts. 103 y 109.1 LPI/1987 con el art. 7.2 Ley 43/1994, en el que se reproducía el art. 8.2 de la Directiva, fue resuelta por el Real Decreto Legislativo 1/1996, por el que se aprobó el vigente Texto Refundido de la Ley de Propiedad Intelectual, dando por derogado el derecho exclusivo de los productores de fonogramas y recogiendo únicamente el derecho de remuneración de artistas y productores (arts. 108.2 y 116.2 TRLPI/1996). Los productores, sin embargo, impugnaron la refundición y, al fin, la STS, 3ª, de 1 de marzo de 2001 les dio la razón y declaró vigente el art. 109.1 LPI/1987 y, por tanto, el derecho exclusivo de los productores. Es dudoso que esta situación se mantenga tras la Ley 23/2006, de 7 de julio, que incorporó la Directiva de la Sociedad de la Información y dio nueva redacción a los preceptos dedicados a los derechos de artistas y productores por la comunicación pública de fonogramas sin incluir referencia alguna al derecho exclusivo de estos últimos, cosa que podría entenderse como una derogación tácita, en este caso sin tacha alguna desde el punto de vista de la jerarquía normativa. No obstante, la falta de una derogación expresa mantiene abierta esta cuestión. Suponiendo que el art. 109.1 LPI/1987 fuera compatible con los arts. 108.1 y 4 y 116.1 y 2 TRLPI/2006, el juego combinado de todos ellos produciría el tipo de concurrencia cualificada en el que parece haber pensado la Ley 21/2014 para permitir que la Sección Primera determine, a la vez, la tarifa de un derecho de gestión colectiva obligatoria y otro, exclusivo, de gestión colectiva obligatoria. En efecto, en ese caso, nos hallaríamos ante una misma categoría de sujetos (los productores de fonogramas) que ostentaría de forma concurrente un derecho exclusivo y un derecho de remuneración sobre la misma prestación (el fonograma).

Idéntica situación, en este caso sin polémicas, se produce con la comunicación pública de grabaciones audiovisuales. El art. 122.1 TRLPI/1996 la sujeta al derecho exclusivo del productor (*"derecho de autorizar"*). Pero, al propio tiempo, en las modalidades contempladas en el art. 20.2, f) y g) TRLPI/1996 (retransmisión, por entidad distinta de la de origen, de la obra radiodifundida; y emisión o transmisión, en lugar accesible al público y por cualquier medio, de la obra radiodifundida), el art. 122.2 TRLPI/1996 impone a los usuarios la obligación de pagar a artistas y productores una remuneración. En este caso, a diferencia de lo que sucede con los fonogramas, no será *"equitativa y única"* sino *"[la] que proceda, de acuerdo con las tarifas generales establecidas por la correspondiente entidad de gestión"*. Pero se tratará de un derecho de remuneración de gestión colectiva obligatoria. De nuevo nos encontramos con que una misma categoría de sujetos (los productores de grabaciones audiovisuales) ostenta derechos exclusivos y de simple remuneración sobre una misma prestación (la grabación).

Cabría considerar asimismo los derechos de autor relacionados la comunicación pública de obras audiovisuales. Cuando se trata de proyección en lugares públicos con precio de entrada, los autores tendrán derecho a percibir de los exhibidores un porcentaje de los ingresos *"con independencia de lo pactado en el contrato [de producción]"*. No obstante, los exhibidores podrán deducir estas sumas de lo que deban pagar *"a los cedentes de la obra audiovisual"*, es decir, a los productores que habrán autorizado la comunicación (art. 90.3 TRLPI/1996). Este *modus operandi* respeta la lógica económica evitando que los exhibidores queden sujetos a una doble reclamación por el mismo concepto. La situación, en cambio, podría ser diferente en el caso del art. 90.4 TRLPI, que trata de la *"proyección o exhibición sin exigir precio de entrada"* y de la *"transmisión al público por cualquier procedimiento, alámbrico o inalámbrico, incluido, entre otros, la puesta a disposición en la forma establecida en el art. 20.2,i)"*. Estas formas de comunicación pública (que vienen a ser todas, salvo la proyección en salas comerciales) dan a los autores de la obra audiovisual el derecho *"a recibir la remuneración que proceda, de acuerdo con las tarifas generales establecidas por la correspondiente entidad de gestión"* (art. 90.4 TRLPI/1996[2006]). Tal derecho —también el del art. 90.3 TRLPI— es irrenunciable, intransmisible *inter vivos* y de gestión colectiva obligatoria (art. 90.6 y 7 TRLPI). Si se entiende que los autores audiovisuales ostentan los derechos a los que se ha hecho referencia precisamente y sólo por el hecho de haber cedido el correspondiente derecho exclusivo, no habrá concurrencia alguna. Ahora bien, la presunción de cesión del art. 88 TRLPI/1996 es *iuris tantum* y, por tanto, en teoría cabría que los autores audiovisuales conservaran en el derecho exclusivo de comunicación ostentando, además, el derecho de simple remuneración del art. 90.4 TRLPI/1996[2006]. En ese extraño caso —pues lo normal es que haya cesión— volvería a producirse la concurrencia cualificada que justifica la intervención de la Sección Primera de la Comisión de Propiedad Intelectual.

En definitiva, la incursión de la Sección Primera en el terreno de los derechos de exclusivos responde al deseo de poner fin a situaciones contrarias o poco acordes con la racionalidad económica. La coincidencia, en las mismas manos y con referencia al mismo objeto, de un derecho exclusivo y otro de remuneración sobre actos que, aun diferentes, guardan una relación instrumental resulta dogmáticamente correcta (p.ej. reproducción con finalidad de comunicación, es decir, la segunda de las hipótesis consideradas). Pero las tarifas correspondientes no deben fijarse por separado sino de manera coordinada. En la tercera hipótesis (mismo sujeto, mismo objeto, mismo acto), falla incluso la racionalidad dogmática. Para esos casos, la solución ideal habría sido impedir la compatibilidad de los derechos exclusivos y de remuneración. No se ha hecho así. No obstante, con la Ley 21/2014 se ha intentado al menos darle una solución racional en el terreno económico. Aunque la compatibilidad siga existiendo, sus efectos negativos se neutralizarán por la vía de la determinación conjunta de las tarifas. De este modo, en la situación contemplada por el art. 158 bis.3, I, TRLPI/2014, el derecho exclusivo acabará tratado a efectos económicos como si fuera un derecho de simple remuneración. Pero quedando a salvo —y probablemente eso es lo que ha pesado— la facultad de autorizar o prohibir y por tanto el medio más contundente para la defensa de los intereses de los titulares de la propiedad intelectual.

Como quiera que sea, el asunto es tan importante que cabe temer que la interpretación de lo que aquí se ha etiquetado como "concurrencia cualificada" diste de ser pacífica. Habrá interesados en ampliar el ámbito de actuación de la Sección Primera y, seguramente, no les faltarán argumentos. La tentación de expandir la nueva función hasta extenderla a todas las tarifas puede ser muy grande. Habrá que ver si, al fin, se impone una interpretación estricta de la concurrencia cualificada o bien, contra lo que aquí se sostiene, se abre paso alguna lectura más laxa para incluir más hipótesis. En última instancia serán los tribunales de lo contencioso-administrativo los que establecerán el sentido exacto de la concurrencia contemplada en el art. 158 bis.3, I TRLPI/2014, en la medida en que las resoluciones de la Sección Primera sean objeto de recurso (art. 158 bis.3, III TRLPI/2014, vid. infra). Por lo demás, al margen de los problemas interpretativos La "concurrencia cualificada" podría actuar, a medio o largo plazo, como un caballo de Troya en la ciudadela de los derechos exclusivos.

B) Procedimiento, criterios, alcance y recursos en materia de determinación de tarifas

El art. 158 bis.3 TRLPI/2014 establece las normas básicas para la determinación de tarifas, sin perjuicio del desarrollo reglamentario previsto en el art. 158 bis.5 TRLPI/2014 con carácter general para todas las funciones de la Sección Primera. El punto de partida es el carácter subsidiario de la intervención de la Comisión. Las tarifas, ante todo, deben negociarse entre los interesados. Solo cabrá acudir a la Sección Primera si no hay acuerdo y nunca antes de seis meses *"desde el inicio formal de la negociación"* (art. 158 bis.3, II TRLPI/2014). La norma no precisa cuál es el momento de ese inicio ni con quién debe haberse negociado. A reserva de lo que pueda establecerse reglamentariamente, lo lógico es entender que hay *"inicio formal"* cuando, tras los contactos preliminares, la entidad de gestión empieza efectivamente a negociar al menos con alguno de los otros sujetos a los que se reconoce legitimación para activar esta función (*vid. infra*)[30]. A

---

[30] En el momento de redactar estas páginas se trabaja en la Orden Ministerial sobre la metodología para la determinación de tarifas [art. 157.1, b) últ. pfo TRLPI/2014] y en las normas reglamentarias para el desarrollo de esta función por parte de la Comisión. A este objeto el Ministerio de Educación Cultura y Deporte ha distribuido entre las entidades de gestión y otros interesados un *"Cuestionario preliminar para la elaboración de la Orden sobre Metodología para la determinación de tarifas generales y sobre la regulación del procedimiento de determinación de tarifas ante la Sección Primera de la Comisión de Propiedad Intelectual"*. La cuestión del inicio de las negociaciones es objeto de una pregunta expresa: *"¿Qué momento entiende que debe fijarse como inicio formal de las negociaciones? ¿Mediante qué documento o documentos debe acreditarse dicho extremo? ¿Consideran oportuno que el inicio*

efectos de prueba convendrá que levanten un acta o suscriban cualquier declaración que permita dar por satisfecha la exigencia legal. No obstante, también cabe que tal negociación ni siquiera dé comienzo. En ese caso habrá que entender que basta un requerimiento formal para el inicio de las negociaciones. A este objeto podría acudirse a la propia Sección Primera presentando una propuesta de mediación, cuyo rechazo bastaría a los efectos pretendidos (*cfr.* art. 4.2 RD 1889/2011). Con todo, en función de las circunstancias, podría no ser lo más aconsejable pues la mediación, caso de aceptarse, retrasaría la determinación de las tarifas. Al hilo de este asunto, y aunque el problema es más general, cabe observar que el art. 158 bis TRLP/2014 no define con claridad la relación entre las diferentes funciones asignadas a la Sección Primera y, en su caso, la forma de resolver las posibles interferencias entre ellas.

La legitimación para pedir la determinación de tarifas se reconoce a los mismos sujetos que pueden solicitar la fijación de cantidades sustitutorias: La propia entidad de gestión afectada, una asociación de usuarios, una entidad de radiodifusión o un usuario especialmente significativo a juicio de la Sección Primera (art. 158 bis.3, II TRLPI/2014). Se trata ciertamente de una legitimación muy amplia si se tiene en cuenta el alcance general de la decisión (*vid. infra*). Al margen de ello, cabe llamar la atención sobre el espacio de discrecionalidad dejado a la Sección Primera para valorar el carácter "*especialmente significativo*" de los usuarios individuales que podrían formular la petición. En línea con esta exigencia, y en sentido opuesto, llama la atención que no se requiera —a menos de forma expresa— una mínima representatividad de las asociaciones legitimadas; contra lo que, por cierto, se hace en la DA 3ª de la Ley 21/2014 al regular la "*tasa por determinación de tarifas*" (*vid. infra*). No deberían admitirse peticiones formuladas por asociaciones no representativas.

Asimismo merece señalarse la legitimación reconocida a "*la propia entidad de gestión afectada*". Aunque, en principio, podría parecer una posibilidad extraña. En realidad puede servir para que las entidades consigan

---

formal de las negociaciones sea notificado inmediatamente a la Sección Primera de la Comisión de Propiedad Intelectual? ¿Verían necesaria la publicación en el BOE del inicio formal de las negociaciones a los efectos de que puedan unirse al procedimiento de negociación otras partes interesadas legitimadas según la ley? ¿Cree conveniente imponer un efecto preclusivo a dicha publicación?".

el aval de la Sección Primera, dotando a sus tarifas de una respetabilidad intachable frente a los usuarios y, llegado el caso, una casi mecánica aplicación por parte de los tribunales. Vista la expresión legal, es dudoso, en cambio, que una entidad de gestión pueda pedir la fijación de tarifas de otra entidad, por más que, dada la concurrencia de titulares y derechos en las diferentes actividades de explotación de obras y prestaciones, podría tener interés en ello pues, al final, desde el punto de vista del usuario, hay un coste global que debe ser razonable y asumible.

Como cabe suponer, una vez fijados en la ley —al establecer las obligaciones de las entidades de gestión— los criterios para la determinación de tarifas, el art. 158 bis.3 TRLPI/2014 puede y debe limitarse a una simple remisión. Al igual que las entidades, la Sección Primera deberá aplicar "al menos" los criterios establecidos en el art. 157.1,b) TRLP/2014, objeto de comentario en otro lugar de esta obra. La concreta referencia a "criterios", por supuesto, no excluye los principios expuestos en el párrafo introductorio del citado precepto. La única particularidad reside en la posibilidad que se reconoce a la Sección Primera de recabar informes previos no sólo de "*organismos públicos que ejerzan sus funciones en relación con los mercados o sectores económicos a los que afecten las tarifas a determina*r" sino también de las "*asociaciones o representantes de los usuarios correspondientes*". En cuanto a los primeros, hay que pensar, ante todo, en la *Comisión Nacional de los Mercados y la Competencia*. Pero la fórmula legal es más abierta de lo que parece a primera vista. No se habla de organismos reguladores o de control sino de organismos públicos que ejerzan "*sus funciones*" —las suyas, las que sean— en relación con mercados o sectores "*a los que afecten las tarifas a determinar*". En cuanto a las segundas, cabe señalar que no se trata necesariamente de quién haya solicitado la determinación de tarifas sino de cualesquiera asociaciones o representantes de "*los usuarios correspondientes*". De nuevo, la fórmula es relativamente amplia. Como quiera que sea, la cuestión tiene una importancia relativa dado que la petición de informes es una simple opción discrecional para la Sección Primera.

La determinación de las tarifas no consiste sólo en fijar "*el importe*" de la remuneración. La Sección Primera deberá establecer también "*la forma de pago*" (por ejemplo, anual o mensual) y las "*demás condiciones necesarias para hacer efectivos los derechos*" (por ejemplo, expedientes de verificación o control). Habrá que ver si, como sucede con otras funciones (como la mediación y el arbitraje), el desarrollo reglamentario establece algún límite temporal para la determinación de las tarifas. Pero por lo pronto, en la ley, no lo hay

Aunque la determinación de tarifas puede haberla pedido una sola persona, la decisión de la Sección Primera no limita su eficacia a las partes del procedimiento. Eso sucedería si éstas hubieran optado por fijar las tarifas en el marco de una mediación o arbitraje. En cambio, en la función que ahora nos ocupa, la determinación tiene eficacia normativa *erga omnes*. Las decisiones de la Sección Primera se publicarán en el BOE y "*serán aplicables a partir del día siguiente al de la publicación, con alcance general para todos los titulares y obligados, respecto de la misma modalidad de explotación de obras y prestaciones e idéntico sector de usuarios*" (art. 158 bis.3, III TRLPI/2014)[31]. La asimetría existente la legitimación para iniciar el procedimiento y el alcance general de la decisión obligará a regular la publicidad de aquel y contemplar la posible intervención de cualesquiera interesados legítimos. También, por supuesto, a precisar muy bien la "*modalidad de explotación*" y el "*sector*" a los que va a afectar a fin de que no se susciten problemas interpretativos que podrían exigir aclaraciones por parte de la Sección Primera o incluso el inicio de nuevos procedimientos.

Las decisiones de la Sección Primera en materia de tarifas podrán ser recurridas ante la jurisdicción contencioso-administrativa. Ha prevalecido a este efecto el hecho de que la Comisión es un órgano administrativo. Sin embargo, la cuestión resuelta es más bien civil. En teoría, además, el mismo problema podría llegar a esta jurisdicción si la determinación de tarifas se hubiera producido a través de mediación o arbitraje (cfr. arts. 158 bis.1 y 2 TRLPI/2014); todo ello sin olvidar lo que puedan dar de sí a este respecto los pleitos civiles en los que se reclame en virtud de una tarifa y la parte de-

---

[31]   Ese alcance general, no obstante, debería conciliarse con las situaciones resultantes de acuerdos o arbitrajes. No se olvide que la determinación de tarifas por la Sección Primera es subsidiaria desde este punto de vista. No obstante, habrá que plantearse qué sucede cuándo, por ejemplo, se ha llegado a un acuerdo previo con una asociación de usuarios de un sector y es otra de ese mismo sector la que acude a la Comisión pidiendo que fije tarifas para una misma modalidad. La Sección Primera deberá tener en cuenta, entre otras cosas, esas tarifas ya acordadas [art. 157.1,b), 6º TRLPI/2014]. Pero eso no significa que deba reproducirlas. El Anteproyecto, en su versión de julio de 2013, en la que apareció el alcance general, añadía "*sin perjuicio de los acuerdos anteriores o posteriores, válidamente constituidos*". La precisión se mantuvo en la versión de octubre de 2013. Desapareció, no obstante, en el Proyecto de Ley finalmente presentado en el Parlamento.

mandada se oponga a la misma. De hecho, el Anteproyecto de Ley, en sus versiones de julio y octubre de 2013 atribuía a la jurisdicción civil el conocimiento de los recursos contra decisiones de la Sección Primera en materia de determinación de tarifas. Este criterio obtuvo el aval de los Informes del Consejo General de Poder Judicial y el Consejo de Estado. Pero en última instancia se abandonó y en el Proyecto de Ley apareció ya la competencia de la jurisdicción contencioso-administrativa. Teniendo en cuenta la relación entre el problema de fondo (fijación de las tarifas de acuerdo con los criterios legales) y las cuestiones de forma (corrección del procedimiento) es posible que se trate de una decisión acertada. Queda por saber si los tribunales, en caso de desacuerdo con la Sección Primera, fijarán directamente la tarifa o, simplemente, anularán la decisión exigiendo que aquella dicte una nueva resolución. Es posible que, al principio, se muestren remisos a entrar en el fondo y se limiten a la anulación. No obstante, los criterios en materia de tarifas están en la ley y eso podría dar pie a la fijación judicial.

C) DA tercera Ley 21/2014: "Tasa por determinación de tarifas"

Como ya ha habido ocasión de señalar, desde 2011, ni la mediación ni el arbitraje son gratis. Las partes deben asumir los costes de administración del procedimiento así como los honorarios de los vocales de la Comisión. También la determinación de tarifas genera costes que deben soportar los interesados. Dada la naturaleza del servicio y sus destinatarios, tales costes deberán ser sufragados mediante una tasa (DA 3ª Ley 21/2014)[32]. Dicha tasa se regirá por la propia Ley 21/2014 *"y por las demás fuentes normativas establecidas por la Ley 8/1989, de Tasas y Precios Públicos"* (cfr. DA 3ª.1 Ley 21/2014 y art. 3 Ley 8/1989).

La DA 3ª Ley 21/2014 concreta los elementos esenciales de la tasa. De acuerdo con su apartado 2, el *"hecho imponible"* es *"la determinación de tarifas"* a instancia de los sujetos legitimados. La referencia a estos, no obstante, presenta una particularidad en el caso de las asociaciones de usuarios pues

---

[32] De acuerdo con el art. 6 de la Ley 8/1989, de 13 de abril, de Tasas y Precios Públicos: *"Tasas son los tributos cuyo hecho imponible consiste en la utilización privativa o el aprovechamiento especial del dominio público, la prestación de servicios o la realización de actividades en régimen de derecho público que se refieran, afecten o beneficien de modo particular al obligado tributario, cuando los servicios o actividades no sean de solicitud o recepción voluntaria para los obligados tributarios o no se presten o realicen por el sector privado"*.

se añade una precisión que no está en el art. 158 bis.3, II TRLPI/2014. Debe tratarse de *"asociaciones de usuarios «representativas a nivel nacional»"* (énfasis añadido). Como ya se ha señalado, cabe suponer que las asociaciones de usuarios que acudan a la Sección Primera pidiendo la fijación de tarifas tendrán una mínima representatividad. Pero lo cierto es que la ley no la exige de forma expresa (*vid. supra*). Llama por ello la atención que sí lo haga la DA 3ª Ley 21/2014. Lo lógico sería que esta se limitara a reproducir lo que establece en materia de legitimación el art. 158 bis.3, II TRLPI/2014. O, mejor, que este recogiera la exigencia de representatividad que, al fin, acaba apareciendo en la DA 3ª Ley 21/2014.

Los *"sujetos pasivos"* de la tasa son *"las personas físicas o jurídicas parte en el procedimiento de determinación de tarifas"* (DA 3ª.3 Ley 21/2014). Esto incluye, en todo caso, a la entidad de gestión cuyas tarifas se trate de determinar. También a quien haya pedido la determinación. Esto dejaría al margen a otros sujetos beneficiarios o interesados. Es de esperar que en el desarrollo reglamentario del procedimiento para la determinación de tarifas se definan con claridad las nociones de "parte" y, en su caso, de interesados carentes de tal condición, si es que es posible intervenir sin ser tenido por parte, también a estos efectos.

Corresponde a los sujetos pasivos *"practicar [las] operaciones de autoliquidación tributaria"* de la tasa y *"realizar el ingreso de su importe en el Tesoro Público"* (DA 3ª.3, II Ley 21/2014 y art. 23 Ley 8/1989). En cuanto al "devengo", aunque en algunas tasas se produce con la presentación de la solicitud y como requisito de inicio del expediente (art. 15.1,b) Ley 8/1989, de Tasas y Precios Públicos), la DA 3ª.3 Ley 21/2014, sin embargo, ha optado por retrasarlo al *"momento de determinarse la tarifa"*. No hay pues pagos anticipados por este servicio.

Por último la DA 3ª se refiere a la *"base imponible y cuota"* (DA 3ª.5 Ley 21/2014). El Proyecto de Ley establecía que *"la cuantía de la tasa se determinará reglamentariamente en proporción a las cantidades determinadas de las tarifas por la Sección Primera de la Comisión de Propiedad Intelectual"* (DA 4ª.5 Proyecto). Esta previsión resultaba muy imprecisa y por ello, finalmente, se optó por concretar en la base imponible y la cuota a pagar en la propia norma[33]. Para

---

[33]   La redacción vigente procede de la enmienda 169 presentada en el Congreso por el Grupo Popular y presentada como *"mejora técnica"* (BOCG, Congreso, 8/7/2014).

establecer la base se tiene en cuenta el valor del servicio obtenido por las partes del procedimiento (art. 19.2 Ley 8/1989), fijándose en *las cantidades resultantes estimadas de la aplicación de las tarifas determinadas por la Sección Primera*" (DA 3ª.5.1 Ley 21/2014). Dicho de otra manera, la base será la recaudación que la entidad de gestión obtendrá en aplicación de la tarifa o de aquella parte de la misma objeto del procedimiento. Cabe suponer que sólo habrá que tener en cuenta los previsibles pagos de aquellos usuarios que hayan sido parte del procedimiento, prescindiendo de los de cualesquiera otros a los que afecte la tarifa. Por otra parte, no se indica el referente temporal para llevar a cabo la estimación de la recaudación. Las tarifas tienen en principio una duración indefinida, pero no sería lógico llevar la repetida estimación más allá de una anualidad. La cuota a ingresar resultará de aplicar a la base "*el tipo o los tipos proporcionales que se fijen reglamentariamente*" (DA 3ª.5.2 Ley 21/2014). No obstante, la ley establece un mínimo y un máximo. La cuota mínima son 16.659,47 € y la máxima un 0'2% de la base[34]. No hay duda de que la cifra a pagar es importante. Cabe suponer que los interesados intentarán acotar sus solicitudes, e incluso elegir bien quién las presenta, para reducir este coste en la medida de lo posible.

D) Intervención de la Sección Primera en el establecimiento de la "metodología" general para el establecimiento de tarifas

El art. 157.1 TRLPI/2014 impone a las entidades de gestión la obligación de establecer tarifas generales de acuerdo con una serie de criterios mínimos. No obstante, la propia norma también anuncia que el Ministerio de Educación, Cultura y Deporte dictará antes una Orden con la "*metodología*" a seguir para la determinación de las tarifas, previo informe de la *Comisión Nacional de los Mercados y de la Competencia* (CNMC) y previo acuerdo de la *Comisión Delegada del Gobierno para Asuntos Económicos* [art. 157.1, b) últ. pfo. TRLPI/2014][35]. Pues bien, el art. 158 bis.3 TRLPI/2014

---

34   Cabe suponer que la cifra mínima, que precisa hasta los decimales, resulta de alguna operación matemática a partir de una estimación de los costes de funcionamiento de la Sección Primera, atendida su composición y el número de sesiones previsible para una determinación de tarifas de poca complejidad.

35   Como ya ha habido ocasión de señalar (*vid. supra*, en nota), en estos momentos se está trabajando en la redacción de la Orden Ministerial, a partir, entre otros materiales, de un "Cuestionario Preliminar" distribuido entre las entidades de gestión y otros interesados.

también convoca a la Sección Primera para colaborar en esta tarea, disponiendo en su párrafo IV lo siguiente: "*Asimismo, la Sección Primera podrá dictar resoluciones actualizando o desarrollando la metodología para la determinación de las tarifas generales referida en el artículo 157.1,b), previo informe de la Comisión Nacional de los Mercados y de la Competencia*".

Se trata, como puede verse, de una facultad que abunda en la condición de "regulador" atribuida a la Sección Primera. Es una simple posibilidad ("podrá"). Más allá, sin embargo, no quedan claras sus condiciones de ejercicio. Por su ubicación y contenido se trata de una función directamente relacionada con la determinación de tarifas. Pero ello no quiere decir que deba materializarse en el marco de los procedimientos concretos tramitados a este efecto. Cabe suponer que será una tarea que la Sección Primera desempeñará *motu proprio* cuando crea que conviene hacerlo, o probablemente a solicitud del Ministerio, volcando en ella la experiencia acumulada en los diferentes procedimientos de determinación de tarifas en los que, como es lógico, habrá aplicado la Orden Ministerial. Puede llamar la atención que partiendo de una metodología fijada por el Ministerio con intervención de la CNMC y el Gobierno a través de la Comisión Delegada para Asuntos Económicos, se encomiende su puesta al día a Sección Primera de la Comisión de Propiedad Intelectual, aunque sea previo informe de la CNCMC. No obstante, se trata de una intervención complementaria. Su objeto no es modificar la metodología sino "actualizarla" o "desarrollarla". Para más detalles habrá que esperar a la Orden Ministerial o, en su caso, a las normas reglamentarias para el ejercicio de las funciones de la Sección Primera contempladas en el art. 158 bis.5 TRLPI/2014.

3.4. *Función de control de tarifas (art. 158 bis.4 TRLPI/2014)*

Hay precedentes de tareas de vigilancia asignadas a la Sección Primera (*vid. supra, Introducción. Segunda etapa y primera refundación de la Comisión de Propiedad Intelectual*). Pero tras la reforma de 2014 el objeto de las mismas es más amplio y su importancia mucho mayor. En este sentido, el art. 158 bis.4 TRLPI/2014 atribuye a la Sección Primera una última función, estrechamente relacionada con la de determinación de tarifas y consistente en el control del sistema tarifario en su conjunto, tanto para derechos de gestión colectiva obligatoria como para —todos— los de gestión colectiva voluntaria, sin necesidad de concurrencia alguna.

No obstante, los planteamientos iniciales eran mucho más ambiciosos. Hasta el Proyecto de Ley presentado en el Parlamento, cuyo texto coincide con el finalmente aprobado, la función de control era más intensa y, sobre todo, iba a acompañada de la facultad sancionadora. Con variantes, las sucesivas versiones conocidas del Anteproyecto atribuían a la Sección Primera la misión de velar por la corrección de las tarifas con referencia a los criterios legales y asegurar, al propio tiempo, el equilibrio y ausencia de abusos durante las negociaciones previas a su fijación. Pero, además de ello, tipificaba las infracciones como graves o muy graves y disponía la imposición de las multas previstas en el propio Anteproyecto para el incumplimiento de sus obligaciones legales por parte de las entidades de gestión (cfr. actuales arts. 162 bis y ss. TRLPI/2014). A este efecto el art. 158 bis.4 del Anteproyecto disponía que: *"La potestad sancionadora corresponderá a la Sección Primera de la Comisión de Propiedad Intelectual y se ejercerá de conformidad [con] el procedimiento establecido en el Título IX de la Ley 30/1992, de 26 de noviembre, de Régimen Jurídico de las Administraciones Públicas y del Procedimiento Administrativo Común"*.

El reconocimiento de potestades sancionadoras a la Sección Primera habría supuesto problemas importantes, entre ellos un riesgo real de solapamiento con el gran regulador que es la *Comisión Nacional de los Mercados y de la Competencia*. Se debe al Informe del Consejo General del Poder Judicial haber dado la voz de alarma al respecto. Como consecuencia de ello, lo que al fin entró en el Parlamento fue una simple función de control y denuncia, sin capacidad sancionadora alguna[36].

De acuerdo con el art. 158 bis.4 TRLPI/2014, la función de control se proyectará sólo sobre las tarifas establecidas por las entidades, sin la carga de supervisar la limpieza de los procesos de negociación, salvo —claro está— si esta se produce en el marco de un procedimiento de mediación o arbitraje. La Sección Primera velará para que las tarifas *"sean equitativas y no discriminatorias"* y se ajusten a los *"criterios mínimos"* establecidos en el art. 157.1,b) TRLPI/2014.

Importa subrayar que la función de control no es discrecional o potestativa. A reserva de lo que puedan decir las anunciadas normas reglamentarias (art. 158 bis.5 TRLPI/2014), se trata de una función que se ejercerá

---

[36]   Vid. la razonada argumentación del referido *Informe* en sus pp. 58 y ss.

de oficio, a partir de la información que la Sección Primera obtenga en el curso de los procedimientos de determinación de tarifas o en el ejercicio de cualquiera de sus otras funciones; todo ello sin perjuicio de que los interesados puedan presentar denuncias para que la Sección indague.

El control, no obstante, sólo se traduce en una denuncia. Si la Sección Primera aprecia *"un incumplimiento"* de las obligaciones de las entidades en materia de tarifas, simplemente, *"comunicará esta circunstancia a la Comisión Nacional de los Mercados y la Competencia, a los efectos oportunos"*. Será esta, por tanto, la que imponga sanciones si procede.

4. FUNCIONES DE LA SECCIÓN SEGUNDA (ART. 158 TER Y CONCORDANTES TRLPI/2014)

Sin olvidar la función asesora (art. 158.1 TRLPI/2014, vid. supra) la Sección Segunda sigue centrada en una única misión consistente en la *"salvaguarda de los derechos de propiedad intelectual frente a su vulneración por los responsables de servicios de la sociedad de la información a través de un procedimiento cuyo objeto será el restablecimiento de la legalidad"* (art. 158 ter.1 TRLPI/2014), sin perjuicio de las acciones judiciales civiles, penales y contencioso-administrativas, que quedan expresamente a salvo (art, 158 ter.7 TRLPI/2014). Con la reforma no se ha pretendido otra cosa que delimitar mejor el ámbito de esta función de cara a optimizar la intervención administrativa y, al propio tiempo, incrementar la eficacia del procedimiento suprimiendo algunos de los obstáculos constatados por la experiencia inicial y aumentando el elenco de los llamados a colaborar para dar cumplimiento a las medidas adoptadas. Hay que señalar, no obstante, que el reforzamiento de la Sección Segunda también se ha traducido en la atribución a la misma de importantes facultades sancionadoras. Ciertamente tales facultades no son más que un apéndice de la función principal de salvaguarda de la propiedad intelectual. Pero su naturaleza es tan diferente que, a efectos expositivos, se analizará de manera independiente. No obstante, antes de entrar en las funciones de salvaguarda y sancionadora, se hará una breve referencia a la cuestión de la entrada en vigor del *"artículo 158 ter y concordantes"* TRLPI/2014.

4.1. DF quinta, b) de la Ley 21/2014: Entrada en vigor de la reforma de la Sección Segunda

La DF 5ª,b) de la Ley 21/2014 se presta más a la sonrisa que al comentario. En ella se incurre en un despiste y en una incorrección, por fortuna carentes de mayores consecuencias. El despiste —pues no de otra forma cabe calificarlo— se refiere a la fecha de entrada en vigor. La incorrección a la forma en que se alude a las disposiciones afectadas.

La DF 5ª de la Ley 21/2014 dispone su entrada en vigor "*el 1 de enero de 2015*", aunque con algunas excepciones. Entre ellas, la siguiente: "*b) Lo dispuesto en el artículo 158 ter y concordantes del texto refundido de la Ley de Propiedad Intelectual entrará en vigor a los dos meses de la publicación de la presente Ley en el «Boletín Oficial del Estado»*". Una lectura rápida llevaría a pensar que se quiso posponer la entrada en vigor de la reforma de la Sección Segunda de la Comisión de Propiedad intelectual por su especial complejidad. Sin duda tal fue la idea inicial del Proyecto de Ley, cuya DF 3ª preveía la inmediata entrada en vigor del conjunto de la Ley: "*La presente ley entrará en vigor el día siguiente de su publicación en el «Boletín Oficial del Estado»*". Con ese referente, se entendía que la de los arts. 158 ter y concordantes se pospusiera un par de meses. Sin embargo, al fin, la entrada en vigor de la Ley 21/2014 no se produjo el día siguiente a su publicación (que tuvo lugar en el BOE de 5 de noviembre de 2014) sino, a fecha fija, el 1 de enero de 2015, en virtud de una enmienda introducida en el Senado[37]. Se mantuvo, sin embargo, lo previsto para los arts. 158 ter y concordantes con el resultado de que su entrada en vigor tuvo lugar el 5 de enero de 2015, es decir cuatro días después que el conjunto de la ley. Hasta aquí la sonrisa.

El segundo comentario ya no obedece a un despiste. Se trata de una incorrección. La DF 5ª, b) Ley 21/2014 se refiere al art. 158 ter "*y concordantes*". Esta expresión es muy común en trabajos doctrinales e incluso en normas. No cabe duda de que un término tan elástico es cómodo y, además, tiene una cierta función cautelar. Pero debería evitarse cuando se trata de establecer la vigencia de las normas o, al menos, acompañarse de una referencia específica En el caso que nos ocupa es claro que se trataba de retrasar —poco, como hemos visto— las novedades introducidas en la composi-

---

[37] Enmienda núm. 174, Grupo Parlamentario Popular del Senado, justificada como "*mejora técnica*" (BOCG, Senado, 22/11/2014).

312 Ramón Casas Vallés

ción, funciones y actuación de la Sección Segunda. Los "*concordantes*" del art. 158 ter TRLPI/2014 serían el art. 158.4 TRLPI/2014 (recomposición de la Sección) y la DA 5ª TRLPI/2014 (notificaciones en el procedimiento de salvaguarda). La única duda afectaría a la función de asesoramiento del art. 158.1 TRLP/2014. Nada impide entender que la función de asesoramiento, ya desempeñada de manera oficiosa, se activó formalmente de inmediato, el propio 1 de enero de 2015. Pero también cabría decir que esa "nueva" función se encomienda a la nueva y recompuesta Sección Segunda y no a la antigua. En definitiva, el asunto carece de relevancia práctica. Pero vale la pena mencionarlo para insistir en la necesidad de evitar o acotar al máximo el recurso a términos imprecisos cuando está en juego la vigencia de la vigencia de las leyes, por muy avezados que estén a lidiar con ellos sus destinatarios.

4.2. *Función de salvaguarda de derechos de propiedad intelectual frente a su vulneración por responsables de la Sociedad de la Información*

A efectos expositivos, en las páginas que siguen se analizará, en primer lugar, el ámbito de aplicación de la función atribuida a la Sección Segunda tanto desde el punto de vista de los derechos protegidos como, sobre todo, desde el punto de vista de las infracciones sobre las que se proyecta. En segundo lugar, una vez fijado ese ámbito, se expondrán los rasgos fundamentales del procedimiento y los medios para llevar a efecto las medidas adoptadas.

A) Ámbito de la protección

La función encomendada a la Sección Segunda tiene por objeto la salvaguarda "*de los derechos de propiedad intelectual*". Pero no para todos los derechos ni para todas las infracciones. A pesar de la amplitud de la fórmula empleada, hay que dejar a un lado los derechos morales pues el art. 158 ter.4, I TRLPI/2014 exige que el prestador de servicios de que se trate "*haya causado o sea susceptible de causar un «daño patrimonial»*" (énfasis añadido). La infracción de estos derechos no es un asunto que competa a la Comisión de Propiedad Intelectual sino a los juzgados y tribunales. La salvaguarda, por otra parte, tampoco se extiende a todos los derechos económicos. Vistas las medidas que puede adoptar la Sección Segunda (interrupción del servicio o retirada de contenidos, art. 157 ter.4, I TRLPI/2014) y el objeto de las alegaciones y pruebas del presunto infractor (*"sobre la autorización de uso o la aplicabilidad de un límite"*, art. 158 ter.4, III TRLPI/2014), parece que ha de tratarse de una vulneración de derechos exclusivos, ya se trate de alguno de los tipificados o del general del art. 17 TRLPI. Los titulares de derechos de simple remuneración no tendrán otra vía que el recurso a la vía judicial para reclamar las sumas que se les adeuden por la explotación de sus obras y prestaciones.

En cuanto a las infracciones, hay que recordar que la Sección Segunda no se creó para combatir las infracciones contra la propiedad intelectual en general. Ni siquiera en el ámbito de las redes digitales. Su intervención se limita a las vulneraciones cometidas por *"los responsables de servicios de la sociedad de la información"*. Quedan por tanto al margen las que puedan cometer quienes no sean prestadores de servicios de la sociedad de la información (PSSI) como, por ejemplo, los particulares usuarios de redes *"peer to peer"* (P2P) o los titulares de páginas personales que no desarrollan una *"actividad económica"* (*vid.* las definiciones incluidas en el Anexo de la LSSICE)[38].

Ahora bien, incluso tratándose de prestadores de servicios de la sociedad de la información o PSSI, la función de salvaguarda no se aplica a todas las vulneraciones de derechos de propiedad intelectual. La Ley 21/2014, a la vista de la experiencia, ha optado por concentrar los medios y esfuerzos de la Sección Segunda en las infracciones más graves. Pero, al propio tiempo, y en sentido contrario, ha extendido la función de salvaguarda a actividades que antes quedaban al margen de ella o, al menos, no estaban incluidas con claridad obligando a la Sección Segunda a llevar a cabo interpretaciones que resultaban polémicas. Por supuesto, la reforma no impedirá que la polémica siga. Pero, en adelante, el peso de tales interpretaciones ya no recaerá sobre la Comisión al haber sido asumido directamente por el legislador.

Los dos movimientos de signo opuesto antes aludidos se han materializado en el art. 158 ter.2 TRLPI/2014, que seguidamente se transcribe para mayor comodidad:

---

[38]   La distinción entre PSSI y "usuarios" también está presente en los nuevos subapartados añadidos al art. 256.1 de la Ley de Enjuiciamiento civil, relativos respectivamente a la obtención de datos de PSSI (subapartado 10º) y de simples "usuarios" (subapartado 11º). En ambos casos se trata de presuntos infractores de una cierta entidad, pero en el segundo, al no exigirse que se trate de una actividad económica, quedarían incluidos los particulares que infringen derechos mediante redes P2P o por otros medios.

"El procedimiento de restablecimiento de la legalidad se dirigirá contra:

"A) Los prestadores de servicios de la sociedad de la información que vulneren derechos de propiedad intelectual, atendiendo la Sección Segunda para acordar o no el inicio del procedimiento a su nivel de audiencia en España, y al número de obras y prestaciones protegidas indiciariamente no autorizadas a las que es posible acceder a través del servicio o a su modelo de negocio.

B) Los prestadores de servicios de la sociedad de la información que vulneren derechos de propiedad intelectual de la forma referida en el párrafo anterior, facilitando la descripción o la localización de obras y prestaciones que indiciaria-mente se ofrezcan sin autorización, desarrollando a tal efecto una labor activa y no neutral, y que no se limiten a actividades de mera intermediación técnica. En particular, se incluirá a quienes ofrezcan listados ordenados y clasificados de enlaces a las obras y prestaciones referidas anteriormente, con independencia de que dichos enlaces puedan ser proporcionados inicialmente por los destinatarios del servicio."

a) Entidad de la infracción: Concentración del esfuerzo en los casos más graves

La experiencia de la Sección Segunda había demostrado que podía quedar desbordada por las solicitudes, no pocas de ellas, al parecer, deliberadamente defectuosas para provocar ese efecto. Es comprensible, por tanto, que la reforma se propusiera limitar la intervención administrativa a los casos más graves, dejando para los otros la vía judicial, mejorada y potenciada a este efecto como prioritaria. Así lo subraya la Exposición de Motivos de la Ley 21/2014 en su apdo. V pfo. 5º: *"Una vez garantizado un mecanismo jurisdiccional eficaz [...] la siguiente medida es acometer una revisión del procedimiento de salvaguarda [...] que permita concentrar las capacidades y recursos de la Comisión de Propiedad Intelectual en la persecución de los grandes infractores"*. Este objetivo estuvo claro desde un principio aunque su materialización experimentaría a lo largo del proceso de reforma algunas modificaciones que es importante conocer para evitar malentendidos pues al final, como se verá, lo aprobado no está tan lejos de lo inicialmente propuesto.

Las versiones conocidas del Anteproyecto de Ley, con algunas variantes, señalaban que la vulneración de derechos de propiedad intelectual debía producirse *"de forma significativa"* y ello tanto en el caso del apartado A) como en el del B). Para efectuar la valoración se aludía, *"entre otros"* criterios, al nivel de audiencia en España o al número de obras y prestaciones afecta-das "*y*" al "*modelo de negocio*". La exigencia de que vulneración se produjese "*de forma significativa*" todavía estaba en el Proyecto de Ley, lo que hacía perfectamente comprensible la inmediata referencia a los criterios. En este sentido, el art. 158 ter.2,A) del Proyecto disponía que el procedimiento se dirigiría contra los PSSI "*que vulneren derechos de propiedad intelectual "de forma significativa", atendiendo, "entre otros", a su nivel de audiencia en España, al número de obras y prestaciones protegías indiciariamente no autori-zadas a las que es posible acceder a través del servicio «o» a su modelo de negocio*" (énfasis añadido). Es cierto que en el art. 158 ter.2,B) del Proyecto ya no se hablaba de vulneración "*significativa*", limitándose a una simple remisión. Pero estaba muy claro el sentido de la misma pues "*la forma referida en el párrafo anterior*" no era otra que la "*forma significativa*" de la que el apartado anterior aún hablaba.

El objetivo de concentrar el esfuerzo en los casos más graves generó po-lémica y oposición por parte de los titulares, que no deseaban restricciones de este género. En este sentido, durante la tramitación del Proyecto, hubo propuestas para eliminar las referencias restrictivas y permitir la actuación de la Sección Segunda en todo caso[39]. Tales iniciativas prosperaron sólo a medias. Se eliminó del apartado A) la exigencia de que la vulneración fuera "*significativa*". Pero se dejaron los criterios de valoración (aunque supri-miendo el "entre otros" que indicaba su carácter abierto). La frase "[PSSI] *que vulneren derechos [...] de forma significativa, atendiendo, entre otros, a [...]*" fue sustituida por esta otra: "*[PSSI] que vulneren derechos [...] atendiendo la Sección Segunda para acordar o no el inicio del procedimiento a [...]*". Cierta-mente no es una frase muy afortunada. Pero, al menos, su sentido resulta inequívoco. Se trata de restringir el campo de aplicación de la función de Salvaguarda permitiendo a la Sección Segunda decidir acerca de la ini-ciación o no del procedimiento en función de dos criterios que son de valoración obligatoria. Probablemente con la redacción final se llegará a los mismos resultados que con la del Proyecto. Y, siendo así, habría sido preferible —por más claro— dejar la referencia a la necesidad de una vul-neración "*de forma significativa*".

---

[39]   Vid. por ejemplo, la enmienda núm. 121 del GP Socialista del Congreso, BOCG, Con-greso, 9/7/2014.

La desaparición de la expresión "*de forma significativa*" del apartado A) podría causar desconcierto al leer la remisión contenida en el apartado B), según la cual las vulneraciones en él contempladas deben producirse "*en la forma referida en el párrafo anterior*". Sin embargo, a la vista de cuanto se ha expuesto, su sentido es claro. También en el caso de los PSSI del apartado B) la Sección Segunda decidirá acordar o no el inicio del procedimiento atendiendo al nivel de audiencia en España y al número de obras o prestaciones afectadas o bien ("o") a su modelo de negocio[40].

b) Infractores primarios y secundarios o concurrentes e intermediarios neutrales. Alineamiento de las tutelas administrativa, penal y civil

Como ya ha habido ocasión de señalar, la puesta en marcha de la Sección Segunda en 2011 suscitó un problema importante en cuanto a los sujetos contra los cuales cabía actuar. El planteamiento inicial era simple: Se actúa contra los infractores y se pide la colaboración de los intermediarios no infractores cuando sea necesaria para localizar a aquellos o, luego, para ejecutar por vía forzosa las medidas adoptadas. No obstante, enseguida se comprobó que las "páginas de enlaces", objetivo publicitado de la primera refundación de la Comisión de Propiedad Intelectual, no eran de fácil ubicación en este esquema. Los enlazadores eran proveedores de servicios de la sociedad de la información. ¿Pero infractores o meros intermediarios? No sin dudas y en función de las circunstancias, poco a poco se fue decantando la idea de que podían ser vulneradores de derechos de propiedad intelectual y así se reflejó en resoluciones de la Sección Segunda e incluso en alguna sentencia de la Audiencia Nacional (*vid. supra*). Sin embargo, hacía falta que esa práctica obtuviera el respaldo y la claridad de la ley. En definitiva se trataba de calificar claramente como infractores (y por tanto, parte del procedimiento) a los responsables de las páginas de enlaces dedicadas a potenciar el acceso ilegal a obras y prestaciones protegidas, excluyéndolos así del concepto de "intermediario neutral" (mero "interesado" en el procedimiento y eventual colaborador en sus fases inicial y final).

---

[40] La necesidad de valorar la magnitud de la infracción también está presente en la reforma que el art. 2 de la Ley 21/2014 introduce en la Ley de Enjuiciamiento Civil en materia de diligencias preliminares. Cfr. art. 256.1 LEC nuevo subapartado 10º (para prestadores de servicios de la sociedad de la información) y nuevo subapartado 11º (para "usuarios" de los servicios prestados por aquellos).

En relación con esta cuestión, hubo importantes cambios formales y de fondo durante la tramitación de la reforma. Interesa conocerlos y, para ello, aun a riesgo de incurrir en alguna reiteración, conviene repasar la evolución del precepto desde el punto de partida, que sería la primera versión conocida del Anteproyecto (marzo de 2013). Su art. 158 ter.2 disponía que el procedimiento de restablecimiento de la legalidad se dirigiría en primer lugar contra "*a) los prestadores de servicios «que vulneren directamente» derechos de propiedad intelectual de forma significativa*" (énfasis añadido). El propio precepto, en su apartado b), añadía que si tales prestadores no tenían vínculos suficientes con España o se daban circunstancias que impedían la eficaz salvaguarda de los derechos, entonces, el procedimiento de restablecimiento de la legalidad podría dirigirse "*subsidiariamente*" contra otros prestadores de servicios en los que concurrieran, cumulativamente, una serie de requisitos que la propia norma detallaba[41].

En la segunda versión del Anteproyecto (julio de 2013) desapareció el término "*subsidiariamente*". Pero la idea seguía siendo la misma: Sólo se iría contra los prestadores del apartado b) cuando, por las razones indicadas, no fuera posible hacerlo contra los del apartado a)[42]. El gran cambio se produ-

---

41 Tales requisitos eran los siguientes (el símbolo [//] indica punto y aparte): "*1º) Que participen en la vulneración de derechos de forma significativa considerando su nivel de audiencia en España o el volumen de obras y prestaciones protegidas indiciariamente no autorizadas cuya localización se facilite.[//] 2º) Que su principal actividad sea la de facilitar de manera específica y masiva la localización de obras y prestaciones que indiciariamente se ofrecen sin autorización. [//] 3º) Que desarrollen una labor activa, específica y no neutral de mantenimiento y actualización de las correspondientes herramientas de localización, en particular ofreciendo listados ordenados y clasificados de enlaces a las obras y prestaciones referidas anteriormente. Todo ello con independencia de que dichos enlaces puedan ser proporcionados inicialmente por los destinatarios del servicio.[//] 4º) Que no se limiten a desarrollar actividades de mera intermediación técnica.[//]5º) Que, directa o indirectamente, actúen con ánimo de lucro o hayan causado o sean susceptibles de causar un daño patrimonial*".

42 El art. 158 ter.2,b) del Anteproyecto de julio de 2013 coincidía con el de la versión anterior, con algunas diferencias que se destacan: "*1º) Que participen en la vulneración de derechos de forma significativa considerando «entre otros» su nivel de audiencia en España o el volumen de obras y prestaciones protegidas indiciariamente no autorizadas cuya localización se facilite.[//] 2º) Que «una actividad principal» sea la de facilitar de manera específica y masiva la localización de obras y prestaciones que indiciariamente se ofrecen sin autorización.[//] 3º) Que desarrollen una labor activa, específica y no neutral de mantenimiento y actualización de las correspondientes herramientas de localización, en particular ofreciendo listados ordenados y clasificados de enlaces a las obras y prestaciones referidas anteriormente. Todo ello con independencia de que dichos enlaces puedan ser proporcionados inicialmente por los destinatarios del ser-*

jo en la tercera versión del Anteproyecto (octubre de 2013). En ella lo que se eliminó no fue ya sólo el término, sino el hecho en sí de la subsidiariedad. Sin entrar ahora en detalles, lo esencial es que los prestadores de servicios de los apartados a) y b) del art. 158 ter fueron puestos al mismo nivel como legitimados pasivos del procedimiento, pues unos y otros "vulneran" derechos de propiedad intelectual. Para dejarlo claro, en el apartado b), 1º la fórmula *que participen en la vulneración* se sustituyó por la muy directa *que vulneren los derechos*[43].

En esta decisión jugó un papel importante la necesidad de evitar las graves discordancias que podrían haberse producido entre las tutelas administrativa y penal, habida cuenta de que, por aquellas fechas, en paralelo se trabajaba también en la reforma del Código Penal[44]. El art. 270.1 del Pro-

---

vicio.[//] 4º) Que no se limiten a desarrollar actividades de mera intermediación técnica.[//]5º) Que, directa o indirectamente, actúen con ánimo de lucro o hayan causado o sean susceptibles de causar un daño patrimonial" (énfasis añadido).

43   El art. 158 ter.2 de esta tercera versión disponía que el procedimiento se dirigiría contra: "*a) Los prestadores de servicios de la sociedad de la información «que vulneren» derechos de propiedad intelectual de forma significativa, atendiendo, entre otros, a su nivel de audiencia en España o al número de obras y prestaciones protegidas indiciariamente no autorizadas a las que es posible acceder a través del servicio y a su modelo de negocio. [//] b) Los prestadores de servicios de la sociedad de la información que tengan como actividad principal la de facilitar la localización de obras y prestaciones que indiciariamente se ofrezcan sin autorización, que cumplan cumulativamente las siguientes condiciones: [//] 1º) «Que vulneren» los derechos de forma significativa considerando, entre otros, su nivel de audiencia en España o el volumen de obras y prestaciones protegidas indiciariamente no autorizadas cuya localización se facilite. [//] 2º) Que desarrollen una labor activa y no neutral de mantenimiento y actualización de las correspondientes herramientas de localización, en particular ofreciendo listados ordenados y clasificados de enlaces a las obras y prestaciones referidas anteriormente. Todo ello con independencia de que dichos enlaces puedan ser proporcionados inicialmente por los destinatarios del servicio. [//] 3º) Que no se limiten a desarrollar actividades de mera intermediación técnica. [//] 4º) Que hayan causado o sean susceptibles de causar un daño patrimonial*" énfasis añadido).

44   El Informe del Consejo General del Poder Judicial (pp. 85 y 86), a la vista del art. 271.2 del Anteproyecto de reforma de CP de 3/4/2013, advertía del riesgo de que, en materia de enlazadores, el ámbito de la tutela penal fuera más amplio que el de la civil. El referido art. 271.2 disponía: "*La misma pena se impondrá [prisión de dos a seis años, multa de 18 a 36 meses e inhabilitación especial para el ejercicio de la profesión relacionada con el delito cometido, por un período de dos a cinco años], siempre que concurra alguna de las circunstancias expresadas en el apartado anterior, a quien, con ánimo de obtener un beneficio directo o indirecto, y en perjuicio de tercero, preste de forma no ocasional un servicio de referenciación de contenidos en Internet que facilite la localización activa y sistemática de contenidos objeto de propiedad intelectual ofrecidos ilícitamente en Internet sin la autorización de los titulares de los correspondientes derechos de propiedad intelectual o de sus cesionarios, en particular, ofreciendo listados ordenados y clasifi-*

yecto tipificaba como infracción la actividad de quienes facilitan el acceso o la localización de obras o prestaciones ofrecidas ilícitamente en Internet[45].

---

cados de enlaces a las obras y contenidos referidos anteriormente, aunque dichos enlaces hubieran sido facilitados inicialmente por los destinatarios del servicio. [//] En estos casos, el Juez o Tribunal ordenará la retirada de los contenidos por medio de los cuales se haya cometido la infracción. Cuando a través de un portal de acceso a Internet o servicio de la sociedad de la información, se difundan exclusiva o preponderantemente los contenidos a que se refiere el apartado anterior, se ordenará el bloqueo del acceso o la interrupción de la prestación del mismo". El Anteproyecto de referencia está disponible en http://www.ub.edu/dpenal/recursos/doc_legislacio/legislacio_penal.html.

45 El Proyecto de LO de modificación del CP (BOCG, Congreso, 4/10/2013) daba al art. 270.1 la siguiente redacción: *"Será castigado con la pena de prisión de seis meses a cuatro años y multa de doce a veinticuatro meses el que, con ánimo de obtener un beneficio económico directo o indirecto y en perjuicio de tercero, explote económicamente, en especial mediante la reproducción, plagio, distribución o comunicación pública, en todo o en parte, una obra o prestación literaria, artística o científica, o su transformación, interpretación o ejecución artística fijada en cualquier tipo de soporte o comunicada a través de cualquier medio, sin la autorización de los titulares de los correspondientes derechos de propiedad intelectual o de sus cesionarios. [//]. La misma pena se impondrá a quien, en la prestación de servicios de la sociedad de la información, facilite el acceso o la localización de obras o prestaciones protegidas ofrecidas ilícitamente en Internet, sin la autorización de los titulares de los correspondientes derechos de propiedad intelectual o de sus cesionarios, siempre que cumplan cumulativamente las siguientes condiciones: [//] 1º) Participe adquiriendo conocimiento o control de los medios por los que se facilite el acceso o la localización de las obras o prestaciones ofrecidas ilícitamente, en la vulneración de los derechos de forma significativa considerando, entre otros, su nivel de audiencia en España o el volumen de obras y prestaciones protegidas no autorizadas; [//] 2º) desarrolle una labor específica de mantenimiento y actualización de las correspondientes herramientas tecnológicas, en particular ofreciendo listados ordenados y clasificados de enlaces a las obras y prestaciones referidas anteriormente, aunque dichos enlaces hubieran sido facilitados inicialmente por los destinatarios del servicio; [//] 3º) no se limite a un tratamiento meramente técnico o automático de los datos facilitados por terceros con los que no mantenga una colaboración, control o supervisión; y [//] 4º) actúe con ánimo de obtener un beneficio económico directo o indirecto y en perjuicio a tercero. [//] En estos casos, el Juez o Tribunal ordenará la retirada de los contenidos por medio de los cuales se haya cometido la infracción, previa identificación inicial del contenido infractor, su localización y el derecho que infringe. Cuando a través de un portal de acceso a Internet o servicio de la sociedad de la información, se difundan exclusiva o preponderantemente los contenidos a que se refiere el apartado anterior, se ordenará la interrupción de la prestación del mismo. En estos mismos casos, de manera excepcional, cuando exista reiteración de la conducta tipificada en este número y cuando resulte una medida proporcionada, eficiente y eficaz, se podrá ordenar el bloqueo del acceso correspondiente".* Tomando como referencia esta disposición, el Informe del Consejo de Estado sobre el Anteproyecto de Ley de reforma del TRLPI, al igual que había hecho el Consejo General del Poder Judicial, también insistía en la necesidad de coordinar las tutelas penal y civil, para evitar que aquella fuera más lejos que esta. El texto del nuevo art. 270.1 del Código Penal se ha mantenido en los mismos términos hasta el final (*Informe de la Ponencia*, BOGC, Congreso, 21/1/2015).

Siendo así, era obligado alinear la legislación de propiedad intelectual con este planteamiento. Y así lo hizo ya el Proyecto de Ley, sin perjuicio de condensar, a base de gerundios, la descripción del supuesto B) que, en lo sustancial, se mantuvo hasta el fin de la tramitación.

Como proclama el art. 158 ter.1 TRLPI/2014, la Sección Segunda ejercerán las funciones de salvaguarda de los derechos de propiedad intelectual *"frente a su vulneración por los responsables de servicios de la sociedad de la información"*. No se actúa contra prestadores de servicios que no sean infractores. Por ello la exigencia se repite en el art. 158 ter.2 TRLPI/2014 tanto para los sujetos contemplados en el apartado A) (PSSI *"que vulneren"*) como para los contemplados en el apartado B (PSSI *"que vulneren"*), con independencia de cuál sea la actividad concreta mediante la que se lleve a cabo esa vulneración.

El art. 158 bis ter.2,B) TRLPI/2014 debe relacionarse pues con el art. 138, II TRLPI/2014 en el que se considera como infractor (aunque de forma un tanto elíptica pues la expresión *"responsable de la infracción"* podría hacer pensar que no es tal) a quien induce a otro a infringir, a quien coopera con un infractor sabiendo o debiendo saber que lo es y a quien, teniendo un interés económico directo en la conducta infractora, cuente con medios para controlarla. La necesidad de referirse a dos sujetos ha llevado a usar el término "terceros" y eso puede producir la impresión de que sólo uno de ellos es infractor en sentido estricto. Pero la intención del legislador es patente a la vista de la Exposición de Motivos. En ella, sin duda con referencia al nuevo art. 138,II TRLPI/2014, se alude a los supuestos en que puede producirse *"responsabilidad de un tercero «que incurre en una infracción de derechos de propiedad intelectual»"* (apdo. V, pfo. 4, énfasis añadido). Asimismo, al aludir a las infracciones *"posibilitadas y magnificadas"* por la intervención de terceros, no deja de aclarar que *"en ocasiones"* —las contempladas en la norma— la conducta de estos excede de la mera intermediación técnica *"pasando a constituirse en «modelos de negocio ilícitos»* cuya base son actividades de otros, también vulneradoras. Por eso hay que *"establecer unos elementos legales básicos «para enjuiciar la licitud de estas conductas»"*. Y añade: *"En este sentido se prevé que será responsable «como infractor» quien induzca dolosamente la conducta infractora; quien coopere con la misma, conociendo la conducta infractora o contando con indicios razonables para conocerla; y quien, teniendo un interés económico directo en los resultados de la conducta infractora, cuente con una capacidad de control sobre la conducta del infractor*" (apdo. V, pfo. 4, énfasis añadido), sin perjuicio de la cobertura que puedan proporcionar los *puertos seguros* de los arts. 14 a 17 LSSICE a quienes cumplan con sus requisitos. En definitiva, se han incorporado las figuras, procedentes de la práctica judicial norteamericana, de la *contributory liability o infringement* (en los casos primero y segundo mencionados) y la *vicarious liability* o *infringement* (en el caso tercero).

Así hay que entenderlo también en el art. 158 ter.2 TRLPI/2014. Podrá hablarse de infractores primarios y secundarios o directos e indirectos, si se quiere. Pero son infractores. En el apartado B) no se trata de prestadores de servicios dedicados a "*actividades de mera intermediación técnica*", sino de prestadores de servicios de la sociedad de la información que infringen la propiedad intelectual y lo hacen, precisamente, "*facilitando la descripción o localización de obras que indiciariamente se ofrezcan sin autorización, desarrollando a tal efecto una labor activa y no neutral*". Entre ellos —y quizá fueran los únicos en que realmente se pensó, aunque la definición es más amplia— se encuentran quienes ofrecen "*listados ordenados y clasificados de enlaces*", siendo indiferente que, al hacerlo, presten además un servicio a los enlazados. La Exposición de Motivos es de una claridad meridiana cuando aludiendo, no ya al art. 138, II TRLPI/2014 (vía judicial), sino al art. 158 ter TRLPI/2014 (vía administrativa), se refiere a los prestadores "*que vulneren derechos [...] facilitando la descripción o localización*" de contenidos ilícitamente ofrecidos, "*pues dicha actividad*", explica, "*constituye una explotación conforme al concepto general de derecho exclusivo de explotación establecido en la normativa de propiedad intelectual*" (apartado V, pfo. 6)

Por supuesto, en la práctica son tantos los elementos a valorar para trazar la frontera entre intermediación técnica neutral e intermediación infractora, que muchos de estos casos acabarán en la vía judicial y, más concretamente, en la jurisdicción contencioso administrativa. Pero vale la pena recordar que, incluso con la legislación anterior a la Ley 21/2014, hay precedentes en los que se ha dado por buena la calificación de supuestos "meros intermediario" como "intermediarios infractores", en resoluciones de la Sección Segunda en (*vid. supra.* los Casos *Elitetorrent* y *Goear*, sentencias de la AN de 17/0/2014 y 17/11/2014).

B) El procedimiento de restablecimiento de la legalidad

a) Principios y normativa

Las líneas generales del procedimiento ante la Sección Segunda se mantienen, a reserva de las modificaciones introducidas —o elevadas— a nivel legal y de lo que pueda disponer el futuro desarrollo reglamentario. En particular, hay que entender que, salvo que contradigan lo previsto en el art. 158 ter TRLPI/2014, siguen vigentes los arts. 15 a 24 del RD 1889/2011.

De acuerdo con el art. 158 ter.3, III TRLPI/2014, el procedimiento de restablecimiento de la legalidad sigue estando *"basado en los principios de celeridad y proporcionalidad"*, aunque —se añade ahora— *"en el mismo serán de aplicación los derechos de defensa previstos en el artículo 135 de la Ley 30/1992, de 26 de noviembre, de Régimen Jurídico de las Administraciones Públicas y del Procedimiento Administrativo Común"*

El citado art. 135 Ley 30/1992 se incluye en el Capítulo II (*"principios del procedimiento sancionador"*) del Título IX (*"de la potestad sancionadora"*). Llama la atención esta remisión cuando el procedimiento de restablecimiento de la legalidad no es de naturaleza sancionadora o, al menos, no nació como tal. Así lo ponía de manifiesto la Sala 3ª del Tribunal Supremo al resolver los recursos interpuestos contra el RD 1889/2011: *"No estamos, por otro lado, ante una regulación propia del derecho sancionador, sino únicamente ante el restablecimiento de la legalidad en internet frente a los embates contra la propiedad intelectual. No se trata, por tanto, del ejercicio del «ius puniendi» del Estado, sino de reponer las cosas a su situación legal, cuando dicha legalidad ha sido conculcada por los responsables de los servicios de la sociedad de la información. De modo que si no se trata de una regulación de carácter sancionador mal puede exigirse, en consecuencia, la observancia de los principios y garantías del Título IX de la Ley 30/1992"* (STS, Sala 3ª, 31/5/2013, ROJ 3181/2013 FD 10; en el mismo sentido y con la misma fecha, STS, Sala 3ª, ROJ 3169/2013, FD 11).

Sin embargo, tras la reforma, los procedimientos de salvaguarda pueden dar lugar a la instrucción de un *"procedimiento sancionador"* (art. 158 ter.5, V y 158 ter.6 TRLPI/2014). Es comprensible por tanto que se hayan querido anticipar las garantías y derechos que el citado art. 135 Ley 30/1992 reconoce al presunto responsable. Concretamente los siguientes: *"A ser notificado de los hechos que se le imputen, de las infracciones que tales hechos puedan constituir y de las sanciones que, en su caso, se les pudieran imponer, así como de la identidad del instructor, de la autoridad competente para imponer la sanción y de la norma que atribuya tal competencia. [//] A formular alegaciones y utilizar los medios de defensa admitidos por el Ordenamiento Jurídico que resulten procedentes. [//] Los demás derechos reconocidos por el artículo 35 de esta Ley*[46]. Cabe señalar que, entre los derechos reconocidos a los ciudadanos en general en el art. 35 Ley 30/1992, se incluye el de *"identificar a las autoridades y al personal al servicio de las Administraciones Públicas bajo cuya responsabilidad se tramiten los procedimientos"*. No obstante, no parece que ello obligue a desvelar los nombres de los vocales de la Sección Segunda. De hecho hasta ahora, en las resoluciones, se ha venido entendiendo que basta con indicar el nombre del Presidente o de quien actúa por delegación suya. Con todo, sería una muestra de normalidad, si no publicitar, si al menos no ocultar esos nombres.

b) Fase preliminar. Necesidad de requerir previamente al infractor

Conforme al art. 158 ter.3, I supra TRLPI/2014, *"el procedimiento se iniciará de oficio, previa denuncia"*. Por tanto, sin ésta no se abre aquél. No hay actuación de oficio sin previa denuncia de un sujeto legitimado. Esta condición la siguen ostentando los titulares de los derechos vulnerados o quien tuviera encomendado su ejercicio (art. 158 ter.3, I TRLPI/2014). No había dudas de que las entidades de gestión estaban incluidas. No obstante, se ha considerado oportuna una mención expresa, precisando que la legitimación se produce *"en los términos de lo dispuesto en el art. 150"* (art. 158 ter.3, III TRLPI/2014)[47]. Por tanto, bastará que aporten *"copia de sus estatutos y certificación acreditativa de su autorización administrativa"*, por más que uno y otra ya constan en el Ministerio al que la Comisión de Propiedad Intelectual está adscrita.

La reforma, sin embargo, ha añadido una exigencia previa en línea con el objetivo de acentuar la subsidiariedad del procedimiento administrativo y priorizar la vía judicial. En este sentido, el nuevo art. 158 ter TRLPI/2014

---

[46]   Entre los derechos reconocidos a los ciudadanos en general en el art. 35 Ley 30/1992 se incluye el de *"identificar a las autoridades y al personal al servicio de las Administraciones Públicas bajo cuya responsabilidad se tramiten los procedimientos"*.

[47]   La sugerencia procede del Informe del Consejo de Estado, p. 165.

no sólo requiere que las infracciones, sean iniciales o añadidas, tengan cierta entidad sino también un previo esfuerzo de autotutela por parte de los afectados[48]. A la denuncia deberá acompañarse *"una prueba razonable"* de que se ha requerido infructuosamente al prestador de servicios infractor para que retire los contenidos *"específicos"* ofrecidos sin autorización (art. 158 ter.3, I TRLPI/2014)

La exigencia, sin embargo, no debe convertirse en un obstáculo insuperable. Para satisfacerla es suficiente haberse dirigido *"a la dirección electrónica"* que el prestador de servicios al que se imputa la infracción *"facilite al público a efectos de comunicarse con el mismo"*. Si no facilita dirección alguna con este objeto, el requerimiento previo a la denuncia, simplemente, *"no será exigible"*. En cualquier caso, con respuesta o sin ella, el intento se entenderá *"infructuoso"* si el prestador de servicios *"no retira o inhabilita el acceso a los contenidos"* denunciados en un plazo de tres días contados *"desde la remisión"* del requerimiento (art. 158 ter.3, I TRLPI/2014).

Consciente de lo que puede suponer la carga del requerimiento previo, el legislador ha querido compensarla atribuyendo un beneficio al requirente. Tal beneficio consiste en asociar *"requerimiento"* con el *"conocimiento efectivo"* de la ilicitud de las actividades de que se trate, cosa que podría abrir la puerta a eventuales acciones de responsabilidad contra los prestadores de servicios de alojamiento o almacenamiento de datos (art. 16.1, II LSSICE) o de enlaces a contenidos o instrumentos de búsqueda [art. 17,b) LSSICE]. En este sentido, el art. 158 ter.3, I TRLPI/2014 dispone que: *"Este requerimiento previo podrá considerarse cuando proceda, a efectos de la generación del conocimiento efectivo en los términos establecidos en los artículos 16 y 17 [LSSICE], siempre y cuando identifique exactamente la obra o prestación, al titular de los derechos correspondientes y, al menos, una ubicación donde la obra o prestación es ofrecida en el servicio de la información"*. Cabe observar, sin embargo, que la norma es poco clara. No dice que el requerimiento *"dará lugar"* o *"producirá"* conocimiento efectivo sino que *"«se considerará*

---

[48]   En su informe a la OMPI sobre la experiencia de la Sección Segunda, Jorge CANCIÓ se refería al problema de la *"ausencia de requisitos previos a la instancia del inicio del procedimiento que exigieran un mínimo de esfuerzo de autotutela por parte de los titulares afectados o de un nivel mínimo de relevancia de la infracción detectada en términos de número de obras o prestaciones o audiencia de la web infractora"* (J. CANCIÓ, *"El procedimiento administrativo-judicial frente a vulneraciones en Internet: Mucho más que un procedimiento de notificación y retirada"*, cit. pfo. 36 p. 6).

a efectos de» [su] generación" (énfasis añadido). La fórmula legal es vaga y cautelosa porque quien efectúa el requerimiento es un particular, titular de los derechos presuntamente infringidos y no un órgano *"jurisdiccional o administrativo"* como resulta de la definición de "órgano competente" incluida en el Anexo de Definiciones de la LSSICE. A la vista del proceso de elaboración de la norma y de la redacción aprobada, hay que entender que la legislación de propiedad intelectual se somete al fin a la LSSICE; o, al menos, que no ha querido pronunciarse de forma tajante, dejando que sigan siendo los tribunales quienes lo hagan cuando los titulares, tras haber requerido a los infractores, acudan a ellos con pretensiones indemnizatorias o de otro tipo[49].

Una vez recibida la denuncia, la Sección Segunda comprobará si reúne todos los requisitos legales y, en su caso, reglamentarios (art. 17 RD 1889/2011). Asimismo verificará los indicios de vulneración e identificará tanto a los prestadores de servicios vulneradores como a los prestadores de servicios de intermediación y otros servicios relevantes. De acuerdo con la experiencia, ello implica *"la realización de multitud de actividades y la emisión de múltiples requerimientos de información, dirigidos a, entre otros, servicios de alojamiento, de publicidad, de ocultamiento de identidad, agentes registradores, etc. con los que el prestador a identificar ha mantenido o mantiene relaciones de servicio"*[50]. A este

---

[49]   Al igual que la exigencia de acreditar el requerimiento infructuoso, el beneficio también procede de la segunda versión del Anteproyecto (julio de 2013), confirmándose la voluntad de relacionar la carga y el beneficio. Pero inicialmente la previsión se formulaba en términos menos vagos y podía entenderse que, efectivamente, se pretendía que el requerimiento diera lugar al conocimiento efectivo exigido en los arts. 16 y 17 LSSICE, lectura esta que contaba ya con alguna base en la jurisprudencia de la Sala 1ª del Tribunal Supremo (entre otras, sentencias de 9/12/2009, 18/5/2010, 10/2/2011 y 4/12/2012). Por ello, el Informe del Consejo General del Poder Judicial sugería llevar la redefinición del *"conocimiento efectivo"* y sus requisitos a la LSSICE, para así evitar la existencia de un concepto sectorial (para la salvaguarda de derechos de propiedad intelectual) añadido al general (*Informe CGPJ*, pp. 88 y ss.). Las observaciones del CGPJ hicieron mella. Pero no sirvieron para que se llevara a la práctica lo sugerido. Los redactores del Anteproyecto prefirieron refugiarse en la vaguedad. A este efecto, en la tercera versión del mismo (octubre de 2013), se incluyó el significativo *"cuando proceda"* que hoy figura en el art. 158 ter.3, I TRLPI/2014 (*"el requerimiento podrá considerarse «cuando proceda,» a efectos de [...]"*). La tercera y última versión del Anteproyecto sería la informada por el Consejo de Estado, que insistió en la línea apuntada por el CGPJ (*Informe Consejo de Estado*, p. 166).

[50]   Jorge CANCIÓ, *"El procedimiento administrativo-judicial frente a vulneraciones en Internet [...]"*, *cit.* pfo. 11.

respecto hay que señalar que, tras la Ley 21/2014, la regulación del proce-dimiento de salvaguarda incluye ya una referencia expresa a los servicios de pago electrónico y de publicidad como colaboradores necesarios para garantizar la efectividad de la resolución dictada (art. 158 ter.5 TRLPI)[51]. Si para identificar al prestador de servicios infractor hubiera que reclamar datos a un intermediario, será necesario obtener la correspondiente auto-rización judicial, a cuyo efecto la Sección Segunda acudirá a los Juzgados Centrales de lo Contencioso-Administrativo, de acuerdo con lo previsto en el art. 122 bis de la Ley 29/1998, de 13 de abril, reguladora de la Jurisdic-ción Contencioso-administrativa (cfr. arts. 18 RD 1889/2011, 8.2 LSSI-CE, 122 LJCA y 90.5 LOPJ).

La fase preliminar, concluye con un denominado "Informe de Actuacio-nes Previas" a partir del cual se decide o bien archivar el caso o bien iniciar el procedimiento propiamente dicho; cosa que se hará cuando las compro-baciones hayan permitido constatar que la vulneración de derechos de pro-piedad intelectual atribuida a un proveedor de servicios de la sociedad de la información es de suficiente entidad atendido su "*nivel de audiencia en Espa-ña*" y el número de obras y prestaciones a las que da acceso, o bien su modelo de negocio (*vid. supra* lo dicho en cuanto al art. 158 ter.2 TRLPI/2014).

c) *Fase de alegaciones y prueba*

El acuerdo de inicio del procedimiento, en sentido estricto, se notificará al denunciante y al supuesto vulnerador, así como a quienes le prestan ser-vicios intermediación, de pagos electrónicos o de publicidad[52]. En el caso del sujeto o sujetos responsables de la infracción la notificación del acuerdo incluirá el requerimiento para que "*en un plazo no superior a las 48 horas pueda proceder a la retirada voluntaria de los contenidos declarados infractores*

---

[51]   En el caso de la publicidad hay que entender que se alude a quienes, como intermediarios en el mercado publicitario, colocan publicidad en las páginas de los infractores, sin excluir no obstante a los propios anunciantes.

[52]   Conviene recordar que, de acuerdo con las Definiciones del Anexo de la LSSICE, "*Son servicios de intermediación la provisión de servicios de acceso a Internet, la transmisión de datos por redes de telecomunicaciones, la realización de copia temporal de las páginas de Internet soli-citadas por los usuarios, el alojamiento en los propios servidores de datos, aplicaciones o servicios suministrados por otros y la provisión de instrumentos de búsqueda, acceso y recopilación de datos o de enlaces a otros sitios de Internet*".

o, en su caso, realice las alegaciones o proponga las pruebas que estime oportunas sobre la autorización de uso o la aplicabilidad de un límite a la propiedad intelectual" (vid. art. 158 ter.4, III TRLPI/2014, que eleva a rango legal lo antes previsto, en el mismo sentido, en el art. 19 RD 1889/2011). Si el requerido interrumpe la prestación del servicio o retira los contenidos voluntariamente, se pondrá fin al procedimiento, con el consiguiente archivo. A este objeto, subsanando lo que la STS, 3ª, de 31/5/203 consideró un exceso del RD 1889/2011 (*vid. supra*), el nuevo art. 158 ter.4, IV TRLPI/2014 dispone que: "*La interrupción de la prestación del servicio o la retirada voluntaria de las obras y prestaciones no autorizadas tendrán valor de reconocimiento implícito de la referida vulneración y pondrá fin al procedimiento*". Habría que considerar, no obstante, su posible reapertura, a instancia del denunciante, en caso de reanudación de la actividad infractora, en aplicación del art. 20.2 RD 1889/2011, en la parte no anulada.

Si no se produce el restablecimiento voluntario de la legalidad, haya o no alegaciones de las partes, se procederá a la práctica de las pruebas propuestas o bien acordadas de oficio por la Sección Segunda. Para ello se dispone de dos días, tras los cuales "*se dará traslado a los interesados para conclusiones en el plazo máximo de cinco días*". Seguidamente, "*la Sección dictará resolución en el plazo máximo de cinco días*" (art. 158 ter.4, III. TRLPI/2014, que eleva a rango legal lo que se disponía en los arts. 21 y 22 RD 1889/2011). Puede llamar un poco la atención que, antes, en el art. 158 ter.3, IV TRLPI/2014 se disponga que "*la falta de resolución «en el plazo reglamentariamente establecido» producirá la caducidad del procedimiento*". No se trata sin embargo de una contradictoria deslegalización de los plazos. Simplemente se contempla un plazo límite para el desarrollo del procedimiento. Por lo pronto, se aplicará el previsto en el art. 22.4 RD 1889/2011, que señala un máximo de tres meses para la notificación de la resolución entendiéndose que, en otro caso, queda desestimada la solicitud.

De acuerdo con el art. 158 ter.3, V TRLPI/2014 "*las resoluciones dictadas por la Sección Segunda en este procedimiento ponen fin a la vía administrativa*". Por "resolución" parece que debe entenderse sólo decisión que pone fin al procedimiento, sea para acordar su archivo sea para adoptar las medidas que correspondan para el restablecimiento de la legalidad. La resolución, que será motivada, declarará acreditada la existencia de la vulneración a los efectos del restablecimiento de la legalidad (cfr. art. 22 RD 1889/2011) y ordenará las medidas previstas en la ley. Concretamente, de acuerdo con el art. 158 ter.4, I TRLPI, la Sección Segunda podrá disponer la interrupción de la prestación del servicio vulnerador de los derechos de propiedad intelectual o la retirada de los contenidos infractores. El propio precepto añade que tales medidas se podrán adoptar "*siempre que el prestador haya causado o sea susceptible de causar un daño patrimonial*", exigencia ésta a la que ya se ha hecho referencia al analizar el ámbito del procedimiento (*vid. supra*).

Hay que llamar la atención, no obstante, sobre dos novedades en relación con las medidas que cabe adoptar. En primer lugar, se contempla expresamente la posibilidad de que se incluyan "*medidas técnicas y deberes de diligencia específicos exigibles al prestador infractor que tengan por objeto asegurar la cesación de la infracción y evitar la reanudación de la misma*" (art. 158 ter.4, I in fine TRLPI/2014)[53]. Aunque referidas a todos los infractores y por tanto susceptibles de aplicarse a las dos categorías mencionadas en el art. 158 ter.2 TRLPI/2014, quizá estén más pensadas para los prestadores de servicios del apartado B), es decir, para aquellos que vulneran derechos facilitando, mediante una labor activa y no neutral, la descripción o localización de obras y prestaciones ofrecidas ilícitamente por otros; en particular quienes ofrezcan listados ordenados y clasificados de enlaces. Cabe suponer que, entre otras cosas, se tratará de exigir a esos sujetos —infractores, no se olvide— la verificación de la licitud de los servicios a los que prestan apoyo y, más concretamente, la licitud de la oferta de las obras y prestaciones a las que dirigen.

La segunda novedad, importante, tiene que ver con el alcance objetivo de las medidas adoptadas. El procedimiento de salvaguarda va referido a concretas obras y prestaciones y, en principio, a ellas debe limitarse. Se trata, sin embargo, de un *modus operandi* un tanto contradictorio con el objetivo declarado de luchar contra los grandes infractores. Poner en marcha un procedimiento porque desde una nutrida y bien organizada página de enlaces puede accederse a una concreta obra literaria o a unas pocas canciones y limitar la resolución a éstas no deja de ser frustrante y, desde luego, poco eficiente desde el punto de vista del uso de recursos y medios públicos[54].

---

[53]   Este párrafo no se incluía en ninguna de las versiones conocidas del Anteproyecto y apareció por primera vez en el Proyecto de Ley presentado en el Congreso.

[54]   En este sentido, en el balance de la experiencia de la Sección Segunda, Jorge CANCIÓ señalaba como problema: "*La excesiva focalización del procedimiento en obras individuales, sin ser posible actualmente establecer sistemas de muestreo o de indicios en relación con obras o*

Para cambiar esta situación, desde la primera versión del Anteproyecto, se previó la posible extensión de las medidas para el restablecimiento de la legalidad a obras o prestaciones diferentes de las que motivaron la denuncia. El planteamiento inicial era bastante radical pues las medidas podrían extenderse "*a todas las obras o prestaciones protegidas cuyos derechos representen las personas que hayan participado como interesadas en el procedimiento o que formen parte de un mismo tipo de obras o prestaciones, siempre que concurran hechos o circunstancias que revelen que las citadas obras o prestaciones son igualmente ofrecidas ilícitamente*". Con una norma de este tipo, la interrupción del servicio o retirada de contenidos podría hacerse con referencia a repertorios completos (p.ej. todo el de una entidad de gestión) o a categorías de obras o prestaciones (p.ej. obras literarias). No obstante, en la segunda versión, la de julio de 2013, ya no se hablaba de "*todas*" sino de "*otras*" obras o prestaciones y, además, "*debidamente identificadas*". Con algún cambio, como sustituir "*debidamente*" por "*suficientemente*", estos son los términos que pasaron al Proyecto y finalmente a la ley. De acuerdo con el art. 158 ter.4, II TRLPI/2014: "*La Sección Segunda podrá extender las medidas de retirada o interrupción a otras obras o prestaciones protegidas suficientemente identificadas cuyos derechos representen las personas que participen como interesadas en el procedimiento, que correspondan a un mismo titular de derechos o que formen parte de un mismo tipo de obras o prestaciones, siempre que concurran hechos o circunstancias que revelen que las citadas obras o prestaciones son igualmente ofrecidas ilícitamente*".

Es una previsión bien orientada con la que podría darse una respuesta más adecuada al tipo de infracciones de que se trata. Cabe suponer que se tratará de obras o prestaciones afectadas por una vulneración que el titular no pudo conocer antes de presentar la denuncia que abrió la fase preliminar del procedimiento y que la extensión de las medidas la llevará a cabo la Sección Segunda a instancia de parte o incluso de oficio y, probablemente, sin necesidad de un nuevo requerimiento infructuoso[55]. En cuanto al momento o momentos para proceder a la extensión de las medidas a otras obras o prestaciones, parece que podrá hacerse a lo largo del procedimiento y hasta

---

prestaciones vulneradas en similares circunstancias a las investigadas en cada caso" ("*El procedimiento administrativo judicial...*", cit., p. 6).

[55] El cambio del término "*debidamente*" por "*suficientemente*" identificadas parece desplazar el centro de gravedad desde la prueba por parte de los denunciantes [cfr. art. 17.2,a) RD 1889/2011] a la valoración por parte de la Sección Segunda de los elementos disponibles, sin perjuicio de que ésta, como sabemos, puede acordar pruebas de oficio.

que se dicte la resolución que le pone fin. Cabría considerar, no obstante, la posibilidad de hacerlo también durante la fase de ejecución e incluso mantener abierta la posibilidad con relación al responsable que haya sido declarado infractor. Téngase en cuenta que éste puede quedar sometido a escrutinio, como mínimo cuando se le hayan impuesto medidas técnicas y deberes de diligencia específicos (art. 158 ter.4, I TRLPI/2014). Probablemente, no obstante, lo más razonable sea limitar la decisión de extender las medidas a la fase que precede a la resolución. En cualquier caso, aunque podría decirse que "adoptar" y "extender" son términos diferentes, no cabría llevar a cabo la extensión sin permitir que el afectado retire voluntariamente los contenidos declarados infractores, realice alegaciones y proponga prueba sobre la eventual existencia de una autorización o un límite, con la consiguiente necesidad de una nueva resolución pues el art. 158 ter.4, III TRLPI/2014 es, sin duda, aplicable tanto a la adopción de medidas como a su extensión; extensión que, de hecho, no es sino la adopción de medidas para otros contenidos.

d) *Fase de ejecución. Colaboración de terceros proveedores de servicios y de otros organismos públicos*

Los infractores, ya sean quienes ofrecen obras y prestaciones o quienes facilitan su descripción o localización mediante una labor activa y no neutral, deberán cumplir las medidas previstas en la resolución que ponga fin al procedimiento de restablecimiento de la legalidad. Cabe la posibilidad, sin embargo, de que no lo hagan. En este caso y sin perjuicio de otras opciones, la Sección Segunda podrá "*requerir la colaboración necesaria de los prestadores de servicios de intermediación, de los servicios de pagos electrónicos y de publicidad, requiriéndoles para que suspendan el correspondiente servicio que faciliten al prestador infractor*" [art. 158 ter.5, I) TRLPI/2014][56]. Todos

---

[56] Vale la pena llamar la atención sobre el hecho de que la ley no se limita a una genérica referencia a los "*prestadores de servicios de intermediación*", incluyendo *expressis verbis* los "*servicios de pagos electrónicos y de publicidad*". Se trata de una decisión acertada, pues no está claro que estos queden incluidos en aquella categoría. No hay duda de que son servicios de intermediación los de acceso a Internet, transmisión de datos a través de redes, realización de copias temporales y demás mencionados en la definición de "*servicios de intermediación*" del apartado b) del Anexo (Definiciones) de la LSSICE. Pero en ella no aparecen ni los servicios de pagos electrónicos ni los de publicidad. *Lato sensu* pueden considerarse servicios de intermediación económica. Pero no lo son de intermediación

ellos —o al menos los primeros— habrán sido informados de la existencia del procedimiento, en el que habrán podido intervenir como interesados. Incluso es posible que, en la fase preliminar, alguno haya facilitado a la Sección Segunda los datos necesarios para identificar al infractor o infractores con la correspondiente autorización judicial a este efecto. Ahora se trata de exigirles que dejen de prestar a los infractores aquellos servicios de los que se valen para vulnerar la propiedad intelectual o bien obtener beneficios asociados a la misma.

Este deber de colaboración no es nuevo y ya estaba en la anterior regulación. No obstante, también aquí hay algunas novedades que conviene destacar. La primera se centra en los sujetos llamados a colaborar. Por lo pronto, conviene recordar que, por efecto de la redefinición o aclaración de la noción de *"prestador de servicios que vulnera derechos"*, ya no están aquí los enlazadores infractores que, bajo la normativa precedente, en algunos casos habían sido tratados como simples colaboradores. Los sujetos que ahora nos ocupan son auténticos prestadores de servicios neutrales o inocentes; aunque en ocasiones esa inocencia deje mucho que desear pues quienes prestan servicios de pago y, sobre todo, de publicidad, difícilmente podrán ignorar la naturaleza y características de la actividad con la que colaboran o de cuya popularidad intentan beneficiarse. Precisamente la referencia a los *"prestadores de servicios de pagos electrónicos y de publicidad"* es la novedad más llamativa en cuanto a los sujetos cuya colaboración puede ser requerida. Es la aplicación de una idea vieja idea que en el mundo anglohablante se resume en la expresión *"Follow-the-Money"*. Se trata de seguir el rastro del dinero y cegar las fuentes de financiación, directas o indirectas, de las que se nutre el infractor. Es una estrategia ya utilizada en otros países y que en el nuestro venía siendo reclamada por los titulares. Sin duda puede ser útil, sin perjuicio de la conveniencia de desarrollar los *"códigos de conducta voluntarios"* a los que se refiere el art. 158 ter.8 TRLPI/2014, precisamente para implementar *"las medidas colaboración de los servicios de intermediación, los servicios de pagos electrónicos o de publicidad previstas en este artículo"*.

Es interesante observar que en las diferentes versiones del Anteproyecto la estrategia de "seguir el dinero" se consideraba prioritaria. En el art. 158 ter.5, II de la primera (marzo de 2013) se decía que: *"En la adopción de medidas de*

---

técnica, que es el sentido usado en la LSSICE. La referencia expresa está justificada, como mínimo para evitar discusiones que inevitablemente se suscitarían en otro caso.

colaboración se dará prioridad a aquellas dirigidas a bloquear la financiación del prestador de servicios de la sociedad de la información declarado infractor". En las dos siguientes (julio y octubre de 2013) se mantuvo esa redacción, aunque añadiendo *"siempre que existan indicios de que puedan ser eficaces"*. Paralelamente, también en las tres versiones, se consideraba subsidiario el bloqueo del servicio de acceso a Internet, calificado como *"medida de último recurso"* aplicable sólo *"en caso de ser ineficaces las demás medidas al alcance"*. En conjunto se trataba de un planteamiento que buscaba una reacción proporcionada (mejor asfixia lenta que muerte súbita). Sin embargo, habría suscitado no pocos problemas. Era más lógico poner al mismo nivel todas las medidas de colaboración, sin excluir la posibilidad de optar de inmediato por la más radical. A fin de cuentas, se trata de la ejecución de una resolución adoptada por un órgano administrativo con todas las garantías y, además, en sí misma, sujeta a autorización judicial (art. 158 ter.5, VI TRLPI/2014).

Por estas razones, apuntadas en el Informe del Consejo de Estado[57], ya desde el Proyecto de Ley se diluyó el planteamiento inicial sustituyéndolo por fórmulas más bien vagas que dejan a la Sección Segunda un amplio margen de maniobra. En este sentido, el art. 158 ter.5, II TRLPI/2104 se limita a decir algo que, a lo sumo, podría entenderse como un especial deber de motivar: *"En la adopción de las medidas de colaboración la Sección Segunda «valorará la posible efectividad» de aquellas dirigidas a bloquear la financiación del [PSSI] declarado infractor"* (énfasis añadido). En cuanto al bloqueo del acceso, si bien queda algún rastro de su inicial configuración como "último recurso", el art. 158 ter.5, III TRLPI/2014 no va mucho más allá de destacar la gravedad de la medida e imponer, aquí sí expresamente, un especial deber de motivación: *"El bloqueo del servicio de la sociedad de la información por parte de los proveedores de acceso de Internet «deberá motivarse adecuadamente» en consideración a su proporcionalidad, «teniendo en cuenta» la posible eficacia de las demás medidas al alcance"* (énfasis añadido). No hay disposiciones específicas para las demás medidas de colaboración consistentes en la suspensión de servicios prestados al infractor (p.ej. servicios de alojamiento, búsqueda, enlaces etc.), aunque parece razonable aplicar los mismos criterios.

El recurso a la colaboración de quienes prestan servicios al infractor es subsidiario respecto al posible cumplimiento voluntario de la resolución y,

---

[57]   Vid. pp. 168 y 169.

por tanto, sólo cabrá si este incumple el requerimiento de retirada o interrupción previsto en el art. 158 ter.4 TRLPI/2014. Además, como venía sucediendo hasta ahora, la ejecución de las correspondientes medidas de colaboración "*exigirá previa autorización judicial*". Al igual que para la obtención de datos en la fase preliminar de procedimiento, esta autorización *ad hoc* deberá obtenerse de acuerdo con el procedimiento del art. 122 bis de la LJCA, pudiendo ser concedida o denegada en la medida en que el juez de lo contencioso-administrativo entienda o no cumplidos los requisitos legales (arts. 158 ter.5, VI TRLPI/2014, 11.3, II LSSICE y 122 bis LJCA).

Una vez obtenida la autorización judicial, el prestador de servicios de intermediación, de pagos electrónicos o de publicidad debe ejecutar las medidas solicitadas. De acuerdo con el art. 158 ter.5, V TRLPI/2014, la "*falta de colaboración [...] se considerará como infracción de lo dispuesto en el artículo 11 [LSSICE]*", en el que se establece el deber de los prestadores de servicios de intermediación de colaborar con los órganos administrativos o jurisdiccionales competentes, dando cumplimiento a las órdenes de suspensión de que se trate. De no hacerlo, incurrirán en una infracción tipificada como "muy grave" por el art. 38.2,b) LSSICE[58]. La sanción es una multa de 150.001 hasta 600.000 € y, en caso de reiteración, una posible prohibición de actuación en España por un máximo de dos años [art. 39.1,a) LSSICE]. Aunque en principio parece que tanto la instrucción del expediente como la imposición de la sanción sería competencia de la propia Sección Segunda (como órgano que dictó la resolución incumplida, art. 43 LSSICE), debe entenderse que es aplicable a este régimen sancionador lo previsto en el art. 158 ter.6 TRLPI/2014, cuyo párrafo V atribuye la competencia al Secretario de Estado de Cultura.

---

[58] El art. 38.2,b) LSSCI tipifica como muy grave "*el incumplimiento de la obligación de suspender la transmisión, el alojamiento de datos, el acceso a la red o la prestación de cualquier otro servicio equivalente de intermediación, cuando un órgano administrativo competente lo ordene, en virtud de lo dispuesto en el artículo 11.*". Cobra aquí importancia la cuestión, ya señalada, relativa a si los servicios de pagos y de publicidad son o no prestadores de servicios intermediarios (*vid. supra* en nota). El hecho de que en rigor no lo sean obliga a entender que, en lo que les atañe, es el art. 158 ter.5, V TRLPI/2014 el que tipifica la infracción, modificando o añadiéndose en este punto las previsiones de la LSSICE en cuanto a la imposición de la obligación (art. 11 LSSICE), la tipificación de la infracción [art. 38.2,a) LSSICE] y la sanción correspondiente [art. 39.1,a) LSSICE].

Hay que llamar la atención finalmente sobre el hecho de que las medidas de colaboración no sólo se extienden a los prestadores de servicios sino también a otros organismos públicos. El art. 158 ter.5, IV TRLPI/2014 así lo hace en orden a conseguir la cancelación del nombre de dominio usado por el infractor. El art. 158 ter.5, III de la primera versión del Anteproyecto (marzo de 2013) preveía que, para bloquear el servicio de acceso ("*a estos efectos*"), podría pedirse la cancelación del nombre de dominio usado por el infractor art. 158 ter.5, III. En la versión de octubre, sin embargo, ambas cuestiones (boqueo de acceso y cancelación del dominio) se regulaban ya en párrafos separados y sin establecer formalmente una relación directa. Así figuran en el texto finalmente aprobado, en el que el art. 158 ter.5, III TRLPI/2014 se refiere a la primera medida (bloqueo de acceso) y el art. 158 ter.5, IV TRLPI/2014 a la segunda (cancelación del dominio), en los siguientes términos: "*En el caso de prestarse el servicio utilizando un nombre de dominio bajo el código de país correspondiente a España (.es) u otro dominio de primer nivel cuyo registro esté establecido en España, la Sección Segunda notificará los hechos a la autoridad de registro a efectos de que cancele el nombre de dominio, que no podrá ser asignado nuevamente en un período de, al menos, seis meses*"[59].

C) Régimen de notificaciones en el procedimiento de salvaguarda de los derechos de propiedad intelectual (DA quinta TRLPI/2014)

La DF 43 de la Ley de Economía Sostenible de 2011 (*Ley Sinde o Sinde/Wert*) había añadido al TRLPI una nueva DA 5ª cuyo único objeto era atribuir al Ministerio de Cultura la función de salvaguarda de la propiedad intelectual. Pues bien, el art. 1 apartado 24 de la Ley 21/2014 procede a modificar dicha norma, añadiendo varios apartados y una rúbrica, de la que antes carecía: "*Notificaciones en el procedimiento de salvaguarda de los derechos de propiedad intelectual*".

Hay que decir que la rúbrica anterior resulta un tanto equívoca. Por una parte porque incide en lo que se introduce (los nuevos apartados 2 a 5), omitiendo lo que se mantiene. En este sentido, la DA 5ª.1 TRLPI/2014 reproduce lo que se decía en la DA 5ª TRLPI/2011, sin otro cambio que la denominación del Ministerio: "*El Ministerio de Educación, Cultura y Deporte, en el*

---

[59]   Cfr. DA 8ª LSSICE, sobre *Colaboración de los registros de nombres de dominio establecidos en España en la lucha contra actividades ilícitas.*

ámbito de sus competencias velará por la salvaguarda de los derechos de propiedad intelectual frente a su vulneración por los responsables de servicios de la sociedad de la información, en los términos previstos en los artículos 8 y concordantes de la Ley 34/2002, de 11 de julio, de servicios de la sociedad de la información y de comercio electrónico". Por otra parte, la expresa referencia de la rúbrica al *"procedimiento de salvaguarda"* de la propiedad intelectual suscita la duda de si el sistema especial de notificaciones se aplica también al procedimiento sancionador previsto en el mismo art. 158 ter TRLPI/2014. *Lato sensu* el procedimiento sancionador se inscribe en el marco del restablecimiento de la legalidad o, al menos, funciona como un apéndice del procedimiento. Sería pues razonable que lo previsto en la DA 5ª TRLPI/2014 se aplicara a todas las notificaciones contempladas en el art. 158 ter TRLPI/2014, incluidas las relacionadas con el procedimiento sancionador. La propia DA 5ª TRLPI/2014, en su apartado 5 *in fine*, TRLPI/2014 incluye una referencia a medidas *"sancionadoras"*. Aun así, no hay que descartar que se suscite alguna duda. Si llegara a darse, en el caso del procedimiento sancionador, debería resolverse a favor de la solución más garantista.

Dejando ahora a un lado el apartado 1, el resto de la DA 5ª TRLPI/2014 se centra en lo que la rúbrica anuncia: La problemática de las notificaciones en el procedimiento de salvaguarda. Se trata de un asunto complejo y sensible teniendo en cuenta las dificultades derivadas de la opacidad y el carácter global de las actividades infractoras. Los apartados añadidos a la DA 5ª TRLPI buscan un equilibrio entre la efectividad de la protección y las garantías de los afectados por las resoluciones que puedan adoptarse. Hay que asegurar que las notificaciones llegan a sus destinatarios o, cuando menos, que se ha hecho lo posible a tal efecto. Pero, al tiempo, también hay que evitar que la imposibilidad o grave dificultad de notificación pueda convertirse en un obstáculo insalvable para el obligado restablecimiento de la legalidad.

Cabe preguntarse, no obstante, hasta qué punto era precisa una regulación *ad hoc* de las notificaciones para este específico procedimiento. En este sentido, cuando se trabajaba en el Anteproyecto, hubo propuestas de supresión procedentes de la Secretaría de Estado de Telecomunicaciones y para la Sociedad de la Información del Ministerio de Energía, Industria y Turismo. Pero se descartaron. Tal como consta en la *Memoria de Análisis de Impacto Normativo* del Proyecto: *"El sistema de notificación edictal previsto [en el Anteproyecto inicial] es imprescindible para los supuestos en los que los prestadores de servicios de la sociedad de la información presuntamente vulnera-*

dores incumplen con sus obligaciones de identificación y transparencia, haciendo constar falsamente domicilios en el extranjero deviniendo en la práctica imposible su adecuada notificación, o cuando la notificación tenga como destinatarios a una multiplicidad de servicios de información que deban colaborar para el eficaz cumplimiento de las resoluciones". Aún así, es discutible la oportunidad de una normativa sectorial. Los problemas que plantea la defensa de la propiedad intelectual no son en principio diferentes de los que suscitan otros derechos e intereses igualmente amenazados por actividades ilícitas en la red. Lo más lógico sería establecer las reglas generales, con especialidades si fueran necesarias, en una única norma. Probablemente en la Ley 30/1992 (LRJAPPAC) o en la Ley 34 2002 (LSSICE). De hecho, a lo largo de la tramitación de la reforma se fueron incrementando las remisiones. En su momento, sería deseable una revisión a fondo para ver qué particularidades son realmente imprescindibles.

La primera especialidad en materia de notificaciones en los procedimientos que nos ocupan, estaría en la DA 5ª.2 TRLPI/2014. En principio, de acuerdo con el art. 59.1 Ley 30/1992, las notificaciones deben ser personales y directas: *"Se practicarán por cualquier medio que permita tener constancia de la recepción por el interesado o su representante, así como de la fecha, la identidad y el contenido del acto notificado"*. Ahora bien, existe la posibilidad de que los interesados en el procedimiento sean desconocidos o se ignore el lugar de la notificación o el medio que permita tener constancia de la recepción. También cabe que la notificación, pese al intento, no se hubiera podido practicar. Para esos casos, el art. 59.5 Ley 30/1992 preveía (y de hecho, al redactar estas líneas, aún prevé, *vid. infra*) que la notificación a los interesados se hará *"por medio de anuncios en el tablón de edictos del Ayuntamiento en su último domicilio, en el «Boletín Oficial del Estado», de la Comunidad Autónoma o de la Provincia, según cuál sea la Administración de la que se [sic] proceda el acto a notificar, y el ámbito territorial del órgano que lo dictó"*; añadiendo el siguiente párrafo que *"en el caso de que el último domicilio conocido radicara en un país extranjero, la notificación se efectuará mediante su publicación en el tablón de anuncios del Consulado o Sección Consular de la Embajada correspondiente"*. Todo ello sin perjuicio de la posibilidad de *"establecer otras formas de notificación complementarias a través de los restantes medios de difusión, que no excluirán la obligación de notificar conforme a los dos párrafos anteriores"*. Con este referente normativo y, sin duda, buscando simplificar el procedimiento de notificación, el Proyecto de Ley de reforma del TRLPI dispuso que, en las situaciones contempladas en el art. 59.5 Ley 30/1992 y, en cualquier caso, cuando el domicilio del interesado o lugar designado se situara fuera de la UE, la notificación se efectuaría "*exclusivamente en el tablón de edictos situado en la sede electrónica del Ministerio de Educación, Cultura y Deporte*", cuya regulación se preveía llevar a cabo "*mediante Orden de dicho departamento*". No obstante, de forma casi simultánea, se había presentado a las Cortes el Proyecto de Ley *de racionalización del sector público y otras medidas de reforma administrativa*, en el que, entre otras cosas, se contemplaba la modificación del art. 59.5 Ley 30/1992 para centralizar las notificaciones en el Boletín Oficial del Estado[60]. Fue preciso alinear ambos proyectos mediante una enmienda que se introdujo en el proyecto de reforma del TRLPI[61].

La DA 5ª.2 TRLPI, finalmente aprobada por el art. 1º.25 de la Ley 21/2014, dispone que, en los casos de que se trata (desconocimiento de la identidad del interesado o del lugar de la notificación y, en general, imposibilidad o grave dificultad por ubicarse fuera del territorio de la UE) "*la notificación se hará exclusivamente mediante un anuncio publicado en el «Boletín Oficial del Estado», en los términos previstos en dicho artículo [59.5 Ley 30/1992]*". Por su parte, en virtud del art. 25 de la Ley 15/2014 (de 16 de septiembre, *de racionalización del Sector Público y otras medidas de reforma administrativa*, BOE de 17 de septiembre) el art. 59.5 Ley 30/1992 ha pasado a tener la siguiente redacción: "*5. Cuando los interesados en un procedimiento sean desconocidos, se ignore el lugar de la notificación o el medio a que se refiere el punto 1 de este artículo, o bien intentada la notificación, no se hubiese podido practicar, la notificación se hará por medio de un anuncio publicado en el "Boletín Oficial del Estado". [//] Asimismo, previamente y con carácter facultativo, las Administraciones podrán publicar un anuncio en el boletín oficial de la comunidad autónoma o de la provincia, en el tablón de edictos del Ayuntamiento del último domicilio del interesado o del consulado o sección consular de la Embajada correspondiente o en los tablones a los que se refiere el artículo 12 de la Ley 11/2007, de 22 de junio, de acceso electrónico de los ciudadanos a los servicios públicos. [//] Las Administraciones Públicas podrán establecer otras formas de notificación complementarias a través de los restantes medios de difusión, que*

---

[60]   BOCG, Congreso, 7/2/2014.
[61]   Enmienda 167 del Grupo Parlamentario Popular en el Congreso, BOCG, Congreso, 9/7/2014.

no excluirán la obligación de publicar el correspondiente anuncio en el «Boletín Oficial del Estado»".

Aunque con poca trascendencia de cara al futuro, cabe llamar la atención sobre el hecho de que, si bien la Ley 15/2014 entró en vigor antes que la 21/2014 (respectivamente, los día 18 de septiembre de 2014 y 1 de enero de 2015), la vigencia del nuevo art. 59.5 de la Ley 30/1992 se pospuso al 1 de junio de 2015 (DT 3ª Ley 15/2014[62]). También se retrasó algo la entrada en vigor de la DA 5ª TRLPI, pues es una de las disposiciones "concordantes" con el art. 158 ter TRLPI/2014 afectadas por la DF 5ª (*"Entrada en vigor"*) de Ley 21/2014. Mientras la Ley 21/2014 entró en vigor el 1 de enero de 2015 [DF 5ª,a) Ley 21/2014], el art. 158 ter *"y concordantes"* lo hicieron el 5 de enero de 2014, cuatro días después [DF 5ª,a) Ley 21/2014]. Resumiendo: Entre el 5 de enero de 2014 y el 15 de junio de 2015 la remisión al art. 59.5 Ley 30/1992 debe entenderse hecha a su versión anterior. Con todo, más allá de estas curiosidades temporales, la cuestión carece de relevancia en la medida en que La DA 5ª.2 TRLPI/2014 ha anticipado, para el procedimiento de salvaguarda de derechos de propiedad intelectual ante la Sección Segunda de la Comisión, el nuevo sistema de notificaciones centralizado de la Ley 30/1992. La normativa aplicable se completa con la nueva DA 21ª introducida en la Ley 30/1992 por la Ley 15/2014, igualmente con vigencia a partir del 1 de junio de 2015, sobre la *"Notificación por medio de anuncio publicado en el «Boletín Oficial del Estado»"*[63].

---

[62]   DT 3ª de la Ley 15/2014: *"Régimen transitorio de la notificación por medio de anuncios.– Lo dispuesto en el apartado 5 del artículo 59 y en la Disposición adicional vigésima primera resultará de aplicación a partir del 1 de junio de 2015, tanto a los procedimientos que se inicien con posterioridad a esa fecha como a los ya iniciados".*

[63]   Ley 30/1992, Disposición adicional vigésima primera: *"Notificación por medio de anuncio publicado en el «Boletín Oficial del Estado».– 1. La Agencia Estatal Boletín Oficial del Estado pondrá a disposición de las diversas Administraciones Públicas un sistema automatizado de remisión y gestión telemática para la publicación de los anuncios de notificación en el "Boletín Oficial del Estado" previstos en el artículo 59.5 de esta Ley y en esta misma disposición adicional. Dicho sistema, que cumplirá con lo establecido en la Ley 11/2007, de 22 de junio, y su normativa de desarrollo, garantizará la celeridad en la publicación de los anuncios, su correcta y fiel inserción, así como la identificación del órgano remitente. [//] 2. En aquellos procedimientos administrativos que cuenten con normativa específica, de concurrir los supuestos previstos en el artículo 59.5 de esta Ley, la práctica de la notificación se hará, en todo caso, mediante un anuncio publicado en el "Boletín Oficial del Estado", sin perjuicio de que previamente y con carácter facultativo pueda realizarse en la forma prevista por dicha normativa específica. [//] 3. La publicación en el "Boletín Oficial del Estado" de los anuncios a que se refieren los dos párrafos*

La DA 5ª.3 TRLPI/2014 se presenta como una excepción a lo previsto en su precedente apartado 2. Lo es, en la medida en que la DA 5ª.2 se refiere a otra forma de notificar (notificación mediante anuncio en el BOE "*en vez de*" notificación personal), mientras que la DA 5ª.3 habla de una alternativa a la notificación ("*la notificación del acto podrá sustituirse por su publicación*"). Por otra parte, la DA 5ª.2 impone ("*la notificación se hará exclusivamente*") mientras que la DA 5ª.3 permite ("*podrá sustituirse*"). No parece, sin embargo, que vaya a haber grandes diferencias en la práctica pues ambos apartados concluyen en lo mismo: publicación de un anuncio o del acto en el BOE. De acuerdo con la DA 5ª.3 TRLPI/2014: "*No obstante, en los supuestos previstos en el apartado 6 del art. 59 de la Ley 30/1992, de 26 de noviembre, la notificación podrá sustituirse por su publicación en el «Boletín Oficial del Estado», en particular cuando tenga por destinatarios a los prestadores de servicios que deban colaborar para el eficaz cumplimiento de las resoluciones que se adopten*". El art. 59.6 Ley 30/1992 permite sustituir la notificación por la publicación, en los términos del art. 60 Lay 30/1992: "a*) Cuando el acto tenga por destinatario a una pluralidad indeterminada de personas o cuando la Administración estime que la notificación efectuada a un solo interesado es insuficiente para garantizar la notificación a todos, siendo, en este último caso, adicional a la notificación efectuada*"[64]. No es fácil imaginar que el procedimiento de salvaguarda pueda seguirse contra una pluralidad indeterminada y menos aún que ese sea el caso de los prestadores de servicios cuya colaboración se requiera (a menos que se haya pensado en algo parecido a aquellos viejos bandos que, tras declarar a alguien proscrito, amenazaban con castigos a cualquiera que le ayudara de alguna manera). Al menos en el caso de los llamados a colaborar, parece más lógico entender que se les notificará directamente lo que se quiere de ellos, justificando mediante la publicación del acto de que se trate el hecho de que los terceros afectados por la interrupción del servicio han sido advertidos. En cualquier caso, dados los términos de la norma, no hay que descartar, que sean ellos mismos los destinatarios de la notificación publicada y, por tanto, que no reciban requerimiento directo alguno. La cuestión, huelga decirlo, puede plantear problemas desde el punto de vista de las eventuales sanciones por

---

anteriores se efectuará sin contraprestación económica alguna por parte de los organismos que la hayan solicitado".

[64]   El apartado b) carece de interés pues se refiere a procesos de selección o de concurrencia competitiva.

incumplir las resoluciones de la Sección Segunda de la Comisión de Propiedad Intelectual.

Suponiendo que se trate de uno de esos casos en los que, en vez de notificación directa y personal, ha podido recurrirse a la publicación en el BOE, la DA 5ª.4 TRLPI/2014 requiere que, además, se dirija un mensaje informando al respecto "*a la dirección de correo electrónico que el prestador de servicios de la sociedad de la información facilite a efectos de comunicación con el mismo [de acuerdo con lo requerido en el art. 10.1,a) LSSICE o, en su caso, de la norma extranjera que sea aplicable]*". El cumplimiento de esta exigencia adicional, sin embargo, ha de ser simple y sin costes para la Administración: "*Siempre que dicha dirección de correo electrónico se facilite por medios electrónicos de manera permanente, fácil, directa y gratuita*". En caso contrario, esa garantía adicional, en forma de mensaje informando de la publicación en el BOE, no será exigible.

Tanto en el caso de la DA 5ª.2 como en el de la DA 5ª.3 TRLPI/2014 (notificación mediante publicación o publicación en vez de notificación), "*transcurridos diez días naturales desde la publicación en el «Boletín Oficial del Estado», se entenderá que la notificación ha sido practicada, dándose por cumplido dicho trámite y continuándose con el procedimiento*",

El último apartado de la DA 5ª, el núm. 5, contiene una norma de no fácil comprensión aunque, sin duda, responde a alguna concreta problemática suscitada en la práctica de la Sección Segunda. La norma apareció en el Anteproyecto en la versión de julio de 2013 y se mantuvo hasta el final, con algún cambio menor de redacción[65]. La DA 5ª.5 TRLPI/2014 intenta solventar la situación que resulta del incumplimiento de la obligación de identificación que el art. 10 LSSICE impone a los prestadores de servicios de la sociedad de la información, disponiendo lo siguiente: "*Cuando un prestador de servicios de la sociedad de la información [...] que deba considerarse interesado en un procedimiento tramitado al amparo del art. 158 ter, no se identificara [...] y, una vez realizadas las actuaciones de identificación razonables al alcance de la Sección Segunda, éstas no hubieran tenido como resultado una identificación suficiente, el procedimiento podrá iniciarse considerándose interesado, hasta tanto*

---

[65]   En el Congreso, no obstante, se presentó una enmienda para eliminar la DA 5ª.5 con el argumento de que deberían bastar las reglas de la Ley 30/1992 (Enmienda 97, Grupo Unión, Progreso y Democracia, BOCG, Congreso, 9/7/2014). La corrección formal aludida se refiere.

no se identifique y persone en el procedimiento, el servicio de la sociedad de la información facilitado por el prestador no identificado". La norma es un tanto enrevesada pero, simplificándola un poco, parece que viene a decir que, si no se identifica al prestador, se considerará interesado al servicio. Esta personificación circunstancial del "servicio" se llevará a cabo sin perjuicio de los procedimientos de notificación a través del Boletín Oficial del Estado y de las medidas de colaboración y sancionadoras previstas en el art., 158 ter para los casos *"de ausencia de retirada voluntaria al citado servicio de la sociedad de la información"*. Es decir, por poner un ejemplo, que si no se lograra identificar a la persona física o jurídica titular del "servicio de localización de libros X", el procedimiento se iniciaría contra "el servicio de localización de libros X".

4.3. *Procedimiento de restablecimiento de la legalidad y función sancionadora (art. 158 ter.6 TRLPI/2014)*

Con el objetivo de reforzar al máximo la eficacia del procedimiento de salvaguarda, ya desde las primeras versiones del Anteproyecto, se decidió incluir un régimen sancionador para los casos de incumplimiento de las resoluciones de la Sección Segunda. La previsión, no obstante, planteaba diversos problemas. Entre ellos dos, básicos, de coordinación interna y externa. Por una parte, estaba el problema del encaje de un sistema de sanciones en la actividad de un órgano administrativo al que, en principio, se había atribuido la función de salvaguarda de derechos de propiedad intelectual mediante un procedimiento de simple restablecimiento de la legalidad. Por otra, estaba el problema de la concurrencia y eventual solapamiento de un sistema sancionador especial, asociado a la vulneración de derechos de propiedad intelectual con el sistema general ya establecido en la LSSICE, habida cuenta de que ambos se centran en la actividad de los proveedores de servicios de la sociedad de la información.

Desde el primer momento el expediente se concibió como un medio para castigar el incumplimiento reiterado de los *"requerimientos de retirada de contenidos declarados infractores"* así como la reanudación, también reiterada, de *"actividades vulneradoras"*. Sin embargo, inicialmente la función sancionadora se atribuía de forma directa a la Sección Segunda de la Comisión de Propiedad Intelectual, como *"órgano competente a efectos de lo dispuesto en los arts. 35, 36 y concordantes de la ley 34/2002 [LSSICE]"*. Como cabe suponer el establecimiento de un "procedimiento sancionador" relacionado con el de salvaguarda pero diferente, no podía dejar de suscitar observaciones de los órganos que informaron durante la tramitación de la reforma. En este sentido, el Consejo del Poder Judicial ponía de relieve la diferente naturaleza de ambos mecanismos protectores y sugería —con toda la razón— desplazar el procedimiento sancionador a un precepto autónomo (un art. 158 quater) o bien modificar el art. 158 ter.1 y concordantes (cfr. art. 158.1 y 2) *"para señalar que las funciones de salvaguarda [se llevan cabo] a través de dos procedimientos, uno de restablecimiento de la legalidad y otro sancionador".* Ambos, seguía el Informe, deberían separarse mejor para evitar *"una sensación de continuidad entre ambos [...] que resulta perniciosa pues hay aspectos, como por ejemplo, la iniciación que quedan regulados para el primero pero no para el segundo"*[66]. Pese a las objeciones, el planteamiento se mantuvo, aunque, tras el citado Informe del Consejo del Poder Judicial, en la tercera versión del Anteproyecto, la imposición de sanciones dejó de ser competencia de la Sección Segunda para atribuirse *"al Secretario de Estado de Cultura"*, nuevo "órgano competente" a efectos de la LSSICE[67].

En realidad, pese a los malentendidos que pueda provocar la deficiente sistemática de la ley, no hay una función sancionadora de la Sección Segunda. No se sabe qué papel puede desempeñar *de facto*, si es que desempeña alguno, el personal adscrito a ésta. Pero la función de la Sección, como tal, no va más allá de la salvaguarda de derechos mediante el procedimiento de restablecimiento de la legalidad.

A) Conductas sancionables

El art. 158 ter.6 TRLPI/2014 es, funcionalmente, un apéndice de la función de salvaguarda de derechos. Por tanto, los procedimientos sancionadores a los que se refiere sólo podrán iniciarse por el incumplimiento de resoluciones de la Sección Segunda y no directamente por cualquier infracción que pudiera cometer un prestador de servicios de la sociedad de la información, aun consistiendo en una vulneración de derechos de propiedad intelectual. En tal caso, habría que acudir primero al procedimiento de restablecimiento de la legalidad. Con esa base, el art. 158 ter.6

---

[66]   Informe CGPJ, 25/7/2013 p. 92.
[67]   Esta asignación fue también criticada, en este caso por el Informe del Consejo de Estado, que sugería llevarla a cabo no en la ley sino en una norma reglamentaria (Informe, p. 171).

TRLPI/2014 tipifica dos infracciones o, si se prefiere, dos variantes de una misma infracción que sería el *"incumplimiento reiterado"*.

La primera consiste en el *"incumplimiento de requerimientos de retirada de contenidos declarados infractores, que resulten de resoluciones finales"* adoptadas en procedimientos para el restablecimiento de la legalidad. Para que haya sanción, como queda dicho, debe haber reiteración. Para ello basta un segundo incumplimiento. No está claro si tales requerimientos han de referirse a una misma resolución o bien puede tratarse de resoluciones dictadas en procedimientos diferentes, pero siendo el destinatario de ambos *"un mismo prestador de servicios de la sociedad de la información de los descritos en el apartado 2"*. La norma parece más pensada para el segundo caso que para el primero. Pero tampoco tendría mucho sentido dejar sin castigo que se desatienda un requerimiento reiterado, aunque la ley no lo exija (la reiteración que se contempla es la del incumplimiento, sin que haya obligación alguna de reiterar los requerimientos).

La segunda infracción se tipifica por asimilación a la primera. Se recoge en el mismo art. 158 ter.6, I TRLPI/2014 en los siguientes términos: *"La reanudación por dos o más veces de actividades ilícitas por parte de un mismo prestador de servicios de la sociedad de la información también se considerará incumplimiento reiterado a los efectos de este apartado"*. Teniendo en cuenta que se trata de normativa sancionadora, era de temer que la expresión *"reanudación por dos o más veces"* pudiera provocar alguna discusión. Probablemente por ello, en la tercera versión del Anteproyecto, se incluyó una definición: *"Se entenderá por reanudación de la actividad ilícita el hecho de que el mismo responsable contra el que se inició el procedimiento explote de nuevo obras o prestaciones del mismo titular, aunque no se trate exactamente de las que empleó en la primera ocasión, previa a la retirada voluntaria de contenidos"*[68]. La aclaración es importante porque permite entender que se trata de sancionar comportamientos que no se producen tras un requerimiento basado en una resolución definitiva. El restablecimiento de la legalidad ha tenido lugar al margen de ella y *motu proprio* como respuesta al requerimiento inicial. La reanudación, además de llevarse a cabo por el mismo prestador de servicios, ha de afectar también al mismo titular; cosa que, por cierto, no se exige para la infracción básica.

---

[68]   El origen de la precisión se encuentra en las observaciones del Consejo General del Poder Judicial (Informe, p. 94).

B) Sanción básica y consecuencias adicionales en casos de especial gravedad

El "incumplimiento reiterado", en su forma básica o asimilada, se califica por el art. 158 ter.6, I TRLPI/2014 como *"infracción administrativa muy grave"* y se sanciona con multas que pueden ir desde 150.001 a 600.000 €. Son sumas elevadas y que suponen un incremento notable en relación con las inicialmente consideradas[69]. Sin embargo, es posible que las consecuencias sean incluso más serias. En este sentido, el art. 158 ter.6, II dispone que: *"Cuando así lo justifique la gravedad y repercusión social de la conducta infractora, la comisión de la infracción podrá llevar aparejada [sic] las siguientes consecuencias: a) La publicación de la resolución sancionadora [...]. b) El cese de las actividades declaradas infractoras [...] durante un período máximo de un año [...]"*. Son varias las cuestiones que suscita este párrafo II del art. 158 ter.6 TRLPI/2014.

Ante todo, aunque la norma no da ninguna indicación, parece que las dos medidas (publicación y cese de actividades) no se presentan en forma disyuntiva, de modo que podrá adoptarse una sola de ellas (cualquiera) o ambas simultáneamente. Asimismo interesa subrayar que las medidas de que se trata se ubican no en el procedimiento de restablecimiento de la legalidad sino en el sancionador. Para llegar al art. 158 ter.6 TRLPI/2014, se debe haber pasado antes por el art. 158 ter.5 TRLPI/2014 (en el que ya habrá sido posible requerir, como medida de colaboración de los correspondientes prestadores, el bloqueo de los servicios de intermediación, de pagos electrónicos y de publicidad, cfr. 158 ter.5, I a III TRLPI/2014). El art. 158 ter.6 TRLPI/2014 presupone que ya ha habido infracción declarada en la correspondiente resolución o bien una retirada voluntaria, con el consiguiente reconocimiento implícito de la vulneración (art. 158 ter.4, IV TRLPI/2014). Sobre esa base debe haber habido "incumplimiento reiterado" ya sea por desatender requerimientos de retirada de contenidos basados en resoluciones finales, ya sea por reanudar actividades infractoras después de una retirada voluntaria. Finalmente, tras el correspondiente procedimiento a este efecto, debe recaer una *"resolución sancionadora"*.

Es esta resolución sancionadora —no la que puso fin al procedimiento para el restablecimiento de la legalidad— la que, de acuerdo con el art,

---

[69]   En el Proyecto de Ley las sanciones oscilaban entre los 30.000 y los 300.000 €. El incremento se produjo estando ya muy avanzada la tramitación (cfr. BOCG, Senado, 24/10/2014).

158 ter.6, II, a) TRLPI/2014, podrá ser objeto de publicación "*a costa del «sancionado», en el Boletín oficial del Estado, en dos periódicos nacionales o en la página de inicio del sitio de Internet del prestador, una vez que [...] tenga carácter firme*". La norma añade que ello se hará "*atendiendo a la repercusión social de la infracción cometida y la gravedad del ilícito*". Esta última exigencia ya aparece en el párrafo introductorio de este art. 153 ter.6, II TRLPI/2014, en el que la posibilidad de consecuencias añadidas a la multa ya se condiciona a "*la gravedad y repercusión social de la conducta infractora*". Para que no se trate de una mera reiteración, habrá que entender que se exige una segunda valoración al objeto de decidir el medio o medios en los que se ha de publicar la resolución sancionadora.

La segunda "consecuencia" que puede llevar aparejada la infracción, además de la multa, se recoge en el art. 158 ter.6, II, b) y consiste en "*el cese de las actividades declaradas infractoras del prestador de servicios durante el plazo máximo de un año*". Prever, sin más matices, el "cese de actividades", habría sido excesivo. Pero prever el cese "de actividades infractoras" es equívoco pues la infracción, *per se*, está siempre prohibida. Lo lógico, y lo que quizá debía haberse dicho, es que se impondrá el cese del tipo de actividades o el servicio mediante el cual se cometió la infracción. Dado que el cumplimiento de la orden de cese podría no producirse voluntariamente, la norma prevé que el "*el órgano competente podrá requerir la colaboración necesaria de los prestadores de servicios de intermediación, de los servicios de pagos electrónicos y de publicidad, ordenándoles que suspendan el correspondiente servicio que faciliten al prestador infractor*". Para adoptar estas medidas de colaboración "*se valorará la posible efectividad de aquellas dirigidas a bloquear la financiación del prestador de servicios de la sociedad de la información declarado infractor*". En el caso del "*bloqueo [...] del servicio de acceso a Internet*" se exige una específica motivación, "*en consideración a su proporcionalidad y efectividad estimada, teniendo en cuenta la posible eficacia de los demás medios al alcance*" [art. 158 ter.6, II, b) TRLPI/2014].

Se trata, como puede verse, de las mismas medidas de colaboración a las que se refiere el art. 158 ter.5, I a III TRLPI/2014. La diferencia estriba en que, en el caso del apartado 5, las medidas de colaboración de los intermediarios y prestadores de servicios financieros o de publicidad se dirigen a garantizar la efectividad de la resolución definitiva del procedimiento de restablecimiento de la legalidad, mientras que las del apartado 6 se insertan en un procedimiento sancionador. Llama la atención que se fije un límite temporal en el segundo y no en el primero. No obstante, hay que tener en cuenta que una cosa es asegurar el restablecimiento de la legalidad sin sujeción a plazo y otra asegurar la efectividad de un castigo, lógicamente, sólo durante el tiempo que éste dura. Si los prestadores de servicios de intermediación, de pagos o publicitarios no atendiesen el requerimiento de colaboración, incurrirían ellos mismos en la infracción a la que se refiere el art. 11 LSSICE. Al igual que sucede con el procedimiento de restablecimiento de la legalidad (art. 158 ter.5, V TRLPI/2014), la ejecución de la medida de colaboración acordada en el procedimiento sancionador también requiere autorización judicial previa de acuerdo con el art. 122 bis LJCA (art. 158 ter.6, II in fine TRLPI/2014).

El art. 158 ter.6, III TRLPI/2014 incluye una norma específica aplicable cuando el prestador de servicios infractor está establecido en un Estado no perteneciente a la Unión Europea ni al Espacio Económico Europeo. En tal caso, sin necesidad de una especial gravedad y repercusión social de la conducta infractora (cfr. el precedente pfo. II del mismo art. 158 ter.6 TRLPI/2014), el órgano sancionador podrá ordenador a los prestadores intermediarios que impidan el acceso desde España a los servicios ofrecidos por el infractor. Este bloqueo está sujeto al límite máximo de un año.

C) Procedimiento

La potestad sancionadora se ejercerá por el procedimiento establecido en el Título IX de la Ley 30/1992, de Régimen Jurídico de las Administraciones Públicas y del Procedimiento Administrativo Común (arts. 127 y ss.) y sus normas de desarrollo (art. 158 ter.6, V TRLPI/2014).

La "imposición de las sanciones" corresponde al Secretario de Estado de Cultura, al que se atribuye de forma expresa la condición de "órgano competente" a efectos de lo dispuesto en los arts. 35, 36 y concordantes de la Ley 34/2002 (LSSICE). Esto supone, en particular, que el Secretario de Estado será quien ostente las facultades de supervisión y control de las actividades de los prestadores de servicios de la sociedad de la información y que éstos deberán colaborar con él para el ejercicio de sus funciones.

IX. Responsables de la infracción (art. 138 LPI)

RAFAEL SÁNCHEZ ARISTI

1. INTRODUCCIÓN

El número diez del artículo primero de la Ley 21/2014, de 4 de noviembre (BOE nº 268, de 5 de noviembre de 2014), por la que se modifica el texto refundido de la Ley de Propiedad Intelectual (LPI), aprobado por Real Decreto Legislativo 1/1996, de 12 de abril, y la Ley 1/2000, de 7 de enero, de Enjuiciamiento Civil (LEC), dota de nueva redacción al art. 138 LPI ("Acciones y medidas cautelares urgentes"). Aunque pueda parecer que la reforma ha modificado lo que este precepto disponía, su virtualidad ha consistido en agregarle un nuevo segundo párrafo pero sin alterar el contenido de los tres restantes. La adición ha provocado que el que venía siendo segundo párrafo del artículo haya pasado a la tercera posición, y el otrora tercero haya pasado a ser cuarto y último. Por consiguiente, el análisis del art. 138 LPI en la versión dada al mismo por la Ley 21/2014 es el análisis del art. 138.II LPI, al cual nos ceñiremos, en la medida en que el resto de la norma no ha experimentado ninguna innovación.

Conviene transcribir el contenido de ese nuevo segundo párrafo del art. 138 LPI, para tenerlo presente a lo largo de este comentario. Recuérdese que el precepto viene de decir, en su primer párrafo, que el titular de los derechos reconocidos en la ley, "podrá instar el cese de la actividad ilícita del infractor" y exigir la indemnización de los daños materiales y morales causados, aparte de poder instar la publicación de la sentencia. Pues bien, sobre esa base el art. 138.II LPI dice ahora:

"Tendrá también la consideración de responsable de la infracción quien induzca a sabiendas la conducta infractora; quien coopere con la misma, conociendo la conducta infractora o contando con indicios razonables para conocerla; y quien, teniendo un interés económico directo en los resultados de la conducta infractora, cuente con una capacidad de control sobre la conducta del infractor. Lo anterior no afecta a las limitaciones de responsabilidad específicas establecidas en los artículos 14 a 17 de la Ley 34/2002, de 11 de julio, de servicios de la sociedad de la información y de comercio electrónicos, en la medida en que se cumplan los requisitos legales establecidos en dicha ley para su aplicación".

La finalidad y estructura del elemento añadido es bien visible. Se trata de poder aplicar la calificación de "responsable de la infracción" a tres categorías de sujetos: los que *induzcan* a sabiendas la conducta infractora, los que *cooperen* con ella conociéndola o debiéndola conocer, y los que se *beneficien* económicamente de ella ostentando una capacidad de *control* sobre la conducta del infractor. Finalmente, el precepto incorpora una cautela para dejar a salvo las limitaciones de responsabilidad ("puertos seguros") que la Ley de Servicios de la Sociedad de la Información y de Comercio Electrónico (LSSI) dispone en favor de los prestadores de servicios de intermediación de la sociedad de la información, naturalmente en la medida en que se den los requisitos que permiten la entrada en juego de esas limitaciones.

Como se señala en el apartado V de la Exposición de Motivos de la Ley 21/2014, la reforma del art. 138 LPI se inscribe entre el grupo de medidas —junto con el refuerzo de las diligencias preliminares en la LEC y la revisión del procedimiento administrativo de salvaguarda ante la Sección Segunda de la Comisión de Propiedad Intelectual— que tiene por objeto mejorar la eficacia de los mecanismos legales de protección de los derechos de propiedad intelectual frente a las vulneraciones en el entorno digital. El legislador motiva de esta manera la intervención llevada a cabo:

"*(...) se procede a establecer unos criterios claros en el texto refundido de la Ley de Propiedad Intelectual respecto de los supuestos en que puede producirse responsabilidad de un tercero que incurre en una infracción de derechos de propiedad intelectual. Este tipo de supuestos son especialmente comunes en el entorno digital, en el que las conductas vulneradoras cometidas por determinados sujetos son a menudo posibilitadas y magnificadas por la intervención de terceros cuya conducta excede en ocasiones de una mera intermediación o de una colaboración técnica, pasando a constituirse en modelos de negocio ilícitos fundamentados en el desarrollo de actividades vulneradoras de terceros a quienes inducen en sus conductas, con quienes colaboran o respecto de cuya conducta tienen facultades de control. Por ello, se procede a establecer unos elementos legales básicos para enjuiciar la licitud de estas conductas*".

Este pasaje resulta esclarecedor, al vincular la modificación operada en el art. 138 LPI de forma particular a las vulneraciones de derechos de propiedad que se producen en el entorno digital, donde la conducta del infractor se ve "posibilitada" o "magnificada" por la intervención de un tercero, el cual excede de lo que en principio sería una labor de "mera intermediación" o de "colaboración técnica", para constituir un modelo de negocio ilícito basado en la actividad vulneradora cometida por terceros. El legislador es claro al señalar que los sujetos en los que la norma está pensando son aquéllos que podrían aparentemente estar desempeñando un rol de mera intermediación, pero que en un determinado momento, por diseñar un modelo de negocio apto para posibilitar o magnificar las infracciones de derechos de propiedad intelectual por parte de terceros sujetos [léase, destinatarios o usuarios de su servicio], transitan hacia un rol diferente que los convierte en "responsables de la infracción".

La importancia de la introducción de estas figuras se aprecia mejor a la luz de algunos pronunciamientos judiciales, en los que se habría venido a echar en falta precisamente la existencia en nuestro ordenamiento de mecanismos de imputación de responsabilidad indirecta a los que cooperan, inducen o se benefician de la actividad de un infractor directo de propiedad intelectual. Es el caso de la Sentencia de la Audiencia Provincial de Madrid, Sección 28ª, de 31 de marzo de 2014, dictada en el llamado "caso Blubster", un asunto en el que la parte demandada había comercializado una tecnología que propiciaba el intercambio de archivos mediante el sistema *peer-to-peer*. En respuesta a la alegación de la parte actora relativa a la posibilidad de imputar al demandado responsabilidad por infracción indirecta, dice esta Sentencia (F. de D. 8º):

"La posibilidad de imputar responsabilidad por infracción indirecta de la propiedad intelectual en el marco legal español es, sin embargo, una materia controvertida en la doctrina jurídica, siendo en ella la postura que puede considerarse prevalente la que considera que la contribución a la infracción no sería fuente de imputación de responsabilidad porque el tercero contribuyente (en el caso que aquí nos ocupa el creador y comercializador del programa informático preciso para hacer operativa una red P2P) no estaría incurriendo como tal en ningún comportamiento legalmente tipificado en nuestro ordenamiento jurídico como infractor contra el derecho de exclusiva y sin dicho soporte legal no cabría censurarle la ilegalidad de su conducta (...). Sin una previsión legal que tipifique el alcance de la cooperación necesaria o de la complicidad en esta materia, lo que depende de un designio del poder legislativo (y no puede ser suplido en nuestro ordenamiento jurídico por la mera opinión del judicial, que no es el encargado de marcar la política legislativa), resulta complicado que pueda encontrarse un soporte jurídico suficientemente sólido (...) para que el juez pueda condenar por infracción indirecta en este ámbito. En la medida en que una imputación de ese

tipo implicaría bien adelantar las posibilidades de defensa del titular para do-
tarle de una protección más eficaz o bien imputar la comisión de la vulneración
del derecho a alguien diferente del propio autor material de la misma, haría falta
un soporte legal para poder fundar una condena por tales motivos que el juez
español no tiene a su alcance porque el legislador no ha dado el paso de tipificar
como infractora tal contingencia".

Pues bien, a la vista del nuevo párrafo segundo del art. 138 LPI, el legislador habría atendido esa llamada que algunos tribunales estaban haciendo,
ante la constatación de una falta de regulación legal que permitiera encau-
zar la acción por responsabilidad indirecta en el marco de las acciones de
propiedad intelectual, de tal modo que acciones como la que se sustentaba
en el litigio reseñado probablemente encontrarían ahora un cauce legal por
el que conducirse y llegar a prosperar.

Desde el punto de vista de los antecedentes y de la tramitación parlamentaria, debemos observar que la modificación del art. 138 LPI no estaba
prevista en la primera versión del Anteproyecto, la aprobada por el Consejo
de Ministros el 22 de marzo de 2013 y sometida a trámite de información
pública entre esa fecha y el 17 de abril de 2013. En la Exposición de Motivos de ese texto, el pasaje relativo a la mejora de los mecanismos legales
para la protección de los derechos de propiedad intelectual en el entorno
digital, se refería sólo al reforzamiento de las diligencias preliminares en la
LEC y a la revisión del procedimiento de salvaguarda ante la Comisión de
Propiedad Intelectual.

Es en el Anteproyecto remitido para informe del Consejo General del
Poder Judicial (CGPJ), donde aparece por primera vez la previsión de modificar el art. 138 LPI. Aunque la redacción coincide ya con la definitiva,
hay que señalar que en esta versión el párrafo añadido no incorporaba aún
el segundo inciso, en el que se contiene la salvedad sobre la aplicación de las
limitaciones de responsabilidad de la LSSI si se dieran los requisitos necesarios para ello. La introducción de tres figuras de responsabilidad por infracción de derechos de propiedad intelectual mereció el juicio positivo del
CGPJ, el cual hizo ver que las nuevas categorías constituían un trasvase de
las desarrolladas a nivel jurisprudencial, en litigios relativos a infracciones
de propiedad intelectual, en Estados Unidos. En especial las dos últimas,
contribución a la infracción y responsabilidad como garante, que se corres-
ponderían respectivamente con las llamadas *contributory liability* y *vicarious*

liability. Merece destacarse el pasaje del Informe del CGPJ que alude a la utilidad que podrían prestar a los titulares de derechos estas nuevas figuras de responsabilidad (para. 120)[1]:

"*El proyectado art. 138 LPI refleja el intento de importar al ordenamiento español esas tres categorías, lo cual es un empeño loable, pues en efecto se trata de un instrumental que, en manos de los titulares de derechos, puede servir a la finalidad de hacer más eficaz su protección en el entorno digital. El prelegislador demuestra aquí una sensibilidad hacia la situación en que se encuentran muchos titulares de propiedad intelectual en trance de tener que demandar a un número elevado de infractores dispersos, los cuales se han servido de una tecnología o de un servicio cuyos usos comerciales no infractores son exiguos, o que han sido comercializados en tales condiciones que puede considerarse que el comercializador ha inducido la comisión de esas infracciones masivas*".

Una versión revisada del Anteproyecto de Ley fue enviada para dictamen del Consejo de Estado el 1 de octubre de 2013. En ella el art. 138.II LPI incorpora ya ese segundo inciso con el que ha llegado hasta la aprobación definitiva ("*Lo anterior no afecta a las limitaciones de responsabilidad específicas establecidas en los artículos 14 a 17 de la Ley 34/2002, de 11 de julio, de servicios de la sociedad de la información y de comercio electrónicos, en la medida en que se cumplan los requisitos legales establecidos en dicha ley para su aplicación*"). Por comparación con el Informe del CGPJ, el Consejo de Estado dedicó menos espacio a la valoración de este precepto[2]. De hecho, ni siquiera alude a esa innovación consistente en dejar a salvo la eventual aplicación de las limitaciones específicas de responsabilidad previstas en la LSSI[3].

---

[1]   El Informe se aprobó por el Pleno del CGPJ el 25 de julio de 2013. Puede consultarse desde la web "Poder Judicial", siguiendo la ruta Poder Judicial>Consejo General del Poder Judicial>Actividad del CGPJ>Informes y seleccionando 2013 en el desplegable "Año".

[2]   Prácticamente viene a reproducir las apreciaciones del CGPJ sobre que se observa la voluntad de incorporar a nuestro Derecho categorías procedentes del Derecho anglosajón, como la *contributory liability* y la *vicarious liability*, así como el juicio positivo sobre la introducción de esas figuras en el marco de la protección de los derechos de propiedad intelectual. Su Informe, de fecha 28 de noviembre de 2013, está disponible desde la web del BOE, siguiendo la ruta Inicio>Buscar>Dictámenes del Consejo de Estado y tecleando el número del expediente (1064/2013) en el campo de búsqueda correspondiente.

[3]   Cabe pensar que a este Órgano le pasó desapercibida esa agregación. Es indicio de ello el hecho de que en la transcripción que el Dictamen hace del precepto (p. 159 *in fine*)

El art. 138.II LPI presentaba la misma redacción —en suma aquélla con la que ha sido definitivamente aprobado— en el Proyecto de Ley remitido a Cortes (BOCG, Congreso de los Diputados, X Legislatura, 21 de febrero de 2014, Serie A, Núm. 81-1). A su paso por el Congreso de los Diputados fueron formuladas dos enmiendas a este precepto, ambas procedentes del Grupo Parlamentario de Unión Progreso y Democracia, las núm. 72 y 73[4].

Por lo que se refiere a la primera de ellas, la núm. 72, proponía añadir un inciso en el cuerpo del párrafo primero del art. 138 LPI, en el que se dijera que "*la acción para reclamar los daños y perjuicios a los que se refiere el artículo 140 pasará a prescribir a los diez años desde que el legitimado pudo ejercitarla*". Como se ve, la enmienda no guardaba relación con la modificación proyectada, sino que introducía una cuestión referida al plazo prescriptivo de la acción indemnizatoria[5].

En cuanto a la enmienda núm. 73, se dirigía a suprimir, del texto del proyectado segundo párrafo del art. 138 LPI, el inciso "o contando con indicios razonables para conocerla" al final de la frase "quien coopere con la misma, conociendo la conducta infractora". La justificación dada era la siguiente: "*Parece desmedido presuponer «indicios razonables de conocimiento» de una conducta infractora en cualquier intermediario que haya enlazado una página con contenidos ilícitos. Esa presunción puede significar serias dificultades para el desarrollo de la intermediación de contenidos, básica en la sociedad de la información*". Claramente se aprecia que los proponentes de la enmienda no habían comprendido bien el sentido de la norma. El precepto no establece ninguna clase de presunción proyectada sobre un tipo u otro de intermediario, sino que se limita a describir un supuesto de hecho (tener indicios razonables para conocer el carácter infractor de la conducta con la que se

---

aparezca sólo el texto que va hasta el primer punto seguido, obviando plasmar el inciso que iría a continuación.

[4] Vid. BOCG, Congreso de los Diputados, X Legislatura, 9 de julio de 2014, Serie A, Núm. 81-2, pp. 84-85.

[5] El tema está regulado en el tercer apartado del art. 140 LPI, en virtud del cual "*la acción para reclamar los daños y perjuicios a que se refiere este artículo prescribirá a los cinco años desde que el legitimado pudo ejercitarla*". Lo apropiado habría sido sugerir la modificación de este precepto, en lugar de la del primer párrafo del art. 138 LPI, donde la inserción resultaba forzada. Por otro lado, es llamativo que no se propusiera derogar en paralelo el art. 140.3 LPI, lo que habría sido necesario para evitar que la Ley contuviese dos reglas distintas sobre el plazo de prescripción de la acción de daños, una fijándolo en diez años y otra en cinco.

coopera) al que anuda una consecuencia jurídica (considerar a ese sujeto cooperador responsable de la infracción); sin determinar las situaciones o relaciones en las que cabrá entender que el cooperador ha dispuesto de esos indicios razonables, ni mucho menos aludir al caso concreto que la enmienda describe (enlace a una página con contenidos ilícitos)[6].

Ambas enmiendas fueron rechazadas durante la sesión de la Comisión de Cultura del Congreso de los Diputados en la que se aprobó con competencia legislativa plena el Informe de la Ponencia[7]. Llegado el Proyecto de Ley al Senado, debe dejarse constancia de una sola enmienda propuesta al art. 138 LPI, la núm. 52, formulada por el Sr. Martínez Oblanca, del Grupo Mixto[8]. Se trata de una enmienda mejor fundada que las formuladas en el Congreso[9], y referida además a ese segundo inciso del párrafo segundo del precepto sobre el que no se había informado en el trámite prelegislativo[10]. La enmienda proponía invertir los términos de la salvedad que dicho inciso contiene, de tal modo que en lugar de la redacción que conocemos pasase a decir:

"Cuando se aprecie cualquiera de las conductas que acaban de definirse, no serán de aplicación las limitaciones de responsabilidad específicas establecidas en los artículos 14 a 17 de la Ley 34/2002, de 11 de julio, de servicios de la sociedad de la información y de comercio electrónico".

La justificación proporcionada era ésta:

"Debe darse la vuelta a la cautela del segundo inciso. Si alguien coopera a la infracción ajena, la induce o se beneficia económicamente de ella pudiendo controlarla, es obvio que no puede ser calificado a la vez como prestador meramente intermediario, y por tanto no debería ni siquiera sugerirse la posibilidad hipoté-

---

[6]   El cual —nótese— bien podría ser un caso de conocimiento efectivo de la infracción, al menos en función de cómo se haya establecido el enlace (v. gr. si éste redirige a un contenido infractor concreto albergado en la página en lugar de a ésta como continente).

[7]   Vid. Diario de Sesiones del Congreso de los Diputados, X Legislatura, 22 de julio de 2014, Núm. 618, p. 19.

[8]   Vid. BOCG, Senado, X Legislatura, 22 de septiembre de 2014, Núm. 401, p. 269.

[9]   Como en general todas las que presentó este Senador, cuya lectura se recomienda. Resulta de particular interés la enmienda núm. 55, relativa al art. 139.1.h) LPI.

[10] Como hemos advertido, el CGPJ no lo hizo porque en la versión por él informada ese inciso aún no se contenía, y el Consejo de Estado porque —según todo indica— le pasó desapercibido.

tica de que fueran de aplicación los «puertos seguros» de la LSSI que benefician a los prestadores intermediarios de la sociedad de la información".

A nuestro modo de ver, la enmienda tenía bastante sentido, y probablemente el texto sugerido habría proporcionado mayor certidumbre jurídica que el que a la postre prevaleció. Pero, como todas las demás que fueron objeto de votos particulares en el seno de la Comisión de Cultura del Senado, la enmienda fue rechazada[11]. En suma, el texto del art. 138.II LPI permaneció inalterado a lo largo de todo el íter parlamentario.

2. LA NUEVA FIGURA DEL "RESPONSABLE DE LA INFRACCIÓN"

El art. 138 LPI venía refiriéndose a las acciones que asisten a los titulares de derechos de propiedad intelectual para instar el cese de la actividad ilícita del infractor y exigir la indemnización de los daños materiales y morales causados. Ni este precepto ni los que le siguen dentro del Título I del Libro III LPI definen qué debe entenderse exactamente por "infractor". Tampoco contiene la LPI una regulación específica de la legitimación pasiva en relación con la acción de violación de propiedad intelectual[12].

Como dice el Informe del CGPJ al Anteproyecto de la Ley 21/2014, aunque la Ley no llegue a definir la figura, *"el jurista dedicado a esta rama del Derecho sabe lo que es un infractor de propiedad intelectual: un usurpador que explota sin título derechos ajenos y/o que se atribuye una obra ajena"* (para. 121), a lo que el mismo Informe añade que el entendimiento más extendido es que *"el legitimado pasivo de una acción civil por infracción de la propiedad intelectual es quien lleva a cabo la usurpación del derecho reservado, ya se trate de un derecho de explotación, de un derecho moral o de una usurpación mixta tipo plagio"* (para. 117).

Ciertamente, en el nivel más básico, el infractor es el que lleva a cabo una explotación usurpatoria, porque reproduce y/o distribuye, comunica

---

[11] Vid. Diario de Sesiones del Senado, X Legislatura, 15 de octubre de 2014, Núm. 127, p. 12134.
[12] Vid. J. MASSAGUER FUENTES, "La responsabilidad de los prestadores de servicios en línea por las infracciones al derecho de autor y los derechos conexos en el ámbito digital", *pe. i. revista de propiedad intelectual*, nº 13 (enero-abril 2003), p. 28.

públicamente, transforma una obra, o de cualquier otra forma la explota, sin permiso de su legítimo titular ni amparo en un límite legal. Ahora bien, la correlación entre "infracción" y "explotación usurpatoria" se quiebra un tanto si hacemos una lectura sistemática del art. 138 LPI y alguno de los preceptos que le rodean. Así, el art. 139.1 LPI comienza refiriéndose al "cese de la actividad ilícita", para después concretarlo en las letras a) y b) en las medidas de suspensión y prohibición de reanudación de "la explotación o actividad infractora". Ello podría ser indicativo de que se puede llevar a cabo una *actividad infractora* de propiedad intelectual sin incurrir necesariamente en un acto de *explotación* de los derechos.

Pero, con independencia de lo plausible o no de esa interpretación, lo cierto es que la legitimación pasiva no funciona de manera homogénea para las dos clases de acciones judiciales que regula la LPI. La acción indemnizatoria es una acción de responsabilidad dirigida a obtener el resarcimiento por los daños causados, lo que requiere no sólo un nexo de causalidad entre la actividad del sujeto agente y la vulneración sufrida por el titular, sino también un criterio de imputación que permita atribuir el resultado dañoso al sujeto agente. La acción de cesación, por el contrario, es una acción de naturaleza real que tiende a lograr que se ponga fin a la actividad infractora, así como a remover sus efectos. Su prosperidad no depende de la existencia de un daño efectivo, ni de un criterio subjetivo de imputación de la conducta: basta la objetiva constatación de que el demandado se ha visto involucrado en una actividad infractora, aunque él no sea quien la cometa de forma directa, sino sólo quien facilita medios al infractor para cometerla, explota comercialmente el resultado de la misma o presta un servicio del cual se vale el infractor para difundir los efectos de su infracción. Por consiguiente, es indiferente que este tipo de sujetos pueda o no calificarse como "infractor" en el sentido del art. 138 LPI, dado que le será extensiva la legitimación pasiva de la acción de cesación en todo caso[13].

La mejor demostración de que se puede ser legitimado pasivo de una acción de cesación sin reunir la condición de infractor es que, respecto de ciertas medidas de cesación específicas, el propio legislador dice que podrán solicitarse, cuando sean apropiadas, "*contra los intermediarios a cuyos servicios recurra un tercero para infringir derechos de propiedad intelectual reconocidos en*

---

[13]   Vid. A. CARRASCO PERERA, "Comentario al artículo 139", en *Comentarios a la Ley de Propiedad Intelectual* (coord. R. Bercovitz), 3ª ed., Tecnos, Madrid, 2007, p. 1678.

esta Ley, aunque los actos de dichos intermediarios no constituyan en sí mismos una infracción" [énfasis nuestro], y sin perjuicio de lo dispuesto en la LSSI (vid. art. 138.IV LPI, en relación con los arts. 139.1.h/ y 141.6).

Con carácter general, las exenciones de responsabilidad que se previenen en la LSSI para los diversos tipos de prestadores de servicios intermediarios de la sociedad de la información, están centradas en señalar las condiciones en que no podrá articularse con éxito frente a ellos una acción de responsabilidad, pero ello debe entenderse sin perjuicio de la posible acción de cesación interpuesta por los titulares, cuyos efectos sí alcanzarían a esos intermediarios. Así se deduce de lo dispuesto en los arts. 12.3, 13.2 y 14.3 de la Directiva 2000/31, de Comercio Electrónico, a cuya transposición sirve la LSSI[14]. Puede tomarse como ejemplo la dicción del último de esos preceptos, concebido para los prestadores intermediarios de alojamiento de datos:

"*El presente artículo no afectará a la posibilidad de que un tribunal o una autoridad administrativa, de conformidad con los sistemas jurídicos de los Estados miembros, exijan al prestador de servicios poner fin a una infracción o impedirla, ni a la posibilidad de que los Estados miembros establezcan procedimientos por los que se rija la retirada de datos o impida el acceso a ellos*".

Pues bien, lo que vendría a hacer ahora el nuevo art. 138.II LPI es ampliar el espectro de legitimados pasivos, ya no con respecto a la acción de cesación sino a la acción de responsabilidad. Para ello establece un elenco de *responsables de la infracción* a los que sitúa junto al infractor directo ("*Tendrá también la consideración de responsable de la infracción*"). Es indiferente si estos sujetos deben ser calificados como "infractores" *proprio sensu* o si el alcance del concepto de infractor va más allá de la noción de explotador usurpatorio: sea como fuere, sabemos que ese segundo círculo de sujetos va a tener que responder de la infracción en pie de igualdad junto con el infractor directo.

Ese "también" que emplea el precepto tiene la connotación de que los "responsables de la infracción", en función de la conducta por cada uno de ellos protagonizada, se hacen *corresponsables* de las infracciones que hayan

---

14   Vid. J. MASSAGUER FUENTES, "La responsabilidad de los prestadores de servicios en línea por las infracciones al derecho de autor y los derechos conexos en el ámbito digital", *pe. i. revista de propiedad intelectual*, nº 13 (enero-abril 2003), pp. 36-37.

inducido, con las que hayan cooperado o de las que se hayan beneficiado, de tal forma que de cara al perjudicado les es exigible una responsabilidad solidaria. La responsabilidad, por lo tanto, no quedará repartida o dividida entre el infractor y el sujeto corresponsable, sino que éste tendrá que asumir todas las consecuencias indemnizatorias derivadas de la infracción, con independencia de la posible acción de regreso frente al infractor directo. Este efecto tiene una gran virtualidad, si pensamos en aquellos casos de infracciones directas cometidas por un vasto número de sujetos geográficamente dispersos, situación en la que el coste de demandarles individualmente superaría probablemente el monto de la indemnización que pudiera reclamarse a cada uno de ellos.

3. LA RESPONSABILIDAD POR INDUCCIÓN

El primero de los casos de responsabilidad por infracción ajena que contempla el art. 138.II LPI es el del inductor ("quien induzca a sabiendas la conducta infractora"). Como dijo en su Informe el CGPJ, probablemente no habría sido imprescindible incluir el "a sabiendas", puesto que la acción consistente en inducir parece denotar que el sujeto inductor conoce las características de la acción a cuya comisión anima. Tal vez el legislador ha querido subrayar que no basta con que el inductor anime a realizar una conducta, si acaso ignora el alcance o la naturaleza de la misma, siendo preciso que sea consciente de las implicaciones que esa conducta tiene, en este caso desde el punto de vista de la vulneración de derechos de propiedad intelectual[15].

La responsabilidad por infracción tiene probablemente su principal campo de aplicación en todos aquellos casos en los que el prestador de un servicio o comercializador de una tecnología, hace un ofrecimiento de ellos en el mercado de tal forma que, ya sea por el contenido de su actividad publicitaria o promocional, ya sea por las informaciones o tutoriales con los que acompaña el producto o servicio, cabe inferir que está invitando

---

[15]   Pero alguien que ignora todas las implicaciones de una conducta no estaría induciendo, al menos jurídicamente, a esa conducta, sino a otra [exenta precisamente para él de tales implicaciones].

o incitando a sus usuarios a valerse de él para llevar a cabo conductas que constituyen infracciones de derechos de propiedad intelectual[16].

Hay un caso emblemático en la jurisprudencia norteamericana que se decidió con base en la doctrina de la inducción a la infracción. Se trata del asunto Metro-Goldwyn-Mayer Studios Inc. et al. v. Grokster Ltd. (habitualmente conocido como "caso Grokster"), resuelto por la Corte Suprema de Estados Unidos el 27 de junio de 2005. La demandada comercializaba un *software* apto para permitir el intercambio de archivos a través de redes *peer-to-peer* descentralizadas. Las demandantes no atribuían a Grokster, sino a sus usuarios, una responsabilidad directa por infracción de *copyright*, pero entendían que la demandada incurría en responsabilidad indirecta, por contribuir a una actividad que sabía o debía saber que envolvía una infracción del *copyright* ajeno (*contributory liability*), o por beneficiarse económicamente de la actividad infractora realizada por personas a las que tenía la capacidad y el deber de controlar (*vicarious liability*)[17]. La Corte Suprema, revocando el fallo de apelación, condenó a la demandada, pero no con base en su contribución a la infracción o en haberse beneficiado de una actividad infractora cometida por sujetos que podía controlar, sino con base en la doctrina de la inducción a la infracción, procedente del Derecho de patentes. Para ello se fijó en que, al distribuir su *software*, Grokster había verbalizado a sus destinatarios la posibilidad de que lo usaran para descargarse contenidos protegidos, y había dado pasos activos para alentar a sus destinatarios a que cometieran las infracciones[18]. Cabe pues suponer que,

---

[16] Sería un supuesto análogo al de la letra a) del art. 160.2 LPI en sede de protección de medidas tecnológicas. Con arreglo a esa disposición, el titular de propiedad intelectual que haya protegido sus derechos mediante una medida tecnológica eficaz tendrá acción contra quienes fabriquen, importen, distribuyan, vendan, alquilen, publiciten para la venta o el alquiler o posean con fines comerciales cualquier dispositivo, producto o componente, así como contra quienes presten algún servicio que *sea objeto de promoción, publicidad o comercialización con la finalidad de eludir la protección* brindada a través de dicha medida.

[17] Como puede verse estas dos pretensiones iban en la línea de imputar a Grokster alguna de las dos últimas modalidades de responsabilidad indirecta plasmadas ahora en nuestro art. 138.II LPI.

[18] Documentos internos de la compañía mostraban además que sus responsables habían tenido la intención de atraer hacia sí la masa de usuarios de Napster, una vez que ésta se había visto obligada a cerrar su servicio, llegando a insertar en su web las claves digitales necesarias para que cuando los internautas buscaran en la red la palabra "Napster" fueran redirigidos directamente al sitio de Grokster. El propio nombre de Grokster era una evidente derivación del de Napster.

con la introducción de una cláusula de responsabilidad por inducción a la infracción ajena, nuestro tribunales podrían llegar a conclusiones análogas en el caso de que llegara a su conocimiento un litigio de similares características.

4. LA RESPONSABILIDAD POR COOPERACIÓN

El segundo tipo de responsabilidad por infracción ajena consignado en el art. 138.II LPI es probablemente el más común y el que abarca un espectro más amplio, pues se refiere al caso de quien coopere con la conducta infractora, conociéndola o contando con indicios razonables para conocerla. No es aquí necesario un comportamiento activo dirigido a persuadir o fomentar la actividad infractora de terceros, sino que basta con proporcionar algún medio o recurso que pueda servir para *posibilitar* o *magnificar* la infracción cometida por otro —por emplear los términos que la Exposición de Motivos de la propia Ley 21/2014—, partiendo de la base de que se posee un conocimiento real (*actual knowledge*) o racionalmente hipotético (*constructive knowledge*) del carácter ilícito de la conducta a la que contribuyen[19].

Mediante el expediente de la responsabilidad por cooperación se podrían enjuiciar todos aquellos casos en que un sujeto comercializa un producto o un servicio que, si bien es apto —o puede serlo en hipótesis— para propiciar usos o aplicaciones lícitos, también lo es, en mucha mayor medida o de manera casi exclusiva, para propiciar actos infractores de derechos de propiedad intelectual. El deliberado desinterés del responsable del servicio o producto sobre el destino —objetivamente evidente— al que lo aplicarán sus clientes (*willful blindness*), podría servir para imputarle responsabilidad, lo mismo que su resistencia a implementar métodos de cribado o de control

---

[19]   La inclusión de un tipo de conocimiento no sólo efectivo sino también basado en indicios racionales, debe considerarse un acierto (en contra de lo que se decía en la enmienda núm. 73 al Proyecto de Ley presentada en el Congreso de los Diputados por el Grupo Parlamentario Unión Progreso y Democracia, a la que hemos aludido *supra*): la prueba de que un sujeto ha llegado a adquirir conocimiento real sobre un hecho traslada la cuestión a un plano subjetivo que dificulta sobremanera la demostración. Lo importante no es si ese sujeto en particular adquirió o no conocimiento del hecho, sino si cualquier sujeto medio, en su posición, debería haber llegado racionalmente a adquirir ese conocimiento.

que, no siendo para él desproporcionadamente onerosos, pudieran servir para impedir o al menos reducir los usos infractores.

En la jurisprudencia norteamericana, algunos de los litigios más relevantes sobre comercialización de programas de intercambio en redes *peer-to-peer* han tenido como telón de fondo la discusión sobre la aplicación o no de este estándar de responsabilidad por cooperación o *contributory liability*[20]. En todos los casos, una de las claves del debate fue, más que la susceptibilidad teórica de que la herramienta o tecnología controvertida fuese aplicada a usos lícitos, el dato de si podía ser aplicada a un número sustancial de usos lícitos comercialmente relevantes[21].

Por lo demás, cabe reseñar que la introducción de una figura de responsabilidad por cooperación a la infracción ajena no es enteramente novedosa en nuestro sistema de propiedad intelectual, si bien hasta el momento sólo había conocido una aplicación limitada a sectores concretos. Uno de estos sectores es el de las medidas tecnológicas de protección. Conforme al art. 160.2.b) y c) LPI:

"*2. Las mismas acciones podrán ejercitarse contra quienes fabriquen, importen, distribuyan, vendan, alquilen, publiciten para la venta o el alquiler o posean con fines comerciales cualquier dispositivo, producto o componente, así como contra quienes presten algún servicio que, respecto de cualquier medida tecnológica eficaz:*

a) (...)

b) Sólo tenga una finalidad o uso comercial limitado al margen de la elusión de la protección, o

c) Esté principalmente concebido, producido, adaptado o realizado con la finalidad de permitir o facilitar la elusión de la protección".

---

20   En España, el que hasta el momento puede considerarse el caso más emblemático de este tipo, el "caso Blubster", resuelto por la Audiencia Provincial de Madrid, Sección 28ª, el 31 de marzo de 2014, al que ya hemos hecho referencia, se saldó a favor del demandado, precisamente por considerar el tribunal que nuestro ordenamiento carecía entonces de un instrumental suficiente para poder imputar a un sujeto una responsabilidad indirecta por contribución a la infracción ajena. Quizás las cosas habrían ido de otro modo para el demandado si el litigio se hubiera planteado tras la vigencia del actual art. 138.II LPI.

21   Para un análisis de estos casos, que sin duda pueden constituir una guía para el intérprete de la norma del art. 138.II LPI, cabe remitir a R. SÁNCHEZ ARISTI, *El intercambio de obras protegidas a través de las plataformas peer-to-peer*, Instituto de Derecho de Autor, Madrid, 2007, pp. 89 y ss.

Análogamente, el art. 102.c) LPI asigna la consideración de infractores de los derechos de autor a quienes, sin autorización del titular, *"pongan en circulación o tengan con fines comerciales cualquier instrumento cuyo único uso sea facilitar la supresión o neutralización no autorizadas de cualquier dispositivo técnico utilizado para proteger un programa de ordenador"*.

La introducción en el nuevo art. 138.II LPI de una figura de responsabilidad por cooperación a la infracción ajena, no viene sino a normalizar o a generalizar una solución que, paradójicamente, nuestra Ley sólo contemplaba en relación con la supresión o neutralización de dispositivos técnicos de protección de *software* o con la elusión de medidas tecnológicas de protección. De este modo, los titulares de propiedad intelectual que no implementen medidas técnicas de protección van a poder disfrutar también de una protección integral frente a toda clase de conductas infractoras, tanto las consistentes en una usurpación directa como las que consisten en la contribución a una infracción directa ajena.

5. LA RESPONSABILIDAD POR BENEFICIO ECONÓMICO CON CONTROL DE LA CONDUCTA INFRACTORA

La tercera de las figuras de responsabilidad que ha introducido nuestro legislador en el art. 138.II LPI viene a cubrir, a modo residual, el resto de supuestos de responsabilidad indirecta que no pueden imputarse ni a la inducción ni a la cooperación. Es decir, aun no actuando de forma deliberada para incitar a otros sujetos a la infracción, ni tampoco proporcionándoles de manera consciente los medios necesarios para cometerla, un sujeto puede todavía incurrir en una responsabilidad por la infracción ajena, siempre que obtenga algún provecho económico de ella y pueda de alguna manera controlarla.

Se puede, por tanto, ser responsable de una infracción de propiedad intelectual aun sin alentarla ni conocerla, y aunque lo que se facilite al infractor sea una herramienta neutra susceptible de ser aplicada a un repertorio sustancial de usos lícitos comercialmente relevantes. La responsabilidad se generará para aquél que, manteniendo capacidad para controlar o impedir la conducta infractora, obtiene de ella algún beneficio económico.

Piénsese en sujetos que operan grandes servidores de alojamiento de contenidos a los que puede accederse en *streaming*. El hecho de que la plataforma sea tecnológicamente neutra, y de que se acepte que el administrador de la plataforma no conoce ni tiene por qué conocer las infracciones que se cometan a través de ella, no impediría atribuirle una responsabilidad indirecta siempre que: (i) la explotación de la plataforma le deparase algún beneficio económico (v. gr. ingresos por publicidad); y (ii) mantenga la capacidad de controlar la conducta de los sujetos que suben a la plataforma contenidos infractores (v. gr. por vía de bloquearles el acceso a la misma). Un esquema similar podría aplicarse a los operadores de webs en las que se contienen índices de enlaces que redirigen a contenidos protegidos puestos en red sin contar con el consentimiento de los titulares, para el caso de que no pudiera calificarse el caso como de responsabilidad indirecta por inducción o cooperación (o incluso de infracción directa por explotación usurpatoria del enlazador).

Debe subrayarse que el control de la conducta del infractor que debe retener un sujeto para que, junto con el interés comercial directo en la actividad infractora, se le pueda imputar una responsabilidad indirecta, no tiene por qué consistir en la existencia de una relación de dependencia o subordinación entre ambos. El control, que el precepto legal predica de la conducta infractora y no del sujeto, se puede ostentar con tal de que el infractor sea un usuario que se ha dado de alta en un servicio o en una red social, el participante de un foro en Internet que sube contenidos al mismo, o alguien que efectúa contribuciones en el seno de un proyecto colaborativo en red.

6. LA CLÁUSULA DE SALVAGUARDA A FAVOR DE LOS AUTÉNTICOS PRESTADORES DE SERVICIOS INTERMEDIARIOS

Finalmente, como sabemos, el art. 138.II LPI deja a salvo la aplicación de las limitaciones de responsabilidad específicas establecidas en los artículos 14 a 17 de la LSSI, siempre y cuando se cumplan los requisitos legales establecidos en dicha ley para su aplicación. Si se observa, este inciso constituye una tautología, pues es obvio que las limitaciones de responsabilidad contempladas en esos preceptos sólo podrán aplicarse si se cumplen los requisitos legales a los que la LSSI condiciona su aplicación.

Sea como fuere, lo que esta parte de la norma pone de manifiesto es que el legislador ha detectado una suerte de *continuum* entre las reglas sobre exención de responsabilidad de los prestadores de servicios intermediarios de Internet en la LSSI y la nueva regla de responsabilidad por infracción ajena en la LPI. De hecho, ya hemos visto cómo la Exposición de Motivos de la Ley 21/2014 razona que, en el entorno digital, las conductas vulneradoras son a menudo posibilitadas y magnificadas por la intervención de terceros cuya conducta excede así de la mera intermediación o colaboración técnica, para pasar a constituirse en modelos de negocio ilícitos fundamentados en el desarrollo de actividades vulneradoras de terceros a quienes inducen en sus conductas, con quienes colaboran o respecto de cuya conducta tienen facultades de control.

Así las cosas, resulta contradictorio que en el texto articulado se introduzca esa salvaguarda de aplicación de los "puertos seguros" de la LPI, porque si, como da a entender la Exposición de Motivos, quien ha transitado desde la mera intermediación o colaboración técnica a un modelo de negocio basado en las vulneraciones cometidas por terceros —a los que induce, con quienes coopera o de cuya conducta se beneficia y tiene capacidad de control—, es un responsable de la infracción, ¿cómo va conservar al mismo tiempo la posibilidad de exonerarse de responsabilidad en virtud de una norma concebida a favor de quienes no se exceden de su faceta de prestadores de un servicio de intermediación de la sociedad de la información?

En verdad tenía razón la enmienda núm. 52 de las presentadas en el Senado al Proyecto de Ley, cuando defendía que debería darse la vuelta a la cautela del segundo inciso del precepto, ya que si alguien coopera a la infracción ajena, la induce o se beneficia económicamente de ella pudiendo controlarla, habrá abandonado su papel de mero prestador intermediario, y por ende no ha lugar a sugerir la posibilidad de que pueda aplicarse a su favor alguno de los "puertos seguros" de la LSSI. Para ser coherente con lo argumentado en la Exposición de Motivos, la segunda parte del art. 138. II LPI debería haber señalado que en caso de apreciarse alguna de las conductas de responsabilidad por infracción ajena descritas en ese precepto, no podrán ser de aplicación las limitaciones de responsabilidad específicas establecidas en los arts. 14 a 17 LSSI.

La redacción escogida por el legislador, en cambio, suscitará al intérprete la duda de si la responsabilidad a la que se refiere el art. 138.II LPI se solapa o acumula con la que alude la LSSI, supuesto que el prestador del servicio no pueda acogerse al blindaje de su respectivo puerto seguro. Por ejemplo, si el prestador de un servicio de *hosting* o de *linking* no puede beneficiarse de la exención de responsabilidad ex LSSI, por haber tenido conocimiento efectivo y no haber retirado diligentemente la información o el enlace, ¿ha de hacer frente, además, a una responsabilidad ex art. 138. II LPI al poderse entender que ha prestado cooperación a un infractor directo conociendo o debiendo conocer su conducta infractora, o que se ha beneficiado económicamente de ella pudiendo controlarla? Si se hubiese escogido la alternativa que el senador Martínez Oblanca proponía en la enmienda núm. 52, quedaría claro que el responsable de la infracción que contempla el art. 138.II LPI es ese intermediario que ha quedado fuera de su puerto seguro conforme a la LSSI, de modo que la responsabilidad que le es exigible conforme a este cuerpo legal es exactamente la misma de la que habla aquel precepto.

X. Medios de tutela de la propiedad intelectual

GEMMA MINERO ALEJANDRE

1. INTRODUCCIÓN

A la hora de analizar las reformas llevadas a cabo en la Ley de Enjuiciamiento Civil —en adelante, LEC— por la Ley 21/2014 debemos partir de la regulación contenida en la Directiva 2004/48, del Parlamento Europeo y del Consejo, de 29 de abril de 2004, relativa al respeto de los derechos de propiedad intelectual, que tiene por objeto aproximar las legislaciones de los Estados miembros sobre los medios de tutela de los derechos de propiedad intelectual, para garantizar un nivel de protección elevado, equivalente y homogéneo en el mercado interior (considerando 10º), teniendo en cuenta la importancia capital para el éxito del mercado interior de estos medios de tutela (considerando 3º), y que fue transpuesta en el ordenamiento español por la Ley 19/2006, de 5 de junio, por la que se amplían los medios de tutela de los derechos de propiedad intelectual e industrial y se establecen normas procesales para facilitar la aplicación de diversos reglamentos comunitarios[1]. Antes de la entrada en vigor de esta ley, no existía en el ordenamiento español regulación jurídica alguna de las diligencias preliminares específicas destinadas a la materia de la propiedad intelectual, con las consiguientes dificultades para los titulares del derecho de autor y los

---

[1] Entre las aportaciones doctrinales más relevantes que analizaron la reforma del régimen de diligencias preliminares llevada a cabo en 2006 podemos citar: ALICIA ARMENGOT VILAPLANA, "Las nuevas diligencias preliminares y las normas sobre prueba en materia de propiedad intelectual e industrial", *Diario La Ley,* Número 6819, sección Doctrina, 13 de noviembre de 2007, pp. 1-14; ANTONIO CASTÁN PÉREZ-GÓMEZ, "El nuevo régimen de las diligencias preliminares en propiedad industrial", en AAVV, *Estudios de Derecho Judicial, Propiedad Industrial III,* Consejo General del Poder Judicial, Madrid, 2007, pp. 19-41; ALFONSO GONZÁLEZ GOZALO, "Modificaciones que afectan a los medios de tutela de la propiedad intelectual", en RODRIGO BERCOVITZ RODRÍGUEZ-CANO et. al., *Las reformas de la Ley de Propiedad Intelectual,* Tirant lo Blanch, Valencia, 2006, pp. 205-207; y JAVIER LÓPEZ SÁNCHEZ, "Las nuevas diligencias preliminares en materia de propiedad intelectual y propiedad industrial: el denominado «derecho de información» y la exhibición de documentos comerciales", *Diario La Ley,* Número 6429, 24 de febrero de 2006, pp. 1-6.

derechos afines a la hora de obtener información necesaria para la preparación de procesos para la defensa de sus derechos[2]. Titulares que, en muchos casos, se vieron obligados a argumentar que la infracción de sus derechos de propiedad intelectual suponía asimismo un acto de competencia desleal, por imitación de las prestaciones protegidas por derechos exclusivos, conforme al art. 11.1 de la Ley de Competencia Desleal, con el fin valerse de la vía indirecta del art. 24.1 de la Ley de Competencia Desleal, para instar a los prestadores de servicios de la sociedad de la información a identificar a aquellos usuarios suyos que, valiéndose de sus servicios, estuvieran cometiendo infracciones contra los derechos de propiedad intelectual del solicitante.

La Directiva 2004/48 es una norma europea de mínimos, por lo que permite el mantenimiento o desarrollo de medidas, procedimientos, recursos y sanciones nacionales más favorables a los titulares de derechos de propiedad intelectual (arts. 2.1 y 16). Con la reforma llevada a cabo en 2014, el legislador español realiza una utilización más profunda de las po-

---

[2]   Por ello, con anterioridad a la entrada en vigor de la reforma de 2006, sólo en supuestos realmente excepcionales se otorgaba la posibilidad de acordar diligencias preliminares en procedimientos en defensa de derechos de propiedad intelectual. Así sucedía, por ejemplo, en reclamaciones de las entidades de gestión relativas al pago de la remuneración equitativa por copia privada, cuya correcta determinación exigía de la exhibición de documentos contables del deudor, tal y como sostuvo la Audiencia Provincial de Barcelona en su Auto de 21 de marzo de 2005 (JUR 2005/125276), en el que acordó la práctica de la diligencia preliminar, con base en la remisión contenida en el antiguo art. 256.1.7º LEC a las diligencias que pudieran preverse en leyes especiales. Entendió la Audiencia Provincial que aunque el art. 25 LPI no regulaba expresamente una diligencia preliminar en este sentido, la efectividad de este precepto exigía de la práctica de este tipo de diligencias para la determinación de la cuantía debida en concepto de compensación equitativa por copia privada. Véase ALFONSO GONZÁLEZ GOZALO, "Modificaciones que afectan a los medios de tutela de la propiedad intelectual", *cit.*, p. 203. DAMIÁN MORENO destacaba la voluntad del legislador español de no quedarse a la zaga en la cruzada europea contra los actos de piratería, reflejada no sólo en las medidas tomadas en el articulado de la Ley 19/2006, sino también en la propia Exposición de Motivos de esta Ley, en la que se llega a proclamar que los medios de tutela que en ella se contienen constituyen una forma de impedir pérdidas fiscales y —lo que es más sorprendente para el citado autor— un medio de "garantizar, en último término, el orden público". *Vid.* JUAN DAMIÁN MORENO, "El derecho de información en la legislación antipiratería: ¿una cuestión de orden público?", *Diario La Ley*, Núm. 6529, Sección Tribuna, 19 de julio de 2006. Advertencias de este estilo no se contienen, sin embargo, en la Ley 21/2014.

sibilidades que ofrece a este respecto la Directiva, si bien no las agota[3]. Tal y como se declara en el apartado quinto de la Exposición de Motivos de la Ley 21/2014, con ello se busca mejorar la eficacia de los mecanismos legales para la protección de los derechos de propiedad intelectual frente a las vulneraciones que puedan sufrir —de manera generalizada— en el entorno digital en línea, con el fin de mejorar la visibilidad de la oferta legal de contenidos en este entorno e impulsar nuevos modelos de negocio en Internet.

El primer paso consiste en una serie de adaptaciones de la vía jurisdiccional civil para mantener su papel de cauce ordinario para la solución de conflictos[4]. Para ello el art. 2 de la Ley 21/2014, en consonancia con el art. 8 —con el rótulo "Derecho de información"— de la Directiva 2004/48 y con el art. 47 del Acuerdo ADPIC, lleva a cabo una serie de mejoras en la redacción de medidas de información previa, modificando el subapartado 7º e introduciendo unos nuevos subapartados 10º y 11º en el apartado 1 del art. 256 LEC, a la vez que confiere una nueva redacción al apartado 4 del art. 259, para extender a estas nuevas diligencias la prohibición de divulgación a terceros de la información obtenida. La modificación producida en este caso es de menor calado que la que realizase en su día la Ley 19/2006, que afectó a los arts. 256, 257, 259, 261, 263 y 328.3 LEC, en materia de diligencias preliminares, anticipación y aseguramiento de la prueba[5]. Salvo

---

[3]   Tal y como señalaba RODRIGO BERCOVITZ RODRÍGUEZ-CANO en 2006, la transposición llevada a cabo entonces de la Directiva 2004/48 por la Ley 19/2006 agotó las posibilidades procesales de defensa ofrecida por la primera. Afirmación que bien puede extenderse a la reforma producida en 2014. Véase RODRIGO BERCOVITZ RODRÍGUEZ-CANO, "Capítulo I. Las reformas de la Ley de Propiedad Intelectual", en RODRIGO BERCOVITZ RODRÍGUEZ-CANO et. al., *Las reformas de la Ley de Propiedad Intelectual, cit.*, p. 16.

[4]   Párrafo tercero del apartado quinto de la Exposición de Motivos de la Ley 21/2014.

[5]   Las modificaciones introducidas por la Ley 19/2006 en los arts. 298 y 733.2 LEC tienen, sin embargo, un alcance general, no limitado a los procedimientos por infracción de derechos de propiedad intelectual. En efecto, la reforma de estas dos normas vinieron a desarrollar el procedimiento para la adopción de medidas de aseguramiento de la prueba, en el primer caso, e introdujeron una mínima alteración del segundo precepto, en materia de comunicación a las partes de la adopción de una medida cautelar sin audiencia del afectado por ésta. A ello hay que sumar la ampliación en las leyes sectoriales del elenco de acciones a ejercitar ante los órganos jurisdiccionales por el titular del derecho de propiedad intelectual o industrial infringido (arts. 138 y 139 TRLPI, art. 63 Ley de Patentes, art. 41 Ley de Marcas) y la extensión del catálogo de medidas cautelares urgentes que el demandante puede solicitar (arts. 138 y 141 TRLPI y arts. 135 y 139 Ley de Patentes). Véase JULIO MUERZA ESPARZA, "Reforma procesal en la reforma de los derechos

la revisión realizada en el ordinal 7º del apartado primero del art. 256 LEC, antes citada, el resto de preceptos modificados en 2006 no se han reformado ahora. El fin perseguido con ambas reformas es el mismo: tratar de atajar la enorme dificultad que presenta, en muchas ocasiones, la correcta determinación de elementos esenciales del proceso, principalmente la precisa identificación de los sujetos contra los que se pretende dirigir la acción civil por infracción de los derechos de propiedad intelectual, que, en caso de no realizarse correctamente, determinaría la desestimación de la pretensión, pero también la determinación del importe reclamado o, al menos, de la base para su cálculo, exigida en las reclamaciones económicas, y derivada de lo dispuesto en el art. 219 LEC. Por tanto, con las modificaciones llevadas a cabo se busca proporcionar al actor los medios adecuados para constituir correctamente la relación jurídico-procesal, con carácter previo al inicio del procedimiento civil, contrarrestando así los efectos negativos que la proliferación en el uso de Internet para la vulneración de los derechos de propiedad intelectual, y el general anonimato asociado a esta vía de comunicación acarrean[6]. No se pretende averiguar la existencia o no de una infracción, sino que, presupuesta ésta, proporciona la colaboración del órgano jurisdiccional para conocer del alcance de la infracción y concretar los posibles responsables.

El segundo paso para la consecución de este objetivo es la regulación en el art. 138 TRLPI de los supuestos de responsabilidad de los terceros intermediarios que posibiliten o magnifiquen las conductas vulneradoras de derechos de propiedad intelectual, por inducir dolosamente dicha conducta, cooperar con la misma conociendo o debiendo conocer su ilicitud y quien cuente con capacidad de control sobre las conductas del infractor y un interés económico directo en los resultados de esa conducta infractora[7].

A ello se suma la modificación del procedimiento de salvaguarda de los derechos de propiedad intelectual previsto en el art. 158.4 TRLPI, con-

---

de la propiedad intelectual e industrial", *Actualidad Jurídica Aranzadi*, nº 697/2006, parte Tribuna.

[6] En este sentido también se han pronunciado FRANCISCO JAVIER GARCÍA SANZ y CARLES VENDRELL CERVANTES, "Doctrina judicial en torno a las diligencias preliminares en materia de propiedad intelectual", *Diario La Ley*, Número 8128, sección Doctrina, 17 de julio de 2013, p. 1. Véase asimismo JULIO BANACLOCHE PALAO, *Las diligencias preliminares*, Thomson-Civitas, Madrid, 2003, pp. 23-30.

[7] Párrafo cuarto del apartado quinto de la Exposición de Motivos de la Ley 21/2014.

cretando las capacidades y recursos de la Sección Segunda de la Comisión de Propiedad Intelectual en la persecución de los grandes infractores de derechos de propiedad intelectual y ampliando los mecanismos de reacción frente a vulneraciones cometidas por prestadores de servicios de la sociedad de la información (art. 158 ter TRLPI)[8]. En el nuevo art. 158.ter.7 TRLPI, en el que se afirma —de manera ciertamente innecesaria— que el inicio del procedimiento de restablecimiento de la legalidad ante la Sección Segunda se entiende sin perjuicio del ejercicio o inicio de otros procedimiento, entre ellos, las acciones civiles, también han de entenderse incluidas las diligencias preliminares específicas en materia de propiedad intelectual, reguladas en el art. 256.1 LEC.

2. LAS NUEVAS MEDIDAS PROCESALES INTRODUCIDAS EN LA LEY DE ENJUICIAMIENTO CIVIL POR LA LEY 21/2014

2.1. *Panorámica de la regulación de diligencias preliminares en materia de propiedad intelectual contenidas en la Ley de Enjuiciamiento Civil tras las reformas de 2006 y 2014*

La modificación del art. 256 LEC realizada por la Ley 21/2014 deja vigente la diligencia preliminar contenida en el ordinal 8º del apartado primero de este precepto, a la vez que revisa la diligencia regulada en el ordinal 7º e introduce dos nuevas diligencias preliminares en materia de propiedad intelectual en los nuevos ordinales 10º y 11º. La ubicación de estas dos últimas diligencias preliminares resulta ciertamente extraña, incluso desconcertante. No se acierta a entender la preferencia del legislador español por esta vía, que sitúa entre las cuatro diligencias específicas en materia de propiedad intelectual un ordinal, el 9º de este apartado primero del art. 256 LEC, que no contiene sino una remisión al resto de diligencias preliminares cuya regulación pudiera preverse en una ley especial. Más acertada hubiera sido, sin duda, la renumeración de este último precepto citado, ubicando la remisión a las leyes especiales en un último ordinal, el 11º, y pasando las nuevas diligencias reguladas en los actuales ordinales 10º y 11º a adelantar cada una de ellas un número en este orden, de manera

---

[8]   *Idem*, párrafo quinto.

que las cuatro diligencias preliminares relativas a la propiedad intelectual se regulasen consecutivamente y sin interrupción (ordinales 7º-10º).

Como es sabido, las diligencias preliminares son tasadas, luego no podrán solicitarse y practicarse otras distintas a las establecidas por las leyes, ya sea la LEC o alguna ley especial[9]. Pues bien, en materia de propiedad intelectual, las cuatro diligencias preliminares citadas son las únicas expresamente pensadas para practicarse en el curso del ejercicio de una acción por infracción de un derecho de autor o afín. Si bien el ordinal 9º del apartado primero del art. 256 LEC (antiguo ordinal 7º y último de esta norma, antes de la reforma de 2006) se refiere a "las diligencias y averiguaciones que, para la protección de determinados derechos, prevean las correspondientes leyes especiales", esta última norma carece de aplicación en el terreno de la propiedad intelectual. Se optó en 2006, y se ha optado en 2014, por renunciar a la regulación de diligencias específicas en el TRLPI, y por concentrar todas las diligencias específicas en materia de derechos de propiedad intelectual, junto con el resto de diligencias preliminares de carácter general, en el texto del art. 256 LEC[10]. Eso sí, se permite que las acciones basadas

---

9   *Cfr.* ATS 11.11.2002 (RJ 2003/575), FJ 2. Se parte del principio general de que es la propia parte demandante la que ha de obtener los elementos necesarios para articular su demanda, que solamente podrá entenderse exceptuado en los supuestos legalmente previstos. Este carácter de *numerus clausus* ha sido citado en algunas resoluciones judiciales para negar que en nuestro ordenamiento jurídico los prestadores de acceso a Internet tuvieran, fuera de los supuestos con cobertura legal expresa, una obligación general de comunicar los datos personales de que dispongan y que pudieran ser útiles para interponer una demanda civil por infracción de derechos de propiedad intelectual. Así, entre otros, el AAP Barcelona (sección 15ª) de 15 de diciembre de 2009. En este sentido, FRANCISCO JAVIER GARCÍA SANZ y CARLES VENDRELL CERVANTES, "Doctrina judicial en torno a las diligencias preliminares en materia de propiedad intelectual", *cit.*, p. 3.

10   Para evitar reiteraciones y concentrar en la ley especial las singularidades relativas a los procedimientos en defensa de la propiedad intelectual, hubiera sido más adecuado hacer uso de la posibilidad prevista en el actual ordinal 9º del apartado primero del art. 256 LEC, y regular en el cuerpo del TRLPI las previsiones procesales orientadas a este tipo de procedimientos. No sucede exactamente lo mismo con los derechos de propiedad industrial. En efecto, el art. 256 LEC debe entenderse sin perjuicio de la regulación de las diligencias de comprobación de hechos contenida en los arts. 129 a 132 de la Ley de Patentes. Por su parte, en lo que al diseño industrial se refiere, tras la Ley 19/2006 el art. 55.4 de la Ley 20/2003, de 7 de julio, de protección jurídica del diseño industrial queda redactado como sigue: "Para fijar la cuantía de los daños y perjuicios sufridos, el titular del diseño podrá exigir, de conformidad con lo previsto en el artículo 256.1.9º y en el

en la normativa sobre propiedad intelectual también puedan prepararse, en la medida en que resulten útiles, con el resto de diligencias preliminares reguladas con carácter general para todo tipo de procesos en el resto de apartados del art. 256.1 LEC.

Hasta la reforma de 2014, quien pretendía preparar un proceso ante la infracción de un derecho de propiedad intelectual cometida a escala comercial podía solicitar tres medidas, agrupadas en estos dos números (subapartados 7º y 8º del art. 256.1 LEC). Por un lado, con el objeto de obtener los datos relativos al origen y a las redes de distribución de las mercancías o servicios, la petición podía consistir en la práctica de un interrogatorio de quien se considere autor de la infracción o de otros sujetos potencialmente responsables o bien en la exhibición de los documentos que puedan acreditar esos datos. Por otro lado, en los casos en los que pudiera presumirse la existencia de documentos bancarios, financieros, comerciales o aduaneros, en poder de quien sería demandado como responsable de la violación, se permitía solicitar la exhibición de estos documentos, siempre y cuando esta solicitud se acompañara de un principio de prueba de la realidad de la infracción del derecho de propiedad intelectual, que podrá consistir en la presentación de una muestra de los ejemplares, mercancías o productos en los que se materialice aquella infracción.

Tras la reforma de 2014, la diligencia prevista en el ordinal 7º del apartado primero del art. 256 LEC se plantea en términos amplios, como todo mecanismo que permita la obtención de datos sobre el posible infractor, el origen y las redes de distribución de las mercancías y servicios infractores, sin referencia expresa a las vías del interrogatorio y de la exhibición de documentos. La diligencia de exhibición de documentos bancarios, financieros, comerciales o aduaneros en poder del demandado, contenida en el ordinal 8º, permanece intacta, luego se mantiene su principal objetivo de facilitar la fijación del importe económico de la pretensión indemnizatoria o compensatoria derivada de la infracción de derechos de propiedad intelectual[11]. Por su parte, en los nuevos ordinales 10º y 11º, contemplan

---

artículo 328 de la Ley 1/2000, de 7 de enero, de Enjuiciamiento Civil, la exhibición de los documentos del presunto responsable de la vulneración del derecho, que puedan servir para aquella finalidad".

[11] En relación con la diligencia de exhibición de documentos, no debe olvidarse la posibilidad de acordar las medidas de intervención necesarias, incluida la entrada y registro, para

diligencias para la identificación del infractor, dirigidas a los prestadores de servicios de la sociedad de la información, de pagos electrónicos y de publicidad que hubieran prestado servicios al primero, sea éste a su vez un prestador de servicios de la sociedad de la información o un usuario.

El mantenimiento, sin retoques, de la diligencia preliminar prevista en el ordinal 8° nos faculta a extender a esta norma la crítica que ya hiciera GONZÁLEZ GOZALO en el momento de su entrada en vigor, tras la reforma de 2006. Se dijo entonces y se puede mantener ahora que el legislador español se quedó corto con respecto a lo establecido en la Directiva 2004/48, puesto que sólo incorporó lo dispuesto en el apartado segundo del art. 6 de la Directiva, prescindiendo de la medida de obtención de pruebas prevista en el apartado primero de este precepto. Este apartado primero —en paralelo con el art. 43.1 del Acuerdo ADPIC— faculta a quien presenta un principio de prueba de la infracción para solicitar a la autoridad judicial que ordene a la parte contraria la entrega de las pruebas que se encuentren bajo su control y pueden demostrar la existencia y alcance de la infracción, sin que esas pruebas tengan que se documentales y sin requerirse que la infracción tuviera que haberse llevado a cabo mediante actos desarrollados a escala comercial. Sin embargo, de acuerdo con el art. 256.1.8° LEC, solamente en caso de infracción a escala comercial, el legitimado para incoar el procedimiento puede solicitar la adopción de las diligencias preliminares.

Respecto al ordinal 8°, téngase en cuenta que la diligencia preliminar solamente permite al actor instar la entrega de los documentos tasados en esta norma, y no de otros, a saber, los documentos bancarios, financieros, comerciales o aduaneros que estuvieren en poder del demandado o bajo control de éste[12]. El solicitante de la diligencia preliminar de exhibición

---

el caso de que el sujeto se negara a la exhibición de los documentos o datos requeridos, sin perjuicio de la responsabilidad penal en que se pudiera incurrir por desobediencia a la autoridad judicial (art. 261.5 LEC). Véase ALICIA ARMENGOT VILAPLANA, "Las nuevas diligencias preliminares y las normas sobre prueba en materia de propiedad intelectual e industrial", *cit.*, p. 8.

12   Véase ALFONSO GONZÁLEZ GOZALO, "Modificaciones que afectan a los medios de tutela de la propiedad intelectual", *cit.*, pp. 213-214. Siguiendo con el principio de interpretación conforme que ha de guiar la transposición del Derecho europeo llevada a cabo por los legisladores nacionales, este autor alertaba de la posibilidad de ofrecer un sentido más amplio que el previsto en el texto o literalidad del art. 256.1.8° LEC, que se refiere a los documentos "que se presuman en poder" del demandado, mientras que el art. 6.2 de la Directiva 2004/48 no exige que la posesión de los documentos requeridos, sino

documental habrá de presentar un principio de prueba de la comisión de la infracción, mediante la presentación de una muestra razonable de un número considerable de ejemplares, mercancías o productos en los que se materialice la infracción[13]. Asimismo, dicho solicitante tendrá que identificar suficientemente los documentos cuya exhibición se pretende, indicando el período de tiempo al que éstos se refieren y acreditando que los documentos se encuentran presumiblemente en poder o bajo control de la otra parte. Para el examen de los documentos cuya exhibición se requiera con la diligencia preliminar, el solicitante podrá a acudir a la sede del juzgado asesorado por un experto en la materia, que actuará siempre a costa del solicitante (art. 259.2 LEC). Si el sujeto requerido no estuviera dispuesto a desprenderse del documento para su incorporación a la diligencia practicada, el solicitante de dicha diligencia podrá pedir que el secretario judicial extienda testimonio de los documentos exhibidos.

Ninguna de estas cuatro diligencias preliminares pretenden solventar dudas de carácter procesal con su práctica. Todas ellas están encaminadas a la averiguación de datos relacionados con el fondo del asunto, pues tienen por objeto obtener información sobre el origen y la extensión o calibre de la infracción de los derechos de propiedad intelectual o industrial. Teniendo en cuenta que el destinatario de la diligencia preliminar es el sujeto que la requirió, y no el órgano jurisdiccional, se entiende que ésta no produce efecto probatorio alguno.

Como ya hemos adelantado, en todos los casos la infracción de los derechos de propiedad intelectual cuyo origen y características se pretende determinar con la práctica de estas diligencias deberá ser cualificada, en el sentido de que tiene que haberse cometido mediante actos de utilización desarrollados a escala comercial, para la obtención de beneficios económi-

---

que permite que éstos simplemente "se encuentren bajo control de la parte contraria". Haciendo uso de esta interpretación, el juez que conozca del litigio podría permitir la práctica de esta diligencia cuando el documento en cuestión estuviera en poder de terceros, pero el supuesto infractor tuviera derecho a acceder a él y obtener una copia.

13   Sobre la necesidad de interpretar de manera flexible el requisito del principio de prueba de la realidad de la infracción, pero sin llegar a anularlo, esto es, dentro de los términos razonables y adecuados a la realidad de un procedimiento preparatorio de una acción posterior, véase FRANCISCO JAVIER GARCÍA SANZ y CARLES VENDRELL CERVANTES, "Doctrina judicial en torno a las diligencias preliminares en materia de propiedad intelectual", cit., p. 7.

cos o comerciales directos o indirectos, o, por lo menos, no por usuarios privados que carezcan de ánimo de lucro[14]. Por tanto, se incluyen los actos en los que la ganancia que espera conseguir el infractor es directa (la percepción de una remuneración específica por la utilización de la obra o prestación protegida) o indirecta (asociada a la utilización gratuita de la obra o prestación protegida, tras la inclusión de publicidad en el acto de uso). Dicha advertencia se contiene expresamente en el segundo párrafo del ordinal 8º, en relación con las diligencias reguladas en este subapartado y en el que le precede[15]. Esta exigencia también se deduce de la letra de los ordinales 10º y 11º, que, por un lado, se refieren al infractor que es prestador de servicios de la sociedad de la información con un nivel apreciable de audiencia en España o con un elevado volumen de obras o prestaciones utilizadas sin autorización y, por otro lado, hacen alusión al sujeto que no puede considerarse consumidor final de buena fe y sin ánimo de obtención de beneficios comerciales o económicos[16]. Esta última referencia ha pasado a contenerse asimismo, tras la reforma de 2014, en el propio texto del

---

[14]   Véase FRANCISCO JAVIER GARCÍA SANZ y CARLES VENDRELL CERVANTES, "Doctrina judicial en torno a las diligencias preliminares en materia de propiedad intelectual", *cit.*, p. 2.

[15]   Los tribunales han venido interpretando este requisito de manera estricta, hasta el punto de excluir la proyección de esas diligencias preliminares a los supuestos en que la posible infracción se había producido en las redes de intercambio de archivos P2P, por cuanto "la infracción denunciada (...) no consta que sea realizada a escala comercial (...) sino más bien que lo que existen son intercambios de archivos entre particulares, que nada se cobran por ello" [AAP Barcelona (sección 15ª) de 10 de diciembre de 2009 (rec. 322/2009) y, en el mismo sentido, AAP Barcelona (sección 15ª) de 15 de diciembre de 2009 (rec. 369/2009)]. Para una crítica a esta interpretación jurisdiccional, y la limitación que ella supone con respecto a la posible efectividad de las diligencias preliminares en supuestos de infracciones que pueden resultar especialmente perjudiciales para los titulares de derechos de propiedad intelectual, véase FRANCISCO JAVIER GARCÍA SANZ y CARLES VENDRELL CERVANTES, "Doctrina judicial en torno a las diligencias preliminares en materia de propiedad intelectual", *cit.*, p. 5; ALFONSO GONZÁLEZ GOZALO, "El conflicto entre la propiedad intelectual y el derecho a la protección de datos de carácter personal en las redes peer to peer", *Pe.i.*, 2008, nº 28, pp. 47-48; e IGNACIO GARROTE FERNÁNDEZ-DÍEZ, "Protección de datos vs. tutela judicial efectiva en casos de infracción de derechos de propiedad intelectual", *Pe.i.*, 2011, nº 38, pp. 54-56.

[16]   No fue acogida la enmienda núm. 98, presentada por el Grupo Parlamentario de Unión, Progreso y Democracia, que abogaba por la introducción, como tercer parámetro a estudiar a la hora de entender que existe una vulneración a gran escala, "el perjuicio que ocasiona a los autores" dicha infracción. Enmiendas e índice de enmiendas al articulado

ordinal 7º, sin suprimirse de manera paralela la indicación contenida en el ordinal 8º sobre la interpretación que deba darse al concepto de "actos desarrollados a escala comercial". Quedan fuera del ámbito de aplicación de estas cuatro diligencias preliminares, por tanto, cualquier otra infracción de un derecho de propiedad intelectual que no tenga por resultado la obtención de un beneficio económico o comercial directo o indirecto y la que hubiera sido realizada por un consumidor final de buena fe y/o sin ánimo de lucro[17].

Por otro lado, tal y como han advertido GARCÍA SANZ y VENDRELL CERVANTES, la razón de ser de estas diligencias preliminares y la referencia continuada a la necesidad de que el solicitante sea la persona que pretende ejercitar una acción por infracción de un derecho de propie-

---

del Proyecto de Ley, *Boletín Oficial de las Cortes Generales*. Congreso de los Diputados, X Legislatura, Serie A, Núm. 81-2, enmienda núm. 98, p. 109.

[17]   Esta afirmación no se ve afectada por la eliminación en la letra de los ordinales 10º y 11º, en su versión finalmente aprobada, de la referencia a "la gran escala" de la infracción contra los derechos de propiedad intelectual, que se exigía en la versión del Anteproyecto de Ley enviada a las Cortes Generales. En efecto, la eliminación de esta expresión no se acompañó de la supresión de la referencia a la necesidad de examinar la "existencia de un nivel apreciable de audiencia en España de dicho prestador o un volumen, asimismo apreciable, de obras y prestaciones protegidas no autorizadas puestas a disposición o difundidas" y el hecho de que esas actuaciones se lleven a cabo "mediante actos que no puedan considerarse realizados por meros consumidores finales de buena fe y sin ánimo de obtención de beneficios económicos o comerciales, teniendo en cuenta el volumen apreciable de obras y prestaciones protegidas o autorizadas puestas a disposición o difundidas". Las enmiendas núm. 131 a 133, planteadas por el Grupo Parlamentario Socialista, trataron en vano de eliminar el requisito de la gran escala del texto de ambos preceptos. Entendían que el mantenimiento de esta exigencia introducía una restricción extraordinaria en el ámbito objetivo de esta diligencia preliminar, hasta el punto de neutralizar su eficacia. Según se lee en las justificaciones que acompañaron a dichas enmiendas, la introducción o el mantenimiento de este presupuesto resulta erróneo, "en primer lugar, porque introduce una norma de carácter procesal y, en segundo lugar, porque exige al juez realizar una amplia cognición del asunto, impropia de una institución procesal como son las diligencias preliminares". "Que un juez determine si un acto se realiza a «gran escala» o no es un juicio propio de un proceso plenario y declarativo, no de un incidente que tiene la única finalidad de obtener hechos, documentos y declaraciones que permitan preparar la demanda" (Enmiendas e índice de enmiendas al articulado del Proyecto de Ley, *Boletín Oficial de las Cortes Generales*. Congreso de los Diputados, X Legislatura, Serie A, Núm. 81-2, enmiendas núm. 131-133, p. 143). En este sentido también puede verse la justificación de la enmienda núm. 155, planteada por el Grupo Parlamentario Catalán (Convergència i Unió), (*Idem*, p. 164).

dad intelectual, permiten inferir la imposibilidad de pretender la concesión de estas diligencias en pretensiones de otro tipo, como la relativa al reconocimiento de la autoría de una concreta obra o de la titularidad de un concreto derecho a favor de una persona o las pretensiones contractuales que buscan exigir el pago de la remuneración pactada por la explotación de la obra o prestación protegida o la resolución de un contrato, entre otras[18].

De la letra del art. 256.1 LEC, se desprende que la legitimación activa para solicitar cualquiera de las cuatro diligencias preliminares específicas en materia de propiedad intelectual corresponde a "quien pretend[a] ejercitar una acción por infracción de un derecho de propiedad industrial o de un derecho de propiedad intelectual" que se quiere preparar mediante la práctica de la diligencia preliminar. Por tanto, a la hora de determinar la legitimación del solicitante para pretender una diligencia preliminar habrá de atenderse a las reglas y presupuestos de legitimación de la acción principal. Especialmente interesante resulta en este punto el estudio de la regulación de la legitimación de las entidades de gestión de derechos de propiedad intelectual, contenida en el art. 150 TRLPI.

Por su parte, la legitimación pasiva de las diligencias preliminares será distinta en cada uno de los casos. En el caso del ordinal 8º del art. 256.1 LEC, la diligencia habrá de dirigirse contra "quien sería demandado como responsable" y que ostente en su poder o bajo su control la documentación cuya exhibición se solicita con dicha diligencia. En cambio, la legitimación pasiva del ordinal 7º de este precepto es más amplia, pues no tiene por qué dirigirse contra el infractor que vaya a ser demandado, sino que podrá tener por destinatarios a quienes hayan prestado o utilizado servicios o estado en posesión de mercancías que pudieran haber lesionado derechos de propiedad intelectual o hubiesen intervenido en sus procesos de producción, fabricación o distribución, esto es, cualquiera de los eslabones o partícipes de la cadena de producción de la mercancía o del servicio infractor, sea o no el sujeto responsable a mayor escala de dicha infracción[19]. En el caso de

---

[18]   Véase FRANCISCO JAVIER GARCÍA SANZ y CARLES VENDRELL CERVANTES, "Doctrina judicial en torno a las diligencias preliminares en materia de propiedad intelectual", *cit.*, p. 2.

[19]   Sobre la mayor amplitud de la legitimación activa de la diligencia preliminar contenida en el ordinal 7º del art. 256.1 LEC, véase, SONIA MARTÍN ÁLVAREZ, "Algunos apuntes sobre las modificaciones en la LEC introducidas por la Ley 19/2006, de 5 de junio", *Diario La Ley,* Núm. 6595, sección Doctrina, 21 de noviembre de 2006, p. 5.

los ordinales 10º y 11º, las diligencias podrá dirigirse contra los prestadores de servicios de la sociedad de la información, de pagos electrónicos y de publicidad que mantengan o hayan mantenido en los últimos meses relaciones de prestación de un servicio con el usuario o prestador de servicios cuya identificación se pretende.

Para la adopción de estas cuatro diligencias preliminares se exige, además, el cumplimiento de los requisitos y presupuestos generales previstos en los apartados segundo y tercero del art. 256 LEC, a saber, la obligación de justificar los hechos básicos que respaldarían la acción y la efectiva ostentación de una situación jurídica que ampararía el inicio del pleito, incluida la prueba de indicios de que se está cometiendo o se va a cometer la infracción, junto con el ofrecimiento de caución para responder de los daños y perjuicios que se puedan causar a las personas que hubieren de intervenir en la diligencia preliminar. Además, de acuerdo con el art. 258 LEC, se exige la concurrencia de justa causa e interés legítimo en la adopción de la diligencia preliminar, con el fin de evitar peticiones abstractas o genéricas, y se requiere el carácter imprescindible o esencial de los datos para iniciar correctamente el proceso judicial, sin que dichos datos sean públicos o puedan ser fácilmente obtenibles. Por tanto, el solicitante deberá expresar que de no adoptarse dicha diligencia, es decir, de no contar con la fuerza conminatoria de un requerimiento, no podrá obtener la información precisa para formular la pretensión procesal[20].

La regulación de la competencia judicial para conocer de las diligencias preliminares reguladas en el art. 256 LEC sigue conteniéndose en el precepto que le sigue, que no ha sido modificado por la reforma de 2014, con las consecuencias que seguidamente se exponen. En su párrafo primero este art. 257 LEC asocia la competencia para resolver sobre estas peticiones al "juez de primera instancia o de lo mercantil, cuando proceda, del domicilio de la persona que, en su caso, hubiera de declarar, exhibir o intervenir de otro modo en las actuaciones que se acordaran para preparar el juicio". Sin

---

[20]   Asimismo, tal y como recuerda ARMENGOT VILAPLANA, en la solicitud de la práctica de esta diligencia deberá indicarse también el domicilio o domicilios del sujeto o sujetos con los que debe entenderse la práctica de la diligencia y a los que deberá dirigirse el acto del requerimiento (art. 155.2 LEC). Entre estos domicilios esta autora señala que puede entenderse incluido el lugar donde se efectúa la actividad ilícita. Véase ALICIA ARMENGOT VILAPLANA, "Las nuevas diligencias preliminares y las normas sobre prueba en materia de propiedad intelectual e industrial", *cit.*, p. 13.

embargo, en el párrafo segundo de esta norma se encontraba la que, hasta la fecha, de manera indubitada, era la regla aplicable a las diligencias preliminares específicas en materia de propiedad intelectual, que, como excepción a la regla general que acaba de ser reproducida, regula la competencia del "tribunal ante el que haya de presentarse la demanda determinada". Esta última norma no resultaba problemática hasta la reforma de 2014, pues el segundo párrafo del art. 257.1 LEC hacía mención expresa de las diligencias que constituían su ámbito de aplicación: "En los casos de los números 6º, 7º, 8º y 9º del apartado 1 del artículo anterior". Por tanto, por aplicación de lo dispuesto en el art. 86.ter.2.a) LOPJ y el art. 52.11º LEC, se entendía que la competencia para conocer de las diligencias en materia de propiedad intelectual recaía sobre el Juzgado de lo Mercantil del lugar en el que se hubiera cometido la infracción o existieran indicios de su comisión o del lugar en el que se encuentren ejemplares ilícitos, a elección del demandante y solicitante de la diligencia preliminar. El problema se predica ahora, de la falta de revisión de esa referencia inicial del art. 257.1 LEC, que, en vez de pasar a referirse a las diligencias preliminares contenidas en los números 7º, 8º, 10º y 11º del art. 256.1 LEC, lo que constituye el total de diligencias preliminares específicas sobre la materia de la propiedad intelectual —además del mantenimiento de la referencia a los ordinales 6º y 9º—, conserva su referencia únicamente a dos de ellas.

Las críticas que pueden achacarse a este último punto se basan en la mayor complejidad creada por la existencia de una dualidad de reglas sobre la competencia judicial. Sin embargo, la ausencia de reforma del art. 257 LEC no parece un descuido de nuestro legislador. En efecto, teniendo en cuenta cuál es el contenido y fin de las dos nuevas diligencias preliminares previstas en el art. 256.1.10º y 11º LEC, referidas a infracciones cometidas a través de Internet, resultaría excesivo a todas luces someter la competencia del juzgador de estas diligencias al lugar del planteamiento de la demanda, pues, a la luz de la ubicuidad de Internet, el solicitante de la diligencia preliminar podría optar prácticamente por cualquiera de los Juzgados de lo Mercantil de España. Por ello, para estos casos, sí resulta adecuado el mantenimiento de la regla general prevista en el primer párrafo del art. 257.1 LEC, lo que permite al prestador de servicios de la sociedad de la información obligado a informar del origen de la infracción a personarse ante el órgano judicial de su domicilio. Ello obliga al solicitante de la diligencia preliminar a dirigirse al Juzgado de lo Mercantil del domicilio de la persona que, en su caso, hubiera de declarar, exhibir o intervenir de otro modo en las actuaciones que se acordaran para preparar el juicio.

Todas las modificaciones que se comentan a continuación se someten a la regla general contenida en la disposición final quinta de la Ley 21/2014, luego su entrada en vigor se entiende producida el 1 de enero de 2015.

2.2. *Análisis de las modificaciones introducidas en la Ley de Enjuiciamiento Civil por la Ley 21/2014*

La modificación de la diligencia preliminar contenida en el ordinal 7º del apartado primero del art. 256 LEC pretende ampliar el campo de aplicación o de investigación reservado a esta diligencia, ofreciendo un mayor ámbito de libertad del futuro demandante a la hora de determinar cuál de todas las posibles "diligencias de obtención de datos sobre el posible infractor, el origen y redes de distribución de las obras, mercancías o servicios que infringen un derecho de propiedad intelectual o de propiedad industrial" puede ser más eficaz o útil en el caso concreto. Por tanto, se elimina de este subapartado toda referencia a la identidad del sujeto que deba ser interrogado durante la práctica de esta diligencia y se suprime la exigencia de que la práctica de esta diligencia deba realizarse mediante el mecanismo del interrogatorio y, en su caso, mediante la exhibición de documentos que puedan acreditar los datos sobre los que pudiera versar dicho interrogatorio[21].

En el terreno procesal, ARMENGOT VILAPLANA aportaba en 2007 un importante dato que debemos tener en cuenta ahora, a la luz de la reforma realizada. Esta autora señalaba la importancia de la posibilidad contemplada en el art. 261.5 LEC, que, en el supuesto de que el sujeto

---

[21] Con anterioridad a la reforma realizada en 2014, la letra de este precepto, tras la cita de los datos cuya averiguación pueda solicitarse, declaraba: "Las diligencias consistirán en el interrogatorio de: a) Quien el solicitante considere autor de la violación. b) Quien, a escala comercial, haya prestado o utilizado servicios o haya estado en posesión de mercancías que pudieran haber lesionado los derechos de propiedad industrial o intelectual. c) Quien, a escala comercial, haya utilizado servicios o haya estado en posesión de mercancías que pudieran haber lesionado los derechos de propiedad industrial o intelectual. d) Aquel a quienes los anteriores hubieren atribuido intervención en los procesos de producción, fabricación, distribución o prestación de aquellas mercancías y servicios. La solicitud de estas diligencias podrá extenderse al requerimiento de exhibición de todos aquellos documentos que acrediten los datos sobre los que el interrogatorio verse".

requerido para la práctica de la diligencia preliminar no atendiera al requerimiento, permite el juez, valorando la proporcionalidad, y mediante auto
motivado, ordenar las medidas de intervención necesarias, como pueden
ser la entrada y registro, para encontrar los documentos o datos precisos.
Posibilidad que no podrá darse cuando la diligencia adoptada consista en
el interrogatorio. Cuando el sujeto únicamente sea requerido para ofrecer cierta información, pero no para exhibir documentos, no contempla
la LEC las medidas aplicables ante la negativa del requerido a contestar a
las preguntas que se le formulen, que en ningún caso podrán tenerse por
contestadas afirmativamente[22].

Cuando en el caso concreto, y dentro del ámbito de libertad dejado por
la versión actual de esta norma, la diligencia preliminar acordada consiste
en la práctica del interrogatorio, sigue siendo aplicable el art. 259.3 LEC,
que permite al juez, para garantizar la confidencialidad de la información
requerida, a solicitud de cualquiera que acredite interés legítimo, ordenar que la práctica del interrogatorio se celebre a puerta cerrada. Además,
siempre que la diligencia solicitada exija la práctica del interrogatorio, el
respeto del derecho de contradicción del sujeto requerido exigirá que en la
solicitud de esta diligencia se indiquen los datos o preguntas sobre las que
versará dicho interrogatorio[23].

Se mantiene en el ordinal 7º la cita de los datos cuya averiguación se
pretende con la práctica de esta diligencia preliminar, a saber: los nombres y

---

[22]   Véase ALICIA ARMENGOT VILAPLANA, "Las nuevas diligencias preliminares y
las normas sobre prueba en materia de propiedad intelectual e industrial", *cit.*, pp. 15 y
22. Además, esta autora apunta la duplicidad de diligencias relativas a la exhibición de
documentos, que, hasta la reforma de 2014, se encontraban recogidas tanto en el último
párrafo del apartado 7º del art. 256.1 LEC como en el apartado 8º de este precepto, llegando a confundirse y dando lugar a un cierto desequilibrio o inseguridad jurídica, puesto
que, conforme a la normativa entonces vigente, la concesión de la diligencia prevista en
el número 7º no quedaba condicionada a la prestación de un principio de prueba de la
realidad de la infracción, a diferencia de lo que sucedía con la diligencia preliminar contemplada en el ordinal 8º de esta norma.

[23]   *Idem*, pp. 13 y 16. Cuando el sujeto requerido conteste a las preguntas formuladas ofreciendo una información falsa y datos contradictorios con los hechos alegados posteriormente en el proceso, tales contradicciones podrán ser tenidas en cuenta por el juzgador a
la hora de atribuir valor probatorio a las declaraciones de la parte o del testigo en el proceso. Véase también en este sentido JAVIER LÓPEZ SÁNCHEZ, "Las nuevas diligencias
preliminares en materia de propiedad intelectual y propiedad industrial: el denominado
«derecho de información» y la exhibición de documentos comerciales", p. 3.

direcciones de los productores, fabricantes, distribuidores, suministradores y prestadores de las mercancías y servicios, así como de quienes, con fines comerciales, hubieran estado en posesión de las mercancías, y de los mayoristas y minoristas a quienes se hubieran distribuido las mercancías o servicios, por un lado, y, por otro, los datos relativos a las cantidades producidas, fabricadas, entregadas, recibidas o encargadas, y las cantidades satisfechas como precio por las mercancías o servicios de que se trate y los modelos y características técnicas de las mercancías.

Las diligencias preliminares previstas en los nuevos ordinales 10º y 11º del apartado primero del art. 256 LEC se refieren a los mecanismos adecuados para permitir la identificación del prestador de un servicio de la sociedad de la información o de un usuario sobre el que concurran indicios razonables de que está poniendo a disposición o difundiendo a gran escala, de manera ilícita, contenidos protegidos por la propiedad intelectual. Por tanto, Internet será el origen de las infracciones perseguidas con la acción que se presente por quien solicite la práctica de estas diligencias preliminares. Ambas diligencias buscan retocar los medios ya existentes para profundizar en las formas de infracción de derechos de propiedad intelectual llevadas a cabo en línea, sirviéndose de la especial protección del anonimato que esta vía de comunicación propicia. Por ello, frente a los nuevos ordinales 10º y 11º, que pasan a ser norma especial, la diligencia preliminar contenida en el número 7 del art. 256.1 LEC —ahora reforzada o ampliada— se convierte en la diligencia general en materia de propiedad intelectual, que se mantendrá como recurso a solicitar cuando las vías de las dos nuevas diligencias, por el motivo que fuere, no pudieran aplicarse. Téngase en cuenta que las nuevas diligencias preliminares previstas en los ordinales 10º y 11º de esta norma persiguen la efectiva identificación del infractor de los derechos de propiedad intelectual, y no así del volumen de productos o servicios infractores, ni de otros datos relativos a las características de la infracción, como puede ser el precio satisfecho por los productos o servicios infractores de que se trate, cuya investigación sí se permite en la diligencia preliminar contenida en el ordinal 7º de este precepto.

Sin embargo, el objetivo pretendido con cada una de las dos nuevas diligencias de los ordinales 10º y 11º del art. 256.1 LEC es diferente. En el primer caso, se especifica que el juez, a la hora de autorizar la práctica de esta diligencia, habrá de estar al nivel de audiencia en España o al volumen de obras y prestaciones protegidas no autorizadas, de forma directa o indirecta, que esté utilizando el prestador de servicios cuya identificación se pretende. Estamos ante un supuesto en el que el supuesto infractor de derechos de propiedad intelectual debe poder incluirse en la categoría de prestadores de servicios de la sociedad de la información. En la inmensa mayoría de las ocasiones, este sujeto será el webmaster o titular de una página web de descargas y/o de visualización *on-line* ilícitas de obras y prestaciones protegidas, pero este concepto también podrá incluir a los gestores de plataformas P2P, así como cualquier otro servicio infractor que pudiera desarrollarse o gozar de cierto éxito en el futuro[24].

En este primer supuesto, la diligencia preliminar tendrá por destinatarios los prestadores de servicios de la sociedad de la información, de pagos electrónicos y de publicidad que mantengan o hayan mantenido en los últimos doce meses relaciones de prestación de un servicio con el prestador de servicios que se desea identificar. Dichos destinatarios habrán de proporcionar la información solicitada, siempre que ésta pueda extraerse de los datos de que dispongan o conserven como resultado de la relación de servicios que mantengan o hayan mantenido con el sujeto objeto de la identificación[25].

En contraposición con el supuesto de hecho de la diligencia contenida en este ordinal 10º, en el caso de la diligencia preliminar prevista en el número 11º de este precepto, el juez que deba decidir sobre su adopción habrá

---

[24] Amplitud de esta norma que ha de entenderse positiva, como acertado fue en este punto el rechazo de la enmienda núm. 132, planteada por el Grupo Parlamentario Socialista, que, limitando la posibilidad de aplicación extensa, antes mencionada, abogaba por la introducción de la referencia, en cuando a la infracción del carácter indirecto, a la necesidad de que ésta se llevase a cabo "a través de cualquier enlace o redireccionamiento" (Enmiendas e índice de enmiendas al articulado del Proyecto de Ley, *Boletín Oficial de las Cortes Generales*. Congreso de los Diputados, X Legislatura, Serie A, Núm. 81-2, enmienda núm. 132, p. 144). Sí nos parece acertada la crítica que el Grupo Parlamentario Socialista, en su justificación a la enmienda núm. 132, lleva a cabo en relación a la referencia a los "contenidos, obras o prestaciones", prevista en este ordinal 10º del art. 256.1 LEC, en sus versiones originaria y final. Efectivamente, la corrección de esta expresión pasaría por limitar la referencia a las obras y prestaciones, como únicos objetos de los derechos de propiedad intelectual.

[25] Se excluyen los datos que exclusivamente estuvieran siendo objeto de tratamiento por un proveedor de servicios de Internet en cumplimiento de lo dispuesto en la Ley 25/2007, de 18 de octubre, de conservación de datos relativos a las comunicaciones electrónicas y a las redes públicas de comunicación (párrafo segundo *in fine* del ordinal 10º del apartado primero del art. 256 LEC).

de tomar en consideración el volumen de obras y prestaciones utilizadas sin autorización, mediante actos que no puedan considerarse realizados por meros consumidores finales de buena fe y que carezcan de ánimo de obtención de beneficios económicos o comerciales. En este caso, el nivel de audiencia que el supuesto infractor pueda tener en España resulta indiferente, dado que el juez que conozca de la solicitud de diligencia preliminar únicamente habrá de comprobar que no está ante un consumidor final que lleve a cabo dicho uso para consumo propio y sin ánimo de lucro. En atención a estas circunstancias, un sujeto que en un sentido técnico o estricto no se califica como prestador de un servicio de la sociedad de la información, sí es considerado equivalente a éste por el legislador español y, por ello, habrá de merecer un trato igual por el juez que conozca del litigio, pudiendo conceder, en atención al volumen de obras y prestaciones cuyos derechos supuestamente infringe, la práctica de la diligencia preliminar dirigida a su efectiva identificación[26]. En este caso, la diligencia para la identificación de ese usuario se dirigirá al prestador de servicios de la sociedad de la información cuyos servicios hubieran sido empleados por el primero para llevar a cabo la infracción de derechos de propiedad intelectual del solicitante. También en este caso se entiende que la carga impuesta al prestador de servicios con la práctica de esta diligencia no es excesiva, pues la información a aportar se trata de datos obtenidos en la llevanza de su actividad social, en virtud de la relación contractual que le hubiera unido con el sujeto cuya identificación se pretende.

Este nuevo ordinal 11º, a la hora de analizar cuándo el juez español que conozca de la solicitud de la diligencia preliminar pueda acordarla en un supuesto en el que el supuesto infractor no cumple el perfil del prestador de un servicio de la sociedad de la información, sino de un consumidor final, indica que dicho juzgador habrá de estar a la entidad económica del propio acto, más que a la finalidad comercial o a la calificación que pueda merecer el supuesto infractor, y ello porque dicha finalidad comercial generalmente no existirá en un sentido estricto cuando hablamos de sujetos que no pueden calificarse *a priori* como prestadores de servicios de la sociedad de la información. En cierta medida, con ello el legislador español sí parece

---

[26]   Así, por ejemplo, el usuario que descarga y comparte en redes *peer-to-peer* un número de obras tal que evidencia la imposibilidad de destinarlo de manera efectiva a un consumo estrictamente privado o íntimo.

haber oído la crítica que GONZÁLEZ GOZALO hizo con respecto a la reforma de 2006, lamentándose de la oportunidad perdida en la transposición llevada a cabo por la Ley 19/2006, que dejaba fuera de la aplicación de las diligencias preliminares aquellas infracciones cometidas por los usuarios de servicios de la sociedad de la información prestados a escala comercial que no hubieran actuado, a su vez, a escala comercial[27].

No se requiere ninguna otra exigencia para la práctica de estas dos nuevas diligencias preliminares, salvo el hecho de que el prestador de servicios de la sociedad de la información o, en el primer caso, el prestador de pagos electrónicos o de publicidad, hayan mantenido en los últimos doce meses relaciones de prestación de servicios con el sujeto al que se pretende identificar con esta medida. En la práctica de la primera diligencia preliminar prevista en el ordinal 10º del apartado primero del art. 256 LEC nos encontraremos con solicitudes de colaboración de servicios tales como empresas de hosting o alojamiento web, compañías de publicidad, anunciantes en la página web del sujeto cuya identificación se pretende, o servicios de pago electrónico empleados por dicho webmaster. Por el contrario, en el caso de la diligencia preliminar contenida en el ordinal 11º de este precepto, la mayoría de solicitudes irán dirigidas a la compañía que presta el servicio de acceso a Internet al usuario infractor.

Finalmente, la reforma de 2014 lleva a cabo una modificación técnica del apartado cuarto del art. 259 LEC, con el único fin de extender a las nuevas diligencias preliminares en materia de propiedad intelectual e industrial la aplicación de la prohibición de divulgación del resultado obtenido median-

---

[27] En este sentido, ALFONSO GONZÁLEZ GOZALO, "Modificaciones que afectan a los medios de tutela de la propiedad intelectual", *cit.*, pp. 205 y ss., basándose en la puerta que dejaba abierta el considerando 14º de la Directiva 2004/48, que, tras definir el concepto de actos realizados a escala comercial, advertía que no se considerarán tales "*normalmente* los actos realizados por los consumidores finales de buena fe" (énfasis añadido). En palabras de este autor, "de acuerdo con el art. 8.1 DRDPI, en el caso de infracciones cometidas a través de Internet, el titular de los derechos de propiedad intelectual podrá solicitar a la autoridad competente que requiera a quien preste a escala comercial los servicios de la sociedad de la información utilizados por el infractor para cometer la infracción, para que revele la identidad de éste, si la conoce o puede conocer, y ello con independencia de que la infracción sea a escala comercial o no. Lo único relevante es que el servicio se haya prestado a escala comercial".

te la práctica de estas diligencias[28]. Teniendo en cuenta el carácter sensible de muchos de los datos que puedan conocerse a través de las diligencias de investigación, esta norma trata de evitar su difusión y utilización para fines distintos de la preparación de la acción[29]. En los cuatro casos previstos en los ordinales 7º, 8º, 10º y 11º del apartado primero del art. 256 LEC se exige que la información obtenida por la práctica de la diligencia preliminar se utilice exclusivamente para la tutela jurisdiccional de los derechos de propiedad industrial o de propiedad intelectual del solicitante de las medidas, con prohibición de divulgarla o comunicarla a terceros, y se permite que cualquier interesado solicite al órgano jurisdiccional que atribuya carácter reservado a las actuaciones, para garantizar la protección de los datos e información que tuvieran carácter confidencial. En todos estos casos regirá la prohibición de incoar un proceso judicial que no verse directamente sobre la infracción de los derechos de propiedad intelectual del solicitante, junto con la prohibición de comunicación de los datos a otros titulares de derechos de propiedad intelectual, distintos del solicitante de la diligencia, que también pudieran verse afectados por los actos de vulneración de derechos de propiedad intelectual cometidos por el sujeto cuya identificación se pretendió mediante la práctica de la diligencia, con el fin de que dichos titulares pudieran entablar a su vez sus propios litigios.

Con la regulación originaria de esta prohibición y la extensión que de su campo de ampliación se ha llevado a cabo en 2014 se busca limitar el potencial de las diligencias preliminares, que sólo tienen un alcance meramente preparatorio del proceso civil, pero que pueden convertirse en aliados de los intereses de los titulares de derechos de propiedad intelectual para requerir toda suerte de información sin necesidad de ejercitar después acción alguna[30]. Existen algunos límites intrínsecos del régimen procesal

---

[28]   Por su carácter meramente técnico, el texto de esta modificación no ha sufrido cambios durante su tramitación parlamentaria sobre la propuesta presentada por el Gobierno.

[29]   Sobre el carácter confidencial de esta información se han pronunciado, entre otras resoluciones jurisdiccionales, el AAP Madrid (sección 28ª) de 15 de abril de 2008 (rec. 116/2008) y el AAP Granada (sección 3ª) de 11 de octubre de 2012 (rec. 367/2012).

[30]   Sobre este peligro advertía JUAN DAMIÁN MORENO en su trabajo "El derecho de información en la legislación antipiratería: ¿una cuestión de orden público?", cit. Este autor advierte que la aplicación de estas medidas se haga con especial cuidado, para no traspasar los cánones de proporcionalidad que impone la jurisprudencia constitucional en el ejercicio de este derecho, pues podrían permitir que "al cobijo de este tipo de diligencias, se faculte a un sujeto no demandante hacerse con datos que pueden afectar a la privacidad

que invitan al cumplimiento de este principio de confidencialidad o convierten su quebranto en un posibilidad poco atractiva, como puede ser la regla contenida en el apartado tercero del art. 256 LEC, según la cual la caución que debe prestar el solicitante de la diligencia preliminar puede perderse a favor de las personas que hubieran intervenido en la diligencia, si aquel no inicia el proceso en el plazo de un mes desde la terminación de las diligencias, salvo que concurra causa justificada[31].

Sin embargo, la prohibición regulada en el art. 259.4 LEC no rige en aquellos supuestos en los que, conforme a los arts. 71 y ss. LEC, se pudiera proceder a la acumulación de acciones interpuestas por el titular de derechos de propiedad intelectual que hubiera solicitado y obtenido la práctica de alguna de las diligencias preliminares específicas en materia de derechos de propiedad intelectual —así, por ejemplo, la acumulación de una acción en defensa del derecho de propiedad intelectual, dirigida contra el supuesto infractor, y de una pretensión fundada en la realización de un acto de competencia desleal por el demandado—. Tampoco la utilización en el seno del procedimiento de establecimiento de la legalidad, conducido por la Sección Segunda de la Comisión de Propiedad Intelectual, de la información obtenida a través del ejercicio de alguna de estas diligencias preliminares puede entenderse impedida por la aplicación del art. 259.4 LEC.

---

de los presuntos infractores", empleando la diligencia "simplemente con la finalidad de ver qué es lo que se averigua".

[31]   En este sentido, ALICIA ARMENGOT VILAPLANA, "Las nuevas diligencias preliminares y las normas sobre prueba en materia de propiedad intelectual e industrial", *cit.*, p. 8.

XI. Las Disposiciones Finales primera, segunda y tercera de la Ley 21/2014

La disposición final primera de la Ley 21/2014 contiene una modificación de la Ley 10/2007, de 22 de junio, de la lectura, el libro y las bibliotecas. Esta disposición no aparecía en ninguno de los Anteproyectos de Ley, ni tampoco en el Proyecto de Ley remitido a Cortes por el Gobierno. Fue introducida en el texto aprobado como Informe de la Ponencia en el Congreso de los Diputados, inmediatamente antes de su remisión al Senado. Desde esa fase del íter parlamentario, la disposición ha permanecido inalterada.

Lo primero que debe señalarse con respecto a esta disposición es que adolece de un evidente error que debería ser enmendado. He aquí su redacción:

"Se modifica el apartado 2 del artículo 8 de la Ley 10/2007, de 22 de junio, de la lectura, el libro y las bibliotecas, que queda redactado en los siguientes términos:

«Con efectos de 1 de enero de 2015 y vigencia indefinida, se modifica el apartado 2 del artículo 8 de la Ley 10/2007, de 22 de junio, de la lectura, el libro y las bibliotecas, que queda redactado en los siguientes términos:

En aplicación de las recomendaciones y orientaciones internacionales aprobadas por la Agencia Internacional del ISBN, la Agencia Española del ISBN desarrolla el sistema del ISBN en nuestro país. La Agencia Española proporcionará al Ministerio de Educación, Cultura y Deporte los registros actualizados del ISBN, para garantizar la continuidad de la base de datos de libros editados en España y la de editoriales, gestionadas por dicho departamento»".

Como fácilmente se observa, el texto incurre en una circularidad, pues hace decir al nuevo apartado 2 del art. 8 de la Ley 10/2007 que "con efectos de 1 de enero de 2015 y vigencia indefinida, se modifica el apartado 2 del artículo 8 de la Ley 10/2007...". Sin embargo, es obvio que el art. 8.2 de la Ley 10/2007 no puede decir que se modifica el art. 8.2 de la Ley 10/2007. Todo apunta a que se trata de un solapamiento no deseado de dos encabezamientos casi idénticos que pretenden servir de pie al contenido del precepto de cuya modificación se trata ("En aplicación de las recomendaciones..."). Lo más apropiado sería que, por vía de la corrección de errores se suprimiera el pasaje que comienza diciendo "Con efectos de 1 de enero de 2015...", perdurando sólo el primer encabezamiento y el cuerpo de la disposición a reformar.

En otro orden de cosas, el texto de la disposición final primera no necesita precisar la fecha de comienzo de efectos del nuevo art. 8.2 de la Ley 10/2007, puesto que ese resultado ya se deriva de la regla general de entrada en vigor plasmada en la disposición final quinta de la Ley 21/2014. Tampoco necesita indicar que la disposición de cuya modificación se trata tendrá "vigencia indefinida": todas las normas legales la tienen, dado que permanecen en vigor mientras no sean modificadas o derogadas por otra ley posterior. No se entiende por qué el legislador ha sentido la necesidad de introducir esa advertencia en esta concreta disposición.

Por lo demás, la virtualidad de la reforma que se ha introducido en el art. 8.2 de la Ley 10/2007, consiste en atribuir a la Agencia Española del ISBN la competencia para desarrollar el sistema del ISBN en nuestro país, desplazando al propio Ministerio de Educación, Cultura y Deporte, que es quien tenía asignada esa función conforme a la redacción anterior del precepto modificado. De ahí que en su nueva versión, el art. 8.2 de la Ley 10/2007 diga que la Agencia deberá proporcionar al Ministerio los registros actualizados del ISBN, a fin de garantizar la continuidad de la base de datos de libros editados en España y la de editoriales, las cuales continuarán siendo gestionadas por dicho departamento.

Por lo que se refiere a la disposición final segunda de la Ley 21/2014, se refiere al título competencial, que es doble, en atención a los dos grandes cuerpos legales de cuya reforma se trata. Así, el artículo primero y las disposiciones adicionales y transitorias se aprueban al amparo de lo dispuesto en el artículo 149.1.9ª de la Constitución, por el que se atribuye al Estado la competencia para legislar en materia de propiedad intelectual. El artículo segundo, por su parte, se aprueba al amparo de lo dispuesto en el artículo 149.1.6ª y 8ª de la Constitución, que atribuye al Estado la competencia sobre legislación procesal y legislación civil.

En cuanto a la disposición final tercera de la Ley 21/2014, contiene la cláusula de reconocimiento de que la Ley es en parte vehículo para la transposición a nuestro ordenamiento de Directivas comunitarias. Concretamente, se dice que mediante esta ley se incorpora al Derecho español la Directiva 2011/77/UE del Parlamento Europeo y del Consejo, de 27 de septiembre de 2011, por la que se modifica la Directiva 2006/116/CE relativa al plazo de protección del derecho de autor y de determinados derechos afines (artículos 110 bis 112 y 119, y Disposición transitoria vigésima primera del texto refundido de la Ley de Propiedad Intelectual), así como la Directiva 2012/28/UE del Parlamento Europeo y del Consejo, de 25 de octubre de 2012, sobre ciertos usos autorizados de las obras huérfanas (artículo 37 bis, disposición adicional sexta y disposición transitoria vigésima primera del texto refundido de la Ley de Propiedad Intelectual).

Para ser rigurosos, habría que decir que la transposición de esta última Directiva es en cierta medida incompleta, ya que partes importantes de la regulación del límite de obras huérfanas han sido remitidas al futuro desarrollo reglamentario, de tal modo que el límite a día de hoy no puede considerarse plenamente operativo en nuestro país. Por otro lado, la disposición final tercera de la Ley olvida que la modificación del art. 32 LPI obedece a una re-transposición de la Directiva 2001/29/CE, del Parlamento Europeo y del Consejo, de 22 de mayo de 2001, relativa a la armonización de determinados aspectos de los derechos de autor y derechos afines a los derechos de autor en la sociedad de la información.